上海金融论丛*2018*

金融风险防范与支持实体经济发展

上海市金融学会　编

中国金融出版社

责任编辑：石　坚
责任校对：刘　明
责任印制：陈晓川

图书在版编目（CIP）数据

金融风险防范与支持实体经济发展/上海市金融学会编 . —北京：中国金融出版社，2018.11

（上海金融论丛 . 2018）

ISBN 978 - 7 - 5049 - 9795 - 1

Ⅰ. ①金… Ⅱ. ①上… Ⅲ. ①金融风险防范—中国—文集②金融支持—中国经济—经济发展—文集 Ⅳ. ①F832. 1 - 53②F124 - 53

中国版本图书馆 CIP 数据核字（2018）第 232096 号

出版发行　**中国金融出版社**

社址　北京市丰台区益泽路 2 号
市场开发部　(010)63266347，63805472，63439533（传真）
网 上 书 店　http://www.chinafph.com
　　　　　　(010)63286832，63365686（传真）
读者服务部　(010)66070833，62568380
邮编　100071
经销　新华书店
印刷　北京市松源印刷有限公司
尺寸　169 毫米 × 239 毫米
印张　21.75
字数　380 千
版次　2018 年 11 月第 1 版
印次　2018 年 11 月第 1 次印刷
定价　52.00 元
ISBN 978 - 7 - 5049 - 9795 - 1
如出现印装错误本社负责调换　联系电话(010)63263947

目　录

金融风险与监管

宏观经济与货币政策

上海金融中心与科创中心

商业银行经营与发展

金融风险与监管

交叉性金融风险穿透的形式、路径与上海银行业监管对策

上海银监局课题组①

一、引言

交叉性金融风险是伴随近十多年来中国金融创新发展中金融产品跨业务、金融业务跨机构、金融机构跨市场、金融市场跨业态、金融合作跨行业、金融服务跨区域、金融风险跨国界等新金融现象的出现和演变而多维交织、相生相存的。交叉性金融风险可穿透至金融各个行业、各大领域，包括银行业、信托业、证券业、基金业、保险业、期货业等。近年来，伴随着互联网金融模式创新的加力与平台建设的加速，中国金融服务理念更加普惠、服务体系更加健全，但是与金融改革开放深化推进背道而驰的是，监管缺位的不当创新、空转套利的不当交易与违法违规的市场乱象等，金融交叉性风险的积累和集聚催生了大量金融黑天鹅，招引了诸多金融灰犀牛，扭曲了金融创新的目标取向，异化了金融服务实体经济的本质特征。

当前宏观经济管理与供给侧结构性改革面临诸多难题与挑战，其中特别突出的问题之一就是经济过度金融化。"脱实向虚"与金融业野蛮生长相互交织，金融风险交叉穿透愈演愈烈。由于金融交易链更长，金融风险传染性更强，交叉性金融风险穿透的危害性也就更加严重，风险处置难度更大，危机修复期更长。特别是同业放肆、资管嵌套和投资异化等，既源于金融业务交叉，又毁损实体经济利益，交叉性金融业务与表外理财业务、同业业务相互之间通过产品的交叉链接、多层嵌套，使市场交易结构很复杂、交易过程不透明、交易链条拉长，放大了交易对手风险和整体金融风险，扰乱了金融市场稳定和经济发展秩序。因此，交叉性风险的特点可以概括为含混性、复合性、游离性、隐蔽性、传染性。若管控不当，势必造成整体的金融风险。

在今年的全国金融工作会议上，习近平总书记高屋建瓴地指出，"当前

---

① 课题主持人：韩沂，上海银监局局长。

的金融风险是经济金融周期性因素、结构性因素和体制性因素叠加共振的必然后果""金融安全是国家安全的重要组成部分,准确判断风险隐患是保障金融安全的前提"。总书记从我国经济社会发展全局出发,深刻指出了当前我国防范金融风险、维护国家金融安全工作中存在的突出矛盾和问题,明确清晰地强调了金融工作指导思想,全盘统筹地安排部署了新形势下维护金融安全的重点任务,为中央金融监管部门切实防范金融风险、有效维护国家金融安全指明了前进方向,提供了根本遵循。

为全面贯彻执行以习近平为核心的党中央关于保障国家金融安全战略部署,落实国务院一系列的决策,防范系统性金融风险,整治金融交叉性风险是中国银监会深入贯彻落实国家战略的科学抓手。近年来,中国银监会在防范金融风险、治理银行业市场乱象方面采取了一系列措施,确定同业、理财、表外3个重点领域作为系统性风险治理的突破口,集中精力整治影子银行、交叉金融、房地产泡沫、地方政府债务以及相关的操作性风险。上海银监局全面落实中国银监会总体工作部署,切实防范国际金融中心建设中跨领域跨市场金融风险,深化推进上海银行业改革、创新,切实维护中国上海自由贸易试验区建设稳健运行,有效推进上海全球科创中心建设创新发展。

防范交叉性系统性风险既是金融工作,也是学术课题。当前,对交叉性金融风险的定义各抒己见、尚未划一,标准一致的金融资管监管指导意见等待着公布和落地实施,各金融机构的对策和行动也参差不齐。本文立足当前国内金融行业交叉业务发展面临的新情况、新问题的分析,围绕上海银行业风险穿透案例剖析,尝试概述金融业务交叉的典型形式,意图厘清银行业风险穿透的主要路径,着力研究上海银行业风险穿透监管思路与对策。

本文第二部分基于近年来国内金融市场的新现象和金融活动的新情况及其风险穿透的内外部环境,一般性分析了金融风险穿透在宏观层面、银行业层面和其他领域的表现。本文第三部分概括了银行业风险穿透的三种形式,并指出,交叉性金融风险通过多层嵌套在整个金融体系穿透、蔓延、集聚,不仅挑战银行业守住不发生系统性风险底线的首要任务,也损害金融服务实体经济发展的根本职能。本文第四部分基于上海银行业监管实践中的典型案例研究,围绕同业、理财、资产证券化和第三方跨业合作四大路径,从微观层面剖析了金融交叉性风险穿透的运行机理。本文第五部分梳理了美国监管当局、金融稳定理事会(FSB)、巴塞尔委员会(BCBS)等国际金融监管部门对于交叉性金融业务资管业务以及资产证券化业务的监管实践和政策框架，尝试提出上海银行业金融交叉性风险穿透的主要对策措施。

本文的创新点体现在三个方面，一是对银行业与非银行业风险穿透的痛点和表现形式的比较，二是基于现实案例和当前情况对银行业金融风险穿透的路径归纳及其宏微观机理分析，三是基于国际借鉴和上海特点提出了风险穿透监管的地方性区域性实施框架和一揽子对策建议。

二、交叉性金融风险穿透概述

（一）金融风险穿透的定义

金融风险穿透，是指金融产品所基于的底层资产产生风险，由于风险相关性叠加导致系统性风险，使金融产品本身所设计的风控措施及风险隔离手段失效，进而使风险向上层产品传导，最终蔓延至整个金融体系。

（二）金融风险穿透的起源

传统意义上的金融风险是指根源于金融运行不稳定性、金融发展不确定性以及金融市场波动性所导致的收益损失及其概率分布，具有不确定性、相关性、杠杆性与传染性等特点，可以划分为系统性风险与非系统性风险。20世纪90年代的金融风险与21世纪早期银监会、证监会、保监会分业监管框架建成以后的金融风险具有很大的差别。其中，最显著的是中国加入世界贸易组织以后，中国金融市场格局发生了革命性的变化，金融业务交叉创新与金融全面对外开放进程中，金融风险形式与类别也发生了颠覆性的变化。尤其是2008年国际金融危机后的一系列危机应对措施和2012年以后中国互联网金融的迅猛发展，全方位改变了中国金融风险的形式、格局与发展路径。因此，从历史来看，金融风险的加速变化是与金融市场的不断发展与加快开放紧密相关的。

交叉性金融风险穿透源起交叉性金融业务、金融工具以及金融产品。交叉性金融业务是指跨行业的金融业务，交叉性金融工具是指连接多个行业、多个市场与多个区域的标准化或者非标准化的交易载体或者平台，交叉性金融产品是指跨国界、跨行业、跨机构的金融投资产品或者资管计划产品。

从外部环境看，金融市场之间、金融机构之间、金融行业之间与金融区域之间的发展速度与规模不平衡是金融交叉的根源；中国分业监管与分业经营大框架的确立是金融交叉的制度基础与根本前提；金融综合化经营与金融国际化加速推进是金融交叉的动力；金融业务多元化不足、金融工具短缺和投资产品短缺是金融交叉的诱因；大资管时代的到来则是金融交叉的加速器。表面上看,金融业务、工具以及产品交叉属于金融创新,但是"野蛮"资管却扭曲了创新的本意。2012 年以来,随着监管部门对大资管的松绑和互联网金融平台的快速发展,银行业、证券业、保险业、信托业、基金业和期货业,一哄而上做资管,市场乱象频出,钱荒、股灾、资产荒与负债荒此起彼伏,交叉性风险穿透愈演愈烈,影响社会稳定和民生幸福。

从内生性看,金融交叉性风险穿透有着深刻的宏观经济体系扭曲与宏观金融结构异化等发展转型规律性背景。金融异化、经济异化和市场异化从不同维度引致风险异化,风险异化与风险穿透密不可分、交替演进。交叉性金融风险穿透性源于三个方面:加杠杆、基础资产恶化、交易对手违约,其严重性在于其常常粉饰金融创新、隐瞒恶意行为并演变成金融违法犯罪。因此,交叉性风险的特点可以概括为含混性、复合性、游离性、隐蔽性、传染性。

(三) 金融风险穿透的宏微观表现

交叉性风险穿透既发生在微观金融领域,也同时发生在宏观经济领域。金融过度虚拟化与金融加杠杆交互牵引,经济过度金融化与国企加杠杆、地方加杠杆亦步亦趋。诚然,经济长期中高速发展必然增大全社会资产规模,做强金融资管、做强企业资管与做强政府资管永远是正确的,但是盲目做大资产规模而不去优化资产负债结构却是错误的,特别是直接、间接地借助金融杠杆做大规模,则无异于揠苗助长。

1. 微观领域:银行业风险穿透表现

一是金融"脱实向虚",资金在同业空转。从银行资管增速上看,银行同业存单增速远远高于银行负债增速,同业投资增速远远高于银行资产增速。二是中小银行存在系统脆弱性。调查发现,中小银行抵御流动性风险的能力偏弱。2012 ~ 2016 年,城商行资产在全部银行业资产的比重在 10% ~12%,但其资产负债率一直保持在高位。数据显示,2016 年城商行的同业资产占比和投资类资产占比在不同银行体系中均为最高,与之对应的是其现金及准备金结构占比均为最低。三是非银行业金融部门资本充足率不足,通过投资业务向银行穿透。从大资管结构看,非银行业金融资管约占 55%,高于银行业所占比重 45%。2016 年末,银行资管占比约 28%,信托资管占比约 18%,券商占比约 17%,基金、期货与私募合计占比约 27%。国泰君安专家指出,相比于 2016 年商业银行资本充足率 13.28%,非银行业金融部门的资本充足率低位在 5.31%、高位在 8.24%,远远低于商业银行水平;估计银行通过表外理财投向实体的 17 万亿元全部未计提资本，如果通过穿透方法扣除该提未提的部分，银行业资本充足率将下降近两个百分点。

2. 微观领域：各类非银行金融乱象

该领域主要包括互联网金融乱象、证券欺诈、保险"野蛮人"、金融交易场所乱象以及其他"伪"金融活动。具体来说，分为以下五种：

第一种是"伪"金融，也就是违法金融活动及其虚假金融招牌。金融、银行、证券、保险等都是法定的，违法就是犯罪，比如非法集资、伪基金、伪私募等，就是金融犯罪活动。

第二种是"伪"银行，也就是非法金融跨界，包括跨业、跨行、跨市与跨区域，包括跨国界。比如非法票据中介，非法保险中介等。这些跨界不是服务创新，而是金融套利。

第三种是"黑"金融，也就是金融投资欺诈。保险欺诈、证券欺诈以及金融交易欺诈等，属于恶意行为，隐含黑社会性质。一些非正规贷款公司、投资公司、民间贷款公司等的一些业务行为远离了法制化经营的轨道。

第四种是"灰"金融，也就是互联网金融乱象。许多网贷机构在信息中介定位、业务合规性、第三方存管、信息披露等方面呈现的"灰金融"色彩。比如某些 P2P"资金池""代金券""会员证"等，不受监管与监督，没有信息披露或者透明度很低，对投资者与公众隐瞒真实信息，没有风控或者风控有名无实。

第五种是"桥"金融，就是交叉性通道。一些地方的金融资产交易所的风险"向上穿透"，变相突破 200 人界限，涉嫌非法公开发售。各种网上"交易平台"、微信公众平台以及一些资金交易场所、市场评估中介机构和咨询公司，采用投资咨询与金融宣传等形式误导投资预期、扰乱交易行为而催生金融风险。

以上种种，都是金融功能的杠杆扭曲与金融行为的交易异化，是对金融业法定性的挑战，是对金融市场中介性的误读，是对金融交易杠杆作用的投机幻想。

3. 宏观领域

一是资金绕道投向限制领域。商业银行及财务公司普遍开展委托贷款，调查表明，其大量投向了地方融资平台、房地产甚至"两高一剩"行业。银行业同业与理财投资导致国家宏观调控政策失灵，系统性风险不断积累和扩大，催生"金融灰犀牛"。

二是经济过度金融化与社会整体杠杆率的提升。中国社会科学院与中国财富研究院联合发布《中国金融业高增长：逻辑与风险》报告。报告认为，近 10 年来我国金融业增加值占比翻了一番，从 2005 年的 4% 迅速攀升至 2015 年的 8.44%，该数值不仅高于巴西和俄罗斯等新兴市场经济国家，也高于美国、英国等传统经济发达国家。图 1 描述了我国经济各部门负债率的变化趋势，需要警惕的是，2012 年以来我国金融业的高增长及其对经济增长的贡献率上升是在制造业对经济增长的贡献下滑的背景下发生的，潜在的金融风险不容忽视。

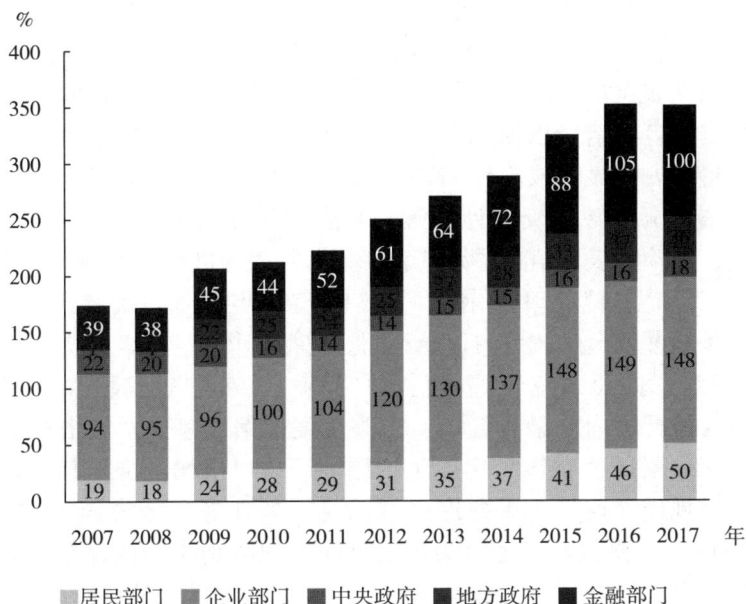

资料来源：Wind 资讯，天风证券研究报告。

图 1　中国各部门杠杆率

三、银行业风险穿透的主要形式、路径及机理——基于上海银行业案例研究

（一）银行业风险穿透的主要形式

银行业资产规模的龙头地位、庞大的机构体系、复杂的业务结构、多元的产品创新渠道、广泛交错的市场联系机制及其绵延不绝的服务渠道决定了银行业风险源头多、衍生速度快、交叉穿透频、危机预期难的特点。捕捉交叉性风险点和识别交叉穿透形式不仅需要熟悉传统业务多元性，更要识别新兴业务交叉性、创新产品的结构化特点，以及交易工具、交易平台的风险传递交错性。银行业金融风险穿透的形式可概括为以下三种。

形式一，业务结构多层嵌套。金融业各类资管计划四面出击，纵横交

叉，嵌套关系非常复杂。一是银行业信托计划与理财计划不仅彼此嵌套、业内横向连接，而且与券商资管计划、基金专户、保险专户及公募基金、期货资管计划等多维嵌套。二是当前广泛兴起的银行业资产证券化普遍采用 SPV 或者 SPT 方式，不仅使交易结构更复杂而滋生了交易对手风险、法律风险等，而且异化了信用风险、掩盖了利率风险。二是银行业机构跨越金融领域界限，与地方政府投资基金、第三方交易平台和地方交易所等行业外机构合作，其关系极其错综复杂。

形式二，会计处理不规范，并表管理流于形式。通过种种手段方式，实现表内资产的"出表"，调节会计科目，粉饰财务报表。如转换资产形式，将信贷或者类信贷以回购形式转为风险权重较低的同业资产；违规通过相互代持、安排显性或隐性回购条款转移至表外等方式转移、隐匿不良贷款；将票据资产转为资管计划等。并表管理制度不能实现对会计并表、业务并表、风险并表、信息系统并表、数据并表等进行一致性标准化管理。

形式三，"空转"套利。各类"空转"套利均是通过虚增业务规模，拉长资金链条并攫取金融体系内资金利润。包括信贷"空转"、票据"空转"、理财"空转"、同业"空转"。信贷"空转"主要包括虚增存款与中间业务、本行与他行表内外融资置换、多头过度授信、违规发放搭桥贷款套取银行资金等。票据"空转"主要包括循环开票以虚增业务指标、票据出表以逃避信贷规模管控、违规办理虚假承兑汇票业务导致资金"空转"等。理财"空转"主要包括以理财买理财、同业理财购买同业存单、非银机构利用委外资金加杠杆和加久期等。同业"空转"主要包括吸收同业资金对接理财与资管、通过同业投资充当通道、通过大量发行同业存单进行同业投资。

基于前述金融风险穿透的宏微观表现进一步分析看，当前包括银行业在内的金融业通过多层嵌套、会计出表和各类空转套利形式，虚增业务规模，粉饰财务报表，逃避资本计提，不仅导致金融体系内在风险不断穿透、蔓延、积聚，还进一步导致了资金"脱实向虚"，流向限制性领域，拉长了交易链条，抬升了企业融资成本，蚕食了国民财富，降低了宏观调控政策的有效性，全面提高了社会经济各部门的负债率。其结果既不利于守住不发生系统性风险的底线，也损害金融服务实体经济发展的根本职能。

（二）交叉性金融风险穿透的路径及机理

交叉性风险穿透的复杂性不仅源于业务多维性、产品多样性以及机构多元性，而且源于市场结构性和工具衍生性。虽然金融交叉性风险穿透的主要路径可以归结为同业、理财、资产证券化以及金融衍生品四大种类，但产品嵌套的形式和交易叠加的层次却是变化多端的。

　　本文基于上海辖内银行业机构情况，梳理银行业同业、理财、资产证券化与跨业合作四大业务的交叉关系，通过对通道业务、理财业务、票据业务、跨行业投资四类典型业务的实际案例分析，进一步探索归纳交叉性金融风险穿透的路径和内在机理。

　　1. 通道业务

　　通道业务，是指通过银行等手段，将传统贷款业务转移出表的业务，其主要体现在违规投向限制领域，变相增加业务量等问题。

　　（1）同业投资进入房地产开发

```
┌────────────┐  资管   ┌────────────┐  委托   ┌────────────┐  委托   ┌────────────┐
│ 银行自营资金 │ 计划 → │  资管公司  │ 协议 → │ 银行在沪分行 │ 贷款 → │ 土地竞得人 │
└────────────┘         └────────────┘         └────────────┘         └────────────┘
```

图 2　同业投资通过资管计划通道进入房地产开发

　　如图 2 所示，银行运用来自同业存款或普通存款的自营资金，通过资管公司成立资管计划，再由资管计划以委托贷款形式，通过出资银行将资金投向土地竞得人或关联企业，用于土地拍卖。从操作模式看，资管计划是专门为银行自营投资设立的通道，委托贷款收益最终由银行收取，银行则根据市场行情支付给资管计划通道费，记账科目为自营投资。

　　上海银监局前期调研发现，尽管中国银监会 127 号文明确，同业投资应"严格风险审查和资金投向合规性审查"，但在实际操作中受套利动机的驱动，银行在展业过程中存在主观规避房地产调控政策和挑战监管政策底线的情况。其风险穿透点有四个：一是以"同业投资"穿透"一般发放贷款"；二是以"前端融资"穿透"土地储备贷款"；三是以"并购交易"穿透"房地产调控"；四是以"股东借款"穿透"土地出让金"。

　　（2）存单质押信托通道业务虚增银行业务规模

　　如图 3 所示，本案例模式为，某银行（以下称"B 银行"）以自有资金委托 A 信托公司设立"存单质押贷款模式单一指定用途资金信托"，信托期限 1 年。信托资金依照 B 银行的指令向数家企业发放流动资金贷款。借款人将其持有的开立于某银行分行一年期定期存单质押给 A 信托公司，为到期足额还款提供存单质押担保。若到期借款人未能按时足额偿还信托贷款本金和收益，A 信托公司将直接解押兑付。A 信托公司委托 C 银行对该存单进行质押操作，并由 C 银行保管该存单。如信托项目到期后各借款人未能按约定时点足额偿还信托贷款本金和收益，A 信托公司将以信托资产届时状况原状交付给受益人。

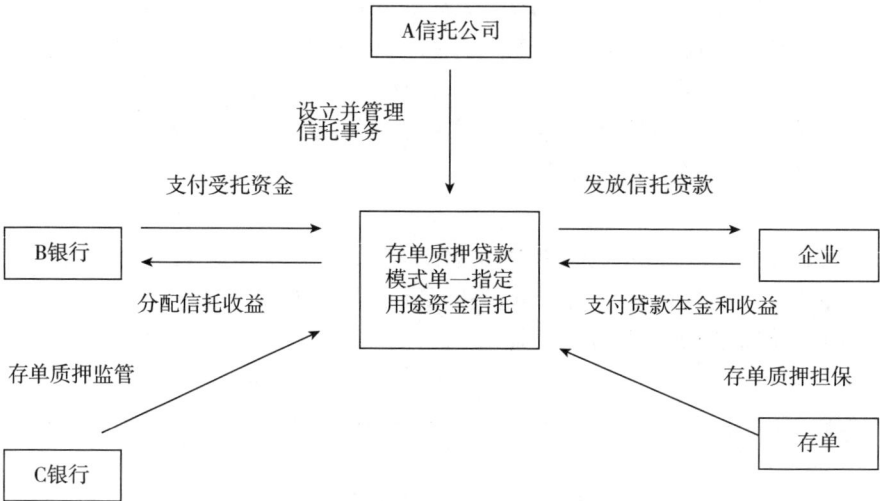

图3　存单质押信托通道业务结构

本案例的风险穿透点在于以下几点：一是规避资本计提。通过该业务模式，反复采用，C 银行不仅大幅增加业务规模，同时，如果有承诺远期受让、作为同业授信，C 银行还可降低该业务适用的风险权重，间接减少风险拨备与资本计提。C 银行开展该笔业务，存款增量远高于贷款增量。二是虚增社会融资总量形成"泡沫"而催生金融"灰犀牛"。以本案例为例，企业实际获得的信托贷款远远低于社会融资总量统计，转化为 C 银行存款却未流入企业。如果反复采用该种模式操作，表面上看有大量资金流入实体经济，实则是在金融系统内空转。三是变相提高了企业的融资成本。由于此种模式有多家金融机构参与，包括信托、券商等通道，企业需要支付的费用增加，提高了总的融资成本。四是掩盖并降低监管透明度。该业务模式由于涉及多家银行、信托公司等金融机构，具有较高的隐蔽性。以本案例为例，涉及一家辖内信托公司及两家异地银行，分布于三地，分属三家属地监管。如果银行通过券商资管计划等过桥，还会涉及证券监管。

以上案例表明，同业投资通道业务跳出了原来"银行—企业"这种双向、简单的贷款关系，衍生了出资机构、通道机构、风险承担机构等不同的市场角色，在交易链上出现了跨机构交叉和交叉性风险。通过这些链条，资金并未有效流入实体经济，而是大量在金融领域空转，并增加了实体经济融资成本，此外违规流向等现象越发明显，严重损害了实体经济，并将房地产风险扩散到了金融领域。

2. 理财业务

近几年，银行资管业务兴起，而在这当中，银行通过理财业务手段，规避监管要求，从而衍生了大量风险。

（1）银行理财资金投向券商融资业务

银行理财产品参与券商融资业务的一般模式是银行购买券商的融资债权收益权，其盈利模式为融资客户向券商还款，券商向理财产品进行兑付。一般情况下，券商采取回购形式使银行理财获得固定收益率。

如图4所示，基金子公司发行专项资产管理计划，由银行代销。该计划购买证券公司的融资债权收益权，并由证券公司到期溢价赎回计划项下的融资债权收益权。该产品的赎回、回购安排及相应收益支付方式包括：正常情况下证券公司到期按约定价格赎回；计划可能延期，此时则需将基础资产对应现金流转付基金；因证券公司业务停牌可提前按约定价格赎回；合同违约启动强制回购。

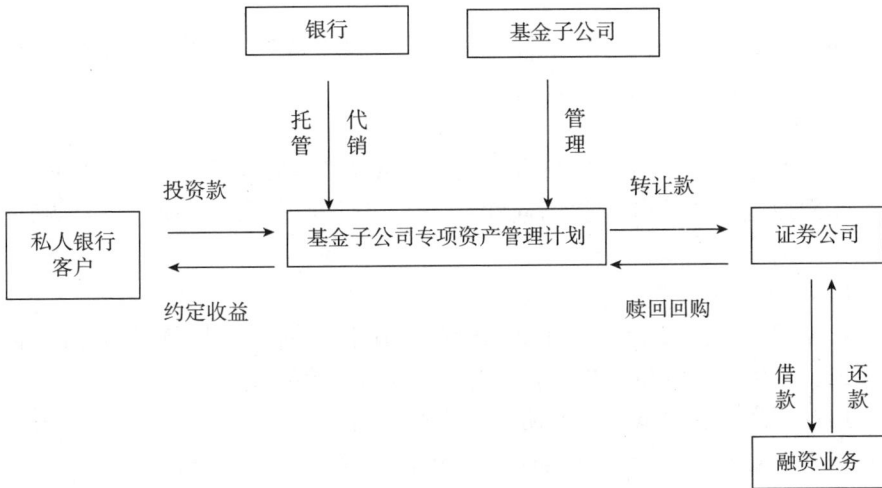

图4　银行理财资金投向券商融资业务模式

本产品的交叉性风险穿透点有四个：一是形式上，理财投向两融的基础资产属于债权收益权，实质上，银行理财为券商扩张融资业务等提供资金来源，间接进入股市。二是业务的风险实质为对券商的交易对手信用风险，银行应将其纳入全行统一授信管理。三是业务风险程度处于银行与券商之间的同业拆借和质押式回购交易之间，属于无合格抵押品的回购交易。四是在基础资产无登记要求、出现损失无可靠追索手段的情况下，银行缺乏有效手段控制融资债权资产，业务风险点主要集中在可能出现重复质押。

（2）新型同业理财套利

同业理财套利的新形式有别于私自修改合同、出具"抽屉协议"的老方式。其做法是：买卖双方 H 银行与 S 银行签订一项双方经过法律审查的合同并采用"策略保本型"或"本金保护型"等模糊概念，以此使发行方计为"非保本理财"而购买方计为"保本理财"的目的。合同未明确说明本金损失，其中有的"非核心条款"体现出该产品为非保本型理财。

本模式涉及六项指标穿透，前二项涉及发行方而后二项涉及投资方。一是规避"同业融入余额不得超过该行负债总额的三分之一"的要求。二是发行套利产品的利率略高于同期同类机构发行的保本理财，但是远远低于非保本理财。三是投资方套利产品可获得更高的收益率水平，穿透理财监管要求。四是减少计提资本充足率，穿透资本监管要求。五是减少拨备计提，穿透拨备监管要求。六是购买同业保本理财不再纳入非标计算口径，穿透非标监管要求。此外，本模式还从风险计量方面穿透了增值税监管要求。

通过同业理财，银行资金穿透了监管要求，增加了收益，同时投向也难以监管，并加大了全行业的风险敞口。

3. 票据业务

银行票据，作为金融服务实体经济的重要工具，本身具有较强的金融属性，而通过票据业务衍生的同业业务，银行获得了新的利润增长点，也催生了风险。

（1）票据资管

商业银行票据资管业务有票据资产转让和票据资产收益权转让两种运作模式，其中，票据资产转让模式是目前的主流模式。

票据资产转让模式如图 5 所示，商业银行 A 作为出资银行投资于券商、保险资管成立的定向资产管理计划（SPV），其标的基础资产可包括企业持有的未贴现票据、本行或他行持有的已贴现票据。同时，商业银行 A 的系统内分支机构与券商、保险资管签订《票据服务协议》，代理该资管计划作为票据转让的被背书人，并提供票据审验、保管、托收等服务。

票据资管业务存在三个交叉性风险穿透点。一是规避信贷规模管制和减少减值准备计提。商业银行通过开展票据资管业务，将贴现及买断式转贴现票据资产转换成同业投资资产，不仅规避了信贷规模的管制，也减少了减值准备计提，造成监管套利。二是交叉穿透了合规风险、经济风险与法律风险。根据目前规定，资管计划不可以开展票据直贴业务、纸票转贴现业务，票据资产转让模式中企业向资管计划转让票据资产绕开了票据贴现环节的贸易背景审查和贴现资金用途、流向的监控，资金有脱实向虚风险，违反监管规定。实务中票据服务银行代理资管计划背书时并未在票据上表明代理关系，其代理关系仅由合同约定，不符合《票据法》规定。三是分支机构不具有开展票据资管业务权限。违反了银监会关于同业业务实行专营部门制、专营机构全权承担风险责任等有关要求。商业银行分支机构内控薄弱、抗风险能力差，开展票据资管业务易积聚风险，不利于金融市场稳定。

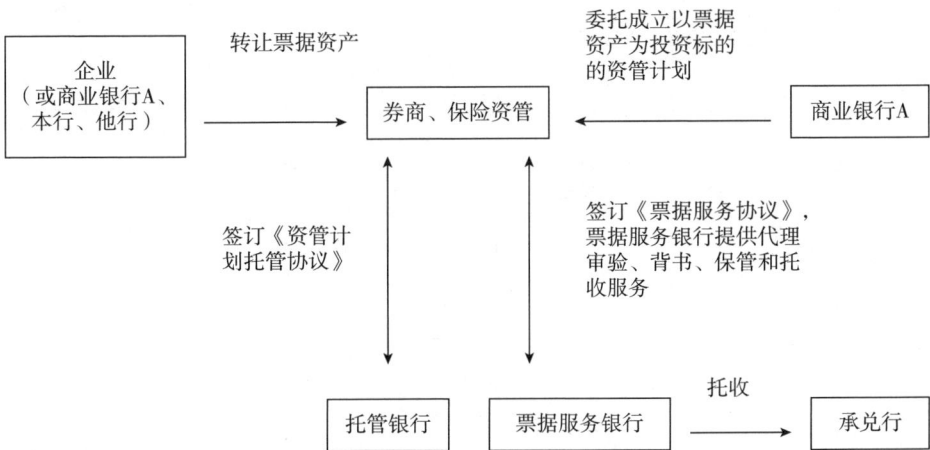

图5 票据资产转让模式

（2）票据资产证券化（ABN）

票据资产证券化的业务模式为，商业银行接受持票人（企业）的委托，由商业银行代理持票人将其合法持有的、未到期的商业汇票的收益权或票据结算应收债权作为基础资产转让给资产支持专项计划（SPV），并以相应票据设定质押担保，以基础资产所产生的现金流为偿付支持，在此基础上发行资产支持证券的结构化融资安排。相应地，票据由该行作为资产服务机构提供管理服务。

ABN隐含诸多交叉性风险穿透点。一是监管套利。目前绝大部分已发行ABN实际由银行使用自营资金或理财资金认购且大多选择持有到期，本质上仍旧是借助同业"通道"变相为客户进行融资，规避了狭义信贷规模和信贷资金用途管控，同时减少了资本占用。银行作为单一投资者主体并未达到风险分散的效果，信用风险仍在银行体系内部集聚，背离了资产证券化业务的初衷。二是超购非标和规避计提资本的合规风险。根据银监发〔2013〕8号文，目前在机构间报价系统非公开募集发行的票据ABS仍属于非标资产，银行使用自营资金购买 ABS 的风险暴露必须严格计提风险资本。ABN 也要备案，关键在于是否减少风险资本计提的风险。三是信息披露不足。据了解，机构间报价系统发行的票据 ABS 产品仅登记产品名称、发行时间和票面利率，缺乏有效信息披露，信息披露不充分，投资者权益保护和"穿透"管理难度增加。四是自营资金和理财资金混用发行 ABN，难以进行信用风险"穿透"识别和管理。

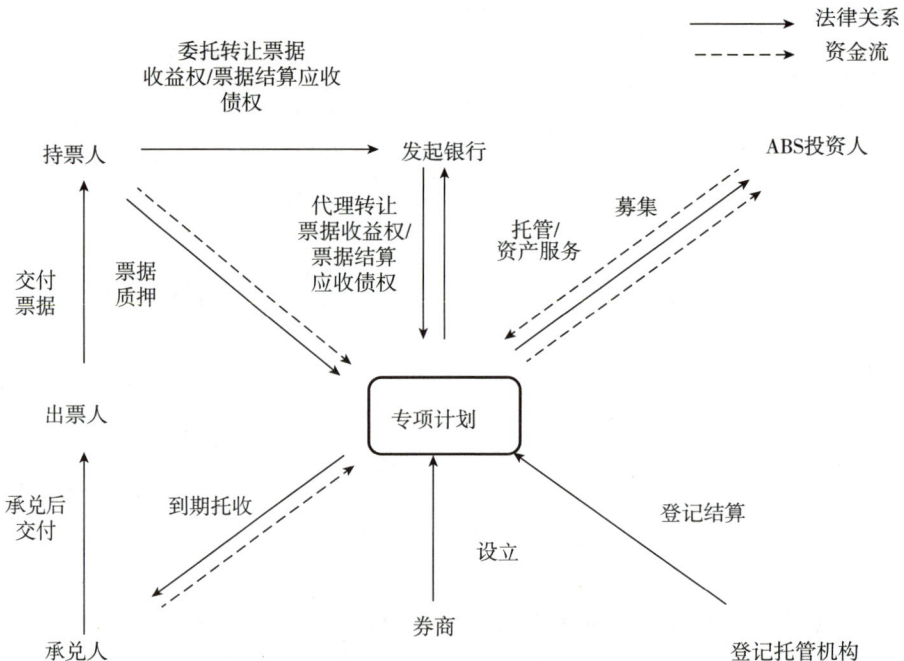

图 6　票据 ABS（ABN）业务基本流程

票据业务的衍生金融，不仅使票据业务本身的风险通过这些手段被放大，并且极易集聚新的风险（农行北京市分行票据调包事件），且规避了相应的监管穿透要求，增加了行业的系统性风险。

4. 跨行业交叉合作

银行业机构跨行业金融服务既是主动服务实体经济的积极举措，也是交叉性风险穿透的新型路径。典型的跨行业交叉合作包括三种方式：银行通过"同股同酬"或"明股实债"模式参与地方国企投资基金、银行与网络服务平台开展信贷业务合作、银行与地方交易场所开展合作。

银行业金融机构违规参与跨行业金融服务合作的交叉性风险穿透点在于：一是法律道德风险，因受投诉、举报和诉讼等连带产生声誉风险。二是灰色交易对手风险，连带遭受市场风险损失与流动性风险损失。三是政策合规风险，连带产生操作风险损失与信用风险损失。四是系统性灰犀牛风险。金融乱象与交易乱象的泛滥，不仅诱发庞氏骗局，而且催生金融灰犀牛和经济灰犀牛。

（三）交叉金融风险穿透的危害

从以上不同类型可以看出，金融风险穿透存在许多危害。

其一，伴随着杠杆的叠加，进而导致风险的集中，被集中的风险一旦爆发，会沿着产品链条扩散，从而导致链条上的机构受到影响，而受影响的机构又会进一步影响其所涉的其他产品，导致风险的横向传递，进而对金融系统乃至实体经济产生更大的危害，由于所涉机构往往跨地区分布，增加了风险防控及应对的难度。

其二，规避了大量传统的金融机构风险控制手段，将风险隐藏而并未转移，使金融系统应对风险的能力大大降低，从而加大了系统性风险爆发的概率。

其三，金融风险穿透扭曲了国家调控政策，财政政策的效果，造成了大量的空转以及将资金投向了两高一剩行业，使金融体系丧失为实体经济造血功能，反而从实体经济抽血，损害宏观经济运行。

四、交叉性金融风险穿透的国际监管经验和上海银行业监管对策

21世纪以来交叉性资管业务异军突起，近80%规模集中在北美（全球占比超过50%）和欧洲（超过25%）。一方面，资管业务与金融行业全部领域包括银行、信托、证券、保险、期货、公募、私募等全面对接，另一方面衍生工具、证券化工具、交易模型以及互联网平台与金融市场全球化多头并进。其结果是，产品越来越复杂，金融越来越夸张，影子银行泛滥最终催生了2008年国际金融危机，国际货币基金组织以及世界银行束手无策。

危机之后，G20决定成立金融稳定理事会（FSB），会同巴塞尔委员会（BCBS）、国际清算银行（BIS）、国际货币基金组织（IMF）、世界银行（WB）全面推进全球金融治理，从"金融自由化"向加强金融监管转变，通过一系列架构治理改革和监管实践，集中应对资管加杠杆、对冲基金、资产泡沫和无序清算等交叉性金融业务痼疾。本文梳理了美国监管当局、金融稳定理事会（FSB）、巴塞尔委员会（BCBS）等国际金融监管部门对于交叉性金融业务资管业务以及资产证券化业务的监管实践和政策框架，并立足上海银行业实际，提出监管对策建议。

（一）交叉性金融业务与资管监管的国际借鉴

1. 美国对交叉性金融产品的监管

美国对于金融业的监管，以 2008 年国际金融危机作为一个明显的分界线，呈现不同的风貌。金融危机前，美国 1999 年出台了《金融服务现代化法案》进行了金融监管架构改革，由分业经营转变为混业经营，商业银行开始涉足投资银行、证券和保险业务，交叉金融业务增长迅速。

金融危机后，美国监管当局反思金融系统监管改革，于 2010 年通过《多德—弗兰克华尔街改革与消费者保护法案》，旨在突出金融系统稳定性，并要求对金融系统实施统一监管。尤其在交叉性金融风险的识别和防范方面，2010 年，美国财政部成立美国金融研究办公室（Office of Financial Research）。一是制定统一数据标准，强化全面风险监测。重点监测数据获得、数据质量、数据规模、中央交易对手、市场结构、风险监测、金融机构风险和压力测试八项内容。二是强调提交数据金融机构的广泛性和覆盖率，要求涵盖包括银行、保险公司、货币市场基金和私募基金等所有的金融机构。三是强化风险研究和政策咨询职能。通过发布相关数据趋势报告和系列研究报告，不仅为美国金融监管者提供决策依据，也促进增强了公众信心。四是区分微观审慎政策与宏观审慎政策。微观审慎政策具体包括：设置银行资本和流动性标准、银行的压力测试要求、对投资银行和资产管理机构的报告要求等。宏观审慎政策包括：限制公司过度依赖短期融资的工具、设置防止挤兑现象新规则和"风险自留规则"等。五是建立金融风险评级指标体系。将金融系统的风险分为 A~F 共 6 个级别，各自对应得分为 0~20 分，得分越高者风险级别越高。金融系统的稳定性风险指标分为 5 个一级指标，18 个二级指标，60 多个三级指标。美国金融研究办公室测算了美国最大的六家银行条件在险值（CoVaR）后发现，银行系统性风险存有较为突出的潜在传染可能，并且由于交叉金融业务的不断发展，美国银行业的实际情况可能比测算的结果更加严重。

2. 金融稳定理事会（FSB）发布《应对资产管理业务结构脆弱性的政策建议》

2017 年 1 月，金融稳定理事会（FSB）发布《应对资产管理业务结构脆弱性的政策建议》（*Proposed Policy Recommendations to Address Structural Vulnerabilities from Asset Management Activities*）（以下简称《建议》）。《建议》指出，资产管理业务存在结构脆弱性，可能影响金融稳定的四类主要业务活动类型，包括开放式基金投资资产与基金份额赎回条款之间的流动性错配、投资基金中的杠杆运用、市场承压时委托投资和客户账户转移引发的操作风险、资产管理行业的融资融券业务。《建议》针对每类业务活动类型分析潜在风险提出 14 条具体政策建议，且部分建议将由国际证监会组织（IOSCO）执行。

3. 巴塞尔委员会（BCBS）和国际证监会组织（IOSCO）联合发布《识别简单、透明和可比的资产证券化标准》

巴塞尔委员会（BCBS）和国际证监会组织（IOSCO）2015 年 7 月 23 日联合发布了《识别简单、透明和可比的资产证券化标准》，该标准适用于规范资产证券化，旨在识别和提升资产证券化结构的简单和透明度。该文件提出资产证券化监管的三大原则：简单性（以下简称 S）、透明性（以下简称 T）和可比性（以下简称 C）。文件指出，通过提升资产和结构的简明度，STC 标准使投资者和监管者更精确地评估资产证券化产品的风险敞口。通过提高透明度，STC 标准有助于投资者对证券化资产的结构、标的资产的特点和资产在存续期内的业绩获得更全面、可靠的信息，有助于投资者对风险和收益进行更彻底的分析。通过提升资产证券化交易中某些因素的可比性，降低评估证券化资产的难度。

该文件提出资产证券化的三个关键风险，即资产风险、结构化风险、受托机构和中介机构风险，为判断资产证券化是否满足三大原则要求，BCBS 和 IOSCO 提出了 14 条评价标准，进行量化分析。文件针对三大类风险分别提出了具体的指导意见。第一，为应对资产风险，资产证券化标的资产应当是同质化（包括资产类型、所在地区、法律体系和货币）的债权或应收账款；债权或应收账款应该拥有经合同约定的如租金、本金、利息收入等定期现金流，利息支出或贴现率应采用公允市场利率，而非参照复杂公式或是奇异衍生品。第二，为应对结构化风险，合格的证券化资产要求针对信用债权或应收账款应具备可偿付现金流。第三，为应对受托机构和中介机构风险，应从法律上明确受托责任与合约责任，应具备专业性管理团队，应给投资者提供充分的透明度。

（二）基于上海银行业的交叉性金融风险穿透监管对策研究

上海担负着六大国家任务，"5 +1"综合体系建设对上海银行业全面健康发展和全面风险监管寄予厚望，探索上海特点的银行业金融交叉性风险监管模式是不能推卸的改革开放责任大计。因此，上海银行业要高举全国金融工作会议确立的金融改革开放大旗，贯彻落实中央银行宏观审慎评估体系要求和中国银监会交叉性风险穿透监管要求，参考借鉴国际金融交叉业务风险治理的经验做法，协同推进金融治理、银行治理与监管治理以及经济金融综合治理，重点强化功能监管系统整合与行为监管区域协同，平行推进风险监管与合规监管。

1. 树立银行风险防范的宗旨意识和责任意识

历次检查发现，银行是非常清楚各类交易实质的，从银行端追踪交易资金流就能够做到完全穿透管理，不存在因为分业监管和跨机构、跨市场不能穿透的问题，根本原因在于银行有无穿透意愿，是不是愿意付出穿透的成本。因此，做好交叉性金融风险防范首先要督促银行树立服务实体经济的宗旨意识，强化银行履行主体责任的责任意识，矢志不渝地督促银行业严格落实穿透和拉直管理要求。

2. 落实"三个穿透"

高举功能监管大旗，开辟拓宽道路。一是对高风险产品，坚定资本监管穿透，严格执行"边界管理"和"名录管理"，准确划分产品的种类和规模，掌握基础资产的性质和风险，做好资本拨备的计提和覆盖。贯彻产品设计简单性原则，严格期限匹配，限制多层嵌套。二是对高风险投资者，严格监管投资者穿透，把合格投资主体确认与风险承担工作做实、做细。三是对高风险业务与风险管理机构，加强交易行为穿透。严格评估并警惕监测交易对手风险，打击合同欺诈与交易舞弊，落实市场风险监管要求。此外，高度重视监管辖内机构"经营主体与记账主体分离"的现象，防止监管陷入"管得到的看不到，看得到的管不到"的盲区。

3. 加强区域监管协同

建立中央地方金融监督管理部门交叉性金融业务监管联席会议及时交流交叉性产品与交叉性业务相关统计信息、创新动态。建立监管部门制度性例会，协调交叉性金融风险穿透监管操作规范与操作方式，督促各个金融行业协会加强交叉性金融业务与人员自律规范协同管理，推动建立统一的交叉性金融产品投诉处理信息交流平台、统一的区域内金融消费权益保护平台，全面提升监管的高度、广度和深度。

普惠金融与金融稳定：传导机理及实证研究

白当伟　汪天都　李潇潇　蒋润东　冯丝卉①

一、引言

"普惠金融"是指立足机会平等要求和商业可持续原则，以可负担的成本为有金融服务需求的社会各阶层和群体提供适当、有效的金融服务。这一概念一经提出，便得到了国际社会的广泛响应。2009 年 12 月，二十国集团（G20）首尔峰会批准了《普惠金融行动计划》（FIAP），并成立普惠金融全球合作伙伴（GPFI）作为 G20 框架下推动普惠金融发展的国际组织。2011 年 9 月，普惠金融联盟（AFI）全体成员在墨西哥通过了《玛雅宣言》（*Maya Declaration*）。普惠金融联盟要求各成员依据该宣言，对普惠金融的实质性进程、目标做出明确承诺。2015 年，世界银行提出了到 2020 年在全球普及金融服务的目标（Universal Financial Access by 2020）。我国也将发展普惠金融作为一项重要的目标和任务。2015 年，国务院出台《推进普惠金融发展规划（2016~2020 年)》，将小微企业、农民、城镇低收入人群等特殊群体明确为我国普惠金融重点服务对象。

普惠金融在支持经济增长，促进就业，消除贫困，实现社会公平等方面的积极作用已得到广泛认可。② Gine 和 Townsend（2004）、Banerjee（2009）均发现普惠金融可以促进经济增长，Beck 等人（2008）认为普惠金融可有效降低基尼系数。但在普惠金融与金融稳定二者的关系上，理论界和实务界均存在较大争议。一方面，始于 2007 年的次贷危机表明盲目扩大金融服务范围、给不具备享受某些金融服务的群体提供金融服务会增加金融系统风险，破坏金融稳定；另一方面，又有经验显示为普通民众服务的高度本地化的市场更能承受金融危机的冲击，如印度尼西亚人民银行的微型金融在金融危机中仍保持稳健。因此，探究普惠金融对金融稳定的影响，有助

---

① 作者单位：中国人民银行金融消费权益保护局。厦门大学田霖博士对本文也有贡献。本文内容为作者个人观点，与所供职机构无关。

② 参见周小川（2013）。

于加深对普惠金融的理解，并可在推进普惠金融工作中，提高政策的协同性和金融稳定性。

本文其余部分安排如下：第二部分梳理了国内外普惠金融和金融稳定的相关文献；第三部分从理论上分析了普惠金融对金融稳定的作用，比较了几种可能的作用渠道，提出了待检验假设；第四部分开展了实证研究，构建了普惠金融指数和金融稳定指数，对待检验假设进行回归分析；第五部分给出了结论和政策建议。

二、概念演进及文献综述

（一）普惠金融

虽然各方对普惠金融定义的侧重点存在一定差异，如联合国的定义除关注"成本合理"外，还关注监管和制度；世界银行的定义则强调金融产品和服务的使用；而 GPFI 的定义强调正规金融机构在普惠金融中的作用。但各方均强调，普惠金融应遵循商业可持续原则。

当前，国外学术界越来越倾向于认为，如同包容性增长（Inclusive Growth）强调的是成功机会平等而非收入平等一样，普惠金融强调的是融资机会平等，发展普惠金融的目的是通过金融发展创造较平等的经济机会。因此，普惠金融的含义是要降低金融服务的准入门槛，不断扩大金融服务覆盖面，以合理的价格为更多的人提供金融服务，使更多的人能够发挥聪明才智，进而增加收入或摆脱贫困。此外，普惠金融还应该帮助弱势群体改善生活领域的金融服务，提高其生活的便利性，增强其抗风险能力。在实现上述功能的同时，普惠金融应具有商业上的可持续性，只有这样，才能保证其长期大规模地发挥积极作用。

国内对普惠金融的认识也在不断加深。过去，国内许多人往往将普惠金融等同于政策性金融甚至第二财政，过度强调其社会性，而忽视其市场原则和商业可持续性。有的人单纯强调过高的融资满意度，对风险相对忽视，这实际上不利于普惠金融健康发展。现在，人们逐渐认识到，普惠金融不能单纯依靠政府补贴和政策支持，普惠金融应以发挥市场作用为主，且应该实现可持续发展。这一认识上的进步将有利于推动中国普惠金融事业发展。

在实证研究方面，焦瑾璞等（2015）对中国普惠金融发展进程进行了实证研究，余文建（2017）结合国际经验构建了中国普惠金融指标体系，建立起普惠金融发展水平的度量框架。

（二）金融稳定

2008 年的国际金融危机使发达国家受到了不同程度的冲击，人们更加注重金融稳定的重要性，中国也多次强调"把防风险摆在更重要的位置上"。但由于金融稳定问题较为复杂、涉及面广，目前对于金融稳定的定义尚未统一。欧洲央行前行长 Duisenberg（2001）认为，金融稳定就是金融市场、机构、工具等各种金融要素都能保证正常运转。荷兰央行前行长 Wellink（2002）认为，保证金融稳定最重要的是保证货币的正常支付功能，只有货币充分流通，资源在金融系统中得到有效配置，金融系统才能抵御冲击、保持稳定。Foot（2003）认为，稳定的金融系统应该具有以下几点特征：币值稳定，失业率处于正常水平，市场参与者信心坚定，币值和就业水平等因素不会受资产价格影响而偏离均衡水平。欧洲央行前行长 Trichet（2003）曾指出，金融系统的稳定性取决于三个因素：一是参与者所能获得的信息的质量和数量；二是危机的防范和解决框架是否完备；三是市场的完善程度。中国人民银行《中国金融稳定报告》（2005）认为，金融稳定是指金融系统能够对实体经济产生重要影响，推动实体经济稳定增长时的状态；当金融系统处于稳定状态时，一个国家或地区的宏观经济运行是稳定的，政策制定者制定的经济政策是有效的，金融市场环境能够不断改善，金融机构、金融市场以及金融工具等能够充分发挥作用实现资源的有效配置，最为关键的是当金融体系受到来自外部的冲击时，能够继续稳定运行。鉴于金融不稳定的特征比较突出，很多学者如 Ferguson（2003）等从金融稳定的对立面——金融不稳定来进行阐释。无论是正向说明，还是反向阐述，学者们基本都认同金融稳定是指金融系统中的各项要素能够正常运转，并对实体经济产生正面的、积极的影响。

（三）普惠金融与金融稳定

普惠金融对经济社会发展的意义已毋庸置疑，但普惠金融与金融稳定的关系却尚有争论。一些学者认为，普惠金融扩大了金融市场参与者的规模，增加了金融体系的稳定性。但还有一些学者认为，普惠金融降低了获取金融服务的门槛，创新了金融产品和服务，引入了新的风险，增加了金融不稳定性。

支持普惠金融可以促进金融稳定的学者们主要是从普惠金融可扩大参与者范围，促进就业，减少系统性风险等方面展开论证。Hanning 和 Jansen（2010）认为，低收入人群受经济周期影响较小，将这一群体纳入金融体系中可以增加金融体系抗危机能力，因而普惠金融发展能够提高金融稳定性。Prasad（2010）认为，由于中小企业大多是劳动密集型企业，不给这类企业贷款会对就业造成不良影响，从这个角度讲，金融服务的收缩会引发金融不稳定。Khan（2011）从三个角度论述了普惠金融可促进金融稳定：一是给小企业提供贷款，多样化了银行资产，降低了金融机构贷款组合的整体风险；二是增加小额存款者的数量可以增加存款规模和稳定性；三是普惠金融有利于货币政策传导，进而有利于金融稳定。Han 和 Melecky（2015）的跨国研究表明，更多样化的存款资金来源及其更广泛的运用，有助于减弱危机对银行业的系统性冲击（具有稳定效应）。印度尼西亚央行副行长 Ronald Waas（2016）认为，鉴于普惠金融削弱了影子银行，推动金融市场向纵深发展并为银行提供潜在的新市场，所以普惠金融促进了金融稳定。①

另外，一些学者认为，普惠金融是金融稳定的潜在威胁。Mishkin（1999）认为，由于金融资源的规模是一定的，因而普惠金融会带来利率上升，进而给金融系统带来冲击。Khan（2011）指出，在推进普惠金融过程中，由于金融机构会降低放贷标准、将信用评估等功能外包，在这种情况下，如果小额信贷金融机构没有被恰当地监管，那么普惠金融给金融稳定将带来负面影响。此外，Adasme、Majnoni 和 Uribe 等（2006）在一篇关于智利银行业的研究中发现，为中小企业提供金融服务会削弱金融稳定。

之前的学者对于普惠金融与金融稳定二者之间的关系做了大量研究。本文将在此基础上，对二者之间的关系及作用机理进行更深入的研究；基于跨国数据，对二者之间的相互关系进行实证研究；并根据研究结果，提出政策建议。我们希望通过本文的研究，将该领域的研究进一步推向深入。

三、理论与假设

（一）普惠金融对金融稳定作用的理论分析

从理论上看，普惠金融对金融稳定可能存在正反两方面的作用。

正面作用主要体现在以下几个方面：（1）从微观上看，普惠金融可以帮助个人、家庭和小微企业获得储蓄、支付、信贷、保险等一系列广泛的金融服务，有助于其利用金融产品和服务改进生产生活，促进收入增加和维持财务健康，提高其抗风险能力；（2）从中观（金融行业层面）上看，普惠金融有助于金融机构差异化经营，将信贷资产的覆盖面扩展到中小微企业和更广泛的消费者，避免过度集中在大型企业，特别是周期性行业，从而有助于分散风险；（3）从宏观上看，普惠金融有助于减少收入不平等，

---

① 见 Ronald Waas 于 2016 年在印度尼西亚巴厘岛举行的主题为"金融服务覆盖能力最大化：寻求普惠金融和金融稳定的最佳平衡"全球会议上的演讲。

缩小贫富差距，从而提升社会稳定性，社会稳定在一定程度上也有利于实现金融稳定。下文将对这三条作用路径开展进一步分析。

负面作用主要体现在以下几个方面：（1）普惠金融所服务的对象是传统上被金融排斥或服务不足的群体，其金融素养相对较低，生产经营稳定性较差，收入来源渠道有限，风险承受能力较差，同时也缺乏必要的抵（质）押品，故而开展相关业务会给金融机构带来一定风险。（2）普惠金融相关产品和服务的门槛相对较低，尤其是信贷产品，和常规信贷产品相比，往往是降低了授信的标准，从而产生风险隐患，而且可能存在过度授信的风险。从以上两个方面看，由于普惠金融对象的特性，以及对客户要求的放松，会对金融稳定带来一定负面影响。

总体来看，上述负面作用主要带来的是非系统性风险，对于系统性风险的影响不大；并且这些负面作用可以通过金融消费者教育和审慎监管进行缓解。因此，我们认为普惠金融对金融稳定的正面作用大于负面作用，从而产生以下假设。

假设1：一国的普惠金融发展水平越高，金融稳定水平越高。

为了检验该假设，可以选取普惠金融相关指标构建普惠金融指数，选取金融稳定相关指标构建金融稳定指数，从而开展回归分析。

（二）普惠金融对金融稳定的正面作用路径

正如前文所述，普惠金融可能对金融稳定在不同层面产生正面影响，产生影响的原因和渠道有多种可能的解释，本文从微观、中观和宏观层面分别提出了解释。这三种解释是在不同层面上分析普惠金融对金融稳定的影响，相互之间并不矛盾，呈现相辅相成的关系。在现实中，微观、中观、宏观渠道之间可以相互影响，共同起作用。图1给出了三种解释的逻辑路径。

第一种，微观解释。普惠金融有助于增进个人、家庭和小微企业的财务健康，从而对金融稳定有正面作用。

普惠金融可以帮助微观经济中的个体享受基础金融服务，储蓄、支付、信贷、保险等基础金融服务有助于个体形成良好的收支和财务管理习惯，有助于它们借助金融产品和服务开展经营性活动，提高交易的便捷性、安全性，降低交易成本。总体而言，有助于促进个体收入增加和维持健康的财务状况。随着家庭与小微企业（许多小微企业也是以家庭为单位的）财务状况的改善以及对保险等产品的充分运用，这些微观个体的风险承受能力能够得到提升，最终有助于促进金融稳定。从美国次贷危机可以看出，当财务状况有限的个体普遍出现风险时，同样会对金融稳定产生严重破坏。

例如，肯尼亚、坦桑尼亚等非洲国家近年来通过这一微观渠道取得了一定的成功。这些国家的移动运营商大力推广移动货币、移动支付。大量原本享受不到任何金融服务的民众，现在只需拥有普通手机就可以拥有自己的账户，并获得储蓄、支付、保险等各类金融服务，使这些民众第一次融入现代经济生活中。移动支付和保险服务对于民众经营小微企业至关重要，储蓄服务则帮助其积累资金提升获取接受教育的机会，迈出了摆脱贫穷的重要一步。最终，个人、家庭和小微企业的财务状况得到了极大的改善，整个国家的金融体系不仅体量显著增大，也变得更加成熟稳定。

第二种，中观解释。普惠金融有助于金融机构分散信贷风险，从而对金融稳定有正面作用。

从个体性风险的角度看，传统金融业往往更青睐大客户，导致信贷资产相对集中，风险分散度不够。从系统性风险的角度看，传统金融业往往更青睐重资产的传统周期性行业，因而受经济周期影响较大，也就是 β 值较高，受系统性风险影响较大。相反，普惠金融发展能够拓展金融机构的客户群，促进金融机构多样化经营，避免"把鸡蛋放到一个篮子里"，有助于分散行业整体风险，从而有利于金融稳定。

这一作用路径对于中国具有较强的现实意义。中国的国有金融机构往往更愿意将大量贷款发放给大型国有企业，特别是那些处于房地产、重化工等易受周期性影响行业中的国企。在经济快速增长时期，这些企业的产能和信贷会迅速扩张，一旦遭遇经济不景气，就会产生较大的金融风险隐患。通过大力发展普惠金融，促使金融行业扩大信贷发放范围，将更多的信贷资产配置于新兴行业或中小微企业中，从而达到分散风险的作用，这无疑有助于金融稳定，同时也有利于推动供给侧结构性改革，有利于增强金融服务实体经济能力。

第三种，宏观解释。普惠金融有助于缩小贫富差距，促进社会平等和稳定，从而对金融稳定有正面作用。

普惠金融也可以通过宏观渠道产生作用。普惠金融的一个根本理念是让低收入群体也能平等享受到金融服务，帮助其摆脱贫困，避免"穷者愈穷"，从而有助于缩小贫富差距。普惠金融的重点服务对象往往是社会中的弱势群体，最终目标是促进社会平等。社会平等有助于促进社会稳定，而一个稳定的社会才能够孕育稳定的金融体系。

例如，印度和孟加拉国是传统上贫富差距极大的地区。近些年来，普惠金融成为当地开展扶贫开发，解决贫富差距过大问题的重要手段。孟加拉国的尤努斯创办了格莱珉银行，专门为因贫穷而被传统银行拒之门外的人群提供小额贷款，取得了巨大的成功。国际社会普遍认为，普惠金融对于这些国家缩小贫富差距，提升社会稳定度起到了重要作用。社会的平等和稳定又进一步提升了金融稳定，起到了良性循环作用。

（三）金融稳定对普惠金融的反作用

金融稳定也可以反作用于普惠金融，金融稳定可以为普惠金融提供更好的发展环境。在一个金融稳定的环境中，金融资源定价不会扭曲，贷款利率能够合理地反映借款人的风险，投机活动受到一定程度的遏制，注重风险分散、注重对新兴行业的支持、重视对实体经济的服务（特别是对小微企业、普通民众的服务）往往成为行业共识。在这种情况下，金融机构改善消费者生活，帮助小微企业扩大生产的意愿和能力会相应增强，金融体系金融服务的广度和深度也相应增强。

假设 2：一国的金融稳定水平反过来也会对其普惠金融发展水平产生正面作用。

因此，普惠金融与金融稳定之间的相互作用，可能存在反向的因果关系。本文第四部分也将检验金融稳定是否会对普惠金融产生反作用。

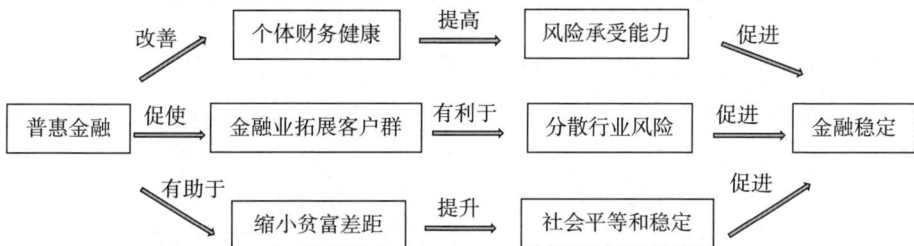

注：从上到下依次为微观、中观和宏观渠道。

图 1　普惠金融对金融稳定正面作用的三条渠道

四、实证分析

（一）构建普惠金融指数

为定量衡量各国普惠金融发展水平，本文拟选取有代表性的普惠金融指标构建普惠金融发展指数。从国际社会来看，最具代表性和影响力的指标体系为《G20 普惠金融指标体系》。该指标体系由 G20 框架下的普惠金融全球合作伙伴（GPFI）于 2011 年建立，此后经历了多次修改，最近一次修改经 G20 杭州峰会核准后通过。本文将基于该指标体系进行指标选取和指数构建。

《G20 普惠金融指标体系》包含金融服务的使用情况、可得性和质量

3个维度共35个指标，使用情况维度分为成年人和企业的使用情况，衡量对账户、支付、储蓄、信贷、保险等金融产品和服务的使用，包含拥有账户的成年人比例，过去一年在金融机构借款的成年人比例等指标；可得性维度主要通过对物理服务网点等的衡量来反映可得性情况，包含每十万成年人拥有的ATM数/商业银行分支机构数等指标；质量维度主要衡量消费者金融素养和能力、市场行为和消费者保护以及使用障碍等情况，包括金融知识、信贷障碍等指标。G20指标体系数据主要来源于世界银行全球普惠金融数据库（Global Findex）和国际货币基金组织金融服务可得性调查（Financial Access Survey）等。前者主要通过每三年一次的全球普惠金融调查，从需求端取得数据。后者主要从各国中央银行、监管部门等供给端获取普惠金融数据。鉴于世界银行普惠金融调查每三年开展一次，目前仅能得到2011年、2014年的数据，故本文使用2011年和2014年的数据进行实证研究。

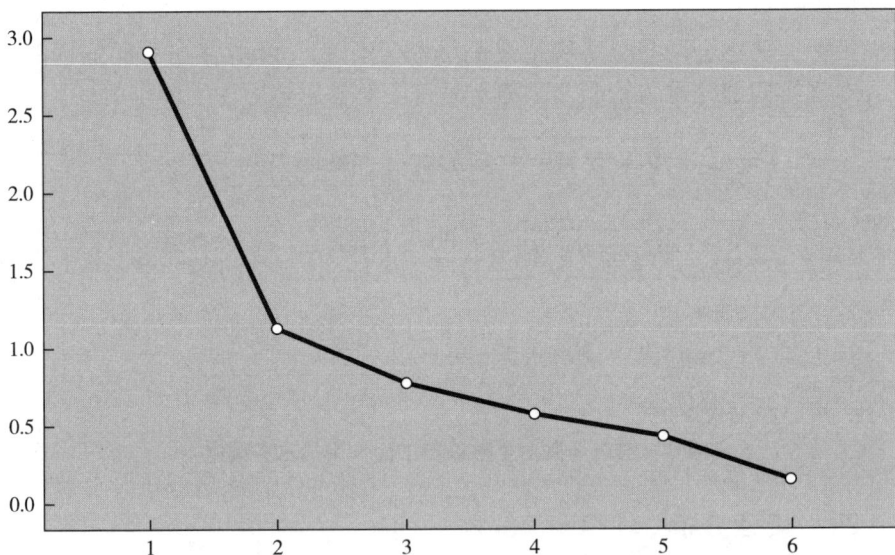

图2　普惠金融指数因子分析碎石图

在兼顾指标可得性、国家数量的基础上，本文选取了90个国家的3个维度、6个普惠金融指标开展研究，这6个指标也是反映普惠金融发展状况最为基础和核心的指标。使用情况维度包含3个指标：拥有账户的成年人（15岁以上）比例，在金融机构储蓄的成年人比例，过去一年在金融机构借款的成年人比例；可得性维度包含两个指标：每十万成年人拥有的ATM数，每十万成年人拥有的银行网点数；质量维度包含1个指标：信贷障碍，该指标是对征信体系、担保制度和破产法律对债权人和债务人的保护程度等的综合衡量，用"信贷边界距离"计量，在 0～100 取值，衡量各个经济体到达边界的距离，0 代表最差。

本文通过主成分分析法构建普惠金融指数，两年数据均能通过 KMO 和 Bartlett 检验。从图 2 可以看出，第一主因子和第二主因子特征值均大于 1。为保留更多信息，本文提取了两个主成分，计算出了 90 个国家的普惠金融指数（计算结果见表 1）。

（二）构建金融稳定指数

为了构建金融稳定指数，本文参考金融稳定领域研究的相关文献，选取了通胀率、中央政府债务占 GDP 的比重、FDI 流入与流出占 GDP 的比重、银行业机构国内私人部门信贷供给占 GDP 的比重、金融部门国内信贷供给占 GDP 的比重和汇款收入占 GDP 的比重等指标，并进行因子分析以提取金融稳定指数。

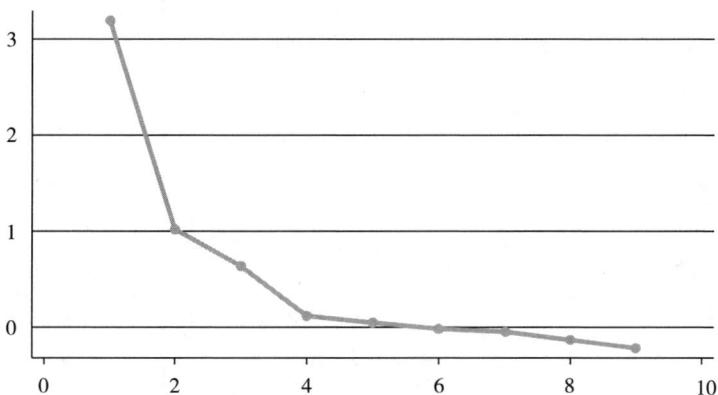

图 3　金融稳定指数因子分析碎石图

由图 3 可知，第一主因子特征值显著大于 1，而第二主因子特征值在 1 左右，故第一主因子有较强的代表性。

表 1 给出了通过因子分析法（主因子法）计算得出的 2011 年、2014 年的普惠金融指数与金融稳定指数（由于数据可得性的限制，只计算 90 个国家或地区）。通过观察表 1 不难发现，普惠金融指数和金融稳定指数的计算结果与人们通常的认知基本一致。比如，在普惠金融指数方面，2014 年澳大利亚（1.7754）、以色列（1.5699）、瑞典（0.8243）等高收入国家数值较高，与此同时，马达加斯加（-1.7611）、刚果（-1.3896）、阿富汗（-1.1968）等欠发达国家则表现出较低的普惠金融发展水平。另外，在金融稳定方面，2014 年荷兰（2.4834）、丹麦（2.4111）、卢森堡（1.8137）等发达国家表现同样突出，而阿富汗（-1.3334）、刚果（-1.1818）、乌干

达（-1.0311）等经济发展落后甚至发生战乱的国家金融稳定水平极低。可见，本文的普惠金融指数及金融稳定指数具有较强的代表性。

表1　　普惠金融/金融稳定指数（因子分析—主因子法）

国家	年份	普惠金融指数	金融稳定指数	年份	普惠金融指数	金融稳定指数
Afghanistan	2011	- 4. 7292	- 1. 2177	2014	- 1. 1968	- 1. 25801
Albania	2011	- 0. 0259	- 0. 18222	2014	- 0. 2559	- 0. 23893
Algeria	2011	- 6. 0907	- 1. 17095	2014	- 1. 3658	- 0. 95297
Angola	2011	- 4. 2011	- 0. 94434	2014	- 1. 395	- 0. 93534
Argentina	2011	- 1. 7801	- 0. 8263	2014	- 0. 4045	- 0. 85134
Armenia	2011	0. 70268	- 0. 56186	2014	- 0. 0053	- 0. 34095
Australia	2011	7. 35711	1. 231564	2014	1. 7544	1. 4927
Austria	2011	3. 48988	0. 816034	2014	0. 74131	0. 763015
Azerbaijan	2011	- 0. 7116	- 0. 8838	2014	- 0. 4776	- 0. 72499
Belgium	2011	2. 79606	0. 422363	2014	0. 66733	1. 311516
Benin	2011	- 5. 0566	- 0. 83343	2014	- 1. 195	- 0. 94114
Bolivia	2011	- 1. 6403	- 0. 58014	2014	- 0. 3173	- 0. 4793
Bosnia and Herzegovina	2011	0. 21318	- 0. 28311	2014	0. 04905	- 0. 28285
Botswana	2011	- 2. 0448	- 0. 99639	2014	- 0. 272	- 1. 0959
Bulgaria	2011	1. 91059	- 0. 12545	2014	0. 66281	- 0. 28886
Burundi	2011	- 6. 8616	- 0. 80105	2014	- 1. 7092	- 0. 94523
Cambodia	2011	- 1. 9466	- 0. 78926	2014	0. 07286	- 0. 4775
Cameroon	2011	- 4. 8515	- 0. 95402	2014	- 1. 3264	- 1. 05372
Chile	2011	- 0. 3233	0. 198851	2014	- 0. 0547	0. 316974
China	2011	- 1. 1306	1. 004774	2014	- 0. 0811	1. 410982
Colombia	2011	0. 41053	- 0. 40077	2014	2. 20387	- 0. 40567
Congo, Dem. Rep.	2011	- 7. 0805	- 1. 08	2014	- 1. 3896	- 1. 1818
Costa Rica	2011	- 0. 6512	- 0. 38121	2014	0. 02042	- 0. 2945
Croatia	2011	3. 46138	0. 200757	2014	0. 8567	0. 124382
Cyprus	2011	5. 66963	3. 692027	2014	0. 16658	3. 692027
Czech Republic	2011	1. 47687	- 0. 15354	2014	0. 37624	- 0. 16839

续表

国家	年份	普惠金融指数	金融稳定指数	年份	普惠金融指数	金融稳定指数
Denmark	2011	5.65577	2.582172	2014	0.91352	2.411116
Dominican Republic	2011	−0.6828	−0.61044	2014	−0.1853	−0.612
Ecuador	2011	−0.7867	−0.76278	2014	−0.0755	−0.79726
Egypt, Arab Rep.	2011	−4.1325	−0.1673	2014	−0.9553	−0.05347
El Salvador	2011	−2.3468	−0.33567	2014	−0.3077	−0.35021
Estonia	2011	2.2498	0.172534	2014	0.50264	−0.08938
Finland	2011	5.19497	1.77562	2014	0.58333	1.549442
France	2011	4.67251	1.061314	2014	0.75	1.130785
Georgia	2011	0.44662	−0.61769	2014	0.22533	−0.37352
Ghana	2011	−3.2114	−0.78407	2014	−0.5054	−0.66504
Greece	2011	0.74498	1.170331	2014	0.00573	0.908745
Guatemala	2011	1.05957	−0.60206	2014	0.1513	−0.58164
Guinea	2011	−5.7613	−0.80296	2014	−1.4544	−0.90048
Honduras	2011	−0.5429	−0.29269	2014	−0.047	−0.1861
Hungary	2011	0.71079	−0.01551	2014	0.13754	−0.32335
Iran, Islamic Rep.	2011	3.74014	−0.34028	2014	0.60199	−0.32432
Ireland	2011	5.3247	2.286852	2014	0.81468	1.491309
Israel	2011	4.715	0.184438	2014	1.56987	0.059886
Italy	2011	0.58642	1.275953	2014	0.57473	1.42969
Jamaica	2011	−0.9729	−0.44282	2014	0.14104	−0.39767
Jordan	2011	−5.2425	0.391168	2014	−1.101	0.418987
Kazakhstan	2011	−1.4103	−0.58115	2014	−0.1441	−0.71311
Kenya	2011	−1.1523	−0.57415	2014	−0.4524	−0.60223
Kosovo	2011	−0.7785	−0.76816	2014	−0.1716	−0.75386
Kyrgyz Republic	2011	−0.9761	−0.94666	2014	−0.4417	−0.81587
Latvia	2011	2.57304	0.112673	2014	0.55698	−0.38275
Lebanon	2011	−0.8828	1.17845	2014	−0.1902	1.612417
Luxembourg	2011	3.64026	1.651206	2014	0.74787	1.813725
Macedonia, FYR	2011	0.71142	−0.45861	2014	0.16837	−0.49749
Madagascar	2011	−7.2378	−0.99118	2014	−1.7611	−1.02327
Malawi	2011	−3.6634	−0.80324	2014	−1.2954	−1.01664
Malaysia	2011	3.15112	0.714465	2014	0.43551	0.96454

国家	年份	普惠金融指数	金融稳定指数	年份	普惠金融指数	金融稳定指数
Malta	2011	-0.0888	1.338894	2014	-0.2533	0.89207
Mauritius	2011	1.35583	0.334044	2014	0.39209	0.457674
Moldova	2011	-3.2617	-0.50101	2014	-0.4724	-0.51233
Mongolia	2011	4.11532	-0.58645	2014	1.27537	-0.18208
Montenegro	2011	3.34015	-0.17842	2014	0.82494	-0.27566
Netherlands	2011	3.35229	2.110762	2014	0.24119	2.483396
Nicaragua	2011	-3.0679	-0.52386	2014	-0.7233	-0.5219
Panama	2011	-0.5652	0.099202	2014	0.16309	0.063136
Peru	2011	1.00933	-0.84037	2014	0.83685	-0.86784
Philippines	2011	-2.9799	-0.40289	2014	-0.6908	-0.37027
Poland	2011	2.52265	-0.17278	2014	0.63182	-0.16574
Portugal	2011	3.15102	1.995672	2014	0.8036	1.592912
Romania	2011	1.26105	-0.43369	2014	0.42389	-0.70958
Rwanda	2011	-3.0022	-0.99953	2014	-0.1631	-1.00776
Saudi Arabia	2011	-1.3558	-1.11898	2014	-0.1083	-1.17088
Serbia	2011	1.26039	-0.33479	2014	-0.0025	-0.39663
Singapore	2011	3.7917	0.203692	2014	0.52536	0.859915
Slovak Republic	2011	2.413	-0.20966	2014	0.53243	-0.29769
Slovenia	2011	1.69988	0.287657	2014	0.28157	-0.21869
South Africa	2011	0.95017	0.757654	2014	0.11364	0.779642
Spain	2011	5.3031	2.665229	2014	1.25086	2.17738
Sri Lanka	2011	1.02334	-0.37971	2014	-0.0572	-0.33144
Sweden	2011	5.64769	1.187587	2014	0.82425	1.302427
Tanzania	2011	-3.9392	-0.93673	2014	-1.165	-0.98326
Thailand	2011	3.31387	0.827201	2014	0.34395	1.051403
Turkey	2011	-1.2377	-0.21739	2014	0.13769	-0.13981
Uganda	2011	-3.3203	-0.9533	2014	-0.7747	-1.03111
Ukraine	2011	0.15642	0.061648	2014	0.0338	0.30142
United Arab Emirates	2011	-0.1759	0.108011	2014	0.06693	0.063712
Uruguay	2011	-0.6269	-0.76091	2014	0.06279	-0.76532
Vietnam	2011	-0.5506	0.506315	2014	-0.2214	0.554247
West Bank and Gaza	2011	-5.2538	-0.99992	2014	-1.0515	-1.08117

（三）回归变量说明

数据方面，本文研究所涉及的数据均为国家层面的宏观数据，主要数据来源为世界银行。由于普惠金融调查从 2011 年开始，每三年一次，故目前仅能够得到 2011 年和 2014 年两年的数据。在进行实证分析时，为避免极端异常值对实证结果的干扰，对所有变量进行上下 1% 水平的 Winsorize 处理。

本文实证分析所涉及的主要变量及含义如表 2 所示，其中账户拥有率和储蓄渗透率这两个重要的基础性指标可作为普惠金融的代理变量。本文主要使用普惠金融指数衡量普惠金融，这两个代理变量将用作稳健性检验。

表 2　　　　　　　　　　　　　　主要变量含义

变量	含义
FS	金融稳定指数（根据因子分析法计算）
FI	普惠金融指数（根据因子分析法计算）
CAB*	资本账户余额
Inflation	通货膨胀率
Employ	就业率
EXP*	总消费
NX*	净出口额
Industry*	工业总产值
Urban	城镇化率
Account	账户拥有率，指拥有银行或电子账户的成年人比例
Saving	储蓄渗透率，指在银行等正规金融机构有储蓄行为的成年人比例
Unemp	失业率
Primary	基础教育入学率
GDP	人均国内生产总值
Time	时间虚拟变量（2011 年取值为 0，2014 年取值为 1）

注：以上变量中凡是打 * 的均除以当年本国 GDP。

表 3 为主要变量的相关系数矩阵。可以看出，普惠金融指数、账户拥有率和在金融机构有储蓄行为的比率均与金融稳定指数呈正相关关系；而通货膨胀等因素则与金融稳定及普惠金融发展水平存在负相关的关系。

表3　主要变量的相关系数矩阵

	FS	FI	CAB	Inflation	Employ	EXP	NX	Industry	Urban	Account	Saving	Unemp	Primary	GDP
FS	1.0000													
FI	0.5394	1.0000												
CAB	0.0994	0.0921	1.0000											
Inflation	-0.3949	-0.3257	-0.2403	1.0000										
Employ	0.1064	-0.0840	0.3411	-0.2092	1.0000									
EXP	0.4838	0.2736	0.1507	-0.2668	0.1143	1.0000								
NX	0.3975	0.3340	0.7724	-0.3187	0.3257	0.1872	1.0000							
Industry	-0.4900	-0.1390	0.2430	0.0525	0.2801	-0.4535	0.2013	1.0000						
Urban	0.4192	0.2985	0.2457	-0.3181	0.1932	0.3413	0.3891	-0.2570	1.0000					
Account	0.6992	0.6157	0.2806	-0.3463	0.0503	0.4945	0.4772	-0.4218	0.4678	1.0000				
Saving	0.6989	0.5583	0.3566	-0.2997	0.0229	0.3108	0.4511	-0.3482	0.5174	0.8112	1.0000			
Unemp	0.1501	-0.0180	-0.2190	-0.2468	0.2197	0.2337	-0.1814	-0.2965	0.1386	0.1551	-0.1134	1.0000		
Primary	0.4763	0.4376	0.1194	-0.4820	0.0807	0.3631	0.2228	-0.2143	0.2598	0.4876	0.3926	0.1499	1.0000	
GDP	0.6845	0.5011	0.3702	-0.3157	0.0678	0.4305	0.5466	-0.4119	0.5586	0.6664	0.8144	-0.0526	0.3252	1.0000

表 4 主要变量的描述性统计

Variable	Min	Mean	Median	Max	Std. err	N
FS	− 1. 2177	0. 0006	− 0. 3105	3. 6920	0. 9940	180
FI	− 7. 0805	− 0. 0085	0. 0271	5. 6696	2. 3615	180
CAB	− 25. 5125	− 3. 4460	− 3. 1734	23. 6198	8. 2945	174
Inflation	98. 5833	113. 3895	108. 0885	205. 6490	15. 6313	180
Employ	0. 6400	4. 0761	3. 9000	13. 7200	2. 1289	125
EXP	2. 2061	28. 2467	28. 0019	54. 3625	12. 0252	144
NX	− 40. 8585	− 5. 1595	− 3. 2196	32. 5297	14. 2289	180
Industry	12. 4669	28. 7103	27. 7688	63. 6764	9. 0133	174
Urban	11. 7610	61. 0966	63. 1130	100. 0000	21. 0461	178
Account	3. 6878	54. 9501	52. 6999	100. 0000	30. 5451	180
Saving	0. 8087	21. 0180	15. 5060	64. 6884	17. 3155	180
Unemp	0. 2000	8. 9724	7. 2235	28. 0300	6. 1626	178
Primary	78. 0178	95. 4170	96. 7354	99. 8326	4. 4609	129
GDP	312. 7490	15300. 0000	7208. 7156	116000. 0000	19900. 0000	180

(四) 回归分析结果

接下来本文将对普惠金融如何影响金融稳定进行实证分析。具体回归方程为

$$FS_{i,t} = \alpha + \beta FI_{i,t} + \sum \gamma_k Z_{i,t} + \varepsilon_{i,t}$$

其中，Z 为控制变量向量，具体包括通货膨胀率（Inflation）、失业率（Unemp）、资本账户余额（CAB）、消费（EXP）、净出口额（NX）、工业总产值（Industry）、城镇化率（Urban）以及时间控制变量（Time）。本文预期普惠金融发展水平项 FI 的系数显著为正。

表 5 普惠金融对金融稳定影响的实证结果

	(1)	(2)	(3)
FI	0. 1431 *** （0. 0328）		
Account		0. 0123 *** （0. 0028）	
Saving			0. 0216 *** （0. 0047）

续表

	（1）	（2）	（3）
CAB	−0.0004	0.0000	0.0030
	(0.0039)	(0.0040)	(0.0040)
Inflation	−0.0171***	−0.0116**	−0.0109**
	(0.0053)	(0.0053)	(0.0051)
EXP	0.0105*	0.0070	0.0100
	(0.0058)	(0.0067)	(0.0061)
NX	0.0202***	0.0149**	0.0159***
	(0.0051)	(0.0058)	(0.0059)
Industry	−0.0518***	−0.0428***	−0.0400***
	(0.0088)	(0.0098)	(0.0115)
Employ	0.0005	−0.0021	0.0119
	(0.0100)	(0.0105)	(0.0097)
Urban	0.0099***	0.0114***	0.0103***
	(0.0037)	(0.0035)	(0.0035)
Time	0.1770	−0.0169	−0.0166
	(0.1437)	(0.1522)	(0.1503)
_cons	2.5682***	1.1088	1.0052
	(0.8047)	(0.8021)	(0.8812)
N	131	131	131
adj. R^2	0.6344	0.6115	0.6331

　　表 5 给出了普惠金融对金融稳定的回归分析结果。其中第（1）列是以普惠金融指数作为普惠金融发展水平代理变量进行回归的结果，第（2）（3）列分别为使用账户拥有率、储蓄渗透率（在金融机构有存款行为的成年人比率）作为普惠金融发展水平代理变量的回归结果。

　　观察表 5 不难发现，无论使用本文构建的普惠金融指数，还是使用账户拥有率、储蓄渗透率这两个最重要的衡量普惠金融水平的指标，普惠金融发展水平项的系数均在 1% 显著性水平上大于 0，说明普惠金融发展水平应当能对金融稳定产生正面影响。且这三个代理变量可以相互视为替代变量，在一定程度上能够说明回归结果的稳健性。

　　值得注意的是，时间虚拟变量系数并不显著异于 0，说明并不存在明显的时间效应，故本文采用混合回归并无太大问题。

　　本文第三部分提出，一方面普惠金融会对金融稳定产生正向作用，另一方面，金融稳定应该可以反作用于普惠金融发展。为验证这一猜想，本文构建能够反映金融稳定与普惠金融发展相互作用的联立方程模型，对该问题进行进一步研究。此外，构建联立方程模型能够避免金融稳定与普惠金融发展水平之间由于可能存在的互为因果问题而导致的内生性偏误。具体模型形式如下：

$$\begin{cases} FS_{i,t} = \alpha_1 + \beta_1 FI_{i,t} + \sum \gamma_{1k} Z_{k,i,t} + \varepsilon_{i,t} \\ FI_{i,t} = \alpha_2 + \beta_2 FS_{i,t} + \sum \gamma_{2k} X_{k,i,t} + \eta_{i,t} \end{cases}$$

其中，Z 和 X 均为控制变量向量。Z 具体包括通货膨胀率（Inflation）、失业率（Unemp）、经常账户余额（CAB）、消费（EXP）、净出口额（NX）、工业总产值（Industry）、城镇化率（Urban）以及时间控制变量（Time）。X 包括基础教育入学率（Primary）、人均 GDP（GDP）、就业率（Employ）和城镇化率（Urban）。

若金融稳定与普惠金融发展水平之间存在相互促进的作用，预期系数 β_1 和 β_2 均显著为正。

表6　　　　金融稳定与普惠金融发展水平的联立方程回归结果

	(1)	(2)	(3)
	OLS	SURE	SURE_Adj
FS			
FI	0.1889 ***	0.2592 ***	0.2613 ***
	(0.0445)	(0.0406)	(0.0433)
CAB	− 0.0009	− 0.0005	− 0.0005
	(0.0041)	(0.0037)	(0.0040)
Inflation	− 0.0309 **	− 0.0258 **	− 0.0257 **
	(0.0122)	(0.0111)	(0.0118)
EXP	0.0065	0.0057	0.0057
	(0.0079)	(0.0072)	(0.0077)
NX	0.0210 ***	0.0187 ***	0.0187 **
	(0.0077)	(0.0070)	(0.0075)
Industry	− 0.0547 ***	− 0.0464 ***	− 0.0462 ***
	(0.0119)	(0.0109)	(0.0116)
Employ	0.0068	0.0081	0.0082
	(0.0176)	(0.0160)	(0.0171)
Urban	0.0012	0.0014	0.0014
	(0.0052)	(0.0048)	(0.0052)

续表

	（1）	（2）	（3）
	OLS	SURE	SURE_ Adj
Time	0. 3876 * （0. 2069）	0. 3281 * （0. 1878）	0. 3267 （0. 2006）
_ cons	4. 6699 *** （1. 5398）	3. 8301 *** （1. 4043）	3. 8095 ** （1. 4999）
R^2	0. 6543	0. 6362	0. 6352
FI			
FS	0. 6030 ** （0. 2505）	0. 9953 *** （0. 2347）	0. 9845 *** （0. 2439）
Urban	− 0. 0003 （0. 0129）	− 0. 0041 （0. 0123）	− 0. 0040 （0. 0128）
Unemp	− 0. 1567 * （0. 0902）	− 0. 1226 （0. 0850）	− 0. 1235 （0. 0883）
Primary	0. 1396 ** （0. 0633）	0. 1026 * （0. 0593）	0. 1034 * （0. 0616）
GDP	0. 1944 （0. 1197）	0. 1188 （0. 1124）	0. 1208 （0. 1168）
_ cons	− 12. 5445 ** （6. 0279）	− 8. 8612 （5. 6451）	− 8. 9503 （5. 8665）
N	81	81	81
R^2	0. 3991	0. 3769	0. 3781

由表6结果可知，普惠金融发展水平显著有助于金融稳定，而同时金融稳定反过来也显著有利于普惠金融发展水平的提高。

五、结论和政策建议

（一）结论

本文的实证研究表明，普惠金融发展水平与金融体系的稳定程度相互影响，相辅相成，这与本文的理论分析相符合。因此，我们得出结论：普惠金融的发展有利于金融稳定，反过来，较为稳定的金融体系又能为普惠金融发展提供良好的环境及条件。

（二）政策建议

基于普惠金融与金融稳定之间存在的关系，结合我国国情及金融业发展状况，我们提出如下建议，为金融管理部门研究制定相关政策措施提供参考。

一是从更宽的视角认识推进普惠金融的重要性。之前人们普遍认为，普惠金融的服务对象是弱势群体，发展普惠金融，对于解决这部分群体的生产、生活问题，对于缩小社会差距有重要的意义。因此，普惠金融在本质上属于发展问题。现在看来，普惠金融的重要性应予以重新认识。除了它对于发展、增长等重要作用外，它对一国的金融稳定及金融体系的完善，甚至货币政策的传导，都具有积极意义。因此，我们应从更高的层面、更宽的视角认识普惠金融，认识做好普惠金融工作的重要意义。

二是增强政策协同性。推进普惠金融发展的政策措施，总体而言有利于金融稳定，反过来同样成立。因此，包括普惠金融部门和金融稳定部门在内的有关部门应加强协调配合、形成合力，统筹考虑有关政策措施，这样做既有利于普惠金融发展，也有利于金融稳定，可使政策取得最佳效果。

三是建立完善普惠金融发展评估体系。为全面监测、评估我国及各地普惠金融发展水平，便于开展普惠金融国际比较，以及为更有针对性地制定相关政策提供参考，应建立起普惠金融评估或指标体系，并不断优化指标设置，使之能够准确、客观反映我国普惠金融发展情况。要根据评估体系指标数据反映的问题，查找薄弱环节，有针对性地制定政策措施，在防范风险的基础上推动普惠金融更好更快发展。

四是加强金融消费者保护。金融消费者保护是普惠金融发展的重要组成部分，也对金融稳定有着积极的意义。有关部门应持续宣传现代普惠金融理念，应针对普惠金融重点人群持续深入开展金融知识普及和教育，特别是有关数字普惠金融的知识普及和教育；不断加强金融消费权益保护制度、法规建设；加强监督检查，进一步规范完善金融消费者投诉受理与处理工作，更好地助力普惠金融发展。

（三）不足之处和未来研究的方向

本文的主要不足之处在于数据的时间序列较短。这主要是因为普惠金融是一个新兴的领域，相关数据库在近些年才开始建设，世界银行从2011年开始才有每三年一次的国际普惠金融调查数据，除此之外目前没有其他更全面系统的全球数据来源。但考虑现有数据在横截面上国家数量相对丰富，因此仍然可以进行回归分析，以填补该领域的空白。未来随着数据的积累，时间序列的延长，可以进一步开展相关研究。

参考文献

[1] 焦瑾璞. 构建普惠金融体系的重要性 [J]. 中国金融, 2010 (5).

[2] 焦瑾璞, 黄亭亭, 江天都, 张韶华, 工填. 中国普惠金融发展进程及实证研究 [J]. 上海金融, 2015 (4).

[3] 余文建. 普惠金融指标体系构建——从国际探索到中国实践 [J]. 中国金融, 2017 (3).

[4] 中国人民银行. 中国金融稳定报告 [R]. 2015.

[5] 周小川. 践行党的群众路线 推进包容性金融发展 [J]. 求是, 2013 (9).

[6] Adasme, O., G. Majnoni and M. Uribe. Access and Risk – friends or Foes? Lessons from Chile [R]. World Bank Policy Research Working Paper, 2006.

[7] Han, R. and M. Melecky. Financial Inclusion and Financial Stability: Can Broder Use of Deposits Boost Resilience of Bank Funding? [R]. https://www.isid.ac.in/ – epu/acegd2015/papers/MartinMelecky.pdf, 2015.

[8] Hannig, A. and S. Jansen. Financial Inclusion and Financial Stability: Current Policy Issue [R]. ADBI Working Paper Series, 2010.

[9] Beck, T. Bank Competition and Financial Stability: Friends or Foes? [R]. The World Bank Working Paper, 2008.

[10] Duisenberg, W. The Contribution of the Euro to Financial Stability: Globalization of Financial Markets and Financial Stability – Challenges for Europe [M]. 2001, Baden – Baden: Nomos – Verl. – Ges.

[11] Foot, M. What is "Financial Stability" and How do We Get It? [R]. The Roy Bridge Memorial Lecture, 2003.

[12] Ferguson, R. W. Should Financial Stability be an Explicit Central Bank Objective? [C]. Challenges to Central Banking from Globalized Financial Systems, Conference at the IMF in Washington D. C., 2003.

[13] Gine, X. and R. Townsend. Evaluation of Financial Liberalization: a General Equilibrium Model with Constrained Occupation Choice [J]. Journal of Development Economics, 2004, 74: 269 – 307.

[14] Padoa – Schioppa, T. Central Banks and Financial Stability: Exploring a Land in Between [C]. The Transformation of the European Financial System,

Second ECB Central Banking Conference, 2002.

[15] Khan, H. R. Financial Inclusion and Financial Stability: Are They Two Sides of the Same Coin? [R]. Reserve Bank of India Working Paper, 2011.

[16] Mishkin, F. S. Global Financial Instability: Framework, Events, Issues [J]. The Journal of Economic Perspectives, 1999, 13: 3 - 20.

[17] Wellink, A. Current Issues in Central Banking [R]. Speech Presented at the Central Bank of Aruba, Oranjestad, Aruba, 2002.

关于借鉴美欧监管经验完善我国支付机构监管体系的建议

刘　源　郜书鹏　薛　成①

在我国，近些年第三方支付机构发展较为迅速，人民银行也相继出台了一系列监管政策文件，建立了初步的监管制度框架，并展开了日常监管。但是，我国的支付机构业务种类庞杂、业务边界模糊，部分大型网络支付机构构建了封闭式支付体系，形成影子银行，存在着交易信息不透明，甚至客户资金挪用等问题或隐患，这对我国支付、金融系统来说可能已经构成了一定的系统性风险。这些问题的存在，部分原因在于我国目前的监管制度体系还不够健全。在美欧市场，第三方支付机构稳步发展，支付市场整体运行较为规范，出现的风险事件相对较少，系统性风险程度较低。我们分析，美欧第三方支付市场健康与规范的运行与其较为完善的监管制度体系息息相关。

因此，本文希望通过对美国、欧洲第三方支付业务的市场体系和监管制度设计框架进行研究，分析它们对支付机构具体的监管内容和思路，为我国支付监管体系的相关制度建设提供借鉴。

一、美欧支付业务体系介绍

（一）美国货币转移业务体系

在美国，货币转移业务（Money Transmission）属于非银行金融服务业务中的货币服务业务（Money Service Business），而非银行金融服务业务又属于金融服务业务。因此，总体上货币转移业务属于金融服务业务。要研究分析美国对货币转移业务的监管制度，有必要对美国的金融服务业务及货币转移业务体系做简单的介绍。

---

① 作者单位：中国银联。

1. 金融服务业务

按照《美国联邦法规》（*Code of Federal Regulations*，CFR①）中的定义，金融服务业务主要分为银行金融服务和非银行金融服务两大类。

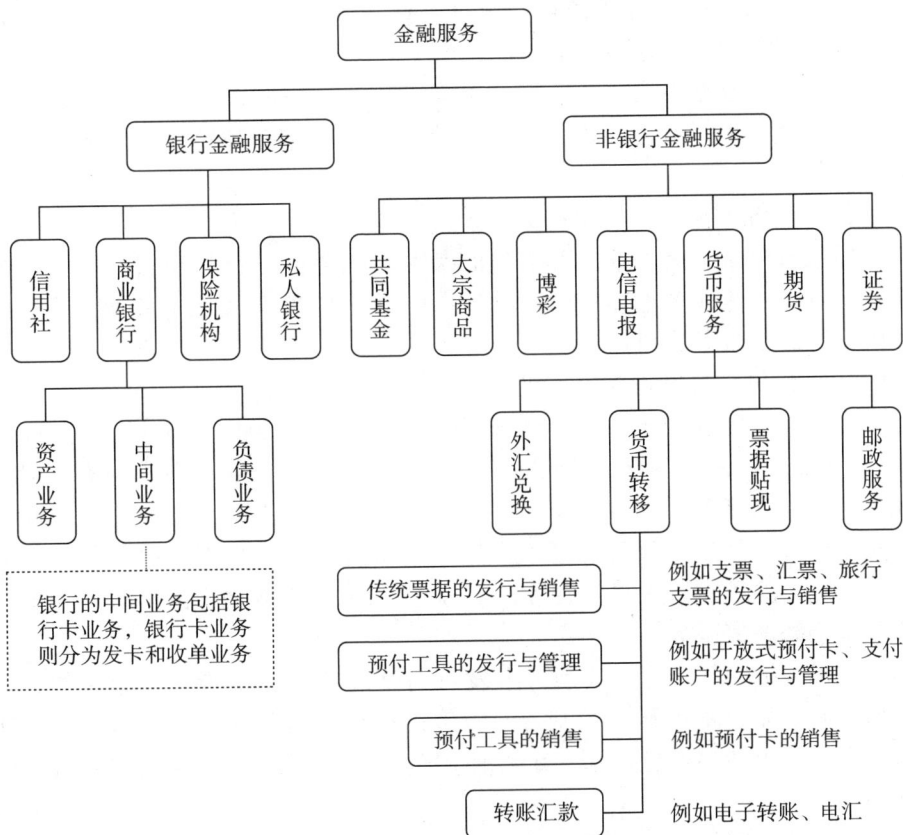

图 1　美国金融服务体系

银行金融服务包括资产业务、负债业务和中间业务，其中收单处理即属于其中间业务，主要由商业银行提供；而非银行金融服务主要包括证券、货币服务、博彩、电信电报、期货、共同基金、大宗商品七类，由不同类型的非银行金融机构（Non - Bank Financial Institution）提供（见图1）。

---

① 《美国联邦法规》（*Code of Federal Regulations*），是由联邦政府执行机构和部门根据《美国法典》（*United States Code*，由美国国会颁布，属于 Laws，法律层级最高）编纂的行政法，属于 Rules，是对《美国法典》更具体的诠释，与《美国法典》紧密联系，在联邦纪事 Federal Register 中发布，具有普适性和法律效应。《美国联邦法规》共划分为 50 个主题或卷（Title）。其中，Title 31 为货币与金融法。

2. 货币转移业务

货币转移业务属于非银行金融服务中的货币服务业务，主要是指与支付服务、货币交易相关的业务。按照业务类型的不同，货币转移业务可以细分为传统票据的发行或销售、预付工具（Prepaid Access①）的发行与管理、预付工具的销售和转账汇款四类。

按照上述业务类型，货币转移机构（Money Transmitter）可以细分为传统票据发行与销售机构、预付工具发行与管理机构、预付工具销售机构和转账汇款机构。

（1）传统票据发行与销售机构

即从事个人支票、旅行支票和汇票等传统票据发行与销售的机构。要求在单日的一笔或多笔交易中，累计处理超过 1000 美元以上的业务量，如美国运通旅游服务公司。

（2）预付工具发行与管理机构

在美国，传统的预付工具主要为预付卡，包括封闭式预付卡（Closed Loop Prepaid Card）和开放式预付卡（Open Loop Prepaid Card）两类：封闭式预付卡为功能单一的支付卡，如校园充值卡、地铁交通卡、礼品卡和手机充值卡等；开放式预付卡可以在授权的卡组织品牌受理网络中使用，功能多样化，除了支持购物消费外，部分还支持 ATM 取现、网上账户管理及积分奖励等增值服务。

值得一提的是，开放式预付卡发行与管理机构属于货币转移机构，须申请牌照，而封闭式预付卡发行与管理机构一般为普通的商业机构，一般无须申请货币转移业务牌照，卡片使用范围一般局限于商业机构的自有网络当中。

随着互联网的发展，预付工具的载体更加多样化，除了传统的卡类产品，还出现了新兴的移动设备类、支付账户类产品。因此，按照业务类型划分，预付工具发行与管理机构分为开放式预付卡发行与管理机构、支付账户发行与管理机构两类。

开放式预付卡发行与管理机构主要是指由卡组织授权的专业预付卡公司，如 Green Dot、NetSpend 等，支持在不同的场景下使用。

支付账户发行与管理机构一般需要用户在其提供的网站或移动设备 APP 应用中注册账户，注册的账户在捆绑用户信息后可以支持充值、转账和取

---

① Prepaid Access 是美国联邦法规中对预付工具的新名称，在各州法规中使用更多的是 Store Value。

现等功能。代表性企业如 PayPal、支付宝等。

（3）预付工具销售机构

开放式预付卡销售机构一般为发卡机构合作的分销商，如 Blackhawk Network、InComm 等。

（4）转账汇款机构

通过电汇网络、ACH 网络、互联网等传输网络实现转账汇款的机构，相关机构如电子转账机构 PayPal、支付宝以及汇款机构西联、MoneyGram 等。值得一提的是，由于发行支付账户的机构同时从事着转移货币资金的活动，因此 PayPal 和支付宝不仅是支付账户发行机构，也是转账汇款机构。

在美国，不少货币转移机构还会与代理公司（Delegate 或 Agent）合作，由它们代理货币转移机构的部分业务。例如，西联提供线下汇款业务，需要在线下尽量覆盖更多的业务点，以方便用户使用。因此，西联在美国发展了庞大的代理商网络，包括便利店、药店、超市以及部分金融服务机构。

（二）欧洲支付业务体系

在欧洲，第三方支付业务属于消费金融与支付业务（Consumer Finance and Payments），其与商业银行提供的支付服务被统称为支付服务（Payment Service）。支付机构实际从事的支付业务主要包括四类，即收单专业化服务、电子货币发行业务、支付指令发起服务和账户信息查询服务。目前，欧洲还未对从事收单专业化服务的机构进行牌照管理，本文主要分析其他三类已纳入牌照管理的业务。

1. 第三方支付服务业务

（1）电子货币发行业务。主要以支付账户发行业务和多用途预付卡发行业务为主。电子货币即现金的数字等价物，存储在电子设备或远程的服务器当中，电子货币的使用者可以通过建立的账户对电子货币进行管理和使用。

（2）支付指令发起服务（Payment Initiation Service）。一般是由第三方支付机构提供的基于银行账户的支付方式，主要应用于电商购物。用户在第三方支付工具中输入自己的银行账户信息和密码后，信息会以加密的方式传送给发卡银行，发卡银行根据支付指令完成付款。

（3）账户信息查询服务（Account Information Service）。一种为用户提供综合账户信息线上查询的服务。该服务通过整合用户在一个或多个银行开立的账户信息，分析他们的消费偏好，使用户可以对他们的财务状况有一个全局的了解。

2. 支付服务提供商

在欧洲从事支付服务的机构被称为支付服务提供商（Payment Service Provider），根据新版的欧盟支付服务法令（以下简称 PSD2）和电子货币法令（以下简称 E – Money Directive）的规定，支付服务提供商共分为六大类。

（1）信贷机构。从事吸收公众存款或其他应偿还资金，并从发放贷款中获利的企业，这里主要指传统的银行机构，如汇丰银行、德意志银行。据悉，PayPal Europe①和西联②在 2007 年也分别获得了卢森堡和奥地利的银行牌照。

（2）电子货币机构。经授权获准发行电子货币且并未获得银行牌照的支付服务提供商，如支付账户发行机构 Skrill③和 Payoneer④、预付卡发行机构 Paysafecard。

（3）支付机构。这里主要指不发行电子货币的第三方支付机构，包括支付指令发起服务提供商和账户信息查询服务提供商 Sofort Banking、iDeal、Mint。

（4）邮局（Post Office Giro Institution）。根据成员国法律有资格从事支付服务的邮局。

（5）欧洲央行和各成员国央行。特指不作为货币监管机构或不履行监管职能时的欧洲央行。

（6）地区性监管机构。特指不作为公共机构履行监管职能时的地区性监管机构。

其中，邮局、央行和地区性监管机构存在一定的特殊性，因此，本文重点研究对象为信贷机构、电子货币机构和支付机构。

二、美欧与中国关于第三方支付概念的差异

在美国和欧洲，第三方支付业务的名称和分类与国内存在一定的差异：在美国，第三方支付业务被称为货币转移业务；在欧洲，第三方支付业务与商业银行提供的支付服务被统称为支付服务。下面我们将分别就美欧与

① PayPal Europe 欧洲的总部在卢森堡，2007 年获得了由当地监管机构 Commission de Surveillance du Secteur Financier（CSSF）授予的银行牌照，根据欧盟法律规定，可以在欧盟开展银行业务。

② Western Union 在 2007 年获得了奥地利监管机构 Financial Market Authority 授予的银行牌照，根据欧盟法律规定，可以在欧盟开展银行业务。

③ 2002 年，Skrill 获得英国 Financial Conduct Authority 发放的 E – Money 牌照。

④ 2013 年，Payoneer 欧洲子公司获得英国 Financial Conduct Authority 发放的 E – Money 牌照。

中国的支付业务体系做比较概述。

（一）美国与中国第三方支付概念对比

在美国，第三方支付业务的名称和分类与国内存在较大的差异。在国内，我们所称的第三方支付业务主要分为预付卡的发行与受理、网络支付和银行卡收单三大类。其中，网络支付以是否发行支付账户分为两类，不发行支付账户的机构提供的网络支付业务实质是线上收单业务。通过比较（见图2），我们发现：

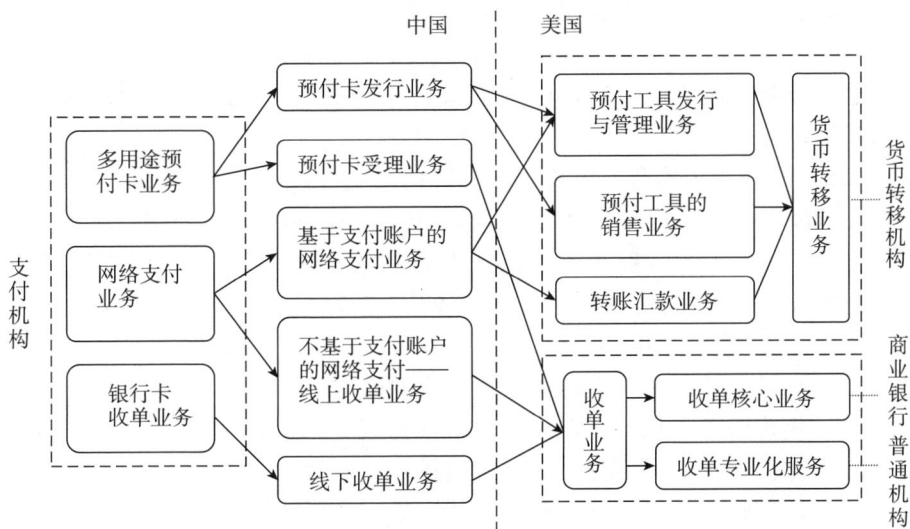

图2 中美第三方支付的比较

（1）国内所称的预付卡的发行业务在美国对应于预付工具的发行与管理以及预付工具的销售；预付卡的受理业务在美国被归为支付卡收单业务。

（2）网络支付机构提供的支付账户在美国同样被归为预付工具进行监管，支付账户发行业务相应地也归为预付工具的发行和管理。美国监管主体是按照业务实质对第三方支付进行分类的，其认为支付账户与预付卡在本质上一样，都属于储值工具。它们的主要差异仅在于储值载体的不同，支付账户的出现是互联网支付发展的结果。

（3）由于发行支付账户的机构同时也从事着转移货币资金的活动，因此，基于支付账户的网络支付业务在美国也被归为转账汇款业务。

（4）不发行支付账户的网络支付机构从事的银行卡线上收单、银行卡收单机构从事的线下收单，以及前面提到的预付卡受理在美国同属于收单业务。一般情况下，商业银行会与第三方收单专业化服务机构合作完成收单业务，其中资金清算等核心业务一般由商业银行完成，收单专业化服务机构仅从事商户拓展、交易处理等外围业务。由于收单专业化服务机构在从事收单专业化业务过程中没有触碰资金，它们在美国无须获得相关的业务许可，也不在上述监管范围之内。

总体来看，国内所称的第三方支付业务在美国分别对应于预付工具的发行与管理、预付工具的销售、转账汇款以及收单业务。鉴于收单核心业务一般由商业银行从事，收单专业化服务没有特定的市场准入要求，可由普通商业机构从事，故本文重点考察美国对"预付工具的发行与管理、预付工具的销售、转账汇款"这三类业务的监管规定。根据美国相关法律法规，这三类业务被统称为货币转移业务，从事货币转移业务的机构被称为货币转移机构。

（二）欧洲与中国第三方支付概念对比

在欧洲，根据欧盟委员会（European Commission）对银行与金融业务的定义，第三方支付业务属于其中的消费金融与支付业务，与商业银行提供的支付服务被统称为支付服务。在新版的欧盟支付服务法令 PSD2 和电子货币法令中，支付服务主要包括以下八种类型：

（1）存款服务，将现金存入支付账户的服务。

（2）提现服务，从支付账户提取现金的服务。

（3）储蓄账户支付服务，包括直接借记、支付卡、贷记转账。

（4）信用账户支付服务，包括直接借记、支付卡、贷记转账。

（5）支付工具（如银行卡、支付账户、预付卡）发行及收单业务。

（6）转账汇款。

（7）支付指令发起服务。

（8）账户信息查询服务。

在上述业务中，传统金融机构一般从事前六类服务，这些服务一般会占用并处理客户资金。其中，部分金融机构会将不触碰客户资金的收单专业化服务外包，由支付机构从事，如网关服务、数据分析、风险欺诈控制等增值业务。第三方支付机构一般从事后四类服务，包括支付工具发行①（主要以电子货币、预付卡为主）与收单专业化服务、转账汇款、支付指令发起服务和账户信息查询服务。与我国内支付业务相比（见图3），我们发现：

————————

① 如果支付机构获得了银行牌照，也可以从事银行卡发行业务。

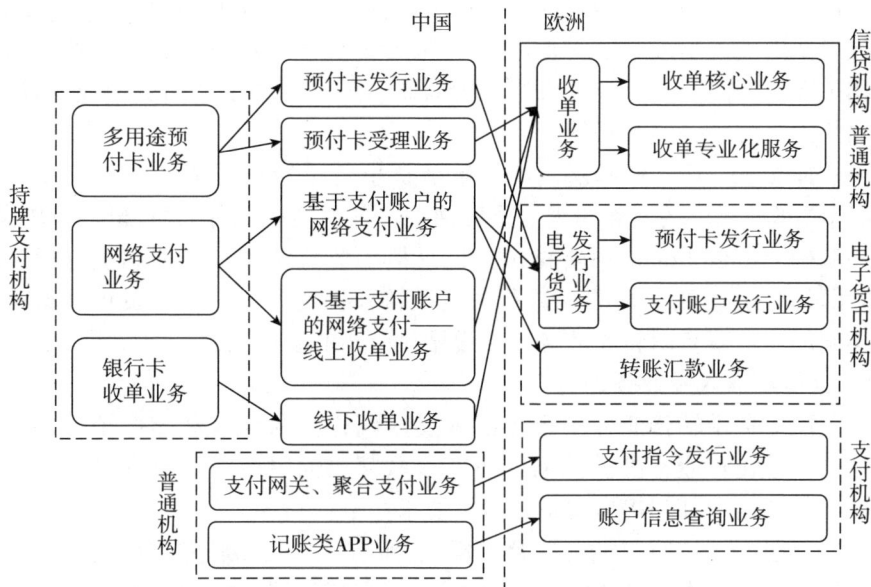

图3　中欧第三方支付的比较和澄清

（1）国内发行支付账户的网络支付业务和预付卡发行业务在欧洲都属于电子货币发行业务，欧洲在这方面的分类理念与美国相似。

（2）不发行支付账户的网络支付机构从事的银行卡线上收单、银行卡收单机构从事的线下收单，以及预付卡受理在欧洲同属于收单业务。信贷机构（如商业银行）主要从事收单核心业务，收单专业化服务更多会外包给普通商业机构从事。

（3）由于发行支付账户的机构同时也从事着转移货币资金的活动，因此，基于支付账户的网络支付业务在欧洲也被归为转账汇款业务。

（4）在欧洲，支付指令发起服务和账户信息查询服务被纳入监管范围，由支付机构从事。其中，支付指令发起服务与国内的支付网关、聚合支付概念类似，欧洲的支付指令发起服务主要连接的是银行账户，用户使用该服务可以使用不同的银行账户进行支付；国内的支付网关、聚合支付一般连接的是银行卡和支付账户。欧洲的账户信息查询服务与国内的记账类 APP 业务相似。但在国内，这两类业务无须申请牌照，普通商业机构即可从事。

三、美欧支付业务监管体系

（一）美国支付业务监管体系
1. 监管主体与法律法规

监管主体方面，美国对货币转移机构的监管分为联邦和州两个层面，联邦层面由美国财政部、美联储等机构负责监管，各州层面则分别由州内的相关政府部门对货币转移机构实施监管，如加利福尼亚州的商业监督局、纽约州的金融服务监管局等。

法律法规方面，联邦层面上，申请从事货币转移业务的企业需要遵循《美国联邦法规》的监管要求。州层面上，各州金融服务监管部门在联邦层面的基础上出台了对货币转移机构更具体的监管法规，如加利福尼亚州的《货币转移法》、纽约州的《银行法货币转移机构章节》等。货币转移机构在不同的州从事货币转移业务需要遵循对应州的法律法规。

2. 市场准入及业务许可

美国对货币转移业务的市场准入要求同样分为联邦和州两个层面，申请从事货币转移业务的企业需首先获得联邦层面财政部的准入许可，再向各州的行政监管部门提出申请，具体要求如下：

联邦层面，按照《美国联邦法规》，所有从事货币转移业务的机构都需要由该机构的负责人在机构成立 180 天之内向美国财政部的金融犯罪执法系统（The Financial Crimes Enforcement Network，FinCEN）申请注册，并且每两年需要更新一次注册信息。此外，申请注册的机构都需要通过 BSA 电子备案系统（BSA E‑Filing System）[①] 进行备案，备案的企业要求履行反洗钱和反恐怖主义融资的义务，使用反洗钱和恐怖主义融资的程序。

各州层面，申请从事货币转移业务的机构需要携带 FinCEN 的注册信息和其他要求的申请资料向各州的监管部门申请货币转移业务许可（Money Transmitter License），获得货币转移业务许可的机构可以从事预付卡的发行与销售、支付账户的发行和转账汇款业务。

值得说明的是，美国各州发行的货币转移业务许可只适用于各自州，如果想要在多个州从事货币转移业务，则需要分别向不同州的行政监管部门申请货币转移业务许可。截至 2016 年末，PayPal 已获得全美国 50 个州授权的货币转移业务许可，支付宝在美国也已获得部分州的货币转移业务许可，如北卡罗来纳州。

3. 监管豁免对象

美国大部分州在制定货币转移业务的监管政策时，皆考虑到了法案的适用范围。以《加州货币转移法》为例，法案特别说明了在加利福尼亚州

---

① 根据美国 Electronic Filing System of Bank Secrecy Act 要求，所有申请从事货币转移业务的机构都需要通过 FinCEN 管理的 BSA E‑Filing 系统进行网上备案，以保证交易的安全。

从事与货币转移业务相关的、可以豁免监管的对象，主要包括以下十一类：

（1）美国联邦政府各行政部门，如美国联邦储备银行。

（2）美国各州、市、乡镇政府部门。

（3）联邦、州、市、乡政府以电子转账的形式向公职人员发放的薪金、福利。

（4）美国邮政或其代理机构，特指其提供的货币转移业务。

（5）商业银行、工业银行或信用社；信托公司；部分协会组织。

（6）在正常贸易过程中提供清算和结算服务的商品交易所。

（7）依照联邦证券法成立的为证券交易提供清算结算的机构。

（8）第三方专业化服务机构，如 FDC、TSYS 等协助为银行卡网络、ACH 网络、汇款网络提供交易处理服务的专业化服务机构；以及 Visa、万事达、银联等四方模式的国际卡组织等。

（9）根据联邦或各州证券法注册的证券经纪商或做市商。

（10）企业向员工发放的工资福利以及向政府缴纳的税金。

（11）与获牌货币转移机构签署代理协议的代理机构。

（二）欧洲支付业务监管体系

1. 监管主体与法律法规

监管主体方面，欧盟委员会主要负责起草支付业务相关法律法规，法令草案经欧洲议会（European Parliament）审批后正式生效。同时，欧盟各成员国的金融监管机构将根据欧洲议会的法令补充和完善本国的相关法律法规，并对本国的支付业务进行监管，如英国的金融行为监管局（Financial Conduct Authority，FCA）、德国联邦金融监管局（BaFin）等。

法律法规方面，在欧洲，PayPal 和西联等获得了银行牌照的国际性支付机构，需要接受各国银行法的约束。其余大部分第三方支付机构申请的是电子货币机构和支付机构两类牌照，欧盟委员会针对这两类机构分别出台了欧盟电子货币法（E - Money Directive）和欧盟支付服务法令（PSD2）。

2. 市场准入及业务许可

目前欧盟与支付服务提供商相关的牌照主要包括银行牌照、电子货币机构牌照和支付机构牌照三类（见表1），分别对应信贷机构、电子货币机构和支付机构。而邮局、欧洲央行以及地区性监管机构由于其特殊性，并无牌照申请的要求。

表 1　　　　　　　　　　　　欧盟主要支付牌照对比

牌照类型	业务范围	机构类别	机构举例
银行牌照	·吸收存款 ·从事支付服务第 1~9 项	信贷机构	PayPal、西联
电子货币机构牌照	·发行电子货币 ·从事支付服务第 7 项	电子货币机构	Skrill、Payoneer、Paysafecard
支付机构牌照	·从事支付服务第 8、第 9 项	支付机构	Sofort Banking、iDeal、Mint

通过对比，我们发现银行牌照可以从事的业务范围是三个牌照当中最广的，不仅可以吸收存款，还可以发行电子货币。申请的企业以信贷机构为主，也有部分原先的非金融机构成功申请到银行牌照，如 PayPal 和西联。

电子货币机构牌照的主要特征是可以发行多用途预付卡或电子货币。2000 年，欧盟委员会对电子货币的定义主要以多用途预付卡为主，随着互联网的发展，电子货币逐渐衍生成用于互联网支付的支付账户，类似国内的支付宝和微信支付。该类机构需申请授权电子货币机构牌照（Authorized E – Money Institution License），规模较小的企业可以申请小微电子货币机构牌照（Small E – Money Institution License），小微电子货币机构不得从事跨境业务。

支付机构牌照的主要业务类型以支付指令发起服务（账基交易）和账户信息查询服务（记账服务）为主，比如德国 Sofort Banking、荷兰 iDeal 提供的便是支付指令发起服务，而英国 Mint 提供的是账户信息查询服务。

该类机构需要申请"授权支付机构"牌照（Authorized Payment Institution License），规模相对较小的初创企业可以申请"注册支付机构"（Registered Payment Institution License），但只局限于从事境内支付服务，不可从事跨境支付。截至 2013 年，获得支付机构牌照的共有 568 家，另有 2203 家获得"注册支付机构"牌照。[①]

3. 监管豁免范围

（1）有限支付网络中的交易。原 PSD 中，有限支付网络实现的支付交易是可以监管豁免的，如加油站提供的加油卡、连锁超市提供的购物卡、公共场所的停车卡等。PSD 对这种豁免进行了保留，但为防范这些有限支付网络交易规模扩大带来的监管套利风险，PSD2 对有限支付网络的监管豁免条件做出相关规定：一是单一有限支付网络中使用的支付工具不可用于多

---

① 数据来源：European Commission，最新数据时间为 2013 年，后续并未有更新。

个有限支付网络进行交易支付，如超市购物卡不可用于在加油站加油。二是如果有限支付网络涉及的交易金额达到一定规模，则需由监管机构审核这些有限支付网络提供商是否需要申请支付机构牌照。

（2）电信运营商增值服务。原 PSD 中，电信运营商涉及的支付交易是可以监管豁免的。但在 PSD2 中，电信运营商的监管豁免范围被缩小，目前仅对电信运营商提供两种服务实行监管豁免：一是购买数字内容和语音相关服务涉及的支付交易；二是使用电子设备参与慈善捐款或线上购票涉及的支付交易。同时，PSD2 还要求上述两种情形下涉及的单笔交易金额不能超过 50 欧元，单个用户每月累计交易金额不超过 300 欧元，如用户向电信运营商的账户充值，单月累计交易金额不可超过 300 欧元，否则将不属于监管豁免范围。

（3）公司内部的支付交易。PSD2 对公司内部的交易情形做出了相关的监管豁免规定，主要包含两种情况：一是支付服务提供商。支付服务提供商与其代理方或分支机构之间的支付交易。二是大型集团公司。母公司和子公司之间、同一母公司下属各子公司之间的支付交易及相关服务，且中间没有第三方支付服务提供商参与交易。

（4）ATM 取现服务：PSD2 维持了原 PSD 对 ATM 取现服务实行的监管豁免，前提是这些 ATM 运营商不提供支付服务定义中包含的其他支付服务。同时，为确保取现收费的透明度，客户在取现交易从开始到结束过程中需要披露取现涉及的相关费用。

四、美欧对支付业务的具体监管内容分析

（一）美国监管内容分析

在对货币转移机构的监管中，美国各州在联邦法规的基础上均制定了更具体的货币转移监管法规。目前，美国一共由 50 个州和 1 个特区组成，为了更深入地了解法规监管内容，本文将以美国人口较多、经济发展较好、技术创新氛围较浓的加利福尼亚州作为代表研究对象展开分析。

监管主体上，加州货币转移服务的监管机构为加利福尼亚州商业监督局货币转移部门（The Money Transmitter Division of California Department of Business Oversight）；法律法规上，在加利福尼亚州申请从事货币转移业务的企业需要遵循《加州货币转移法》（*California Money Transmission Act*）；监管内容上，主要包括市场准入要求、备付金风险管理机制、存款保险机制、惩罚性措施、消费者权益保护、反洗钱与反恐怖主义融资义务等多个方面。

1. 市场准入要求

公司性质方面，如果申请机构为本州的股份公司或有限责任公司，需要遵循本州的法律法规；如果申请机构为非本州的股份公司或有限责任公司，但有从事跨州交易的资质，则该机构需要遵循《公司法》的相关法规；如果申请机构为非美国本土的有限责任公司，则不予授予货币转移业务许可。

资本要求方面，申请机构在任何时间都需要保持 25 万美元至 500 万美元的净资产额，具体数额需要商业监督局根据每家企业的交易金额、经营状况等基本要素做综合评估后再做判断。

2. 备付金风险管理机制

（1）风险准备金

根据商业监督局的要求，所有获得货币转移业务许可的机构都需要向加州财政局缴纳一定金额的风险准备金（Bonds or Securities）以保证该机构能够安全地从事货币转移业务，类似商业银行向央行缴纳的存款准备金。此外，风险准备金在一定程度上也保障了货币转移企业的用户利益。

风险准备金形式上，可以为存款、票据、有息债券。其中，有息债券的市场价值不得低于商业监督局要求的安全线，有息债券产生的利息归为货币转移机构所有。

风险准备金数额上，如果企业发行和销售支付工具和预付工具，则该企业缴纳的风险准备金金额不得低于 50 万美元或企业日均待付金额的50%，两者取较大者，多数机构缴纳的金额不高于 200 万美元；如果企业从事转账汇款业务，则该企业缴纳的风险准备金金额不得低于企业的日均待付总额，多数机构缴纳的金额不高于 700 万美元。此外，风险准备金在后期是可以被追加的。

（2）交易保障金

从事货币转移业务的企业在任何时候都拥有充足的交易保障金（Eligible Securities），类似国内支付机构获得的沉淀资金，即存放银行的备付金。交易保障金额上，其价值总额不低于支付工具、预付工具以及转账汇款待付余额之和。

交易保障金形式上，可以以美元或外币存放。如果交易保障金以美元存放，存放形式包括现金、存款、债券、票据、银行承兑汇票、资质较好的商业票据、投资公司股份、商业银行应付款等。如果交易保障金以外币存放，则交易保障金的存放形式仅可以为现金、存款以及部分有息债券。

符合资质的交易保障金需要满足以下几个条件：第一，交易保障金的权益是货币转移机构独立拥有的；第二，交易保障金没有被抵押或扣押；第三，交易保障金是可以自由支配的、有流动性的。流动性的认定需要由商业监督局指定的第三方评级机构评级，如果评估认定符合条件，则这部分交易保障金便是符合资质的。

此外，如果商业监督局认为货币转移机构的财务状况出现问题，为保证用户的权益，会要求货币转移机构增加交易保障金或追加其他形式的保障措施。而且，无论该部分交易保障金是否与机构其他资产混合在一起，当在机构遇到财务问题时，均应优先用于偿付用户债务，不得用于偿付公司其他债务。

3. 联邦存款保险制度

为应对银行破产后给银行客户带来的损失，美国国会在 1933 年金融危机后成立了联邦存款保险公司（Federal Deposit Insurance Corporation，FDIC）为被保险的银行客户提供保障。申请存款保险的银行需要向 FDIC 缴纳一定金额的保费并提供银行存款客户的信息，每人最高可以赔付 25 万美元。

除了商业银行外，联邦存款保险制度对货币转移机构中部分类型的资金也适用。2008 年 FDIC 公布的新版第八号法律顾问意见中，将开放式预付卡的客户备付金界定为符合保险要求的"存款"。如若满足"穿透式"保险要求①（Pass Through Insurance Requirements），该存款的保险对象为持卡人。在满足"穿透式"保险要求的情况下，FDIC 在银行破产清算无力承兑时可对持卡人赔付。

4. 消费者权益保护

（1）转账汇款收据格式要求

为保障消费者的权益，商业监督局要求货币转移机构在开展转账汇款业务之前需要向监管部门提供消费者使用转账汇款后的收据样本供检查。新成立的货币转移机构所使用的收据未经监管部门核查之前不可在市场上使用。

在货币转移机构上交收据样本后，监管部门需要在 30 天内给予回复，合格或不合格。合格的收据理应包括以下一些信息：转账人姓名、收款人姓名、交易发生时间、货币转移机构、转账金额和币种、手续费或税额、转账总金额、汇率。如果货币转移机构违反要求，使用未经审查的收据，如果被监管部门发现，会被罚款 50 美元/次。

---

① 满足"穿透式"保险要求的核心要求是开放式预付卡向存放银行提供了持卡用户信息明细，包括用户身份信息和账户明细。

（2）转账汇款退款要求

正常情况下，每个货币转移机构或其代理机构在收到消费者的退款书面申请后，应在 10 天之内退款给消费者，包括手续费。但是，如果消费者要求退款的资金在这 10 日之内已经发生转移或是其退款要求违反了某法律法规，那么货币转移机构可以不予退款。

5. 反洗钱与反恐怖主义融资义务

货币转移机构需要履行反洗钱与反恐怖主义融资义务，使用反洗钱和反恐怖主义融资的程序，并受《银行保密法》（Bank Secrecy Act）的监管。

6. 罚则

（1）罚金或监禁

企业在申请货币转移业务许可以及在从事货币转移业务的过程中需要本着诚信的基本原则，否则相关直接责任人将会面临一定的处罚，严重者将会被判处一定时间的监禁。

如果货币转移机构在从事相关业务的过程中违反了本法案中的规则，则会被处以每次 1000 美元以下的罚金。如果货币转移机构持续性地违反规则，则会被处以每日 1000 美元以下的罚金，用于补偿监管部门的调查费和起诉费。

如果从事货币转移业务的机构在申请过程中提交的资料存在虚假信息，或是故意遗漏部分审核需要的关键信息，或是在获得业务许可之后从事了规定业务范围以外的业务，相关直接责任人将会被判处重罪（Felony）。根据《加州刑法》规定，犯重罪者将会被处以至少 1 年以上的监禁。

（2）吊销机构业务许可

如果货币转移机构在经营过程中出现违反法律法规、参与欺诈交易、通过延迟交易获取不当收益等情况，商业监督局将有权吊销货币转移企业的业务许可。此外，如果货币转移机构的代理机构出现了上述问题，货币转移机构必须停止与该代理机构合作。

（3）暂停货币转移业务

如果商业监督局认为货币转移企业在从事货币转移业务的过程中有违反本州的法律法规或存在不安全行为，监管部门有权指令该机构停止相关的业务，货币转移企业在监管部门颁布指令后 10 天之内须依照指令暂停业务。

（二）欧洲监管内容分析

在欧洲议会通过了欧盟电子货币法（E–Money Directive）和欧盟支付服务法令（PSD2）后，欧盟内各成员国的金融监管局需根据欧洲议会的法令制定更为详细的本国法律法规，并对本国的支付业务进行监管。因此，本文以第三方支付较为普及的英国作为代表研究对象，对其关于电子货币的监管展开分析。

监管主体方面，对第三方支付业务的监管机构为英国的金融行为监管局 FCA；法律法规上，在英国从事支付服务的企业需要遵循英国的支付服务法（The UK Payment Services Regulations 2017，PSRs 2017），其中融入了有关欧盟电子货币法和 PSD2 中的相关要求；监管内容方面，该法案包含了对市场准入要求、电子货币发行与赎回、备付金风险管理机制、消费者权益保护等多个方面。

1. 市场准入要求

（1）电子货币牌照要求

电子货币牌照可以分为小微电子货币机构牌照和授权电子货币机构牌照两种，它们在业务规模以及可从事的业务范围上存在一定的差异。

业务规模方面，如果申请机构预期发行的电子货币总额不超过 500 万欧元，可申请小微电子货币机构牌照。如果申请机构预期发行的电子货币总额超过 500 万欧元，则必须向金融行为监管局申请授权电子货币机构牌照。整体而言，金融行为监管局对授权电子货币机构的监管要求会更加严格，需要接受反洗钱、反恐怖主义融资等监管。

业务范围方面，小微电子货币机构仅可以从事境内的电子货币交易，而授权电子货币机构则不仅可以从事境内的电子货币交易，也可以从事跨境的电子货币交易。因此，部分小微机构如果有开展跨境业务的需求，在符合小微电子货币机构牌照的要求下，也可以申请电子货币机构牌照。

（2）支付机构牌照要求

支付机构的牌照包括"授权支付机构"和"注册支付机构"。其中，从事支付指令发起服务的公司必须申请"授权支付机构"牌照，而从事账户信息查询服务的公司仅需申请"注册支付机构"牌照即可。

按照不同的业务类型，金融行为监管局对支付机构的起始资金存在不同的要求，主要分为以下三种情况：

①支付机构仅提供支付服务定义中第 6 项（汇款）时，初始资本在任何时候不小于 2 万欧元。

②如果支付机构提供的支付服务包括支付服务定义中第 7 项（支付指令发起服务）时，初始资本在任何时候不小于 5 万欧元。

③如果支付机构提供的支付服务包括支付服务定义中第 1～5 项的其中至少一项，初始资本在任何时候不小于 12.5 万欧元。

此外，当支付机构在提供支付服务定义中第1~7项任意一项支付服务的同时还从事其他非支付相关业务的情况下，如果这部分非支付相关的业务会影响支付机构的财务状况或金融行为监管局对支付机构的合规性监督能力，则金融行为监管局可要求该机构设立单独的支付服务实体，以满足业务专营性要求。

2. 电子货币发行与赎回要求

（1）电子货币发行要求

按照支付服务法的规定，电子货币机构发行电子货币需遵循以下三点基本要求：第一，电子货币机构发行的电子货币必须要与货币实际金额或价值相等。第二，电子货币机构收到的用户资金需及时转换为电子货币，不得有意拖延。第三，电子货币的发行不可以通过第三方代理的形式进行。

（2）电子货币赎回原则

支付服务法中主要约束了以下5点：

第一，电子货币机构在与用户签订合同之前需要清楚地告知用户赎回可能产生的费用或比例，并且这部分费用的金额要与电子货币机构实际产生的成本相一致。

第二，用户赎回电子货币时，电子货币机构需将电子货币转换成等值的货币金额给回用户。

第三，在保证用户对于赎回费用知情权的情况下，电子货币机构在以下三种情况下可以对于电子货币赎回收取手续费：

①赎回时间在合同终止之前；

②用户在合同终止之前选择终止合同；

③赎回时间在合同终止满一年之后。

第四，如果电子货币用户在合同终止之前赎回电子货币，可以选择部分赎回或是全部赎回。

第五，如果电子货币用户在合同终止满一年之后赎回电子货币，必须全部赎回。

值得一提的是，电子货币用户在合同超期后也可以赎回。比如，英国的 Skrill 在与用户签署的条款和条件中就规定，用户可以在合同超期后6年内都可以赎回电子账户中的资金。

3. 备付金风险管理机制

（1）备付金管理要求

在备付金管理方面，英国支付服务法与 PSD2 中的相关要求保持一致，对电子货币机构开展业务收到的用于支付交易的备付金采用以下方式进行管理。

第一，客户备付金要与电子货币机构的自有资金隔离管理；备付金可存于第三方银行或投资于低风险流动性资产，如中央政府、央行、大型跨国企业、大型商业银行发行的债券。除了上述的存放途径之外，客户备付金不可用于其他任何用途。

第二，电子货币机构从用户处收到的任何用于支付服务的备付金，不得构成存款，不可以用来发放信贷，也不可以用来抵债。

第三，备付金可以通过第三方保险公司保障，保险金额需与隔离的备付金总额相等，以防破产时可以偿还等价金额。

第四，电子货币机构从电子货币用户处收到的资金在投资期间所获得的利息不得给予电子货币用户。

第五，电子货币机构对用户资金的管理需遵循欧洲反洗钱和反恐怖主义融资的规则。

上述规定体现了欧盟严格规范电子货币机构对客户备付金的管理，防止客户备付金被挪用的风险。然而，PSD2 从欧盟的角度并未对备付金挪用有明确的惩戒条例，而是要求各成员国根据本国的实际情况做进一步明确的规范和约束。

（2）自有资金管理要求

PSD2 中对于电子货币机构的自有资金也有相应的要求，主要包括以下三点，需要同时满足：

第一，电子货币机构的自有资金不得低于起始资金。

第二，如果电子货币机构提供支付服务定义中 1~6 项中至少一种支付服务，则该机构的自有资金不得低于前一年经营成本中固定费用的 10%。

第三，电子货币机构用于发行电子货币的自有资金不得低于其发放的电子货币总额的 2%。

（3）专业责任保险（Professional Indemnity Insurance）

作为获牌条件之一，申请从事支付指令发起服务的支付机构必须持有专业责任保险，以备补偿因未授权支付、未执行支付、不当交易或交易延迟等问题给用户产生的损失。

同样，申请从事账户信息查询服务的支付机构也必须持有专业责任保险，以备补偿因未经授权或欺诈性账户访问、不当利用支付账户信息给用户产生的损失。

4. 消费者权益保护

在消费者权益保护方面，英国的支付服务法基本与欧盟支付服务法令

PSD2 保持一致，主要有以下几项规定。

（1）限制商户额外收费

在各个成员国内，存在收款方（商户）向付款方（消费者）进行额外收费，从而补偿因为使用某些支付工具支付产生的费用，且各国的收费标准不一致。针对该种情况，PSD2 规定，一般情况下，严格禁止收款方（商户）向付款方（消费者）收取额外的费用。

（2）保护消费者个人数据

成员国需允许支付服务提供商处理个人信息，以在必要时预防、调查并侦破支付欺诈行为。个人信息的处理应依照欧盟相关法律（Directive 95/46/EC）执行。前提是，支付服务提供商仅可处理和存留与支付服务提供相关的个人数据，且必须征得支付服务用户的同意。

（3）交易信息披露要求

法案对单笔支付交易和协议下交易提出了信息披露要求，支付服务提供商必须在支付交易发起之前向支付服务用户提供基本信息、支付服务使用说明、费用、利息及汇率、通信方式、风险防范及修正措施等详细情况。

（4）非授权支付交易退款

如果发生非授权支付交易，付款方的支付服务提供商负有首要责任，必须立即向付款方退款（有书面证据证明是欺诈交易的除外），任何情况下不得晚于下一个工作日。同时，应确保得到退款的付款人支付账户贷记起息日不晚于账户扣款日期。

五、美欧与中国在第三方支付业务监管上的比较

（一）监管思路存在差异，美欧建立了按业务实质进行监管的框架

在美国，各州对第三方支付业务的监管法规建立了按照业务实质监管的框架。一是支付机构提供的所有涉及触碰客户资金的业务均被归为货币转移业务，包括传统票据的发行与销售、预付工具的发行与管理、预付工具的销售和转账汇款、支付账户发行等，从事这些业务的机构适用于相同的法律管理。二是收单核心业务一般由商业银行可以从事，收单专业化服务业务由于不直接接触客户资金，在美国并不属于货币转移业务，从而不用申请牌照。收单业务本身由多个环节组成，包括商户签约、资金清算、交易转接、信息处理等。其中，资金清算主要由获得银行牌照的商业银行负责，而收单专业化服务机构则主要负责收单业务中的交易转接与信息处理。由于在业务层面并不触碰客户的资金，因此收单专业化服务在美国并不属于货币转移业务，从事此类业务的第三方专业化服务机构也无须申请

货币转移业务许可。三是卡组织不直接触碰客户资金，不属于货币转移业务，也不用申请相关牌照。

在欧盟，第三方支付机构申请的牌照一般有两种：电子货币机构牌照和支付机构牌照。如果第三方支付机构从事支付账户或预付卡发行等沉淀客户资金的业务，则需要申请电子货币牌照；如果第三方支付机构从事的业务不涉及沉淀客户的资金，比如支付网关、账户信息服务等，可以申请支付机构牌照。从这个角度上来比较，欧盟对第三方支付机构的监管与美国相似，都是按照业务实质进行监管的。

在中国，目前对第三方支付机构并没有按照业务实质进行监管，而是基于业务场景进行监管。2010年颁布《非金融机构支付服务管理办法》时，国内的支付机构仍处于起步阶段，线上线下业务区分比较明显，如网络支付业务主要服务于互联网电商，多用预付卡应用范围以线下为主。因此，第三方支付业务按照当时的业务场景主要分为银行卡收单、网络支付、预付卡发行与管理三大类。在牌照管理中，第三方支付的业务范围更细分为互联网支付、移动电话支付、固定电话支付、银行卡收单、预付卡发行与受理。

然而，随着电子商务的推动和移动技术的发展，非金融机构的业务种类变得庞杂、原有业务分类之间的边界变得模糊，线上线下支付业务一体化趋势加强，网络支付机构逐步将业务范围拓展至线下，预付卡机构向网络商户延伸的同时，电商企业广泛涉足预付卡领域，在预付卡、共享单车等领域更是不时曝出挪用备付金、机构跑路的风险事件，使得对第三方支付监管的形势趋于复杂、难度进一步加大，按照业务场景进行监管可能已不合时宜。具体来看：

（1）网络支付业务，主要按照《非金融机构支付服务管理办法》《银行卡收单业务管理办法》《非银行支付机构网络支付业务管理办法》等进行监管。目前，从事网络支付的机构除了向用户发行支付账户之外，大多数实质上同时从事线上银行卡收单业务，业务边界与银行卡收单存在交叉；同时，主流网络支付机构已借助二维码等移动支付技术，将应用范围渗透至线下实体商户，与银行卡收单业务进一步重合。

（2）银行卡收单，主要按照《非金融机构支付服务管理办法》《银行卡收单业务管理办法》等进行监管。目前，银行卡收单业务领域主要存在业务规范性问题，因监管制度处罚力度较小、约束力度不足，业务违规行为时有发生，难以有效遏制。

（3）预付卡的发行与受理，主要按照《非金融机构支付服务管理办法》

《支付机构预付卡业务管理办法》等进行监管。伴随着社会经济和电子商务的发展，预付卡应用范围扩展，发行量大增，积累了大量的备付金，部分电商企业如京东、当当、易果生鲜通过线上渠道大量发行了使用广泛的"单用途预付卡"，易道用车、摩拜单车等移动应用程序吸引用户大量充值，这些看似"单用途"的预付卡用途十分广泛，应用范围甚至超过了一般的多用途预付卡，突破了原有"单用途"用途少的监管制度基础。

（二）监管体系和细则存在差异，美欧对支付机构进行审慎性监管，整体上与商业银行的监管体系类似

在美国，支付机构被归为非银行金融机构进行审慎性监管，主要体现在三个方面：业务性质方面，根据《美国联邦法规》中的定义，第三方支付业务属于非银行金融服务的一类；法律法规方面，货币转移法在《美国联邦法规》中属于货币与金融法（Money and Finance），在部分州（如纽约州）更是被划归为银行法；监管主体方面，支付机构在各州基本由政府监管部门进行监管，比如加州的商业监督局、纽约州的金融服务监管局等。

在欧盟，第三方支付业务属于金融业务中的消费金融与支付业务，支付机构被作为类金融机构进行审慎性监管，监管主体基本以各国的金融监管局为主，比如英国的金融行为监管局、德国联邦金融监管局等。此外，PayPal、西联汇款在欧洲分别成功申请了银行牌照，从侧面反映了欧洲监管部门对支付机构类金融机构的定位。

总体上，美欧对支付机构的约束和要求非常严格，形成了一套类似于对商业银行的监管体系，法律法规中的监管内容包括对市场准入、风险准备金、交易保障金、存款保险、业务范围等多个方面。这里，我们以美国《加州货币转移法》为例，对比其与我国对支付机构的监管体系和框架上存在的差异。

1. 市场准入制度

在美国，监管部门对货币转移机构建立了与商业银行类似的准入制度，机构如若从事相关业务都需要向监管部门申请业务牌照。在具体审核中，美国监管机构通常会对申请人提出法人实体、资本要求、高管要求等方面要求。如申请货币转移的机构一般必须在当地成立独立的法人实体；对注册资本或经营资本有相关的额度要求；企业高管人员均有专业性要求，并需提供身份信息及无犯罪记录证明等。

在中国，人民银行对支付机构已经建立了市场准入机制，规定了分支行受理、总行审核的基本流程，对申请人提出了注册资本、出资人、高级

管理人员、业务设施等方面核心要求。但是，在机构申请要求方面国内准入制度存在一定欠缺，如美国监管机构在机构申请时，明确提出了事前的备付金管理要求。

2. 备付金风险管理机制

在美国，货币转移机构的风险准备金与商业银行的存款准备金非常相似，都是基于客户的沉淀资金或存款向监管部门缴纳一定的数额。以加州为例，货币转移法规定：从事货币转移业务的机构必须在加州财政局缴存足额现金或证券，其金额不得少于加州商业监管局认定的数量。这部分资金缴存于财政局，其监管力度不亚于美联储对商业银行缴纳的存款准备金的监管。

在中国，2013 年 7 月正式发布了《支付机构客户备付金存管办法》，逐步建立了支付机构备付金管理制度，对于规范支付机构业务、保护消费者权益起到了积极作用。然而，备付金挪用、机构跑路等风险事件仍时有发生。2017 年 1 月初，人民银行发布《关于实施支付机构客户备付金集中存管有关事项的通知》，强化备付金管理，要求支付机构根据自身的评级和业务类型向人民银行缴纳一定比例的备付金。这一监管方式与美国交易保障金的思路相近。

3. 存款保险制度

在美国，国会在 1933 年金融危机后成立了联邦存款保险公司，为被保险的银行客户提供保障。申请存款保险的银行需要向 FDIC 缴纳一定金额的保费并提供银行存款客户的信息，每人最高可以赔付 25 万美元。近年来，联邦存款保险制度范围扩大，开始逐渐适用于满足"穿透式"保险要求的部分货币转移机构的备付金，如 2008 年 FDIC 将开放式预付卡的客户备付金界定为符合保险要求的"存款"。2016 年，Google Wallet 的账户余额被 FDIC 认定为符合保险要求的"存款"，Google Wallet 的用户在银行倒闭的情况下可以享受存款保险的保障。FDIC 的存款保险制度逐渐覆盖至发行支付账户的支付机构。

在中国，人民银行一直在推动存款保险制度的建立和落地，自 2015 年《存款保险条例》发布实施后，配套机制建设持续完善，目前仍主要针对国有商业银行，未覆盖至支付机构。

4. 消费者权益保护

在美国，监管部门要求支付机构尽到保护消费者权益的义务，这一要求体现在审慎性监管和具体的业务管理中。例如，在宏观管理方面，加州商业监督局认为货币转移机构的财务状况出现问题，为保证用户的权益，会要求货币转移机构增加交易保障金或追加其他形式的保障措施；在具体业务管理方面，为保障消费者的权益，加州商业监督局要求货币转移机构在开展转账汇款业务之前需要向监管部门提供消费者使用转账汇款后的收据样本供检查，收到消费者的退款书面申请后，应在 10 天之内全部退款给消费者。

在中国，监管机构也对支付机构提出了保护客户合法权益等类似要求，如要求支付机构能够确保"支付指令的完整性、一致性和不可抵赖性，支付业务处理的及时性、准确性和支付业务的安全性""确保支付业务的连续性""妥善保管客户身份基本信息、支付业务信息、会计档案等资料"。但要求往往较为原则化，在具体操作执行上需要进一步细化。

5. 反洗钱和反恐怖主义融资义务

在美国，货币转移机构与商业银行都需要向美国财政部的金融犯罪执法系统（FinCEN）申请注册并在 BSA 电子备案系统里进行备案，备案的企业需要履行反洗钱与反恐怖主义融资义务，使用反洗钱和反恐怖主义融资的程序，并受《银行保密法》的监管。

在中国，支付机构无论是在准入管理还是日常监管时，均有遵守反洗钱义务、提交反洗钱报告的要求。同时在 2016 年 12 月修订发布的《金融机构大额交易和可疑交易报告管理办法》等规定也同样适用于支付机构。但整体来看，支付机构在客户身份识别机制、反洗钱措施等方面并未严格落实监管要求，监管原则的具体落实有待细化完善。

6. 罚则

在美国，对支付机构违法违规的处罚力度是较为严厉的。以加州《货币转移法案》为例，如果从事货币转移业务的机构在申请过程中提交的资料存在虚假信息，或是故意遗漏部分审核需要的关键信息，或是在拿到业务许可之后从事了规定业务范围以外的业务，相关直接责任人将会被判处重罪（Felony），犯重罪者将会被处以至少 1 年以上的监禁。以纽约州的《货币转移法案》为例，如果机构在没有获得货币转移业务许可的情况下参与了一定金额以上的交易和资金处理，直接责任人将可能会被判以 E 级重罪（Class E Felony），即最短 1 年、最长 4 年的监禁。

在我国，对支付机构监管主要依照的是《非金融机构支付服务管理办法》，属于部门的行政规章，处罚力度较小，如对于支付机构违法违规行为，规定的处罚措施分别有"警告或处 1 万元以上 3 万元以下罚款""处 3 万元罚款""注销其《支付业务许可证》""依法移送公安机关立案侦查"等，约束力度较弱。

（三）法律层级不同，美欧对支付机构的监管法律层级高、处罚严厉

在美国，各州的监管制度均是州议会发布的州法律，而非行政部门发布的行政法规，处罚程度较为严厉。以加州《货币转移法案》为例，如果从事货币转移业务的机构在申请过程中提交的资料存在虚假信息，或是故意遗漏部分审核需要的关键信息，或是在获得业务许可之后从事了规定业务范围以外的业务，相关直接责任人将会被判处重罪（Felony）并处以至少1年以上的监禁。由于法律层级高、处罚严厉，因此对机构违规经营具有较强的震慑力。

在欧洲，欧盟支付服务法令和电子货币法令是由欧盟委员会提交的草案，最终由欧盟立法机构——欧洲议会通过，法令适用于欧盟境内所有的成员国。由于法律层级较高，对支付机构有较强的震慑力。

在中国，前述针对支付机构的监管制度仍停留在部门规章和规范性文件层级，效力低，处罚力度轻，震慑力不够，如《非金融机构支付服务管理办法》是人民银行发布的部门规章，该层级的制度只能对支付机构违法违规行为规定较低的处罚措施，如"警告或处1万元以上3万元以下罚款""处3万元罚款""注销其《支付业务许可证》""依法移送公安机关立案侦查"等，整体处罚力度小。

（四）地域管理存在差异，美欧对支付机构的市场准入按照地域管理、限制性较强

在美国，目前还没有全国性的货币转移业务牌照，从业机构需向各州申请牌照，才能在该州从事业务，因此，从业机构要接受每个州指定政府部门的监管，这对其违规行为的监督约束也较大。此外，不同州的法律不同，客户权益保障措施也有所不同，所以从业机构所遵守的规定也有差别，要逐一检视自己是否符合每一州法律，并做到业务可按州拆分，其合规难度也较大，故合规约束也较强。

在欧盟，尽管欧盟委员会出台的监管政策文件对所有欧盟成员国有指导性的作用，但是各国的监管部门依旧需要根据各国的具体情况对本国的监管法律进行修订。与此同时，各国发行的支付机构牌照（电子货币机构牌照和支付机构牌照）仅适用于本国，无法在整个欧盟体系内通用。

在我国，从机构管理来看，由人民银行分支行按照属地管理方式直接对其进行监管。从业务管理角度来看，银行卡收单和预付卡业务具有较强的地域属性，易于地域统筹管理。但网络支付业务因其特殊性，往往没有地域限制，机构可以发展国内任意地区的网络商户。

六、对我国第三方支付业务监管的启示

(一) 我国可部分参考美欧对第三方支付业务的监管思路

如前文分析，国内第三方支付业务目前的分类存在边界模糊，不能反映业务实质，致使从事类似业务的机构面临的监管差别较大，这可能形成监管套利空间，有必要对业务分类进行再设计。我们认为，对非金融机构支付业务原有的分类方式可以参考美欧的监管思路，按照业务实质对第三方支付业务进行分类监管，进一步调整为如下两个分类：

（1）账户发行业务：支付账户、预付卡发行。

（2）收单业务：银行卡收单、支付账户收单、预付卡收单。

从业务实质上看，支付账户与预付卡相同，都属于储值工具并沉淀了大量的用户资金，都可归属账户发行业务。它们的主要差异仅在于储值载体的不同，支付账户的出现是互联网技术发展的结果，并未改变其业务实质。

在牌照管理上，建议可发行两种类型的牌照：发卡业务牌照和收单业务牌照。申请账户发行业务牌照的机构不仅可以从事发卡/账户业务，也可以从事收单业务。对该类机构采取类似于银行的监管方式，严格管控。申请收单业务牌照的机构仅可以从事受理业务，针对该类机构可以适当放宽准入要求和监管的标准。

(二) 建立和完善支付机构的审慎性监管体系

我国也可借鉴美国经验，参照商业银行监管制度，建立审慎性的监管体系，特别是在支付机构的备付金缴存方式和数额等方面可做适当调整。具体来看，审慎性监管措施主要包括以下几个方面。

1. 健全市场准入要求

当前，我国对支付机构已经建立了市场准入机制，规定了分支行受理、总行审核的基本流程，对申请人提出了注册资本、出资人、高级管理人员、业务设施等多方面核心要求，整体要求与美国较为类似。但是，深入对比中美两国市场准入制度，发现仍存在一些差异，国内准入监管可进一步借鉴。例如，美国要求申请牌照的机构需要提前申报可能用到的支付品牌或虚拟名称，如果申请机构为上市公司或是上市公司的全资控股子公司，需要将上年度的年报①一并作为申报资料提交。

---

① 要求提交的公司年报与给美国证券交易管理委员会（Securities and Exchange Commission）的报告一致。

2. 强化备付金缴存机制

目前，人民银行针对国内支付机构备付金分散以及监管不足的问题发布了《关于实施支付机构客户备付金集中存管有关事项的通知》，要求强化备付金管理，这一监管方式与美国交易保障金的思路相近。考虑到国内市场集中度较高，不少大型支付机构除了支付业务外，还关联从事借贷、租赁、基金等金融业务，仍存在较大潜在运营风险，可在备付金之外，要求其以自有资金向政府（如央行）缴存一定比例（如备付金余额的8%）的风险准备金（类似于商业银行存款准备金），以应对正常业务之外风险事件带来的损失，更好保障消费者和商户的权益。

3. 推动存款保险制度覆盖到支付机构

人民银行在推进提升支付机构监管制度的法律层级，可适时考虑与存款保险制度进行衔接，加快推动存款保险制度的建立，并将该制度从商业银行延伸至符合要求的支付机构，要求该部分机构为其用户购买相应额度的存款保险，发挥存款保险制度在处置支付机构风险事件中的积极作用。

4. 细化消费者权益保护要求

在对消费者权益保护的具体操作执行上可进一步细化，比如明确机构破产清算时用户资金的偿还顺序，以防止支付机构发生备付金风险事件后难以有效保障消费者权益。

5. 加强反洗钱反恐怖主义融资监管

针对目前支付机构反洗钱反恐怖主义融资措施落实不到位的情况，可适当加强金融监管部门与反洗钱行政主管部门之间的协调配合，进一步发挥金融监管部门作用，强化对支付机构在客户身份识别机制、反洗钱措施开展方面的监管。

（三）提升我国对第三方支付业务监管的法律层级

美国相关货币转移法由州议会审核通过，欧洲相关的支付服务法令是由欧洲议会审核通过，都具有较高的法律层级，监管力度大，惩罚力度强，震慑力较大。与美欧相比，我国针对支付机构的监管制度仍停留在部门规章和规范性文件层级、效力低、处罚力度轻、震慑力不够。

随着支付机构在支付体系乃至金融市场中的作用和影响逐渐显现，有必要提升相关监管规则的法律层级，比如将支付机构相关的各类管理办法统筹整合，上升为层级更高的综合性的条例（如《电子支付条例》）等，以提升制度权威性，通过加大违规行为的惩罚力度提高震慑力。进一步地，可待时机成熟后推动制度上升为更高层级的法律（如《电子支付法》），确保支付行业更规范发展。

（四）强化人民银行各分支机构对网络支付机构行为的监管

在我国，从机构日常管理来看，由人民银行分支行按照属地管理方式直接对其进行监管。从业务类型来看，银行卡收单和预付卡业务具有较强的地域属性，易于地域统筹管理。但网络支付业务因其特殊性，往往没有地域限制，机构在接受注册地监管后，可以发展国内任意地区的网络商户和用户。这一问题随着支付机构线下二维码支付业务的飞速发展更为凸显，网络支付机构间接实现了"一地接受监管、全国开展业务"的格局，有超脱监管的趋势。因此，有必要加强人民银行各分支机构对网络支付机构在相关业务属地的行为管理。此外，针对仅从事线上支付业务的支付机构，应根据网络商户、特约商户的注册地、经营地对其业务进行地域管理，强化监管力度。

参考文献

［1］巴曙松，杨彪. 第三方支付国际监管研究与借鉴 ［J］. 财政研究，2012（4）：72 – 75.

［2］朱绩新，章力，章亮亮. 第三方支付监管的国际经验及其启示 ［J］. 中国金融，2010（12）：32 – 33.

［3］高岩. 第三方支付业务风险管理的国际经验及启示 ［J］. 中国信用卡，2013（12）：41 – 44.

［4］李霞. 第三方支付监管的法律困境 ［J］. 中国金融，2010（6）：89.

［5］The Federal Register, Code of Federal Regulations, Title 31, Subtitle B, Chapter X, Part 1010, Subpart A, 1010. 100（t）.

［6］European Commission, Electronic Money Directive, TITLE I, Article 2（1）.

［7］European Commission, Regulation（EU）No. 575/2013.

［8］European Commission, Directive 2000/46/EC, Article 1（3）（a）.

［9］European Commission, Directive（EU）2015 – 2366 PSD II, TITLE 1, Point（3）of Article 4 and Annex I.

［10］The Federal Register, Code of Federal Regulations, TITLE 31 – Money and Finance：Treasury, Part 1022 – Rules For Money Services Businesses.

［11］California State Legislature, California Codes, California Money Transmission Act.

［12］European Commission, Directive（EU）2015 – 2366 PSD II, TITLE

III, Article 45, 48, 49, 59.

[13] California State Legislature, the Corporations Code, Title 1, Division 1, Chapter 21 (commencing with Section 2100) and Article 8 (commencing with Section 17708. 01).

[14] The Financial Conduct Authority, The UK Payment Services Regulations 2017.

[15] New York State Assembly, New York Laws, Banking, Article 13 – B, Transmitters of Money.

监管约束、资本周期与商业银行监管资本套利行为研究——基于2007～2016年我国商业银行面板数据的实证分析

王　鸿　徐晓芸　苗鑫民　毛宇挺①

一、引言

监管资本套利（Regulatory Capital Arbitrage）是在不违反监管资本要求的前提下，利用制度差异进行的实际风险与监管要求不匹配的金融行为。客观而言，商业银行通过市场化的手段进行监管资本套利会促进资源的配置效率，但由于交易设计复杂、信息隐蔽以及配套监管的缺失，监管资本套利行为增加了金融体系的系统性风险，甚至影响一国经济的稳定发展。由于商业银行逐利的天性，在一定的监管框架下，为实现自身经济利益最大化，商业银行总能通过金融创新的方式绕开滞后的监管框架。因此，在一定程度上讲，监管资本套利形成的本质原因是监管框架内在的缺陷，即监管资本与经济资本的非统一性。自巴塞尔协议推出以来，监管资本套利的发展极为迅速，从1994年摩根集团的广义指数担保信托证券（Broad Index Secured Trust Offering）到2007年"次贷危机"的结构化金融工具，监管资本套利已经成为各国金融体系稳定发展的棘手问题之一。

在经济全球化的背景下，中国也不能独善其身，为构建以风险为基准的宏观审慎监管体系，2012年6月8日，银监会发布《商业银行资本管理办法（试行)》，拟通过完善监管框架来遏制监管资本套利行为，如细化资本充足率计算指标和加强不定期现场抽查等。此外，银监会还通过银监发〔2012〕237号文、银监发〔2014〕54号文将同业代付和通道业务纳入表内监管，并于2016年末发布《商业银行表外业务风险管理指引（修订征求意见稿)》，拟对商业银行的表外业务进行严格监管。但从事后发展来看，由于金融创新的加速和监管制度的滞后，监管资本套利无法完全受控。中国人民银行发布的《中国金融稳定报告2017》指出，2016年末，商业银行的

---

①　作者单位：上海浦东发展集团财务有限责任公司。

表外资产规模①已经达到 253.52 万亿元，首次超过商业银行的表内总资产。换言之，当前监管框架所无法覆盖的表外金融资产已经重塑了一个等量的影子银行体系。因此，了解监管资本套利，并能及时有效地对其进行指导和控制已经成为我国商业银行乃至整个金融体系面临的重大问题。

二、文献综述

Partony（1997）指出，监管资本套利是金融机构为规避现行监管体系，利用不同法律法规之间的差异或内部冲突而展开的一系列经营活动。Jones（2000）通过调查问卷的方式对美国商业银行的监管资本套利情况进行了整理，总结出监管资本套利的 4 种主要手段：采摘樱桃（cherry‐picking）、附带部分追索权的资产证券化方法（securitization with partial recourse）、远程发起方法（remote origination）以及间接信用增级方法（indirect credit enhancement），可谓是该领域的开山之作。之后的诸多学术研究基本可分为三类，即监管资本套利的影响、动因及对策。

对于监管资本套利的影响，多数学者认为其使现有监管指标难以准确衡量商业银行的经营风险，进而导致系统性金融风险不断累积。Allen 等（2004）基于银行资产最优决策的简单模型，指出监管资本套利可能导致银行资产风险水平的提高。Stiglitz（2008）、宋永明（2009）以及周小川（2011）甚至指出监管资本套利是导致金融危机发生的重要原因之一。次贷危机过后，针对全球银行业暴露出的一系列问题，《巴塞尔协议Ⅲ》应运而生，并针对资本充足率指标、监管资本要求、杠杆率监管等多方面进行了细化和完善，试图控制银行业内在的系统风险，保证金融体系的稳定。但钟伟和谢婷（2011）指出，《巴塞尔协议Ⅲ》更加严格的监管却促使商业银行更多地参与监管资本套利，进而增加了金融系统的不稳定性。监管机构虽然可以要求商业银行持有更多的自有资金，但却无法阻止其在无利可图的现状下转向其他金融资产。

监管资本套利的成因，Elizalde 和 Repullo（2006）、Gastion（2007）以及 Danilo 和 Marco（2008）均指出是监管框架的缺陷导致了监管资本套利。与资本监管制度不同，市场上的信用风险价差随时发生变化，监管机构以金融体系稳定发展为诉求的监管资本通常会高于商业银行以利益最大化为目的的经济资本，商业银行为了提高自有资金的利用效率，一个必然的结

---

① 诸多业内研究员和分析师认为，表外业务是我国商业银行进行监管资本套利的主要渠道之一。

果就是监管资本套利。同样，Rezende 和 Carvalho（2011）认为，货币政策目标与金融监管框架不协调导致的金融创新，和被管制银行与未被管制银行之间的商业竞争，促使了银行体系表外业务和监管资本套利行为的激增。

监管资本套利的存在性证据，Markose（2013）通过计算机模拟的方法，研究了 Basel II 颁布前后 RMBS 和 CDS 的交易情况，证明了监管资本套利的存在。Lan 和 David（2013）对商业银行子公司的贷款数据进行分析和研究后发现，不同的储备监管制度下，存款性金融机构存在着固定的资金流通行为，即从监管严格的存款机构流向监管宽松的存款机构。Dong 等（2011）、Houston 等（2012）和 Karolyi 和 Taboada（2015）对世界各地商业银行的投资并购案例进行整理分析，发现跨国银行的资金有向监管较弱地区进行转移的经验证据，从监管一价定律的角度来看，这些跨国银行长期进行监管资本套利。沈庆劼（2010）从市场交易的角度进行分析，指出商业银行会在不同的监管机构、市场主体、金融业务甚至会计核算方法上进行切换，从而规避了当期的监管指标。张桥云等（2012）以银行贷款余额与社会贷款余额的差值对监管资本套利的程度进行量化，指出商业银行通过金融创新的方式完全规避了巴塞尔协议的资本充足率监管。顾力绘（2012）利用国内 14 家上市银行 2007～2014 年的季度数据，研究了贷款损失准备和资本充足率的关系，指出我国商业银行的确存在监管资本套利行为，并根据次级债的发行规模简单估计了监管资本套利的规模。

资本套利的监管对策方面，Johnson 和 Feldman（2008）基于异质监管框架，提出了对商业银行机构分拆、资产置换与结构化产品等方式进行重点防治。许友传（2011）通过研究资本充足率约束下的中国银行业风险行为和资本调整策略，指出"一刀切"的监管方式并不能达到降低银行风险行为的目的。杨熠和林仁文（2013）指出，商业银行的资本充足率并非越高越好，其变动本身可能会产生新的风险，并且监管者要谨慎制定相关规定，以防监管资本套利。翟光宇和陈剑（2011）对国内 14 家商业银行2007～2011 年的财务数据进行实证分析，研究发现资产规模越大的商业银行越可能进行监管资本套利，原因在于其领先的行业地位和资源优势给予了其更多的资本套利渠道。陈梦雯等（2011）和黄海波等（2012）通过对约束条件下风险和收益函数的最优解分析，发现杠杆率非但不能遏制监管资本套利，反而促使银行从低风险资产向高风险资产转换。

从 2005 年银信合作开始，我国银行业监管资本套利以其特有的方式发展起来，通道业务多面铺开，券商资管、同业代付及买入返售等业务飞速增长，严重影响了商业银行财务报表的真实性。但国内的研究现状，多集中于国外理论的重新论证，实证研究更是匮乏。造成这种现象的一个原因是监管资本套利指标难以量化，对于这一问题，翟光宇和陈剑（2011）曾利用核心资本充足率与所有者权益比率之差对监管资本套利进行替代分析，但该方案可行的前提条件是银行业资产业务趋同。这种较完美的假设随着利率市场化的推进已经不再合理。在过往学者的研究基础上，本文试图构建了不同资产结构下商业银行监管资本套利的衡量模型，通过回归模型和参数的设计，用 Z – score 对银行真实风险加权资产进行估计，并通过其与报表数据额度差估算商业银行监管资本套利程度。文章后续安排是研究假设、研究设计、实证分析以及结论和建议。

三、研究假设

导致商业银行监管资本套利的直接原因是商业银行未能满足监管机构对其规定的最低监管要求。我国商业银行的监管压力主要源于资本充足率要求的规定，目前所适用的监管框架主要来源于 2004 年银监会出台的《商业银行资本充足率管理办法》，其明确了商业银行资本充足率不达标所应受的惩罚，如约见高管、停止新业务审批等。所以当商业银行的资本充足率低于或接近监管指标时，商业银行将产生较强的监管资本套利动机。由此提出假设 H1。

H1：商业银行的监管压力与监管资本套利呈正相关关系。

表外业务是商业银行从事的会影响其损益变动，但按现行的会计准则不计入资产负债表的业务，这种特性为商业银行监管资本套利提供了绝佳的业务通道。虽然我国商业银行在传统表外业务上已经具备了较为成熟的信息披露、会计核算以及风险管控制度，但对于不断创新的各类金融服务，监管机构的处理方式多为"堵截"式补漏，其潜在风险仍旧难以控制。2016 年 12 月，《商业银行表外业务风险管理指引（修订征求意见稿)》公布，中国人民银行将潜在风险积聚较大的表外理财纳入宏观审慎评估体系，拟对商业银行的监管资本套利行为进行指导性监管。这间接证实了商业银行的表外业务确实对监管资本套利行为提供了较为便捷的业务通道。由此提出假设 H2。

H2：商业银行的表外业务规模与监管资本套利存在正相关关系。

巴塞尔协议的主要目标之一是希望监管制度可以最大限度地降低银行的经营风险，但作为经济发展的重要一环，银行所承担的风险与经济周期存在着密切关系。一般而言，经济由繁荣转向衰退时，资产价格会有所下跌，贷款违约概率会有所提升，银行被迫提高资产减值准备和贷款坏账，商业银行的资产风险上升，资本充足率随之下降。为规避监管指标约束，商业银行通常有更强的监管套利动机。相反，当经济由衰退转向繁荣时，资产价格上升，贷款违约减少，银行资产负债表得以改善，资本充足率随之上升，银行监管套利的动机减弱。在资本监管压力下，这种周期性特点将表现得更为明显。因此提出假设 H3。

H3：监管资本套利具有一定的逆周期性。

在过去 20 多年中，随着部分国有股权让出和股份制改制的成功，我国商业银行取得了有目共睹的发展。但不同类型的商业银行在资产规模、政府隐性担保、运营方式、资源渠道等方面仍存在较大的差异，比如国有商业银行的特许权价值会远高于民营商业银行。换言之，国有控股越高的商业银行，其监管套利的机会成本相对更高。由此提出假设 H4。

H4：国有控股比例越高，商业银行监管套利程度越低。

四、研究设计

根据本文的研究假设，本文构建实证模型如下：

$$Y_{i,t} = \alpha + \beta_1 X_{i,t} + \beta_2 C_{i,t} + \varepsilon_{i,t} \tag{1}$$

其中，$Y_{i,t}$ 为被解释变量，对于本文而言，即各家银行各年的监管资本套利程度；$X_{i,t}$ 为解释变量，根据本文的假设，解释变量主要涉及监管压力、表外业务规模、周期因子和股权结构四个指标；$C_{i,t}$ 为控制变量，本文对控制变量的筛选主要在过往学者的研究基础之上进行整理；β_1 和 β_2 分别为解释变量和控制变量的系数；α 和 $\varepsilon_{i,t}$ 分别为截距项和误差项。

本文实证研究的关键在于监管资本套利指标的构建以及解释变量和控制变量的选择，具体构建方法如下。

（一）监管资本套利指标

资本充足率是资本与风险加权资产的比值，通常商业银行提高资本充足率的方法有两种，即增加资本以提高分子或者减少风险加权资产以降低分母。而风险加权资产降低的方法又可以划分为两类，一是通过资产管理真实降低商业银行的资产风险水平，二是进行监管资本套利，即在不改变实际资产风险的情况下，通过资产转移、财务操纵等手段，达到降低表面风险加权资产的目的。因此，监管资本套利的程度可以表述为真实风险加权资产和报表风险加权资产的差额。[①] 如果用商业银行的资本进行标准化，

---

① 此处的一个隐含假设是，商业银行所披露的资本充足率指标中未涉及监管资本套利的行为。

则监管资本套利的指标可表示为

$$RCA_{i,t} = \frac{1}{CAR_{i,t}} - \frac{1}{CAR'_{i,t}} \tag{2}$$

其中，$RCA_{i,t}$ 表示第 i 家银行 t 年的监管资本套利程度；$CAR_{i,t}$ 表示第 i 家银行 t 年的资本与真实风险加权资产的比值，即真实资本充足率，其倒数为真实的经资本标准化的风险加权资产；$CAR'_{i,t}$ 为第 i 家银行 t 年的资本与报表风险加权资产的比值，即报表披露的资本充足率，其倒数为报表披露的经资本标准化的风险加权资产。其中，$CAR'_{i,t}$ 是可以通过商业银行公开的报表数据得到，但 $CAR_{i,t}$ 是未知的。沈庆劼（2010）和翟广宇等（2013）基于商业银行资产风险结构趋同的假设，利用商业银行总资产对真实风险加权资产进行替代。但随着利率市场化的完成，商业银行的资产种类的多样性在提升，资产风险结构趋同的假设难以立足，因此该方法的合理性值得商榷。本文的处理方法是利用 Z – score 所衡量的银行经营风险与真实风险加权资产 $CAR_{i,t}$ 建立相关关系，具体如下：

$$\frac{1}{CAR_{i,t}} = \theta_1 + \theta_2 Z_{i,t} \tag{3}$$

$$Z = \frac{\mu_{ROA} + EAT}{\delta_{ROA}} \tag{4}$$

其中，θ_1 和 θ_2 分别是截距和斜率项；$Z_{i,t}$ 是第 i 家银行 t 年的 Z – score，其值越大表明商业银行的经营风险越高，具体算法见式（4）；μ_{ROA} 为商业银行资产收益率（ROA）的均值；δ_{ROA} 为商业银行资产收益率（ROA）的标准差；EAT 为商业银行净资本与总资产的比值。本文利用商业银行的季度数据对 Z 值进行估计。

因为 $CAR_{i,t}$ 和 $Z_{i,t}$ 分别是从不同角度对银行资产风险的估量，所以通过参数设计可以得到无误差项的式（3）。考虑报表资产风险 $CAR'_{i,t}$ 数据的可得性，以及其与 $CAR_{i,t}$ 的高度相关性（两者的差别在于监管资本套利），利用 $CAR'_{i,t}$ 和 $Z_{i,t}$ 的数据进行拟合，可取得 θ_1 和 θ_2 的估计量，具体如下：

$$\frac{1}{CAR'_{i,t}} = \hat{\theta}_1 + \hat{\theta}_2 Z_{i,t} + \varepsilon_{i,t} \tag{5}$$

其中，$\hat{\theta}_1$ 和 $\hat{\theta}_2$ 是 θ_1 和 θ_2 的估计量，$\varepsilon_{i,t}$ 为误差项。因为 $CAR'_{i,t}$ 和 $Z_{i,t}$ 内在含义有所差别，所以该模型通常会存在误差项 $\varepsilon_{i,t}$。通过式（5）得出的 θ_1 和 θ_2 的估计量，并代入式（3）和式（2）进行计算，可得到各家商业银行各年的监管资本套利程度 $RCA_{i,t}$，即式（5）中 $\varepsilon_{i,t}$ 的相反数。

（二）解释变量的选择

根据数据的可得性，对前文假设所涉及的解释变量指标构建如下。

1. 监管压力（RP）。资本充足率是商业银行体系内最为基本且重要的监管指标，按分子端的资本类型的划定，资本充足率也划分为三类。为减少模型的多重共线性，本文统一选取资本充足率作为分析变量。因为《商业银行资本充足率管理办法》对商业银行资本充足率的监管具有差异性，所以此处选择的监管压力指标为银监会对每家商业银行每年的最低资本充足率要求与其报表披露资本充足率的差。考虑商业银行监管压力对监管资本套利程度的滞后影响性，本文选取监管压力的滞后项作为解释变量。

2. 表外业务（OBSA）。我国商业银行目前披露的表外资产仅包括极少部分传统性业务，难以充分衡量其真实额度。为不失一般性，本文拟选取非利息业务收入占比作为表外业务规模的近似替代指标。

3. 周期因子（PF）。衡量经济周期的指标较多，如广义货币增速、GDP增速的偏离值等。本文参考人民银行宏观审慎评估体系的要求，选取的周期性因子指标为广义信贷增速与名义GDP增速的差。

4. 国有控股比例（PSS）。该变量有相对简单可取的量化指标，但因商业银行年报里通常披露的股权结构为持股比例排名前十的股东，所以该指标的选取原则为在商业银行前十大股东中，国家机关和国有企业直接或间接持股比例之和。

（三）控制变量的选择

根据国内外参考文献对监管资本套利的研究，本文需要控制的变量如下。

1. 资本扩充（CI）。导致资本充足率变动的因素主要包括分子端资本的变动和分母端风险加权资产的变动。前者通常可以显著改善商业银行当期的资本充足率，和监管资本套利有较强的替代性。考虑商业银行股本情况，我们用注资规模与注资前股本总额的比例进行衡量。

2. 利率市场化（IRM）。利率市场化的实现，降低了商业银行利息收入所占的比例，间接增加了经营压力。在各种监管指标的考核下，商业银行更有动机进行监管资本套利。

3. 信息披露（LB）。商业银行信息披露程度通常会影响其监管资本套利程度，为规避其对本文实证目的的影响，利用商业银行是否上市作为虚拟变量进行控制。

4. 银行规模（AS）。根据翟广宇和陈剑（2011）的分析，商业银行资产规模越大，越有能力和渠道进行监管资本套利。这是因为相对于资产规模较小的银行而言，大银行通过控股或其他方式已经实现了金融多牌照运营，仅通过并表和资产转移就可以实现监管资本套利。因此，选取商业银行总资产作为模型的控制变量之一，实证过程中取其自然对数进行分析。

（四）数据处理

本文的实证分析涉及了多家商业银行多年的财务数据，从数据类型上看属于面板数据。实证分析中对面板数据的处理方法主要有三种：混合回归、随机效应及固定效应。

混合回归处理方法是将面板数据近似成截面数据，即各商业银行不存在个体效应（不随时间改变）。换言之，各家商业银行的回归方程完全一致。因此，实证模型可简化成式（6）。其中，$y_{i,t}$、$x_{i,t}$ 及 $\varepsilon_{i,t}$ 是模型的被解释变量、解释变量和误差项；c 和 λ 分别是常数项和解释变量系数。对面板数据而言，各家商业银行扰动项 $\varepsilon_{i,t}$ 之间通常是相互独立的，因此仅需考虑各家商业银行不同时期扰动项之间的自相关性，处理方法可以使用聚类稳健的标准差（cluster – robust standard error）进行估计。

$$y_{i,t} = c + \lambda x_{i,t} + \varepsilon_{i,t} \tag{6}$$

面板数据还存在另一种类型，即各家商业银行存在个体效应。换言之，各家商业银行的回归方程存在差异，可见式（7）。其中，$y_{i,t}$ 和 $x_{i,t}$ 是模型的被解释变量和解释变量；c 和 λ 分别是常数项和解释变量系数；u_i 和 $\varepsilon_{i,t}$ 是个体效应和误差项，$u_i + \varepsilon_{i,t}$ 通常称为复合扰动项。

$$y_{i,t} = c + \lambda x_{i,t} + u_i + \varepsilon_{i,t} \tag{7}$$

如果存在个体效应，则需要根据个体效应与解释变量的相关性进行区分检验。若个体效应与模型中的自变量存在相关性，即 $E(u_i|x_{i,t}) \neq 0$，则需用固定效应进行处理，具体方法是通过离差①（mean – differencing）形式将个体效应消除，以确保新的误差项（$\varepsilon_{i,t} - \overline{\varepsilon_i}$）为球形扰动，见式（8）。从其处理方式上可以看出固定效应的一大缺陷是，无法估计出不随时间改变的自变量 x_i。对于本文而言，由于解释变量和控制变量中不含有此类数据，所以通过固定效应对数据处理，不存在无法估计的变量系数。

$$y_{i,t} - \overline{y_{i,t}} = y_{i,t} - \overline{y_i} = \lambda(x_{i,t} - \overline{x_i}) + (\varepsilon_{i,t} - \overline{\varepsilon_i}) \tag{8}$$

若商业银行的个体效应与解释变量之间是相互独立的，即 $E(u_i|x_{i,t}) = 0$，则可用随机效应进行处理。由于存在个体效应 u_i，所以扰动项 $u_i + \varepsilon_{i,t}$ 存在自相关性，当 $t \neq s$ 时，扰动项 $u_i + \varepsilon_{i,t}$ 的自相关系数为 $\dfrac{\sigma_u^2}{\sigma_u^2 + \sigma_\varepsilon^2}$，可见式（9）、式（10）。显然同一个体不同时期的扰动项之间的自相关系数 ρ 不随

---

① 式（7）按照时间取平均后，与式（7）做差而得。

时间距离 $(t-s)$ 而改变，ρ 越大，则个体效应占比越高，影响越大。

$$Cov(u_i + \varepsilon_{i,t}, u_i + \varepsilon_{i,s}) = \begin{cases} \sigma_u^2 & \text{若 } t \neq s \\ \sigma_u^2 + \sigma_\varepsilon^2 & \text{若 } t = s \end{cases} \tag{9}$$

$$\rho = Corr(u_i + \varepsilon_{i,t}, u_i + \varepsilon_{i,s}) = \frac{\sigma_u^2}{\sigma_u^2 + \sigma_\varepsilon^2} \text{ 若 } t \neq s \tag{10}$$

随机效应的处理方法可以通过系数 $\hat{\gamma}$ 的设计，可进行离差变换取得球形扰动的误差项，具体见式（11），其中，$\hat{\gamma}$ 为 $\gamma \equiv 1 - \dfrac{\sigma_\varepsilon}{(T\sigma_u^2 + \sigma_\varepsilon^2)^{1/2}}$ 的一致估计量。新误差项为 $[(1 - \hat{\gamma})u_i + (\varepsilon_{i,t} - \hat{\gamma}\overline{\varepsilon_i})]$，可知该误差项是非自相关的[①]，因此经式（11）估计得到的系数为有效估计量。

$$y_{i,t} - \hat{\gamma}\overline{y_{i,t}} = y_{i,t} - \hat{\gamma}\overline{y_i} = \lambda(x_{i,t} - \hat{\gamma}\overline{x_i}) + [(1 - \hat{\gamma})u_i + (\varepsilon_{i,t} - \hat{\gamma}\overline{\varepsilon_i})] \tag{11}$$

对于三种处理方法的选择，需通过 Stata12.0 进行检验，具体检验方法有个体效应的检验（LSDV 和 LM 检验）以及个体效应相关性的检验（豪斯曼检验）。

五、实证分析

（一）数据来源与描述性统计

本文以我国 16 家商业银行[②]为研究对象，选取每家商业银行 2007 ~ 2016 年的财务数据，共计 160 个观测值。根据 Z-score 的计算方法，需要统计样本银行资产收益率的均值及标准差，本文的处理方法是用季度数据计算每家商业银行的 Z-score。本文所涉及的被解释变量、解释变量以及控制变量见表 1。

表 1　　　　　　　　　　　　　主要指标及解释

	指标名称	符号	释义	统计方式
被解释变量	监管资本套利	$RCA_{i,t}$	第 i 家银行 t 年的监管资本套利程度	根据式（2）~式(5) 推算

① 对其非自相关的证明，仅需证明不同时间项的协方差为 0 即可，具体过程不再赘述。
② 16 家商业银行分别为工商银行、农业银行、中国银行、建设银行、交通银行、浦发银行、兴业银行、民生银行、中信银行、平安银行、招商银行、北京银行、光大银行、华夏银行、宁波银行、南京银行。

续表

	指标名称	符号	释义	统计方式
中间变量	资本充足率	$CAR_{i,t}$	第 i 家银行 t 年的资本充足率	统一采用资本充足率
	Z – score	$Z_{i,t}$	第 i 家银行 t 年的 Z 值	根据式（4）计算
解释变量	监管压力	$RP_{i,t-1}$	第 i 家银行 $t-1$ 年的监管压力	披露指标 – 监管指标
	表外业务	$OBSA_{i,t}$	第 i 家银行 t 年的表外业务规模	非利息业务收入占比
	周期因子	PF_t	第 t 年的经济周期性	广义信贷增速 – GDP 增速
	国有控股比例	$PSS_{i,t}$	第 i 家银行 t 年的国有控股比例	前十大股东中国有投资比例之和
控制变量	资本扩充	$CI_{i,t}$	第 i 家银行 t 年的资本扩充比例	资本扩充占扩充前股本的比例
	利率市场化	IRM_t	第 t 年的利率市场化程度	用虚拟变量表示①
	信息披露	$LB_{i,t}$	第 i 家银行 t 年的信息披露程度	用虚拟变量表示②
	银行规模	$AS_{i,t}$	第 i 家银行 t 年的总资产额度	报表披露总资产

注：①以 2015 年 10 月 23 日，央行宣布放开存款利率上限为利率市场化收官的时点，该指标的衡量，在 2015 年之前用 0 表示，在 2015 年（包括）用 1 表示。

②以第 i 家商业银行 t 年是否上市为统计标准，上市则用 1 表示，非上市则用 0 表示。

数据均取自 Wind 资讯及各家商业银行的官方网站，最终得到的研究样本为平衡面板数据。使用 Stata12.0 对数据进行整理和分析，并做描述性统计，见表 2。从表 2 中可以看出，监管压力的最小值为 – 2.73，即报表披露的资本充足率低于监管指标，这会明显提升商业银行次年的运营压力，增加其监管资本套利的可能性。

表 2　　　　　　　　　主要变量的描述性统计结果

变量名	均值	标准差	最小值	最大值	观测值
CAR	12.39	2.674	5.77	30.67	N = 160
Z	165.69	123.15	8.20	815.97	N = 160
RP	3.341	2.649	– 2.73	22.17	N = 160
OBSA	18.97	7.731	1.587	39	N = 160
PF	9.955	4.62	3.74	18.47	N = 160
PSS	54.32	28.01	6.02	100	N = 160
CI	8.474	16.7	0	80	N = 160
IRM	0.2	0.401	0	1	N = 160

续表

变量名	均值	标准差	最小值	最大值	观测值
LB	0.969	0.175	0	1	N = 160
AS	10.14	1.308	6.627	12.39	N = 160

注：各变量的名称及释义见表1。

（二）实证分析

1. 监管资本套利程度估计结果

提取各家商业银行的 Z 值和资本充足率，形成短面板平衡数据。根据式（2）～式（5）的计算方法，可知 $\varepsilon_{i,t} = \dfrac{1}{CAR'_{i,t}} - \dfrac{1}{CAR_{i,t}} = \dfrac{1}{CAR'_{i,t}} - \hat{\theta}_1 - \hat{\theta}_2 Z_{i,t}$，即 $\varepsilon_{i,t} = -RCA_{i,t}$。为建立正相关关系，我们取残差的相反数作为 RCA 的衡量指标。整理 16 家银行 10 年的数据共得到 160 个监管资本套利程度的估计值，见图 1。从图 1 中数据来看，我们可以发现，商业银行的监管资本套利程度有逐年加重的趋势。

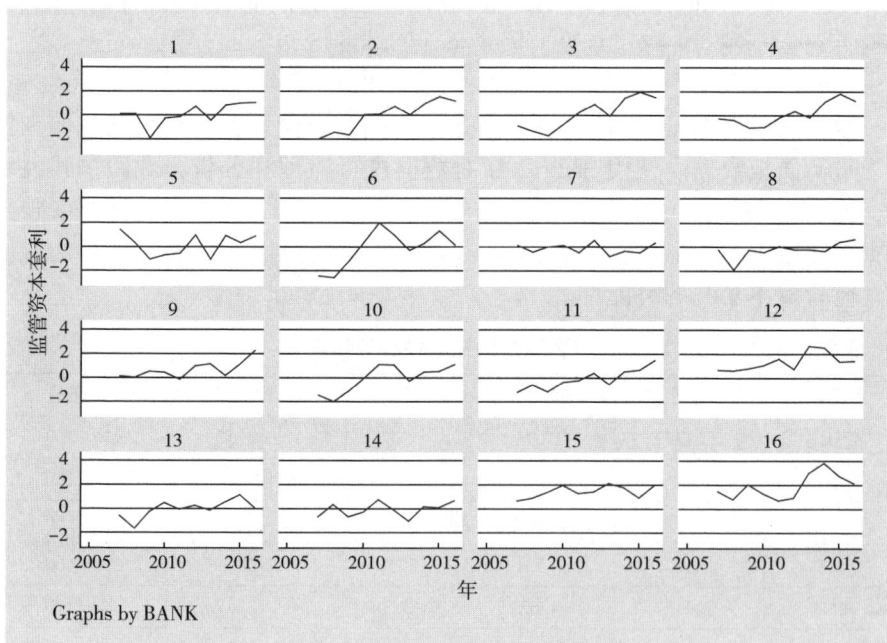

图1　监管资本套利程度估计

2. 实证结果

本文将监管资本套利程度及所整理的解释变量和控制变量运用至式（1），

分别采用混合回归、固定效应及随机效应对相应系数进行估计，见表3。

表3　　　　　　　　　　　实证分析结果

	RE		FE		OLS	
	(1)	(2)	(3)	(4)	(5)	(6)
	$RCA_{i,t}$	$RCA_{i,t}$	$RCA_{i,t}$	$RCA_{i,t}$	$RCA_{i,t}$	$RCA_{i,t}$
$RP_{i,t-1}$	−0.146***	−0.095***	−0.093***	−0.090***	−0.088***	−0.135*
	(−4.34)	(−2.79)	(−2.72)	(−2.69)	(−2.81)	(−1.87)
$OBSA_{i,t}$	0.004**		0.035***	0.029**	0.022**	0.005*
	(2.11)		(3.15)	(2.09)	(2.17)	(1.92)
PF_t	−0.010	−0.013*	−0.013*	−0.012*	−0.010*	−0.010
	(−1.51)	(−1.81)	(−1.79)	(−1.78)	(−1.78)	(−1.50)
$PSS_{i,t}$	0.002	0.015	0.014	0.014	0.013	0.002
	(1.39)	(1.10)	(1.03)	(1.07)	(1.02)	(1.47)
$CI_{i,t}$	−0.004*	−0.009*	−0.010*	−0.008*	−0.008*	−0.004*
	(−1.85)	(−1.88)	(−1.79)	(−1.83)	(−1.81)	(−1.91)
IRM_t	1.006***	0.401***		0.374***	0.281***	1.013***
	(4.06)	(4.00)		(3.79)	(3.91)	(5.13)
$LB_{i,t}$	−0.728**	−0.388	−0.351	−0.343	−0.339	−0.695**
	(−2.15)	(−0.65)	(−0.55)	(−0.61)	(−0.63)	(−2.12)
$AS_{i,t}$	0.146	1.056*	1.059*	1.043*	1.037*	0.139
	(1.23)	(1.92)	(1.91)	(1.89)	(1.91)	(1.46)
$OBSA_{i,t}$ * IRM_t	0.026**				0.077*	0.029**
	(2.13)				(1.79)	(2.18)
CONS	4.172**	−11.377***	−11.127***	−10.951***	−11.051***	4.159**
	(2.18)	(−4.19)	(−4.17)	(−4.27)	(−4.15)	(3.22)
Adjust−R^2	0.172	0.112	0.236	0.146	0.188	0.302
N	160	160	160	160	160	160

注：①括号内为 t 值。

②*为0.1水平下显著；**为0.05水平下显著；***为0.01水平下显著。

通过表3可以看出，虽然通过三种方法处理面板数据得到的系数和显著性有所差异，但各自变量系数的正负性基本保持一致。通过 LSDV 和 LM 检验发现，不同商业银行之间存在明显的个体效应，即混合回归是不合适的。针对固定效应和随机效应的区分，进行豪斯曼检验后，发现商业银行的个体效应与模型（1）中的自变量存在相关性，采用固定效应进行处理比较合适①，所以本节的实证分析均以固定效应的回归结果为准进行。

理论而言，利率市场化完成后，商业银行非利息业务收入的占比会有所提升，为规避两者的同质性，本文另进行了三次检验，分别扣除 OBSA 项和 IRM 项，此外还检验了两者的交叉项。通过对比表（3）中模型（3）和模型（4），我们可以发现 $OBSA_{i,t}$ 的系数显著性略有降低，但仍在 0.01 和 0.05 的水平下显著为正，表明商业银行的表外业务规模与监管资本套利行为具有较强的正相关性，并且这种显著的正相关性基本不受利率市场化进程的影响；对比模型（2）和模型（4），可以发现利率市场化与监管资本套利的显著正相关性同样不受商业银行表外资产规模变动的影响；此外，在加入两者交叉项 $OBSA_{i,t} * IRM_t$ 的模型（5）中，可以发现该交叉项的系数在 0.1 的水平下显著为正，表明在控制 IRM_t 的基础上，$OBSA_{i,t}$ 与监管资本套利依然是显著正相关的，上述检验结果再次得到证实。

通过表（3）中模型（5）的实证结果可以发现，$RP_{i,t-1}$ 的系数在 0.01 的水平下显著为负，即商业银行上年监管指标压力越大（$RP_{i,t-1}$ 越小），在次年的经营过程中就越容易进行监管资本套利；PF_t 的系数在 0.1 的水平下显著为负，即经济越紧缩（PF_t 越小），商业银行越容易进行监管资本套利；$PSS_{i,t}$ 的系数为正，但并不显著，表明商业银行的股权结构与其监管资本套利行为之间并不存在显著的相关关系。本文认为造成这种现象的原因是银行业的准入门槛逐步降低，竞争的公平性逐渐强化，大型国有银行的特许经营权价值在不断被削弱，相对于其他银行而言，国有控股比例较高的商业银行并未承担较高的机会成本；$CI_{i,t}$ 的系数在 0.1 的水平下显著为负，表明商业银行的注资行为与监管资本套利具备互相替代性。这是由于注资同样可以有效改善资本充足率，增厚报表利润；$LB_{i,t}$ 的系数为负，但结果并不显著。这表明以上市与否衡量的信息披露情况与商业银行的监管资本套利之间并不存在明显的相关性。换言之，监管机构对上市银行所要求的信息披露标准尚未有效遏制监管资本套利行为的发生；$AS_{i,t}$ 的系数为正，且在 0.1 的水平下显著，表明商业银行的资产规模越大，其越容易发生监管资本套利行为。

需要补充的是，本文使用了监管压力的滞后项 $RP_{i,t-1}$，所以不存在其与周期性因子（PF_t）或利率市场化（IRM_t）的多重共线性。至此，本文的研究假设 H1、H2 及 H3 均得到证实。

---

① LSDV、LM 以及豪斯曼检验结果均可通过 Stata12.0 直接获得，具体过程不再赘述。

六、结论及建议

（一）研究结论

监管资本套利跨越现有监管体制，交易结构复杂，潜在风险难以估量。在全球性金融监管框架《巴塞尔协议》的实施过程中，监管资本套利一直是不容忽视的重要问题，历次金融危机中均可见其踪迹。我国金融体系有其特殊性，在利率市场化和经济全球化推进的双重前提下，商业银行一方面要摆脱传统银行业务缩水带来的经营压力，另一方面还需要与严苛的国际监管制度不断接轨。在多重困境下，监管资本套利成为我国商业银行处理上述问题的主要手段之一，但是其潜在的金融系统风险同样成为我国金融体系稳定发展的障碍。由于监管资本套利程度指标难以进行合理量化，国内的研究文献多从理论分析入手，既有的客观事实难以得到充分的揭示。受制于此，相应政策建议的合理性无法得到保证。

本文通过全国 16 家商业银行 2007～2016 年的财务数据，对监管资本套利的影响因素进行了实证分析。对监管资本套利程度的指标构建是本文主要贡献之一，主要处理方式是将监管资本套利视为报表风险加权资产和真实风险加权资产的差，然后通过建立真实风险加权资产与另一等效可测指标的相关关系，对商业银行真实风险加权资产进行估计。从过往研究文献来看，Z－score 对商业银行的资产风险有较好的拟合能力，故本文选取 Z－score 作为商业银行真实风险加权资产的等效可测指标，进而构建两者的线性无残差程式，而具体参数的估计则通过 Z－score 对报表财务风险加权资产进行拟合得到。在此基础上，对商业银行的财务数据进行实证分析，主要研究结论如下。

1. 在监管压力方面，我国商业银行的监管资本套利表现出明显的正相关性，但这种显著性通常具有滞后性。监管压力是商业银行报表的资本充足率与监管指标之差，差值越小，所受压力越大。换言之，若披露的资本充足率与监管要求的资本充足率下限越接近，甚至低于该下限的商业银行，该商业银行越有可能于次年进行监管资本套利。这是因为，商业银行会在知晓自身资本充足率与监管指标的差距后，商业银行通常会有提高资本充足率的迫切冲动以确保次年资本充足率在安全范围内。但资本管理或注资方式通常见效较慢，监管资本套利成为较为常用的手段。

2. 表外业务规模与监管资本套利有显著的正向关系。我国的金融体系依然处于分业经营、分业监管的框架下，其中商业银行作为金融体系中最为重要的组成部分，在拥有最多资源的同时也受到最严格的行业监管。从逐利的本质出发，商业银行也在尝试利用分业监管的漏洞进行各种经营交易。从银信合作开始，商业银行逐步向券商以及资管等方向扩展，虽然途径和手段繁杂，但其共同点都是将资产从表内向表外转换，在将资本充足率控制在监管要求下限的同时，尽可能地丰厚自身的营业利润。因此，表外资产的急速扩张，通常是监管资本套利的一个重要表征。

3. 监管资本套利行为具有较强的逆周期性，即经济紧缩时，商业银行更有可能进行监管资本套利。该逻辑比较容易理解，因为经济处于紧缩周期时，商业银行需要计提更多的坏账准备，需要面临更多的信贷违约，不仅影响资本充足率的分子端（降低），也影响了资本充足率的分母端（升高）。因此，紧缩周期中，商业银行的资本充足率通常更低，面对硬性的监管指标，更难达到要求。

（二）政策建议

针对上述研究结论，本文提出四点意见或建议供参考。

1. 完善监管指标约束，建立资本补充长效机制

本文的研究结论表明，监管压力显著影响商业银行的资本管理决策，当监管压力增强时，会显著诱发监管资本套利行为。虽然监管机构可以通过商业银行近期公布的财务数据作为"重点监管指标"，筛选出濒临甚至低于监管红线的商业银行进行重点排查和控制，但这种监管机构与商业银行之间的博弈行为，可能会促使银行管理者提前进行资本干预，从而弱化该指标的有效性。从现实背景来看，商业银行作为推进实体经济稳健发展的重要一环，信贷数量大概率会在未来一段时间内保持较高的增长速度。在监管制度逐步趋严的前提下，我国银行业已经出现了"信贷扩张与资本补充相互驱动"的特点，即"信贷扩张—资本补充—信贷再扩张—资本再补充"闭环循环。因此，从商业银行主动管理的角度出发，通过内源融资和外源融资相结合的方式建立商业银行资本补充的长效机制是比较现实的解决方案。

内源融资的关键，在于增强盈利能力，增厚内生资本。主要渠道有三条：一是全面升级传统业务模式，加快以产品为中心向以客户为中心的商业模式转变。互联网金融的推进，使金融业更大程度地向服务业靠拢，客户选择的多样性得到大幅提升，商业银行应转变传统的经营策略，充分利用现代信息技术构建客户的需求信息档案，整合现有的产品和渠道资源，为客户提供综合性、一体化的金融服务；二是完善经营结构，合理推进中间业务发展。利率市场化的推进使商业银行传统息差业务大幅缩水，经营压力骤升逐步向资本管理方面传导，在监管框架的缺陷下，促使监管资本

套利行为成为解决监管压力的最小阻力方案。在当前背景下，推进中间业务的发展是经营困境实现突破的重要途径之一，商业银行应建立一套高标准的风控体系，在合规的前提下，利用现代金融技术有序细分客户市场，精准对标客户需求，充分优化客户服务质量；三是合理控制资产规模增速，完善资本管理体系。商业银行规模的扩张随着宏观经济 L 形变动而减速已经成为业内共识，资本扩张倒逼资本补充的现象不具备可持续性。因此，商业银行应推进以资本管理为基础的风险体系建设，从资产期限、规模、违约概率及损失规模等方面对现有业务进行自测，强化资本约束机制，有效平衡效益、风险、资本三者关系，提升自身经营效率和资本管控能力。

外源性融资（比如引进战略投资者、IPO、定向增发、政府注资以及发行次级债等）是我国商业银行资本补充较为常用的手段之一，但通常限制因素较多，比如战略投资者的引进通常有一定持股比例的限制；进行 IPO 或定增通常要求商业银行有一定业绩支持并需要较长时间的辅导或筹措；次级债注资的方式虽然尚可操作，但先行监管文件规定其划入附属资本的条件已经十分苛刻，基本难以实现。在与国际制度接轨的过渡期中，监管要求无疑会逐步趋严，商业银行要筹集更多符合监管要求的资本，借鉴国际经验，思考如何开发符合监管要求的创新型资本工具或许是商业银行补充外援资本的重要途径。刘鹏和辛华（2013）的研究也表明，我国符合《巴塞尔协议Ⅲ》所要求的新型资本工具少之又少，尚有较大的发展空间，紧跟国际资本工具创新步伐应是我国商业银行未来几年的努力方向之一。当然，在推进金融创新有效发展的过程中，监管制度的跟进和完善是必不可少的，避免以监管资本套利为目的的金融创新发生是其推进前提之一。

2. 提高宏观审慎意识，健全逆周期监管框架

随着金融业向服务业的转变，以基础货币和货币乘数为准的货币传导机制被不断弱化。为提高自身的服务质量，金融机构在跨产品、跨期限以及跨行业等方面的推进使传统的微观审慎机制对表内业务甚至对金融市场的监管失效。次贷危机之后，主要经济体和国际组织针对传统监管框架的缺陷进行分析，并积极探索新的风险调控手段，宏观审慎管理是其主要成果之一。其管理的核心在于从宏观和周期两个角度出发，防范由金融体系顺周期波动和交叉传染的系统风险，从而维护金融体系的稳定。我国于2009 年第三季度货币政策执行报告中首次提出宏观审慎的概念，并在 2013年发布的《商业银行资本管理办法（试行）》中引入《巴塞尔协议Ⅲ》的留存资本缓冲、逆周期资本缓冲两项监管工具。逆周期的宏观审慎监管逐步被主流机构接受，但针对我国特殊的国情，如何构建以逆周期监管框架

为核心的宏观审慎监管体系，并有效付诸实践，尚需解决两大问题。

一是前瞻性周期性因子的构建。我国 MPA 考核体系中的逆周期因子采用"机构 i 广义信贷增速 –（目标 GDP 增速 + 目标 CPI）"进行衡量，并辅助宏观经济热度参数和系统性主要程度进行控制，基本符合《巴塞尔协议》中的构建逻辑。但曹麟和彭建刚（2014）指出，《巴塞尔协议Ⅲ》所提出的周期性挂钩变量"信贷/GDP"具有一定的滞后性，不适合作为单一监管因子进行实操。这一点也基本符合李文泓（2009）的观点，其认为经济的周期波动和金融体系的顺周期性都是经济发展的内在特征，任何工具都只能对顺周期性进行缓解，并尽可能地消除外部规则产生的人为顺周期效应，但并不能完全将其规避。考虑政策时变性对经济的负面影响，合理的逆周期因子构建原则应当在既定规则导向的基础上，叠加适当的相机干预，以避免政策摩擦成本对经济的冲击。金融体系顺周期性来源于多个方面，任何单一的逆周期因子都只能针对某一问题进行有代价的缓解。因此，李文泓（2009）建议运用一组相互补充、相互配合的政策工具，才有可能最优地缓解金融体系的顺周期性。

二是监管机构应当对金融体系的不稳定因素进行有效的识别、分析和评估，进而合理控制系统性风险。这不仅需要我国各部门及研究院之间的通力合作，还需要监管机构能够针对发现的问题及时采取措施，其对监管当局的宏观分析能力、决策的独立性以及当机立断的勇气均有相当的考量。

3. 强化业务穿透机制，提升机构监管协调性

建立宏观审慎机制，另一个重要的维度是解决金融机构之间业务嵌套的监管问题。我国银行业尚处于分业监管框架之下，但金融业混业经营的趋势却越发浓烈，面对我国金融交易跨市场化、银行业务表外化、资本流动网络化的新趋势，分业监管的模式显然难以覆盖整个业务链条。加强业务穿透监管的有效性，完善监管机构间的协调机制是解决业务嵌套的主要途径之一。实现向下可穿透至底层资产，向上可穿透至最终投资者，从而明确产品的整体杠杆水平和资金的来源及运用。在实现的具体措施上，本文提供两点建议以供参考。

一是建立金融产品穿透检测的业务标准，标准的设计可参考金融稳定理事会提出的 LEI 体系，即为金融产品提供统一产品标准、代码、数据分类和数据格式等，对金融产品的嵌套资产进行募集信息，资产负债信息和终止信息的统计，以实现产品逐层嵌套的结构与数据识别。并建立合适的金融产品信息统计系统，对各机构金融产品的发行及交易数据进行收集和整理，实现全链条的流程监测。此外，监管体系还可利用央行的支付结算系

统和"三会"的监测体系实现跨产品、跨行业、跨市场的资金规模和流向的统计。一方面要明确各金融产品的资金来源、资金投向和受益人,另一方面也要明确各金融产品的杠杆比率、风险程度和收益率的测算,最终实现金融产品的实时穿透和风险监测。

二是构建宏观审慎框架下的协调监管机制。从国家现行机制来看,国务院下设的金融稳定发展委员会行使了监管机构的协调功能。在金融稳定发展委员会的牵头组织下,监管机构间的协调机制需要包含以下三点内容:其一是制定相关金融监管机构协调的法律法规。金融协调监管原则并不是我国金融立法中的一项独立法案,多散见于不同金融监管机构下发的法律法规中,立法的缺失纵容了综合性金融服务机构(如金融控股公司)的监管资本套利行为。我国的金融监管法律体系有必要将金融协调监管纳入,明确交叉性金融服务的法律属性和监管部门,落实各监管主体责任。其二是建立监管联席会议和常联机制。通过定期或不定期的联席会议与经常性会议,充分沟通和交流各自监管条线下的监管盲区和潜在风险,协调各项业务和政策的推进。在宏观审慎监管框架下,加强各机构的协调配合,发挥监管合力,提高监管效率,维护金融稳定。其三是完善"一行三会一局"以及各经济部门之间的信息共享机制。各监管机构之间的系统性风险累积在很大程度上取决于各监管主体之间的信息不对称性,跨界信息采集成本的高企,滋生了监管资本套利等系列违规行为。解决该问题的最佳途径是建立顺畅的、低成本的信息共享与交流平台。该机制的实现路径离不开信息共享的技术支持,因此部门之间的信息化和科技化水准是该平台实现的主要前提之一;其次,需要明确"一行三会一局"以及各经济部门之间的信息传导途径和管理机制,通过各部门的通力合作建立金融监管信息的数据库。最终要实现能对宏微观经济信息的动态识别、采集和整理,并进行统一的标准化,以供各部门使用。

4. 构建表外业务的信息披露机制

根据央行发布的《中国金融稳定报告(2017)》,商业银行表外资产已经超过表内资产,但从商业银行公布的报表数据来看,已披露的表外资产寥寥无几。根据本文的分析,商业银行表外资产的骤增极有可能是监管资本套利行为留下的表征。随着表外业务规模的增加,业务形式也变得复杂多样,潜在的风险更是难以估量,完善表外业务信息披露已是迫在眉睫。

2016 年 11 月底,银监会曾发布《商业银行表外业务风险管理指引(征求意见稿)》(以下简称《指引》),《指引》扩展了表外业务的定义范围,并对表外业务的开展和管理制定了相应的框架约束。但《指引》本质上仍是宽泛性的框架，对具体的监管细则和信息披露机制并没有给予细致的方案。除了《指引》的细化，本文认为要完善表外业务的信息披露机制，有三点建议供参考。

一是健全商业银行表外业务的会计准则。恰当准确的会计准则是信息披露的基础，适当地将会计准则延伸至表外业务，可以更好地反映商业银行表外业务的风险程度。会计准则的建立是一个长期过程，其间离不开行业监管部门与准则制定机构之间的交流与配合，针对表外业务的判断依据、识别确认及处理计量等方面提出切实可行的操作方案是必须要解决的问题之一。财务会计准则委员会（Financial Accounting Standards Board）和国际会计准则理事会（International Accounting Standards Board）一直专注于表外业务的价值计量和表内披露，国内相关机构可以针对我国国情向其借鉴相关经验，加快制定或修正现有准则，完善表外业务的确认和计量。

二是构建表外业务风险监管与评价体系。表外业务是商业银行的金融创新产物，在会计准则难以覆盖的期限和范围内，商业银行应基于表外业务的规模与性质，革新现有的风控职能，针对其隐蔽性强、杠杆率高以及多重嵌套的属性构建新的监管与评价体系。坚持以"风险—效益"原则，对规模较大、操作频繁、结构复杂的表外业务进行重点分析和监控。

三是强化表外业务的行政监督，健全社会监督方式。表外业务披露的有效推进，离不开法律的监管与保障。针对信息披露不充分，或刻意隐瞒甚至弄虚作假的信息披露主体，需采取相应的惩治措施，在协调监管的前提下，提升监管有效性。此外，考虑商业银行是金融体系中最为基本、影响最为广泛的金融中介，其表外业务的拓展必然会影响资本市场中的各类参与主体，甚至有可能将潜在风险进行转嫁。因此，可以建立企业、居民、社会组织、担保机构、信用评级机构以及媒体等多方社会组织机构的监督体系，充分发挥市场主体的监督权力，从而有效识别、评估与处理表外业务风险。

参考文献

[1] 卢菁. 我在美联储监管银行 [M]. 北京：清华大学出版社，2007.

[2] 宋永明. 监管资本套利和国际金融危机——对 2007～2009 年国际金融危机成因的分析 [J]. 金融研究，2009 (12)：81-90.

[3] 周小川. 金融政策对金融危机的影响——宏观审慎政策框架的形成背景、内在逻辑和主要内容 [J]. 金融研究，2011 (1)：110-115.

[4] 钟伟，谢婷. 影子银行的系统风险及监管改革 [J]. 中国金融，

2011 (12)：33 –35.

[5] 沈庆劼．商业银行监管资本套利的均衡分析 [J]．财经理论与实践，2010，31 (168)：8 –14.

[6] 张桥云，王纬，吴静．贷款证券化、监管资本套利与资本监管改进 [J]．投资研究，2012，31 (5)：22 –33.

[7] 顾力绘．中国银行监管资本套利研究 [J]．管理观察，2012 (12)：197 –199.

[8] 许友传．资本约束下的银行资本调整与风险行为 [J]．经济评论，2011 (1)：79 –86.

[9] 杨熠，林仁文．资本充足率越高银行的风险越低吗——基于利率风险的考察 [J]．财经科学，2013 (5)：10 –17.

[10] 翟广宇，陈剑．资本充足率高代表资本充足吗——基于中国上市银行 2007~2011 年季度数据分析 [J]．国际金融研究，2011 (10)：65 –72.

[11] 陈梦雯，郭宇冈，Philippe D.《巴塞尔协议Ⅲ》中的杠杆率指标对银行风险的影响及其在中国的适用性分析 [J]．江西社会科学，2011 (9)：251 –256.

[12] 黄海波，汪翀，汪晶．杠杆率新规对商业银行行为的影响研究 [J]．国际金融研究，2012，31 (5)：23 –33.

[13] 李广子，李玲．商业银行资本补充机制：现状、动因与效果 [J]．国际金融研究，2011 (11)：48 –56.

[14] 刘鹏，辛华．资本工具创新路线图——解读《关于商业银行资本工具创新的指导意见》[J]．中国金融，2013 (2)：33 –35.

[15] 曹麟，彭建刚．基于宏观压力测试方法的逆周期资本监管框架研究 [J]．国际金融研究，2014 (7)：62 –71.

[16] 李文泓．关于宏观审慎监管框架下逆周期政策的探讨 [J]．金融研究，2009 (349)：7 –24.

[17] 刘李福，邓菊香．银行表外业务信息披露与风险监管——基于成本收益观 [J]．财会月刊，2015 (29)：84 –87.

[18] Partony F. Financial Derivative and the Costs of Regulatory Arbitrage [J]. The Journal of Corporation Laws, 1997, 22：604 –607.

[19] Jones D. S. Emerging Problems with the Basel Capital Accord：Regulatory Capital Arbitrage and Related Issues [J]. Journal of Banking and Fincance, 2000, 24：35 –38.

[20] Allen, DeLong, Saunder. Issues in the Credit Risk Modelling of Retail

Markets [J]. Journal of Banking & Finance, 2004 (28): 727 - 752.

[21] Stiglitz J. Goverment Failure vs Market Failure: Principles of Regulation [J]. American Journal of Hospital Pharmacy, 2008, 41 (8): 1558 - 1563.

[22] Gorton G., Metrick A. Securitized banking and the Run on Repo [J]. Journal of Financial Economics, 2012 (3): 425 - 451.

[23] Elizalde A., Repullo R. Economic Capital and Regulatory Capital [J]. Financial Stability Review, 2006 (34): 59 - 74.

[24] Gastin C. M., Walhof P. Regulatory Arbitrage: between the Art of Exploiting Loopholes and Spirit of Innovation [J]. Journal of Risk Management in Financial Institution, 2008 (149): 1158 - 1170.

[25] Danilo D., Marco N. Regulatory Capital Arbitrage Opportunities under the Standardized Approach in the New Basel Capital Accord [J]. Journal of Banking & Finance, 2008, 30 (3): 1899 - 1916.

[26] Rezende D., Carvalho F. The Structure and the Evolution of the U. S. Financial System [J]. International Journal of Political Economy, 2011 (2): 21 - 44.

[27] Markose S. M., Bewaji O., Simone G. Mult - Agent Financial Network (MAFN) Model of US Collateralized Debt Obligations (CDO): Regulatory Capital Arbitrage, Negative CDS Carry Trade, and Systemic Risk Analysis [J]. Simulation in Computational Finance and Economics: Tools and Emerging Applications, 2013, 2 (1): 225 - 254.

[28] Lan S., David H. D. The Impact of Regulatory Arbitrage on Loan Originations: Evidence from Bank Holding Companies [J]. Journal of Real Estate Finance & Economics, 2015, 50 (3): 307 - 338.

[29] Dong H., Song F., Tao L. Regulatory Arbitrage: Evidence from Bank Cross - Border M & As [J]. Journal of Money Credit & Banking, 2011, 44 (8): 1609 - 1629.

[30] Houston J. F., Lin C., Ma Y. Regulatory Arbitrage and International Bank Flows [J]. Journal of Finance, 2012, 67: 1845 - 1895.

[31] Karolyi G. A., Tabocada A. G. Regulatory Arbitrage and Cross - Border Bank Acquisitions [J]. Journal of Fincance, 2015, 31 (12): 1170 - 1192.

[32] Johnson K., Feldman M. Capital Arbitrage Across and Within the Various U. S. Regulatory Capital Regimes [J]. Journal of Banking and Finance, 2008, 28: 723 - 755.

股票市场异常交易识别

周志中　卿　晨　李升东①

一、研究背景和目的

自 1990 年上海证券交易所开业以来，中国股票市场快速发展，截至 2017 年已经成为世界第二大股票市场。中国股票市场虽是一个新兴的市场，但是已经在国民经济活动中承担着重要的作用，不但能够帮助企业融资，而且为股票集中交易提供了场所，起着促进资本配置效率的重要作用。

然而，异常交易行为往往伴随着股票市场的发展出现。股票市场的异常交易多源于股票价格操纵。股价操纵是指一些投资者为了获得巨额不当利益，通过控制对其他的投资者具有参考意义的信息，从而控制未来股票价格走势的行为。股价操纵扭曲了由供给和需求主导的股票市场交易机制，营造了虚假的市场供求关系和股票价格，一种欺诈的行为，对证券市场的危害非常严重。股价操纵不但加剧了股票市场的波动，而且误导了普通投资者的投资决策，最终会损害普通投资者的信心和利益。除了股价操纵之外，股票市场的异常交易也可能是因为知情人的内幕交易行为。内幕交易是指内幕知情人通过利用信息不对称进行股票交易，从而获取不正当的利益或者规避可能出现的损失。内幕交易会破坏股票市场公平的秩序，从而损害普通投资者的利益，影响他们参与股票市场的信心。因此，股价操纵和内幕交易行为阻碍着股票市场的有效运行，不利于股票市场发挥提高社会资本配置效率的基本功能。

从短期来看，我们难以从加强法律法规建设来减少股价操纵和内幕交易行为，所以利用有效的模型对异常交易行为加以识别更加适应我国现在的国情。因此，本文通过对股票市场异常交易中的股价操纵入手，对股价操纵的特征进行研究，构建对股票市场异常交易进行识别和监管的模型，从而为监管者识别和阻止股价操纵者和内幕交易者进行异常交易提供理论支持和建议。

---

① 作者简介：周志中，上海交通大学；卿晨，新加坡国立大学；李升东，华泰证券。

二、研究现状

股票异常交易主要包括股价操纵和内幕交易，而国内外学者对异常交易的研究主要集中在股价操纵的行为、内幕交易的行为以及两者的识别上面。本节也将从这三方面进行介绍。

国外学者 Allen 和 Gale 是最早对股票价格操纵进行研究的学者，他们对股票价格操纵的历史进行了研究，并且将股票价格操纵分成了行为操纵、信息操纵以及交易操纵三种不同的类型。根据近年来证监会查处的股票操纵行为，可以发现我国的股票价格操纵行为大多是交易操纵，或者同时伴有其他的操纵行为。

各个国家也对股价操纵的行为进行了相关界定和监管规定。美国《1934 年证券交易法》（the Securities Exchange Act of 1934）是监管股价操纵行为的重要法律，对全世界的监管都有着深远的影响。其中第 9（a）条，是对股价操纵最重要的监管规定，将股价操纵行为主要分为三类，洗售和对敲；以交易的手段进行股价操纵；编造和传播不实信息影响股票价格的行为。英国在《2000 年金融服务与市场法》（the Financial Services and Markets Act 2000）中规定了如何界定股价操纵行为，并提出了监管的框架和思路。而为了加强股票操纵的监管，我国的《中华人民共和国证券法》也将股价操纵界定为虚假申报、自买自卖、连续交易、约定交易、蛊惑交易、抢先交易、特定价格和特定时段交易八种类型。

国外学者也对股价操纵行为的特点进行了相关的研究。Jarrow 研究发现，在合理的价格均衡假设下，一个持股量大的交易者可以通过市场操纵影响股票的价格，并获取无风险利润。Kumar 研究发现，在信息不对称的期货市场中，不具有对称信息的投资者仍然可以通过建立期货头寸，操纵现货价格并获取正的预期利润。国内学者徐爱农研究了股价操纵者如何模仿内幕知情人的行为进行股价操纵，并且发现跟风的投资者比股价操纵者承担的风险更高。

目前，只有很少的学者研究如何对股票市场的异常交易进行识别和监管。Ögüt 将被操纵股票和指数的平均日变动，交易量的平均日变动和日均波动率变动等统计数据作为解释变量，利用支持向量机、Logistic 回归和人工神经网络模型对土耳其股票市场的股价操纵行为进行了判别研究。Ögüt 发现，人工神经网络和支持向量机模型对土耳其股票市场的股价操纵行为识别效果最佳。国内学者攀登等人发现，结合多因素市场模型的事件研究法能够对股价操纵和内幕交易进行很好的判别。王欣等人运用分位数回归的方法对中国股票市场股票收益率变动和各类股东持股变动的关系进行了研究，发现持股结构的变动对中长期股票异常交易有着较好的识别效果。2002 年，吴冲锋、唐忠诚课题组也对股价的异常波动进行了研究，并且从横截面的角度和时间的序列角度分别构建了异常波动识别算法，但是直接采用了股票的收益率来构建识别模型，并没有考虑市场和行业行情对股票价格的影响。

三、异常交易的识别指标选取

本文进行研究采用的异常交易股票样本全部来自中国证监会官网发布的"证监会行政处罚决定书"中被查处的股票操纵案例，共计 66 只股票，其中操纵期位于 2013 年以前的共计 13 只股票，操纵期位于 2013 年以后的共计 53 只股票。

本文的数据来自国泰安 CSMAR 数据库，其中收盘价采用的是考虑现金红利再投资的收盘价可比价格（后复权）。具体变量和变量说明见表 1。

表1　　　　　　　　　　　　　变量和变量说明

变量	变量说明
$P_{i,t}$	第 i 只股票第 t 天的收盘价
$V_{i,t}$	第 i 只股票第 t 天的交易量
$LV_{i,t}$	第 i 只股票第 t 天的流通市值
$r_{i,ind,t}$	第 i 只股票所属行业第 t 天的收益率
$T_{i,ind,t}$	第 i 只股票所属行业第 t 天的换手率
r_f	第 t 天银行存款日利率

为了方便标记四个研究期间，本文设股票操纵开始日为第 a 日，股票操纵结束日为第 b 日。

估计期 [a－210，a－30]。将股票操纵开始日的前 210 个交易日到前 30 个交易日设为估计期，假设此时没有发生股票操纵，股票的收益率和换手率都处在合理的范围，简记为 E。

操纵前 [a－10，a－1]。将股票操纵开始日的前 10 个交易日到前一个交易日设为操纵前，简记为 B。

操纵期 [a，b]。将股票操纵开始日到股票操纵结束日设为操纵期，简记为 M。

操纵后 [b＋1，b＋10]。将股票操纵结束日后一个交易日到股票操纵结束日后 10 个交易日设为操纵后，简记为 P。

股价操纵人员会采取拉升股价的手法来吸引普通投资者入场，并趁股价上涨之后出货获得高额的收益，所以异常交易股票样本的收益率在操纵期间必然会出现一些异常高的值。因此，本文将剔除行业影响的收益率称为超额收益率，记作 $AR_{i,t}$，计算了这 66 个异常交易股票样本的平均超额收益率来验证我们的分析是否成立。其中，第 i 只股票在第 t 天的收益率采用的对数收益率，计算公式如下：

$$r_{i,t} = \ln P_{i,t} - \ln P_{i,t-1} \tag{1}$$

1. 超额收益率

为了估计股价操纵前、操纵期、操纵后的日超额收益率，本文在估计期建立了如下的模型：

$$E(r_{i,t}) = r_{f,t} + \beta_i [E(r_{i,ind,t}) - r_{f,t}] \tag{2}$$

在式（2）中，$E(r_{i,t})$ 为没有发生股票操纵时，第 i 只股票在第 t 天的期望收益率；假设 $r_{f,t}$ 为第 t 天的无风险利率；$E(r_{i,ind,t})$ 为该股票所属行业在第 t 天的期望收益率。根据上述模型，利用该股票在估计期的收益率 $r_{i,t}$、无风险利率 $r_{f,t}$ 和行业收益率 $r_{i,ind,t}$ 数据估计出模型的参数 β_i 之后，进一步利用该模型计算出该股票在操纵前、操纵期、操纵后 3 个时期的预期收益率 $E(r_{i,t})$。最后，用第 t 天该股票的真实收益率 $r_{i,t}$ 减去预期收益率 $E(r_{i,t})$ 即得到该股票的日超额收益率 $AR_{i,t}$。

$$AR_{i,t} = r_{i,t} - E(r_{i,t}) \tag{3}$$

最后，利用操纵前、操纵期和操纵后的日超额收益率，分别计算出 3 个时期的平均超额收益率。

操纵前 $[a-10, a-1]$

$$\overline{AR_{i,B}} = \frac{1}{10} \sum_{t=a-10}^{a-1} AR_{i,t} \tag{4}$$

操纵期 $[a, b]$

$$\overline{AR_{i,M}} = \frac{1}{b-a} \sum_{t=a}^{b} AR_{i,t} \tag{5}$$

操纵后 $[b+1, b+10]$

$$\overline{AR_{i,P}} = \frac{1}{10} \sum_{t=b+1}^{b+10} AR_{i,t} \tag{6}$$

然后本文利用这 66 个异常交易股票样本按照以上公式计算得到操纵前、操纵期和操纵后的平均超额收益率。Wilcoxon 秩和检验结果显示，$\overline{AR_M}$ 相对于 $\overline{AR_B}$，$\overline{AR_M}$ 相对于 $\overline{AR_P}$ 存在显著性差异，因此可将超额收益率作为识别模型的识别指标。

2. 超额换手率

由于股价操纵人员会采用日内反向交易和对倒交易的手法来制造市场很活跃的氛围，从而吸引普通投资者入场，所以异常交易股票的换手率在操纵期间会出现一些异常高的值。因此，本文将剔除行业影响之后的股票换手率定义为超额换手率$AT_{i,t}$，并计算了这66个异常交易股票样本的平均超额换手率，来检验我们的猜想是否合理。

由于我们没有单只股票换手率的直接数据，第i只股票在第t天的换手率（$T_{i,t}$）由日交易量（$V_{i,t}$）除以日流通市值（$LV_{i,t}$）得到。

$$T_{i,t} = V_{i,t}/LV_{i,t}$$

和股票收益率相似，本文也将该股票在第t天的换手率减去当天的行业的换手率作为该股票当天的超额换手率。

$$AT_{i,t} = T_{i,t} - T_{i,ind,t}$$

本文计算了66个异常交易股票样本操纵前、操纵期和操纵后的平均超额换手率，并对操纵前、操纵期和操纵后的平均超额换手率两两进行 Wilcoxon秩和检验，结果显示，$\overline{AT_M}$ 相对于 $\overline{AT_B}$，$\overline{AT_M}$ 相对于 $\overline{AT_P}$ 存在显著性差异，因此本文选取超额收益率作为识别模型的第二个识别指标。

四、概率识别模型

正如前文所述，股票的异常交易主要分为股价操纵和内幕交易两种，而且异常交易发生的时候股票的收益相关指标和交易相关指标往往也发生了异常变动。但是，反过来并不成立，股票的重要指标出现异常变动并不只是源于异常交易。吴冲锋、唐忠诚课题组将股票的价格相关指标出现异常变动的原因概括为三种：第一种是整个股票市场的走势或者交易量异常；第二种是股票的基本面发生了变化；第三种是该股票被股票操纵者操纵或者某些不能确认的原因。

因此，我们可以分两步对股票的异常交易进行识别：

第一步，从所有股票中找出当天收益相关指标和交易相关指标发生了异常变动的股票。

第二步，将从第一步中被识别的股票按照相关指标发生异常变动的原因进行分类，如果该原因不能正常解释，那么就认为该股票发生了异常交易。

（一）识别第一步：从所有股票中找出超额收益率和超额换手率发生了异常变动的股票

本文构建了一个根据股票价格和收益率历史数据的概率分布特性，并随时间更新识别阈值的概率识别模型来对异常波动进行识别。根据大数定律，在多次重复实验的情况下，随着样本数量的增加，样本均值将收敛于一个稳定的真实值。因此，我们可以利用统计的方法来构建这个识别模型，如果某一天的股票的一些统计性指标远远偏离这个真实值的话，那么就说明判断这个值为异常点是比较可靠的。由于股票的价格和交易量的变动会受到整个股票市场和行业的行情影响，即股票的日收益率和日换手率都没有服从独立同分布。因此，我们采用超额收益率和超额换手率来剔除股票受到的来自行业的影响。我们对超额换手率采用单侧的识别方法，超额收益率采用双侧的识别方法。判断指标异常的概率方法有两种，分别是分位数法和正态分布假设法。

1. 分位数法

假设股票的超额收益率和超额换手率分别服从独立同分布，那么根据大数定律，取定小概率水平 α_i、α_i^- 和 α'_i 作为分位数，随着样本数量的增加，第 i 只股票在第 t 天的超额收益率（$AR_{i,t}$）和超额换手率（$AT_{i,t}$）的异常上阈值分别为 c_i 和 c'_i，超额收益率（$AR_{i,t}$）的下阈值为 c_i^-，它们满足以下条件：

$$P(AR_{i,t} > c_i) \leqslant \alpha_i \tag{7}$$

$$P(AR_{i,t} < c_i^-) \leqslant \alpha_i^- \tag{8}$$

$$P(AT_{i,t} > c'_i) \geqslant \alpha'_i \tag{9}$$

这时，如果能确定合适的小概率水平 α_i、α_i^- 和 α'_i，那么我们最终就可以确定阈值 c_i、c_i^- 和 c'_i。但是由于这个小概率水平一旦确定就不再随时间变动而变动，而股票市场的数据却是不断更新的，所以这个方法具有一定的局限性。

2. 正态分布假设法

第二种方法是假定股票的超额收益率和超额换手率数据分别服从正态分布假设，那么我们就可以设第 i 只股票第 t 天之前的 T 个交易日的超额收益率（$AR_{i,t}$）和超额换手率（$AT_{i,t}$）的均值分别为 $\mu_{i,t}$ 和 $\mu'_{i,t}$，标准差为 $\sigma_{i,t}$ 和 $\sigma'_{i,t}$。对一个设定的参数 k 和 k'，异常阈值就为 $\mu_{i,t} + k\sigma_{i,t}$ 和 $\mu'_{i,t} + k'\sigma'_{i,t}$，即 $AR_{i,t}$ 和 $AT_{i,t}$ 分别落在 $[\mu_{i,t} + k\sigma_{i,t}, +\square)$ 和 $[\mu'_{i,t} + k'\sigma'_{i,t}, +\square)$ 中视作超额收益率和超额换手率发生了异常变动。那么，对应的置信水平也可以相应确定，例如，我们设参数为3，那么

$$P(AR_{i,t} > \mu_{i,t} + 3\sigma_{i,t}) \leqslant 0.13\% \tag{10}$$

$$P(AR_{i,t} < \mu_{i,t} - 3\sigma_{i,t}) \leqslant 0.13\% \tag{11}$$

$$P(AT_{i,t} > \mu'_{i,t} + 3\,\sigma'_{i,t}) \leqslant 0.13\% \tag{12}$$

如此这般，判断第 i 只股票第 t 天的超额收益率和超额换手率是否异常使用的均值和标准差是根据前 T 个交易日的历史数据向前滚动得到的值，即 $AR_{i,t}$ 和 $AT_{i,t}$ 的阈值时刻都在根据历史数据调整，解决了分位数法中分位数静态的缺陷。但是，事实上股票的超额收益率和超额换手率并不完全服从正态分布，这种方法也有一定不足。本文实证研究部分将分别用这两种方法对异常交易的股票样本进行识别，并对识别结果进行比较。

（二）识别第二步

按照超额收益率和超额换手率发生异常波动的原因对从第一步中被识别的股票进行分类，如果原因不能被正常解释，即认为该股票发生了异常交易。

本文将引起超额收益率和超额换手率异常变动的原因归纳为四种。

1. 概念热点（G）

当我们通过新闻判断某段时间被识别出的股票 i 可能存在概念热点的现象，那么我们将进一步取出同属此热点的相关股票。然后分别计算出该股票的超额收益率和相关股票的平均超额收益率，记作 $AR_{i,t}$ 和 $\overline{AR_t}$ 。然后将该股票的超额收益率替换成 $AR_{i,t} - AR_t$ （超额换手率同理），重新输入识别模型。如果此时超额收益率和超额换手率不再被识别成异常变动，那么我们判定此时属于概念热点，将其标记为 G。

2. 公告后的正常现象（N）

本文判断异常变动是否属于股票基本面发生了变化主要根据该公司出现异常的前后一周内是否发布了会影响投资者对上市公司价值判断的公告。根据学者的研究，资产重组、重大项目、高送转、业绩披露和定向增发是引起股价异常变动的主要原因。将这种情况标记为 N。

3. 内幕交易（I）

如果在上市公司发布会影响投资者对上市公司价值判断的公告之前股票的超额收益率和换手率就发生了异常变动，本文认为这种情况是因为信息在公告日之前发生了泄露，即内幕人员参与了内幕交易。这种情况属于第一种异常交易——内幕交易，将其标记为 I。

4. 股价操纵（M）

如果股票的超额收益率和超额换手率的异常变动不能被前两种原因解释，我们认为这属于第三种情况，而这一种情况主要就由第二种异常交易——股票操纵构成，将其标记为 M。

五、实证研究

本文对概率识别模型进行实证研究的异常交易股票样本称为异常交易组。此外，本文还为每一个异常交易组股票样本选取一个相应的对照组股票样本。其中对照组股票的选取遵循以下 3 个原则：

第一，行业匹配。按照证监会的 2012 年的行业划分标准，对照组股票和对应的异常交易组股票属于同一行业。

第二，公司规模匹配。对于同行业的股票，对照组股票和对应的异常交易组股票的公司规模大小应当相近，也就是总资产相近。

第三，未发生异常交易。对照组股票在研究期间内没有因为发生异常交易被证监会处罚。

1. 异常交易组识别第一步

正态分布假设法。本文利用操纵行为在 2013 年之前发生的异常交易组股票样本数据进行测试，发现利用前 60 个交易日（一个季度）的数据识别进行单日异常波动识别，前 120 个交易日（两个季度）的数据识别进行 3 日异常波动识别，超额收益率的参数 k 取 3，超额换手率的参数 k' 取 3 的时候的识别效果较强，错误识别率较低。因此，本文将单日的估计区间长度 T 设为 60，3 日的估计区间长度 T 设定为 120，参数 k 和 k' 设为 3 和 3，并对 2013～2016 年的异常交易组股票样本进行识别，如果操纵期中任何一天的超额收益率和超额换手率被识别出异常变动，那么本文认为第一步识别成功。

分位数法。本文把异常交易组股票样本在操纵起始日之前的所有数据作为统计数据，得到了异常交易组股票样本在操纵起始日之前的超额收益率和日超额换手率的分布。然后利用 2013 年之前的异常交易组股票样本进行参数调试，发现在分位数 α_1、α_2 为 1.5% 时，模型的识别能力较强，识别错误率较低。

为了对比两种方法的优劣，在控制两者错误识别率相近（也就是识别出的异常日总数）的情况下，分位数 α_1、α_2 的取值应当尽量接近 1.5%。经计算，我们发现 α_1、α_2 取 1.3% 时两种方法识别的异常日总计比较接近。因此，我们进一步计算了 2013～2016 年异常交易组股票样本在 1.3% 的分位数水平下的阈值，并对 2013～2016 年的异常交易组股票样本进行识别，判断标准和正态分布假设法相同。最终经过计算和识别，我们得到了表 2。

表 2　　2013～2016 年异常交易组股票样本的第一步识别结果

	分位数法	正态分布假设法
异常日总数	2510	2412
第一步识别成功率	64.1510%（34/53）	81.1321%（43/53）

根据表 2 所示，在识别出的异常日总数相同的情况下，正态分布假设法在第一步的识别结果要优于分位数法。但是这些异常日究竟是属于概念热点、公司基本面发生了变化，还是发生了异常交易，还要通过第二步的识别进一步判断。

2. 异常交易组识别第二步

本文对正态分布假设法第一步识别出的结果进行第二步识别，得到表 3；对正态分布假设法没能识别，但是分位数法第一步成功识别的结果进行第二步识别，得到表 4。

表 3　　　　　　异常交易组第二步识别结果（正态分布假设法）

股票名	日期	具体情况	标记类型
南通锻压	2013/02/01，2013/02/04 – 05	无公告；异常变动难以解释	M
北京旅游	2013/02/04，2013/02/05	无公告；异常变动难以解释	M
元力股份	2013/07/08，2013/08/15	无公告；异常变动难以解释	M
云煤能源	2014/12/05	2014 年 12 月 4 日发布共同设立合资公司公告	N
开尔新材	2014/06/23	无公告；异常变动难以解释	M
凯发电气	2015/05/28	无公告；异常变动难以解释	M
安阳钢铁	2015/05/22	无公告；异常变动难以解释	M
华意压缩	2014/09/12，2014/09/15 – 16，2014/09/17 – 19，2014/09/22 – 23，2014/09/25	在 2014 年 9 月 12 日公司发布股东减持的负面公告，但是之后却因上涨被识别，难以解释	M
宜安科技	2015/03/26 – 27，2015/03/30，2015/04/09 – 10，2015/04/13，2015/04/14	无公告；异常变动难以解释	M
*ST 新城	2013/10/24，2013/10/25	2013 年 10 月 22 日发布大股东减持的负面公告，之后却出现异常上涨，难以解释	M

续表

股票名	日期	具体情况	标记类型
小商品城	2016/02/17－18，2016/03/03－04，2016/04/15，2016/05/27	无公告；异常变动难以解释	M
九洲电气	2014/04/28－29	无公告；异常变动难以解释	M
杰赛科技	2014/12/05，2014/12/08－10	无公告；异常变动难以解释	M
皖通高速	2014/05/27－30，2014/06/03	无公告；异常变动难以解释	M
华测检测	2014/06/16，2014/06/18	无公告；异常变动难以解释	M
步步高	2014/08/06，2014/08/08，2014/08/11	无公告；异常变动难以解释	
*ST 匹凸	2014/02/13，2014/02/19－21，2014/06/05	2014 年 2 月 18 日发布投资设立金融公司公告，随后出现 3 日股价异常上涨；但是之后的异常无法解释	N、M
力源信息	2015/04/08－10，2015/04/13，2015/04/23	无公告；异常变动难以解释	M
三湘印象	2014/05/13，2014/05/19，2014/05/23，2014/05/26	无公告；异常变动难以解释	M
北京利尔	2014/09/16－17	无公告；异常变动难以解释	M
博云新材	2015/03/23	无公告；异常变动难以解释	M
龙洲股份	2014/07/04，2014/07/07－11，2014/07/14－16，2014/07/21－25，2014/07/28－30，2014/08/13	无公告；异常变动难以解释	M
南钢股份	2014/07/16，2014/07/21	2014 年 7 月 14 日发布半年报同比扭亏，7 月 16 日上涨；但 21 日异常变动难以解释	N、M
长荣股份	2014/08/26－27	无公告；异常变动难以解释	M
新希望	2015/03/34	无公告；异常变动难以解释	M
东风汽车	2015/04/01	无公告；异常变动难以解释	M
同花顺	2015/02/12	无公告；异常变动难以解释	M
云海金属	2015/03/26－27，2015/03/30，2015/04/01	无公告；异常变动难以解释	M

股票名	日期	具体情况	标记类型
中兴商业	2013/01/04，2013/01/07－09，2013/02/08，2013/03/12－14，2013/03/27－28，2013/04/03，2013/05/03，2013/05/08－10，2013/05/13	公司出现隐瞒利润的谣言，2013 年 3 月 27 日、28 日谣言发布日上涨，4 月 1 日谣言澄清日下跌；4 月 25 日发布一季报公告收入利润下跌，却出现上涨，难以解释；此外，还有大量异常变动难以解释	M（信息操纵结合交易操纵）
快乐购	2015/01/22，2015/02/06，2015/02/09－10	无公告；异常变动难以解释	M
诺德股份	2015/03/23	无公告；异常变动难以解释	M
恒源煤电	2015/03/02	无公告；异常变动难以解释	M
永贵电器	2015/03/23－26，2015/04/09－10	无公告；异常变动难以解释	M
通光线缆	2015/05/06，2015/05/22	2015 年 5 月 4 日发布中标国家项目公告，5 月 6 日出现上涨；但是之后的异常变动难以解释	N、M
司尔特	2015/02/04－06，2015/02/16，2015/03－06，2015/03/09－11	无公告；异常变动难以解释	M
新洋丰	2014/09/24－25	2015 年 9 月 25 日晚发布大股东减持负面公告，24 日、25 日出现异常变动，难以解释	M
蓝光发展	2015/06/08，2015/07/27，2015/07/29－30	无公告；异常变动难以解释	M
万邦达	2015/04/29，2015/04/30	无公告；异常变动难以解释	M
星星科技	2014/09/10－12	无公告；异常变动难以解释	M
鼎捷软件	2014/09/02－03	无公告；异常变动难以解释	M
国祯环保	2015/05/25－28	无公告；异常变动难以解释	M
隆基机械	2014/04/22	无公告；异常变动难以解释	M
国海证券	2015/07/01－03	2015 年 7 月 1 日、2 日、3 日因异常下跌被识别；7 月 5 日发布净利润同比增加 3.5 倍半年报，排除内幕交易的可能，异常变动难以解释	M（融券卖空）

表4　　　　　异常交易组第二步识别结果（分位数法）

股票名	日期	具体情况	标记类型
苏宁云商	2015/06/09－12，2015/06/15，2015/07/01，2015/07/07，2015/07/14，2015/07/24，2015/07/27	无公告；异常变动难以解释	M
卫士通	2015/03/20，2015/03/26	无公告；异常变动难以解释	M
英威腾	2015/09/09	无公告；异常变动难以解释	M

由正态分布假设法中被识别的43个股票样本有42个样本属于异常交易中的股价操纵，云煤能源属于利好公告之后的正常上涨。除了这43个股票样本外，分位数法中的3个股票样本都属于异常交易中的股价操纵。由于这些股票在该期间并没有发生概念热点，因此不用寻找与之相关度高的股票进一步判断是否为概念热点。因此，结合正态分布假设法和分位数法的情况下，概率识别模型成功从53个异常交易组股票样本中识别出了45个，识别成功率为84.9057%。

正态分布假设法和分位数法都未成功识别的股票为巨力索具、三维通信、千足珍珠、广发证券、量子高科、暴风科技、中国卫星。我们还做了对照组识别，发现使用的方法并没有错误地将对照组正常股票识别为异常交易股票。

六、结论

一是正态分布假设法的识别效果优于分位数法。在两种方法识别出的异常日总数相近的情况下，正态分布假设法的成功识别概率要比分位数法的成功识别概率高很多。这是因为正态分布假设法的阈值时刻随历史数据调整，在牛市行情中阈值更高，熊市行情中阈值更低，相比于分位数法的阈值设定更加合理可信。例如，北京旅游没有被分位数法识别为异常波动，而正态分布假设法将其成功识别为异常波动。北京旅游是在熊市期间（2013年2月）被操纵的，这时由于分位数法的阈值是高于熊市应当设定的阈值，所以才没有被成功识别。

二是如果多个时间间隔很短的日期都发生了异常变动，正态分布假设法会遗漏出现较晚的异常变动日期。分位数法成功识别出了正态分布假设法没能识别成功的股票英腾威、苏宁云商和卫士通。本文对英腾威的股价序列进行分析后，发现英腾威在被操纵期间的股价虽然出现了异常的涨停，但是由于被操纵期间的前 60 个交易日出现了 5 次涨停（新能源概念热点），因此利用正态分布假设法计算出来的标准差过大，阈值超过了涨停价，导致正态分布假设法识别失败。苏宁云商和卫士通情况相似，不再赘述。

三是概率识别模型对于识别新型操纵——利用大宗交易进行股票操纵的正确率不够高。股票操纵者就是利用股票大宗交易对巨力索具、三维通信和千足珍珠进行操纵，手法较新，2013 年以前的样本中没有出现过此类操纵。大宗交易操纵是指股票操纵者首先在大宗交易的平台上以折价大量购入股票，然后在股票市场的二级竞价中操纵拉高股价，最后逐渐卖出。用这种手法买入时不会对股价造成较大影响，而且可能具有某些特性，所以针对一般异常交易的识别模型设定的参数可能对利用大宗交易进行股价操纵的识别效果就不够好。

针对这种股价操纵，本文认为可以对参与大宗交易的账户在二级市场竞价交易中的交易行为进行重点监管，例如，可以对与大宗交易的账户撤单比例设定警戒线，如果超过警戒线，就进一步调查取证，监察是否出现了异常交易行为。

四是证监会处罚的案件中，可能存在没有发生异常交易的股票。广发证券就是一个例子，根据《证监会行政处罚决定书》，证监会认定唐园子在 2014 年 12 月 4 日和 2014 年 12 月 5 日操纵广发证券，但是因为这两日券商整个行业发生异动，整个板块涨幅两天分别为 9.99%、9.08%，所以广发证券的超额收益率基本为 0，并没有被概率识别模型识别。唐园子也在听证会上辩称，其购买"广发证券"是对当时股票市场行情综合分析研判后做出的投资决策，并非以操纵股价为目的，这和我们模型的判断一致。不过因为唐园子参与操纵了其他股票，所以这次正常买入也被查处。

云煤能源也是一个例子，任良成被证监会判定在 2014 年 12 月 5 日至 8 日操纵"云煤能源"，但是云煤能源这段时间发布了利好公告，本就应该出现上涨。由于证监会并没有给出任良成操纵云煤能源的细节，我们不能进一步确认是模型的问题还是证监会处罚的失误。

参考文献

［1］Zhenyun L. 中华人民共和国证券法 ［J］. 中国法律，1999（1）：017.

［2］徐爱农. 股票市场操纵行为的模型分析 ［J］. 同济大学学报（自然科学版），2007，35（6）：749.

［3］攀登，邹炎. 内幕交易与市场操纵的事件研究 ［J］. 当代经济管理，2005，27（5）：129－136.

［4］王欣，尹留志，方兆本. 异常交易行为的甄别研究［J］. 数理统计与管理，2009（4）：671－677.

［5］吴冲锋，唐忠诚. 上海股票市场异常波动研究［J］. 上证研究，2002，1（3）：249－269.

［6］Allen，F.，Gale，D. Stock－price manipulation［J］. Review of financial studies，1992，5（3），503－529.

［7］Tracy J. E.，MacChesney A. B. The Securities Exchange Act of 1934［J］. Michigan Law Review，1934，32（8）：1025－1068.

［8］Alcock A. The Financial Services and Markets Act 2000：A guide to the new law［M］. Jordans Pub，2000.

［9］Jarrow R. A. Market manipulation，bubbles，corners，and short squeezes［J］. Journal of financial and Quantitative Analysis，1992，27（3）：311－336.

［10］Kumar P.，Seppi D. J. Futures manipulation with "cash settlement"［J］. The Journal of Finance，1992，47（4）：1485－1502.

［11］Öğüt H.，Doğanay M. M.，Aktaş R. Detecting stock－price manipulation in an emerging market：The case of Turkey［J］. Expert Systems with Applications，2009，36（9）：11944－11949.

寿险公司风险偏好及限额体系在公司经营中的运用

汪健兵 陈正光 忻存艳 常 倩①

过去几年，整个保险行业高速发展，资产规模和盈利水平都实现了"量"的跨越，但"质"的问题也随之而来，如何清晰设定盈利、风险与资本的平衡关系，如何确保公司在高速发展的同时守住风险底线，保证公司的风险管理政策和限额与战略保持一致，将风险偏好及容忍度传导至日常管理和决策中，降低风险，减少盈利的波动性，提高风险资本回报水平，并最终实现公司与股东价值可持续发展，这是一个值得整个行业深思、探讨的问题。

一、风险偏好概念

保监会在 2015 年《保险公司偿付能力监管规则第 11 号——偿付能力风险管理要求与评估》中明确了风险偏好体系的要求："保险公司应当制定偿付能力风险偏好管理政策，明确风险偏好管理机制。"

风险偏好的概念有广义和狭义之分。

广义的风险偏好是指风险偏好体系，是风险偏好整体运行机制的描述，包含了金融机构对风险偏好的定义、制定、执行等一系列管理机制。广义的风险偏好包含了风险偏好陈述、风险容忍度、风险限额等内容。

狭义的风险偏好，与公司整体战略相配套的高层次观点和描述，通常以定性的总体描述为主，可体现在风险偏好陈述书的概述部分，是建立于全公司层面的反映了董事会和高管层愿意承受的风险程度的总体观点。

在本文中，风险偏好体系指的是广义的风险偏好；风险偏好陈述指的是狭义的风险偏好。

二、风险偏好体系框架

风险偏好体系包括风险偏好陈述、风险容忍度、关键风险指标与限额

---

① 作者单位：中国太平洋人寿保险股份有限公司。

三个层次，分别在不同层级作用于公司业务与管理，并涵盖公司面临的主要风险。

风险偏好是指公司在实现其经营目标的过程中愿意承担的风险水平。风险偏好是公司对风险的基本态度，为战略制定、经营计划实施以及资源分配提供指导。

风险容忍度是对风险偏好的细化，是指在公司经营目标实现的过程中针对既定风险水平出现的差异的可接受程度。风险容忍度是风险偏好的具体体现，一般采用定量与定性相结合的方式确定，与风险偏好保持一致，风险偏好和风险容忍度都是针对特定的业务经营目标而设定的。

风险限额是对风险容忍度的进一步量化和细化，是更为细化的、日常的业务和风险管控中运用的指标要求。通过风险限额管理，确保公司风险控制在风险容忍度范围内，同时风险限额需要在不同风险类别、业务单位、产品类型特征等维度上细化设置。

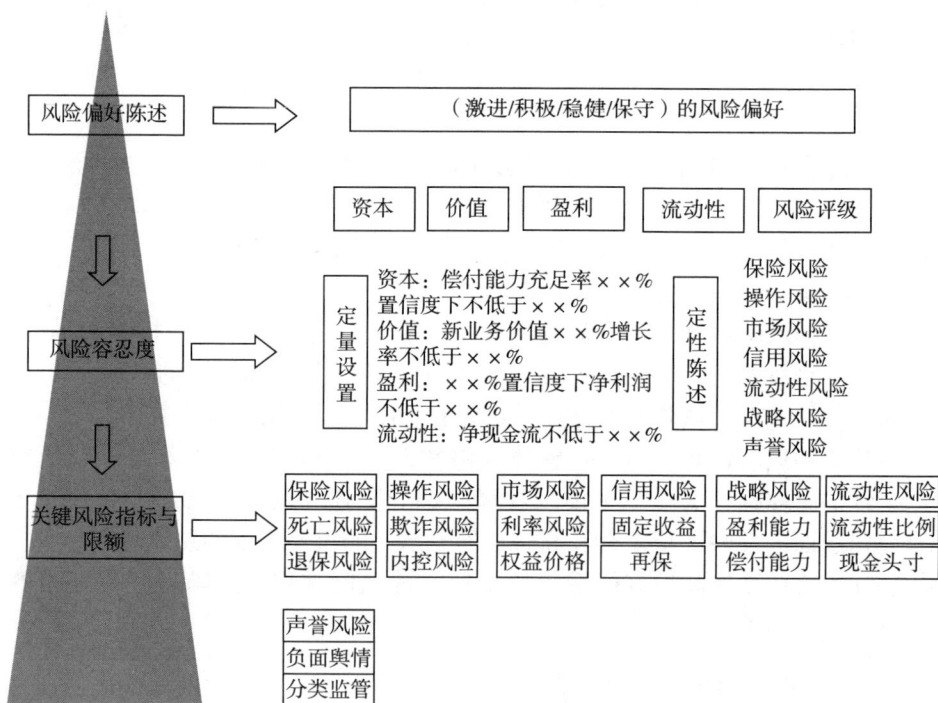

图 1　风险偏好体系

三、风险偏好体系运作机制

完整的风险偏好体系的运作包括四大机制：形成机制、传导机制、跟踪机制和调整机制。

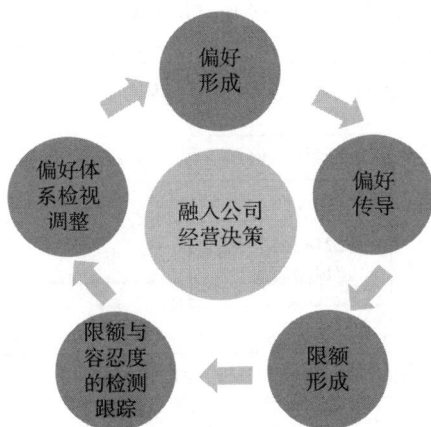

图 2　风险偏好体系运作机制

风险偏好传导机制是将公司总体风险偏好在公司内部的各业务流程和管理环节中进行落实的过程，包括将风险容忍度的要求通过业务计划、资本规划与风险管理等传导到具体业务经营与管理中，以及将风险限额指标在各分支机构、各渠道和产品线等层面进行执行与监测，并通过对应的风险评价和绩效考核等方式将风险偏好通过激励机制有效贯彻到公司各层面。

风险偏好跟踪机制是对风险偏好的限额的执行情况定期跟踪，对异动指标进行分析，对超限额的情况提出管控和整改建议。通过书面报告向公司管理层汇报。

风险偏好调整机制是对风险偏好定期修改和优化，是对风险偏好的回顾和校验以及对相关描述和指标的动态调整。主要的重检和调整需要结合公司业务领域的战略调整、市场定位的变化、评级目标的变化、监管要求的变化以及公司的风险状况变化等。

（一）风险偏好的形成机制

定义清晰的风险偏好作为对公司所愿承担风险水平的明确表达，一方面将董事会和高级管理层所持风险态度明确地进行阐述和向公司各层面进行传导和贯彻，另一方面也保证了公司与不同利益相关方之间沟通的一致性。

公司可以采用如下步骤制定风险偏好。

步骤 1：利益相关方分析。

在风险偏好形成过程中，最重要的工作内容之一就是识别主要的利益相关方并分析评估它们对公司经营的期望。这既包括内部利益相关方，也包括外部利益相关方。对利益相关方的分析主要通过与利益相关方进行沟通讨论获得。与外部利益相关方讨论的主题包括股东的期望、评级考虑、监管限制等；与内部利益相关方讨论的主题主要集中于公司的业务目标及战略计划、风险和资本管理、目标的可行性。

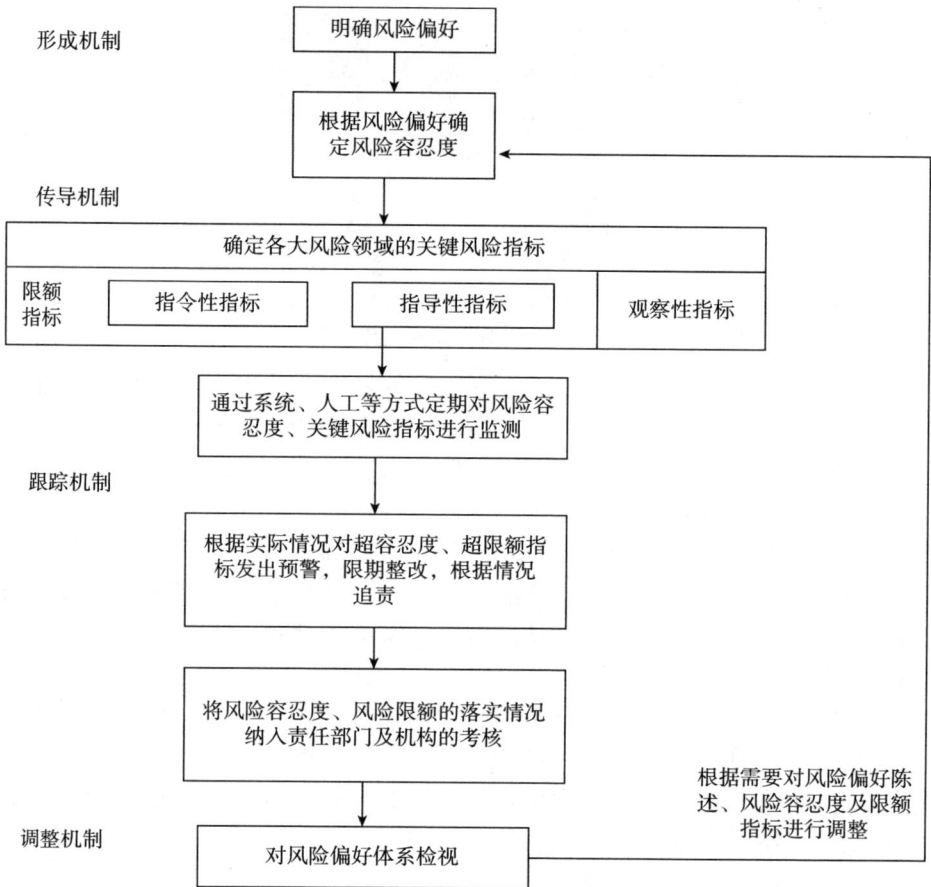

图 3　风险偏好运作机制

步骤 2：风险偏好及容忍度体系的制定。

在风险偏好、容忍度和限额体系的起草中，公司应基于实际风险状况，形成对风险偏好要求从可行性的角度进行评估和调整，以保证公司所确定的风险偏好能够将公司的现实风险水平和风险管理能力同其要承担的目标风险水平有效结合。

(二) 风险偏好传导机制

有效的风险偏好传导机制应当能够明确地将风险偏好体系融入业务计划、财务预算和风险限额管理中，风险偏好需与业务规划、财务预算和资本规划进行整合，使其与战略、资本充足/偿付能力保持一致。同时，需要将风险偏好分解至风险类型、业务和产品线。

风险限额指标是在风险容忍度指标要求下的细化。限额类指标数量较多，限额类指标的选取和取值，要充分结合保监会的要求，通常至少要反映监管提出严格要求的指标；同时，风险限额主要是服务于公司的内部管理，反映公司的风险导向，要充分结合自身管理实践。限额类指标的取值需经过严格测算确定，通常在制定限额水平的同时，需确定较限额水平更为严格的阈值/预警值。

在公司实践中，通常对限额类指标实行分类管理，由于对某些风险无法严格细分，或者某些新计量指标的准确性和稳定性还有待观察，无法对所有指标提出严格约束，通常将指标分为指令性、指导性和观察性指标进行分类管理。

(三) 风险偏好及限额体系的跟踪机制

风险偏好、容忍度和风险限额指标确定后，公司将风险容忍度和风险限额指标纳入日常风险监控要求，定期通过系统或手工统计对风险容忍度和风险限额指标进行跟踪。

关于风险限额的预警与分级管理，对总公司和分公司分别设置风险指标和"红""黄""绿"三种指标状态，对"红""黄"状态要实施预警。包括偿付能力指标、公司治理和内控风险指标、资金运用风险指标、业务经营风险指标和财务风险指标等。这些指标中绝大部分直接反映风险水平的指标可以作为限额指标使用。

根据指标监测结果，公司形成相应的指标监测和跟踪情况报告向管理层呈现，对于发生异动或超出限额指标，报告中会对异动原因做出分析，并提出管控及整改举措。

(四) 风险偏好和限额体系的检视与调整

风险偏好指标在执行实施一段时间后，需要进行重新检视。通常，这项工作与公司的预算管理及业绩考核一并进行，即一个财政年度为重检周期。当然，在遇到突发事件和市场或监管巨变时，也需要及时对风险偏好陈述的适当性和合理性进行检视，必要时进行调整。

四、风险偏好及限额体系在某寿险公司的传导和运用的案例

某寿险公司于 2015 年建立了风险偏好陈述，从资本、价值、盈利、流动性、风险评级确定了风险容忍度，通过"自上而下"与"自下而上"相结合的方法分解至七大类风险限额。

在近两年的实践过程中，公司逐步将风险偏好融入公司经营决策中，在战略资产配置、投资项目风险审核、全面预算等角度得到运用。公司定期根据业务规划、风险研判、经营需要对风险偏好和限额体系进行检视和修订。

案例一：风险偏好体系和容忍度

1. 风险偏好陈述与风险容忍度

该公司整体采取稳健的风险策略，从以下角度开展风险研判后，确定了风险偏好陈述。一是分析当前的业务发展战略、市场定位，并判断其可能带来的风险承担水平的变化；二是基于风险要求回报的原则，确定风险偏好的总体定位和对特定风险的偏好描述；三是从当前的战略和利益相关方期望出发，以盈利波动、价值增长、偿付能力等指标来描述总体风险容忍度。

2. 风险偏好陈述

寿险公司采用"稳健"的风险偏好（20 年一遇情景，95% 置信度下）对待经营中面临的各类风险，保持充足的偿付能力水平，并在维持适当流动性的前提下，追求稳定盈利和持续价值增长，并维持良好的风险管理状况和市场形象。

✓ 价值维度：200 年一遇的生存危机
✓ 基于公司内部模型
✓ VaR（99.5%）/可用金融资源

✓ 资本维度：200 年一遇偿付能力不足
✓ 基于监管要求
✓ 200 年一遇偿付能力充足率

✓ 利润维度：10 年一遇短期利润下滑
✓ VaR（90%）

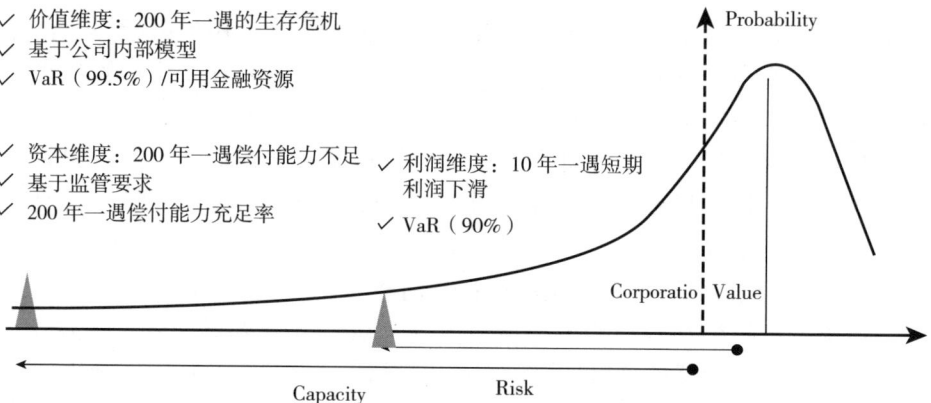

图 4　案例一图示

3. 风险容忍度

资本：综合偿付能力充足率在 200 年一遇的情景下，不低于××%。

价值：重大风险（200 年一遇）情况下的可用金融资源覆盖在险价值；新业务价值持续增长。

盈利：净利润在 10 年一遇的情景下不低于××。

流动性：净现金流不为负。

风险管理：风险综合评级不低于 B 类，偿二代 11 号文评分不低于××分，对于重大风险事件零容忍。

案例二：风险偏好传导机制——风险限额的形成

1. 限额体系形成思路与整体目标

公司限额体系的形成采用自上而下和自下而上相结合的方法，分为可传导和不可传导的指标。

可传导的指标（自上而下）主要根据偿二代资本维度分解。考虑监管标准下的偿付能力充足率是公司经营的风险底线，公司基于监管偿二代体系压力下的偿付能力充足率不突破底线进行风险分解。总体风险容忍度的达成依赖于各层级的风险限额的遵循，以容忍度为总约束。风险限额逐层分解至风险大类、风险子类、配置比例等。

不可传导指标（自下而上）主要来自公司内部的投资内控比例要求、保险风险中的发生率上限要求、分类监管指标以及操作风险管控指标等。

2. 可传导风险指标限额阈值的测算步骤

第一步，确定风险容忍度的红线和黄线。

由于偿付能力充足率为监管对公司经营的硬约束，也是公司整体风险的体现，公司以压力下偿付能力充足率为主要约束进行限额分解：以综合偿付能力充足率 100% 为风险容忍度的红线；以综合偿付能力充足率 180% 为风险容忍度的黄线；黄线以下为安全区域。

第二步，确定最低资本可提高比例。

根据压力下实际偿付能力充足率及风险容忍度的红线和黄线，确定最低资本可提高比例。

$MC_{向量} = (MC_{保险}，MC_{市场}，MC_{信用})$

$MC_{向量}$ 代表保险风险、市场风险和信用风险的最低资本向量。

M 相关系数代表相关系数矩阵，M 相关系数 $= (\rho_{i,j})_{3\times3}$

MC^* 代表量化风险整体自定义压力下的最低资本。

$MC^* = \sqrt{MC_{向量}MC_{相关系数}MC_{向量}^T}$，公司确定自定义压力下偿付能力充足率的容忍度为100%，以此为起点进行风险限额的分解。公司自定义压力下偿付能力充足率和充足率容忍度（100%）之间的差额为可分配的偿付能力充足率溢额。

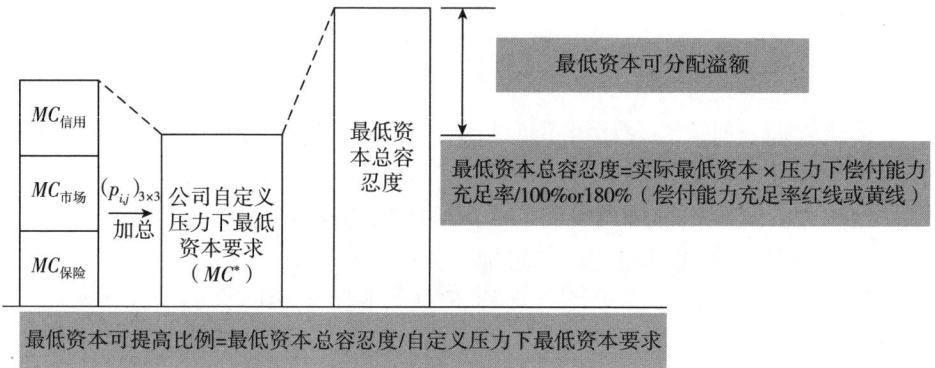

图5　最低资本可提高比例

最低资本总容忍度等于实际最低资本×压力下偿付能力充足率/100%（偿付能力充足率限额），在此基础上扣除公司目前实际压力下最低资本，即为最低资本可分配溢额。

第三步，确定各类风险容忍度限额。

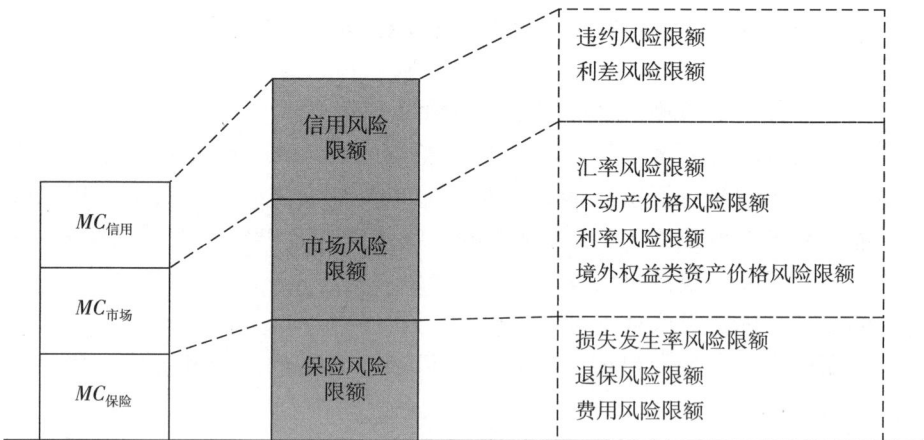

图6　各类风险容忍度限额

假设公司业务结构不变，公司将最低资本可分配溢额按各类风险当前最低资本占比在各大类风险之间进行分配。各大类风险最低资本限额＝各大类风险最低资本×最低资本可提高比例。在此基础上，公司对各大类风险项下的细项风险最低资本按同样方式进行初步分配，细项风险最低资本

限额 = 细项风险最低资本 × 最低资本可提高比例。

进行初步分配之后，公司可以根据业务规划、公司经营实际需要、各类风险之间的相关性对风险限额进行调整，但调整后的风险限额汇总后不得超过保险风险、市场风险、信用风险限额，以及整体风险的总容忍度。

第四步，回测限额指标下风险容忍度有无突破。

由于在第三步确定各类资产限额时，根据业务规划和经营需要对细项资产风险限额进行了调整，考虑风险加总因素，对调整后大类风险限额和整体风险容忍度是否被突破进行回测。

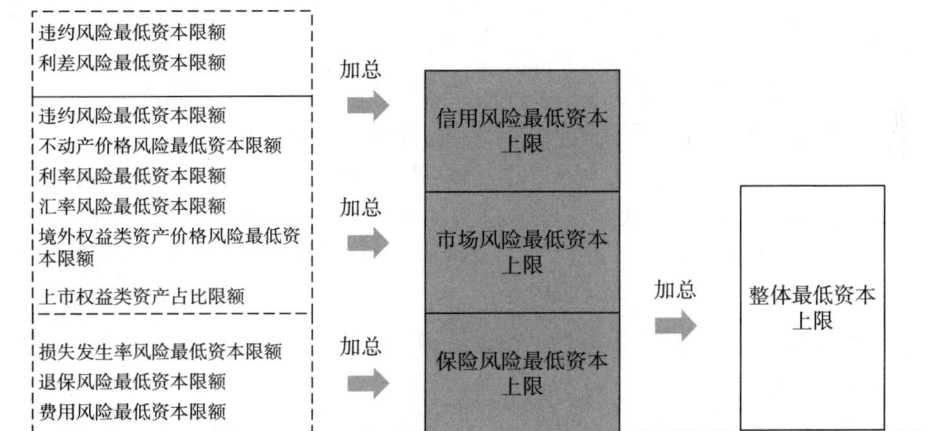

图7 调整细项资产风险限额

保险风险、市场风险、信用风险下细项风险最低加总，分别计算保险风险、市场风险、信用风险最低资本上限。将保险风险、市场风险、信用风险最低资本上限加总，得到整体最低资本上限。

$$MC_{总向量} = \left(MC_{保险风险上限}, \ MC_{市场风险上限}, \ MC_{信用风险上限} \right)$$

$MC_{总向量}$ 代表保险风险、市场风险和信用风险的最低资本上限向量。

$M_{相关系数}$ 代表相关系数矩阵。

MC^* 代表量化风险整体最低资本上限。

$MC^* = \sqrt{MC_{总向量} MC_{相关系数} MC^T_{向量}}$，逐一检查以下条件是否全部满足，如全部满足则风险容忍度回测通过；如不满足，则需重新调整保险、市场、信用等各类风险项下细类资产风险限额，确保大类风险限额及整体风险容忍度不被突破。

（1）$MC_{保险风险上限} \leqslant MC_{保险风险限额}$

（2）$MC_{市场风险上限} \leqslant MC_{市场风险限额}$

（3）$MC_{信用风险上限} \leqslant MC_{信用风险限额}$

（4）$MC_{整体最低资本上限} \leqslant MC_{最低资本风险容忍度}$

3. 不可传导风险指标限额阈值的测算

不可传导风险指标可采用以下方法确定指标限额阈值。

（1）有充足的历史数据。采用统计方法测算，包括分位值法、均值标准差法。

（2）没有充足的历史数据。参照公司战略目标、监管要求、同业数据支持等进行设定，或设置为观察性指标进行 1～2 年的指标数据培养。

（3）监管相关法律法规有强制性要求的，应确保限额要求在监管要求范围内。

（4）在限额初步设定后，与各业务部门及专家进行咨询调整。

案例三：风险容忍度及限额体系在公司经营中的运用

风险偏好体系建立后，公司在战略资产配置、新产品策略、业务规划过程中，融入对风险容忍度和风险限额的考虑。主要体现在七个方面。

一是整体配置层面，资产管理中心在制定战略资产配置（SAA）时，将风险限额作为战略资产配置的硬约束，分析投资组合对未来利润和偿付能力的影响并进行测算，如果配置计划测算结果突破了限额，必须对配置计划进行调整。

二是年度投资规划层面，公司在制定年度投资指引时，将投资相关的风险限额指标（内控比例）纳入其中，作为投资上限的硬约束。

三是将风险限额作为新项目、新渠道（如境外投资）的风险约束。公司在进行新项目、新渠道投资时，综合考虑项目本身的风险、项目收益与资本占用的比例、对偿付能力充足率的影响、与公司既有业务的风险相关性、是否在风险容忍度和限额范围内，以此作为风险判断和投资的依据。

四是在制订业务规划和全面预算时，对业务规划和全面预算进行风险评估，确保其符合公司既定风险偏好，各项风险指标在公司风险容忍度及限额范围内。根据需要对业务规划和全面预算的关键指标进行压力测试，结合压力测试结果，分析不利情景下公司面临的重要风险及其影响，是否在公司风险容忍度范围内，并相应调整业务规划与全面预算。

五是公司在进行新产品开发的风险审核时，将风险容忍度及风险限额作为考量标准，确保公司产品策略在风险偏好体系框架下。考察基准情形和各种压力情形下对 PM（利润边际）的影响，提出风险评估意见。

六是风险预警和监测方面，公司通过各类系统，从投资、承保（再保险）等角度对限额进行控制，例如投资合规监测系统，对投资内控比例进行日常监控；通过融资融券单证系统，对授权额度进行控制。

七是将风险限额的执行情况纳入对机构部门的考核与问责体系。机构部门未按职责要求落实风险偏好限额管理工作，造成偿付能力风险管理扣分的，通过年度偿付能力风险管理绩效考核规定落实绩效扣分。机构部门未经审批突破风险限额且不及时报告，或存在其他违规行为并造成公司重大损失，参照公司相关违规行为处罚办法进行问责。

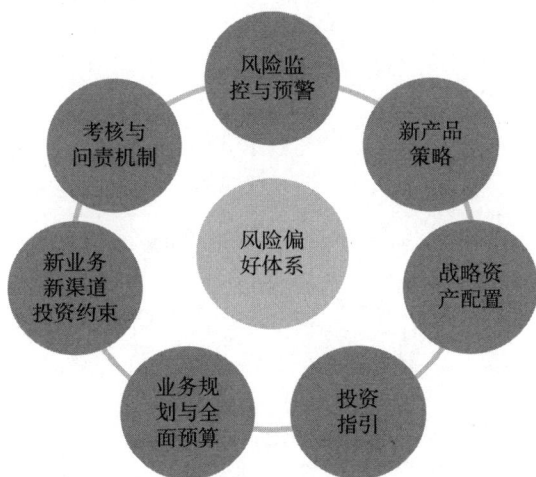

图8 七个方面考虑风险容忍度和风险限额

由于风险的传导、限额等概念方法在国内保险业应用还比较新，我们仅从近年实践角度进行总结，供业内讨论。

宏观经济与货币政策

利率市场化过程中基准利率培育的
国际经验与我国的实践

张生举　佟　珺　隆青青　傅韵洁　陆晨希①

我国存款利率上限取消后，基准利率的选择成为学界和市场关注的热点问题。"基准利率"可以分为两类，一类是央行作为操作目标的基准利率，另一类是市场形成的基准利率，两者在形成机制和功能定位上都有所差别又有密切的联系。前者是由货币当局宣布或授权的某个具体利率，需要被央行调控并最终对经济目标产生影响；后者是由市场自发形成的一组性质相同的利率，只对整个金融市场利率构成基础性影响。而在大部分成熟市场中，起引导作用的基准利率更确切地说是"基准利率体系"，即以一个基准利率为核心，同时包含多个具有基准作用的利率以及利率走廊等制度安排的整体。

本文尝试通过对各国经验的梳理结合对我国银行间市场基准参考利率的分析，对基准利率的培育以及利率定价自律机制在其中发挥的作用进行探讨。本文结构如下：首先，梳理了基准利率培育和改革的国际经验；其次，分析了我国利率市场化进程中基准利率培育的情况，对 SHIBOR 利率基准性作用的发挥进行了评估；最后，总结了利率自律机制在利率调控中应起的作用，提出完善基准利率体系的建议。

一、基准利率培育与改革的国际经验

（一）基准利率培育的国际经验

1. 根据银行间同业拆借利率报价计算的利率基准 IBORs

许多国家的货币市场以 IBOR 作为基准参考利率，其中伦敦银行同业拆借利率（LIBOR）是目前国际上最重要和最常用的利率基准，不过，自2012 年 LIBOR 操纵丑闻爆出后，2014 年开始各国纷纷开启基准利率改革，在重塑 LIBOR 市场地位的努力失败后，IBORs 可能会被放弃。其他 IBORs 还包括欧洲银行间同业拆借利率（EURIBOR）、新加坡同业拆借利率（SI-

---

①　作者单位：中国外汇交易中心。

BOR）、香港同业拆借利率（HIBOR）等。

自 1986 年 1 月 1 日实施以来，LIBOR 由英国银行家协会选定的 16 家银行每天对美元、欧元、日元、加元、澳元、英镑和瑞士法郎 7 种币种，从隔夜到 1 年 15 个期限的借款成本进行估价。报价行通过向其交易对手询价、综合考虑内部各部门利益平衡及全行产品策略，从而确定该行对各个期限、货币种类的、基于信用的无担保拆借期望利率报价。报价经过计算处理后，通过汤森路透于每日 11：30 对外发布。LIBOR 作为一种报价利率，不携带风险溢价、客户关系等各种交易条件的扰动，能够比较充分地反映资金市场的供求状况和资金价格，实际上被看作主要金融机构对货币市场风险的整体反映，包含了这些最高信用等级机构对货币政策的期望，以及对交易对手、流动性和其他风险的风险收益要求。

相比美国联邦基准利率为代表的以成交利率形成的基准利率，IBOR 基准利率通过报价行逐日估价，拥有更丰富的报价期限品种，更完整的利率曲线，同时，也能通过报价方式，解决国际市场上同业拆借场外交易方式下的交易数据不透明问题，也缓解了同业拆借交易期限结构不平衡所带来的部分期限成交利率代表性不足或成交数据缺失等问题，保证各期限基准利率的连续性。

2. 以真实交易为基础的核心利率体系

美国、英国以及欧洲等成熟金融市场一般都形成了基准利率体系，例如，美国主要是联邦基金利率，此外还有国债收益率，再贴现利率等；而英国除 LIBOR 外，还包括国债回购利率、基础利率（中央银行对金融机构的再贷款利率）等。其中的基准利率除 LIBOR 以外，均是有真实成交基础的。

美国联邦基金利率，是美国联邦基金市场的隔夜拆借利率，是商业银行及其他金融机构在联邦基金市场上相互拆借资金所形成的市场利率。美联储公开市场委员会设定联邦基金利率目标，并通过公开市场操作改变市场上的货币供应量，使金融机构相互借贷时的实际利率向目标利率靠拢，并随着联邦基金供求状况的变动在目标水平上进行小范围波动。联邦基金利率的变动能够敏感地反映金融机构之间资金的余缺，影响整个金融行业的利率水平，如各种存款、贷款，乃至信用卡欠款的利率，并将同业拆借市场的资金余缺传递给工商企业，改变个人和机构的经济行为，进而影响消费、投资和国民经济，成为货币政策重要的操作目标和操作工具。

美英两国基准利率体系的共同特征：一是均以同业拆借利率为基准利率体系的核心指标；二是调控模式均没有明确的利率走廊。

　　另一个例子是欧洲央行，具有以回购利率作为核心指标的基准利率体系，其主要特征：一是以主要再融资操作（MRO）最低投标利率（一周回购利率）作为政策利率；二是调控模式有明确的利率走廊，即欧洲央行向商业银行提供常备融资便利形成一个利率操作区间，其中上限为央行边际贷款利率（MLF），下限为存款利率（DF）；三是货币政策操作目标是隔夜拆借利率（未明确说明），中期参考 M_3 增长率目标，以实现货币政策最终目标；四是倚重的货币政策工具首先是公开市场操作（OMO），其次是常备融资便利（SF）以及最低存款准备金要求等。

（二）国际基准利率改革基本情况与进展

　　自 2012 年 LIBOR 操纵丑闻浮出水面，一度被认为全球金融市场最重要基准利率的 LIBOR 将可能逐步退出历史舞台。目前，全球范围都在推进后 LIBOR 时代基准利率改革，其中英美两国取得进展最为显著，拟采用以实际成交为基础的基准利率完全替代 LIBOR；另有一些国家和地区在引入基于实际交易数据的无风险基准利率的同时，改革现有的银行间同业拆借利率（IBOR）报价体系，引入瀑布法则等混合方法，提高 IBOR 报价的可靠性和基准性，允许多个基准利率并存，丰富市场基准利率体系（如欧洲、日本）。

　　1. 美国：基于隔夜回购实际交易的 SOFR 将替代美元 LIBOR

　　为夺回全球美元利率定价主导权，美联储于 2014 年末牵头成立替代参考利率委员会（ARRC），旨在寻找新的无风险美元基准利率替代美元 LIBOR。纽约联储银行与美国财政部金融研究所积极配合基准利率改革工作，于 2016 年 11 月抓紧研究编制美国国债隔夜回购利率体系，为 ARRC 提供更多的备选基准利率，并计划于 2018 年第二季度开始正式运行。

　　国债隔夜回购利率体系共包含 3 个利率，分别为国债隔夜一般三方回购利率（TGCR）、国债隔夜广义通用回购利率（BGCR）及广义国债隔夜回购利率（BTFR），这三者的交易基础逐级递增。由于危机后金融机构的风险偏好普遍下降，短期融资渠道由无担保的信用拆借市场转向有担保的回购市场，ARRC 最终于 2017 年 6 月确定将选取本质为回购利率且交易基础最为牢固的 BTFR 作为全新的无风险美元基准利率。在 BTFR 被确定为美国的 LIBOR 替代利率后，为凸显 BTFR 有担保的重要属性，ARRC 及纽约联储银行又将 BTFR 称为 SOFR（Secured Overnight Financing Rate）。后文中，SOFR 与 BTFR 基本上是一个概念。

　　下一步 ARRC 的核心任务，一是培育以 SOFR 为基准的金融市场，包括推动交易中介机构构建以 SOFR 定价的合约产品，推动相关合约开始交易等；二是基于 SOFR 构建较长期限的基准，如使用以 SOFR 为参考利率的隔夜指数互换（OIS）合约的固定端利率构建利率的期限结构；三是研究解决存量 LIBOR 合约的置换问题，如直接使用存量 LIBOR 合约的信息后备机制等。

2. 英国：基于隔夜拆借实际交易的 SONIA 将替代英镑 LIBOR

英格兰银行于 2015 年 3 月牵头成立英镑基准利率改革委员会（WRFR），寻找替代 LIBOR 的无风险基准利率。基于英镑隔夜无担保拆借交易生成的英镑隔夜平均指数（SONIA）是 WRFR 的重要备选之一。然而，SONIA 的主要问题在于其原生市场的交易基础日益薄弱，由 2010 年的日均 170 亿英镑下降到 2015 年的日均 50 亿英镑。为此，英格兰银行于 2015 年 11 月起对 SONIA 进行改革。

SONIA 的改革核心，一是扩大计算基础，其计算基础由经纪商撮合成交的交易，扩大到同时包含撮合与询价成交的交易。二是优化形成机制，其形成机制由加权平均改进成了切尾加权平均。SONIA 改革已于 2017 年 10 月完成，并将于 2018 年 4 月正式生效。因全新 SONIA 与英格兰银行基准利率的关联度最高，利率传导最为顺畅，并且其在英镑衍生品市场中的应用已经十分广泛，WRFR 于 2017 年 4 月将全新 SONIA 确定为替代英镑 LIBOR 的全新无风险基准利率。

下一步 WRFR 的重点工作，一是进一步培育 SONIA 衍生品市场，如推动 SONIA 的利率期货合约，发展 SONIA 的场内衍生品市场等；二是拓展 SONIA 在现货市场中的应用，如推动浮息债券、抵押贷款以 SONIA 定价等；三是研究基于 SONIA 构建较长期限基准的方案，如基于 OIS 合约构建利率的期限结构；四是研究如何妥善处置存量 LIBOR 合约，目前正向金融机构征求意见。

3. 欧洲：一方面改革 EURIBOR 与 EONIA，另一方面着手寻找欧元无风险基准利率

欧元区的两大主流基准利率，一是基于报价生成的欧洲银行间同业拆放利率（EURIBOR），二是基于隔夜无担保拆借交易生成的欧元隔夜平均指数（EONIA），均由欧洲货币市场协会（EMMI）主管。

EURIBOR 改革。EMMI 于 2015 年 10 月启动 EURIBOR 改革计划，旨在将 EURIBOR 由报价利率转变为实际成交利率。然而在测试与试运行的过程中，EMMI 发现，欧元无担保拆借交易十分稀疏，确实难以为以实际成交为基础的 EURIBOR 提供有效支撑。因此，EMMI 于 2017 年 5 月宣布放弃 EU-RIBOR 改革，并表示将进一步研究 EURIBOR 以报价与实际成交为共同基础的混合形成机制是否可行。

EONIA 改革。EONIA 交易基础牢固，运行状况良好，为凸显 EONIA 日益重要的基准地位，EMMI 致力于进一步完善 EONIA 监管框架与形成机制，并于 2016 年 8 月发起 EONIA 改革。一是形成独立的监管与治理框架。该步骤已于 2017 年 4 月完成，EMMI 起草并发布了一系列 EONIA 相关监管文件，已于 2017 年 8 月生效。二是完善形成机制。此步骤正在进行当中，EMMI 已收集了包含 28 家 EONIA 报价行在内的众多大型商业银行的货币市场交易数据，正在进行精密分析，以确定是否需要进一步完善 EONIA 计算方法，预计将于 2017 年底或 2018 年初公布进展。

下一步计划。在改革现有基准利率的基础上，欧洲监管当局也致力于寻找无风险利率、构建新的基准利率，以进一步丰富欧元基准利率体系，为进一步深化欧元基准利率改革做好充足准备。一是开始寻找近似于无风险的欧元基准利率。为落实此项工作，欧洲央行已于 2017 年 9 月牵头成立欧元无风险利率委员会，目前其相关工作仍处于起步阶段，将适时向公众公布工作进展。二是筹备构建以实际成交为基础的欧元回购指数，提高欧元回购市场透明度，进一步丰富欧元基准利率体系。

4. 日本：一方面改革 TIBOR，另一方面着手推广日元无风险基准利率 TONAR

与欧洲基准利率改革进程类似，日本监管当局也实施了改革 IBOR 利率与寻找无风险基准利率并行的改革路径。

TIBOR 改革。日本银行家协会 TIBOR 监管委员会（JBATA）于 2014 年 12 月至 2017 年 7 月对东京银行间同业拆放利率（TIBOR）进行改革，现已生效。改革核心在于引入瀑布法则，使 TIBOR 报价最大化地与实际交易挂钩，提高 TIBOR 报价基准性。在瀑布法则下，报价行在确定自身 TIBOR 报价时，不再仅参考无担保拆借市场，应依据 4 个层级优先度从高到低的市场进行报价：一是日元无担保拆借市场；二是同业存单市场与日元离岸拆借市场；三是大额存单、大额存款、短期国债、通用回购及 OIS 市场；四是专家判断。

日元无风险基准利率 TONAR。日本央行与市场成员于 2015 年 4 月共同发起成立了日元无风险基准利率委员会（SRFR），旨在寻找近似于无风险的日元基准利率，与 TIBOR 相辅相成，促进基准利率体系多元化发展。日元无担保隔夜拆借利率（TONAR）是 SRFR 在寻找无风险基准利率时的首选，它是通过经纪商撮合成交的日元隔夜无担保拆借交易的加权平均利率。因 TONAR 代表的隔夜无担保拆借市场信用溢价、期限溢价最低，且其原生市场交易基础牢固，同时以 TONAR 为基准的衍生品市场已经初具规模，推广较为便利，SRFR 于 2016 年 12 月确定选取 TONAR 为日元无风险基准利率。鉴于此，日元金融市场上基准利率多元化发展，TIBOR、TONAR 都是行之有效的金融基准。

下一步，SRFR 一是将进一步推广 TONAR 在金融产品合约定价中的使用。拟推动转变 TONAR 利率互换合约的要素，使之与交易量更大的 TIBOR 利率互换合约保持一致，增加 TONAR 合约的接受度；二是将新研究一条以实际成交为基础的日元回购利率曲线。日本回购市场的主流基准利率是以报价为形成机制的东京回购利率，构建以实际成交为基础的日元回购利率可进一步提高回购市场透明度，也可避免在基准利率操纵问题上重蹈覆辙。

二、我国的利率市场化进程及基准利率选择

（一）我国利率市场化及基准利率改革的情况

1993 年中国共产党十四大《关于金融体制改革的决定》中提出，中国利率改革的长远目标是"建立以市场资金需求为基础，以中央银行基准利率为调控核心，由市场资金供求决定各种利率水平的市场利率管理体系"。这一决定确定利率市场化改革的基本设想。随后，中国的利率市场化采取渐进双轨制推进方式，从市场来看，先开放银行间市场利率，包括货币市场利率和债券市场利率，再推进存贷款利率市场化。存贷款利率的市场化遵循"先外币、后本币；先贷款，后存款；先长期、大额，后短期、小额"的顺序推进。

当前，我国正处于货币政策框架从以数量型调控为主向以价格型调控为主转型的关键阶段，市场化的利率形成、传导和调控机制逐步完善。在这个过程中，一方面，一些利率指标影响力逐渐减小，例如央票利率，另一方面，一些使用面较广、稳定性较强、基准性较好的利率指标持续活跃，包括银行间回购定盘利率、银银间回购定盘利率、上海银行间同业拆放利率（SHIBOR）等。此外，在我国金融体系中常见的还有贷款基础利率（Loan Prime Rate，LPR）、央行回购（公开市场操作）利率、超额存款准备金率、SLO（短期流动性调节工具）利率、SLF（常备借贷便利）利率、MLF（中期借贷便利）利率、PSL（抵押补充贷款）利率等利率指标，在特定范围内发挥导向性作用；中国人民银行在 2015 年提出探索利率走廊机制，并明确提出，探索常备借贷便利（SLF）利率作为货币市场利率走廊上限的功能。市场逐步形成了未来将以超额存款准备金利率为下限，SLF（7 天）为上限的利率走廊的认识。

（二）关于利率市场化后基准利率选择的研究

2015 年 10 月存款利率上限取消以后，我国的显性利率管制全部终结、利率市场化改革步骤已经基本完成。然而，建立起真正市场化的利率体系仍然任重道远。利率市场化后，货币政策的运行环境也相应发生变化，政策框架在从数量型向价格型转变。与此相应，央行需要确立一个政策利率，开发引导政策利率的操作工具，并完善其向实体经济的传导机制。

部分学者结合国际经验对我国公开市场操作情况、SHIBOR 发展及有效性等方面来探索我国金融市场中基准利率的选择。蒋贤锋等（2008）从资产定价角度给出了基准利率选择的理论框架，经过均值—方差标准检验，得出银行间隔夜同业拆借利率和银行间隔夜国债回购利率并不是最有效的，且其内部各利率与期限之间的关系不是单调的，活期存款利率相对最有效、最适合成为金融市场基准利率。李良松（2009）分别使用条件异方差模型、Monte – Carol 模拟的广义误差分布模型以及结合利率期限结构模型的广义误差分布模型衡量测算上海银行间同业拆放利率 VAR 有效性。张晓慧（2011）认为，SHIBOR 已经可以作为货币市场流动性的有效衡量指标，以 SHIBOR 为基准利率的金融衍生品发展良好，应当以 SHIBOR 为核心按需推进利率市场化。何东等（2013）认为，利率市场化后，利率应该由央行货币政策和市场共同决定。货币政策的功能是为市场利率提供一个短期"锚"或目标利率，而市场利率则围绕这个短期锚利率决定"期限溢价"和"风险溢价"，从而建立完整的收益率曲线。在存款利率上限取消后，对于基准利率的选择观点主要集中在 7 天质押式回购加权利率（R007）、10 年期国债收益率、SHIBOR、一年期存贷款利率以及新推出的银行间回购定盘利率。宋慧中等（2015）对美国、欧洲和日本央行基准利率的选择经验进行分析，归纳出基准利率选择的"成本低、可预期、常规透明"等特点，建议沿用一年期存贷款利率作为我国利率市场化后的基准利率。而朱微亮（2016）、刘杰（2016）等则从不同市场、不同期限利率的对比中，支持 7 天质押式回购加权利率和 10 年期国债到期收益率作为参考基准利率。

（三）对于 SHIBOR 基准性的评估

在上述利率中，目前应用较为广泛的利率包括银行间回购定盘利率以及 SHIBOR 利率，二者在同期限上的利差也常被作为 SHIBOR 基准性的一种度量。因此，我们从多个角度对 SHIBOR 的基准性做出评估。

十年来，伴随着我国利率市场化的不断推进、金融市场和金融产品不断创新，SHIBOR 的市场基础也不断扩大、夯实，基准性也不断提高，越来越受到市场的认可和关注，成长为货币市场、银行理财、商业银行内部转移定价等领域重要的参考利率。同时，SHIBOR 基准性的提高，又助推了金融市场产品的创新和丰富、增强了市场利率传导的功能，从而进一步对利率市场化进程起到了推动作用。

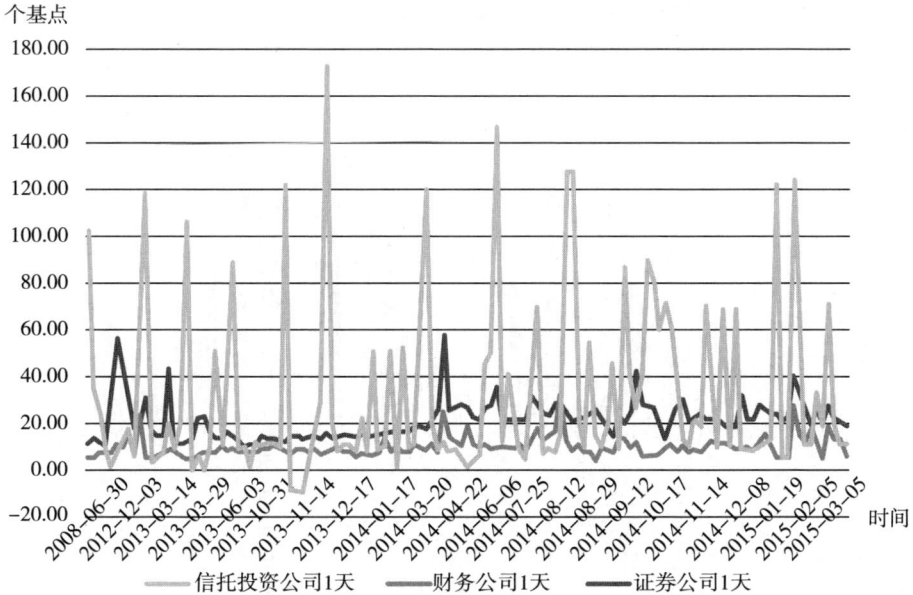

图 1　非银机构的隔夜拆借利差比较

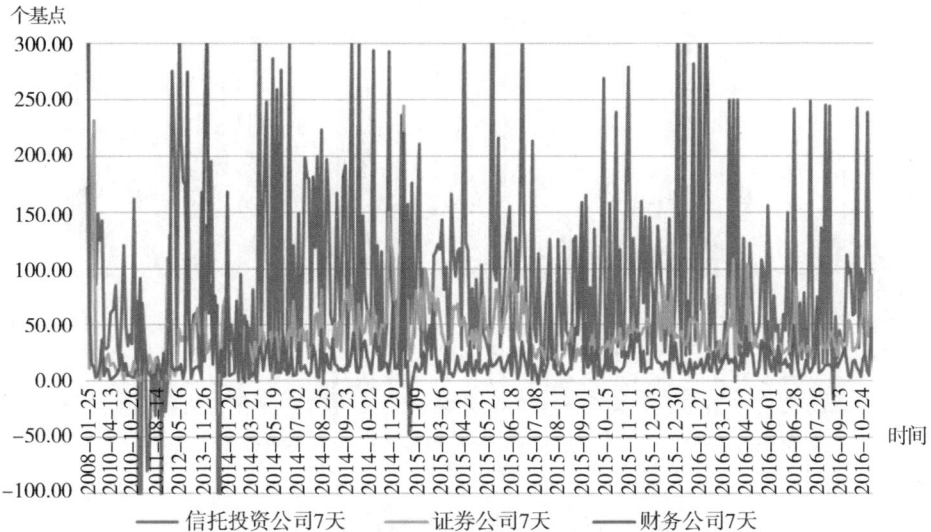

图 2　非银机构的 7 天拆借利差比较

1. SHIBOR 已经成为拆借市场的定价基准

基于 2007 年 1 月 1 日至 2016 年 12 月 22 日银行间同业拆借市场交易数据，我们发现，市场参与者从银行类机构的资金融入价格与当日 SHIBOR 的利差，根据参与者的机构类型不同，呈现较为明显的分层。这意味着，交易价格体现了 SHIBOR 基础上依据对手方信用风险程度的加点。

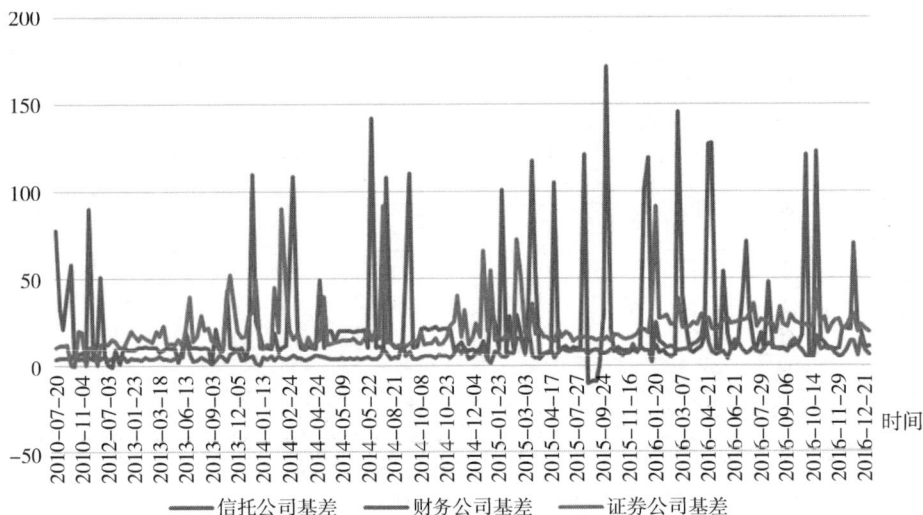

图3　报价行向非银类机构拆出（隔夜）

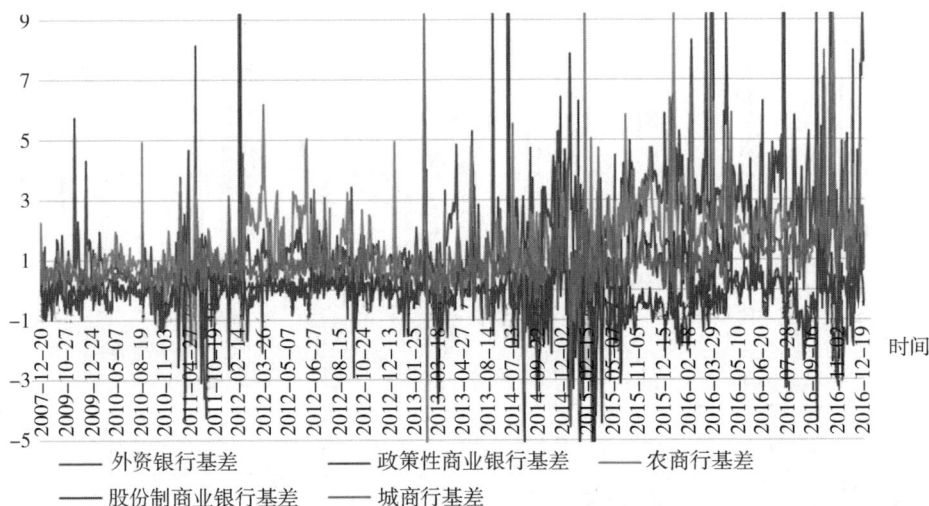

图4　报价行向银行类机构拆出（隔夜）

（1）银行类金融机构向不同类型非银机构拆出

无论是隔夜还是 7 天的资金，其资金价格与同期限 SHIBOR 的利差分层，都表现为信托大于证券大于财务公司。即信托公司加点最多，证券公司次之，财务公司再次之。

（2）18 家 SHIBOR 报价行向非银类机构拆出（隔夜）

资金价格与 SHIBOR 的利差分层，表现为信托大于证券大于财务公司。

（3）18 家报价行向银行类机构拆出（隔夜）

资金价格与 SHIBOR 的利差分层，表现为外资银行大于农商行大于城商行大于股份制商业银行大于政策性商业银行，这与我们的现实感受也是一致的。

2. SHIBOR 成为越来越多金融产品的定价基准

目前，SHIBOR 在多个市场发挥着定价基准的作用，除了传统的同业拆借、利率互换等可参考同期限的 SHIBOR 报价，同业存单、浮息债券、商业内部资金转移定价，甚至跨境人民币业务也越来越多地参照 SHIBOR 利率。

同业存单方面，其中标利率在排除资金紧张时点等奇异值后，与相应期限 SHIBOR 报价的偏离度在 0.5% 以内，且有缩小趋势（张铮等，2017）。随着 1 年期以内同业存单定价方式由固定利率计息改为可按固定或浮动利率计息，浮息存单的发行有望获得进一步推动。

浮息债方面，SHIBOR 可作为国开债、口行债、MTN 以及可续期债等多个债券品种的定价基准，这些债券多以一定期限的 SHIBOR 算术平均值加上调整利差作为发行利率，反映出债券市场对 SHIBOR 认可度的大幅提升。

此外，SHIBOR 作为境内市场的利率指标，对跨境人民币业务也有重要指导意义。2015 年 9 月，央行上海总部发布上海自贸区同业存单规则，推出跨境同业存单业务。境内和境外符合条件的发行人可在自贸区内发行同业存单，存单参照 SHIBOR 进行定价。

3. SHIBOR 的基准性评估

参照戴国强（2006）对基准利率属性的归纳，我们从四个方面对 SHIBOR 基准性的发挥情况进行评估，分别是市场性、稳定性、基础性和系统相关性。在对 SHIBOR 的系统稳定性和基础性进行实证评估时，选取的样本区间为 2010 年 1 月 4 日至 2016 年 11 月 30 日，共 1726 个日度数据，均来源于中国外汇交易中心或 Wind 数据库。

（1）市场性

基准利率市场性是强调该利率应是以金融市场供需为基础形成的，市场化程度高并能真实地反映资金或资本供求关系。

2016 年以来，受外汇占款减少、春节、美联储加息预期等因素影响，市场资金面呈先紧后松再紧的局面，货币市场波动有所增加。央行综合运用多种货币政策工具对流动性进行调节，平抑市场波动。在此背景下，各期限 SHIBOR 整体呈先升后降又再升的走势（见图 5），较好地反映了市场资金面的松紧状况。

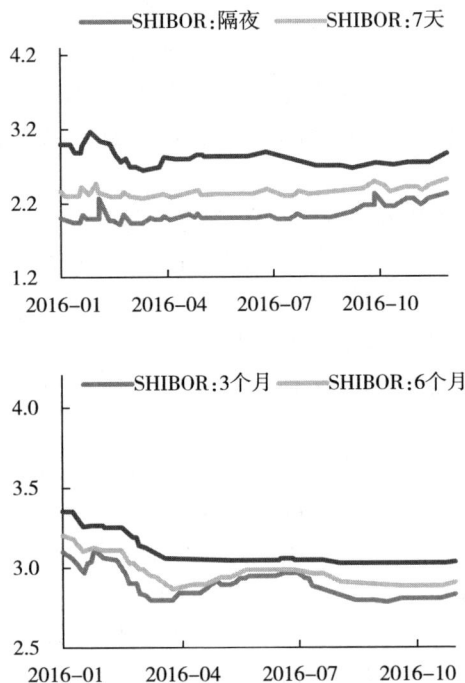

图 5　2016 年以来各期限 SHIBOR 的走势

（2）系统稳定性

基于适用性的需要，基准利率应当是系统稳定的，以便更好地作为其他金融产品的定价基础。经常处于波动之中或易受临时性强扰动影响造成大幅波动的利率将很难作为金融资产定价的基础。

本文采用 ADF 单位根检验法对隔夜、7 天、1 个月、3 个月、6 个月及 1 年期 6 个品种的 SHIBOR 的平稳性进行考察。ADF 单位根检验结果表明：在 1% 的置信水平下，1 个月以内（包含 1 个月）的短端 SHIBOR 都是平稳的，而 3 个月及以上的中长端 SHIBOR 可能是非平稳的。因此，短端 SHIBOR 的系统稳定性优于中长端 SHIBOR。

表 1　　　　　　　　　　SHIBOR 平稳性检验

	ADF 检验值	P 值
SHIBOR O/N	− 7. 5707 ***	0. 0000
SHIBOR 7D	− 4. 9421 ***	0. 0000
SHIBOR 1M	− 4. 8851 ***	0. 0000
SHIBOR 3M	− 2. 1178	0. 2377
SHIBOR 6M	− 1. 9285	0. 3193
SHIBOR 1Y	− 1. 7987	0. 3815

注: ***分别表示在1%的显著性水平下拒绝原假设。

（3） 基础性

基准利率的基础性是要求其能够反映出一定期限无风险收益水平的高低, 对其他有风险资产利率变动具有基础性和成因性的影响, 是作为金融产品定价依据的技术要素。

考虑到只有短端 SHIBOR 表现平稳, 且货币市场交易更趋集中于隔夜和7 天交易品种, 现对隔夜 SHIBOR （用 SHIBOR O/N 表示） 和 7 天 SHIBOR （用 SHIBOR 7D 表示） 与相应期限的同业拆借利率 （CHIBOR01D 和 CHI-BOR07D 分别代表隔夜和 7 天同业拆借利率） 和银行间质押式回购利率 （R01D 和 R07D 分别代表隔夜和 7 天质押式回购利率） 进行格兰杰因果检验。[①]

表 2　　　短端 SHIBOR 与回购利率和拆借利率的格兰杰因果检验

原假设	F 统计值	P 值
SHIBOR O/N 不是 R01D 的 Granger 因	17. 0339 ***	0. 0000
R01D 不是 SHIBOR O/N 的 Granger 因	48. 3554 ***	0. 0000
SHIBOR 7D 不是 R07D 的 Granger 因	5. 0671 ***	0. 0000
R07D 不是 SHIBOR 7D 的 Granger 因	16. 5599 ***	0. 0000
SHIBOR O/N 不是 CHIBOR01D 的 Granger 因	2. 6945 **	0. 0132
CHIBOR01D 不是 SHIBOR O/N 的 Granger 因	2. 3077 **	0. 0319
SHIBOR 7D 不是 CHIBOR07D 的 Granger 因	4. 1623 ***	0. 0004
CHIBOR07D 不是 SHIBOR 7D 的 Granger 因	4. 5450 ***	0. 0001

注: ** 、 ***分别表示在5% 、1%的显著性水平下拒绝原假设。

----

①　对隔夜和 7 天的回购和拆借利率的平稳性检验结果表明所有序列在 1% 的显著性水平下均是平稳的。

检验结果显示，在 5% 的置信水平下，相同期限的 SHIBOR、短期同业拆借利率和回购利率间互为格兰杰因果关系，说明这三种利率在货币市场上互相影响，SHIBOR 未显现出明显的引导优势，其基准性地位有待进一步加强。

（4）相关性

基准利率通常是货币当局制定实施货币金融政策重要的参考依据，能为货币当局所（直接或者间接）调控，同时基准利率能够影响金融主体投融资行为，是金融市场主体引导资本有效配置的指示器，是形成其他市场利率的依据。

人民银行《2015 年第四季度货币政策执行报告》中指出，要进一步提高公开市场 7 天逆回购操作的连续性和稳定性，通过连续释放公开市场操作利率信号，有效引导和稳定市场预期。鉴于 7 天逆回购操作在货币政策中的重要地位，本文拟考察 7 天 SHIBOR 与央行 7 天逆回购中标利率的相关性。表 3 给出了自 2015 年以来央行 7 天逆回购中标利率调整的时点和幅度。2015 年上半年 7 天期公开市场逆回购操作利率先后 7 次下降，累计降幅达 135 个基点，而 7 天 SHIBOR 受此影响也表现出阶段性下行（见图 6）。7 天逆回购中标利率在下半年的两次调整也在一定程度上引导了 7 天 SHIBOR 利率的下降。这一方面表明经过一段时间的规律性操作，7 天逆回购利率已担任颇受市场认可的央行"政策利率锚"，形成了较稳定的市场预期，另一方面也说明 SHIBOR 作为我们正在培育的市场性基准利率，已经能较好地传递中央银行的政策信号。

表 3　　　　　　　2015 年以来央行 7 天逆回购中标利率变动情况

发生日期	发行量（亿元）	利率（%）	利率变动（个基点）
2015 - 03 - 03	350.00	3.7500	-10.00
2015 - 03 - 17	200.00	3.6500	-10.00
2015 - 03 - 24	200.00	3.5500	-10.00
2015 - 04 - 07	200.00	3.4500	-10.00
2015 - 04 - 14	100.00	3.3500	-10.00
2015 - 06 - 25	350.00	2.7000	-65.00
2015 - 06 - 30	500.00	2.5000	-20.00
2015 - 08 - 27	1500.00	2.3500	-15.00
2015 - 10 - 27	100.00	2.2500	-10.00

　　此外，中长端 SHIBOR 利率与短期国债收益率之间的良好相关性，也表明 SHIBOR 对于货币政策由货币市场向债券市场的传导起到了良好的推动作用。SHIBOR 3M 与 3 个月期国债发行利率变动趋势基本一致，且自 2016 年 4 月以来基差有小幅收窄。

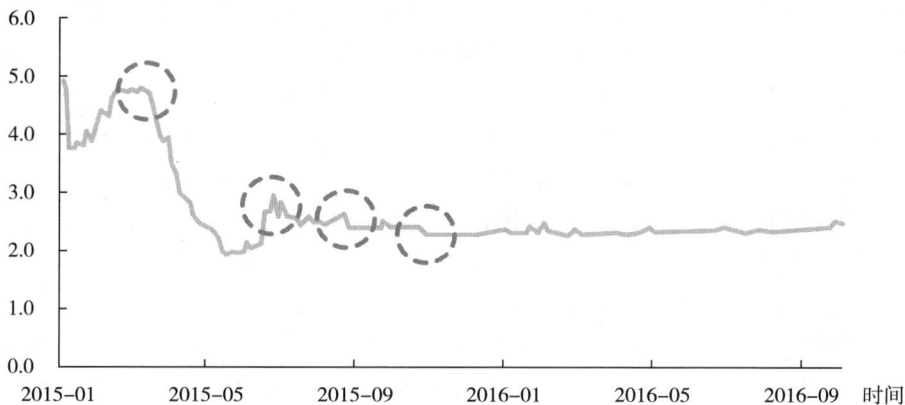

资料来源：中国外汇交易中心。

图 6　2015 年以来 7 天 SHIBOR 的走势

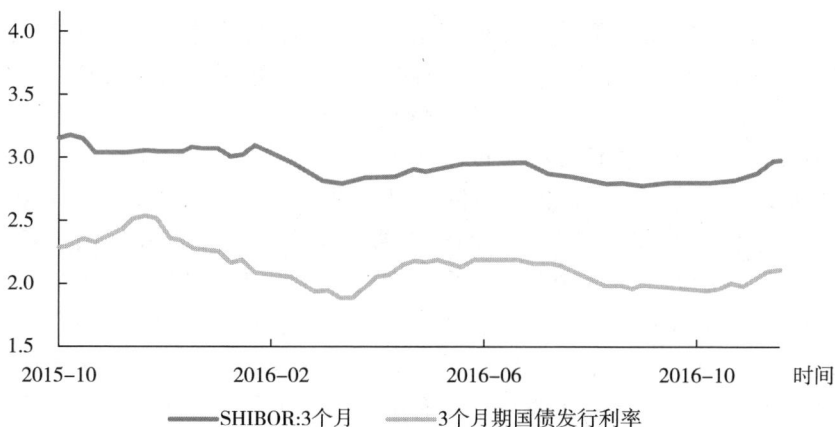

SHIBOR:3个月　　　3个月期国债发行利率

资料来源：Wind 资讯。

图 7　SHIBOR 与同期限国债发行利率比较

（四）制约 SHIBOR 基准性发挥的因素

　　上海银行间同业拆放利率（SHIBOR）自 2007 年 1 月推出后，经过多年的建设和培育，已基本确立了我国货币市场的基准利率地位，从而成为传导货币政策、反映市场利率变动的重要指标。然而，不可否认的是，尽管我国的 SHIBOR 建设、培育工作取得了重要进展，但从实际运行情况来看，仍有部分因素制约了 SHIBOR 基准性的发挥。

1. 报价行的利率定价水平有待进一步提高

为使基准利率能有效反映货币市场资金供求状况，SHIBOR 报价行需结合自身资金情况对市场流动性做全面的预判。这对于报价行的利率定价水平提出了较高要求。2016 年以来，各期限 SHIBOR 报价价差均值分别为 9 个基点（隔夜）、17 个基点（7 天）、17 个基点（14 天）、20 个基点（1 个月）、18 个基点（3 个月）、16 个基点（6 个月）、15 个基点（9 个月）、17 个基点（1 年）。除隔夜 SHIBOR 外，其余期限的 SHIBOR 报价价差较大，说明报价行对除隔夜外的其他期限的市场资金预判分歧较大，报价行利率定价水平有待完善。

2. 报价行交易对手有隐性范围限制

虽然对 SHIBOR 的基准性评估结果显示其易受货币政策操作调控，并能与货币市场形成良性互动，但 SHIBOR 对于货币市场成交利率的引导作用并不明显。我国信用拆借市场有明显的"圈子交易"特征，交易对手方固定在较小的范围。以中国工商银行为例，2016 年，与其发生过拆借交易的机构仅有 147 家，而进入同业拆借市场的机构有 1643 家，占比不到十分之一。SHIBOR 基准性的发挥离不开完善的同业市场，在上述情况下，报价行交易行为对市场的引导作用较小，在一定程度上削弱了市场价格发现功能。

3. 以 SHIBOR 为基础的金融产品创新有限

中长端 SHIBOR 报价序列显现出系统不稳定性特征，这主要是因为中长端 SHIBOR 可供参考的金融产品有限。以 LIBOR 的经验来看 3 个月期和 6 个月期的 LIBOR 应用最为广泛，因为大多数浮动利率贷款以及远期、互换等衍生品的计息周期多为 3 个月或 6 个月。投资者要保持期限的匹配就需要参考相同期限的 LIBOR。而在国内金融市场上，除了许多银行的同业负债主要依靠 3 ~ 6 个月同业存单滚动融资外，采用以 SHIBOR 为结算基准的利率类衍生产品在种类上和规模上发展依然有限，以 3 个月 SHIBOR 为基准的利率协议近年来基本无成交。市场上与 SHIBOR 挂钩的相关金融产品较少，影响了 SHIBOR 的应用性。

综上所述，从基准性能发挥的四个维度来看，SHIBOR 在市场性、稳定性和系统相关性三个方面表现良好，但银行对市场预判的分歧和报价水平的差别、同业交易"圈子化"的隐性特征以及与 SHIBOR 挂钩金融产品数量有限等因素，都制约了 SHIBOR 对市场利率在更大范围下和更多期限上的引导作用。

需要指出的是，近年来同业存单和银行理财业务的快速发展，在一定程度上改善了长期存在的 SHIBOR 中长端利率缺乏实际成交基础的现象。2014 年以来，同业存单成为商业银行重要的负债来源，发行量快速提升，2017 年至今发行量已超过 14 万亿元。同业存单一级市场体量大、竞争充分、利率弹性高等特点，使同业存单发行利率为报价行 SHIBOR 中长端报价提供了更好的成交基础，克服了 SHIBOR 先前仅作为银行资产端定价基准的不足。尤其是 3 个月 SHIBOR 利率，由于许多银行的同业负债主要依靠 3 ~ 6 个月同业存单滚动融资，其已经成为商业银行内部资金转移定价的关键利率。此外，银行理财利率从发展初期开始就呈现与货币市场利率高度联动的特征，各期限银行理财利率都与 SHIBOR 相应期限利率走势基本一致。银行理财规模至 2017 年 6 月已经达到 28 万亿元，超过商业银行总资产规模的 15%。

三、启示与建议

（一）国际基准利率改革的经验启示

1. 基准利率应以反映市场真实利率水平为生命线，甚至可牺牲利率曲线的期限完备性

能够准确、客观、及时地反映市场真实利率，是培育基准利率的最根本出发点。从各国的改革情况来看，无论是直接基于实际交易生成的 SOFR、SONIA 等，还是采用瀑布法则以实际交易为报价参考的 TIBOR，都是以反映市场真实利率水平为第一要务，最大限度地排除报价过程中的主观判断，避免在操纵问题上重蹈覆辙，改善纯报价形成机制带来的缺陷。为守住基准利率反映真实市场的"生命线"，甚至可牺牲利率曲线的期限完备性。长期以来，金融制度设计者都醉心于构建一条覆盖隔夜到 1 年、各关键期限点都基准性极佳的货币市场利率曲线。但目前在主要经济体，货币市场绝大部分交易都集中在隔夜。隔夜交易最大限度地剥离了利率风险、信用风险、流动性风险，是一切其他期限利率生成的本源。为此，上述期限完备且各个点基准性良好的利率曲线几乎不可能存在。在此背景下，美国新培育的 SOFR 及英国新培育的 SONIA 都仅包含隔夜这一个期限品种，牺牲了期限结构完备性。

2. 需妥善处理基准利率中长期限品种缺失的问题

循着上一条思路，SOFR、SONIA 等新基准都仅包含单一隔夜期限，这对长期限金融合约定价提出了新的挑战。为此，美国、英国分别提出了解决此问题的相似方案。一是使用 OIS 合约的固定端利率构建期限结构。但该

期限结构体现的是市场对 SOFR、SONIA 等在各个期限时段内均值水平的预期，无法良好体现期限溢价，且需要额外的监管安排确保基准性与公允性，同时还对使用该曲线的企业和个人存在较高的金融知识要求。二是以交易存续期间每日的隔夜基准利率为基础，按单利或复利滚动计算，直至期间结束时才能完全确定其实际执行利率。此方法无法反映市场对未来利率水平的预期，且无法在即期形成完备的利率期限结构。上述两种方式都存在缺陷，目前仍需继续深入研究分析，探索解决基准利率中长期限品种缺失问题的方案。

3. 基准利率的培育需要交易高度活跃的金融要素市场作为坚实支撑

从各国的改革情况来看，美国 SOFR 为国债隔夜回购利率体系中原生市场交易最为活跃的利率；英国 SONIA 改革中扩大 SONIA 计算基础也是重中之重；欧洲 EURIBOR 改革正是因拆借交易十分稀疏，无法为以交易为基础的 EURIBOR 提供稳定支撑而最终流产；日本 TIBOR 改革引入瀑布法则，为 TIBOR 报价提供了多层级报价基础。以上表明，流动性高、交易量大的原生市场，是保证基准利率具备良好的代表性、稳定性与基准性的前提。

4. 交易信息的集中对于提高基准利率的有效性至关重要

美国、英国、欧洲、日本等国家和地区都存在因交易平台分散而导致的透明度低、交易信息分散等问题，导致货币当局难以全面掌握市场交易数据、紧密跟踪市场动态。因此，虽然交易数据报送系统的构建需要投入大量人力物力，且上报的交易数据存在时滞，同时也对金融机构形成了较大负担，监管机构在基准利率改革的过程中，仍然普遍要求金融机构上报自身的交易数据，以集中交易信息，确保基准利率的有效性。

（二）关于我国基准利率体系培育的建议

当前，我国银行间货币市场基准利率主要有回购定盘利率（包括 FR 和 FDR）和 SHIBOR 两类，前者系成交利率、后者系报价利率；前者集中于短端，后者则期限品种齐全；前者主要应用于银行间，后者则使用范围更广，两者各有侧重又互相补充。严监管、重考核的制度优势有效杜绝了价格操纵、利益输送等困扰；但两项基准利率目前也有不少亟待解决的问题，这些问题的表象是基准利率代表性不足、反应滞后，根子则在于顶层设计、监管协调和制度优化等层面。结合国际基准利率改革并充分考虑我国实际，我们建议在人民银行的指导下，利用银行间市场交易数据集中、快速发展的拆借、回购、同业存单市场为基准利率提供坚实交易基础的优势，为基准利率改革提供一套"中国方案"。

1. 借鉴瀑布法则引入实际成交利率，完善 SHIBOR 形成机制

目前，SHIBOR 存在主要不足是报价与真实成交有差距，报价行报价有顾虑，反应比较滞后，这些都是以报价为基础所带来的固有问题。建议充分发挥银行间市场交易信息集中的优势，借鉴瀑布法则，直接引入市场成交利率完善 SHIBOR 形成机制，即首先使用拆借市场成交利率，如拆借无成交则使用回购、存单等替代产品的成交利率，如前两层都没有交易，则再使用报价行报价。这种安排，能充分发挥银行间货币市场交易信息集中的优势，使 SHIBOR 体系不至于发生颠覆性的变化，又能保证 SHIBOR 具有较强的基准性。

2. 稳固 FR 的交易基础，扩大 FR 的代表性

虽然，回购定盘利率是成交利率，但也存在无法反映全天资金成本及非银机构资金成本等问题，在一定程度上会带来各市场利率定价体系的整体扭曲。应适时优化回购定盘利率形成机制：一是更多重视非银机构的成交价格。近年来，非银机构在货币、债券及衍生品市场的交易日趋活跃，2016 年全年在上述市场成交占比分别达到34%、53% 和16%。非银机构对银行间市场的价格形成机制具有关键作用，也是进一步疏通货币政策传导渠道中的一股重要力量。二是考虑扩大 FR007 取值范围，推迟 FR007 发布时间，使 FR007 更为准确地反映市场资金面情况，并增强 DR007 与 R007 的关联性。三是进一步发挥 SLF 操作对平抑局部流动性紧张的作用，鼓励地方分支机构适当增加对逐笔成交利率管理的灵活性。

3. 加快发展银行间利率衍生品市场，发挥衍生品交易对基准利率的支撑作用

发展银行间利率衍生品市场对基准利率建设有以下几方面的重要意义：一是能扩大货币市场基准利率的应用范围，提升货币市场基准利率的影响力；二是通过衍生品价格能验证基准利率的有效性，同时通过衍生品交易使市场各类价格保持一个比较合理的均衡关系；三是随着央行向价格型为主的调控框架转型，利率衍生品的价格发现功能将进一步有所增强，一些市场产品可能需要以利率衍生品交易价格作为基准利率。

针对当前制约银行间衍生品市场发展的主要因素，有以下建议：一是建议人民银行牵头，协调相关部门逐步简化对利率互换市场的管理，可考虑允许在利率定价能力和财务稳健性等方面处于行业领先水平的自律机制基础成员直接进入利率互换市场；二是多措并举降低交易成本，提高市场效率，增强市场吸引力；三是建议人民银行协调上海清算所尽快实现中央对手方集中清算的实时承接，同时对于这部分交易豁免签署主协议。

4. 加强 ABS 市场发展的顶层设计和监管协调，使其更好衔接"两个市场、两种利率"

资产支持证券（ABS）一端承载了信贷、应收账款、PPP 等与实体经济紧密关联的底层基础资产，另一端在金融市场发行交易，其定价与 SHIBOR 等基准利率密切联动。若该市场能有效运行，有利于打通货币政策信号经由金融市场传递到信贷市场及工商企业和个人的渠道，成为货币政策转型和 SHIBOR 培育等的重要突破口。

但目前 ABS 市场离"有效运行"尚有较大差距，最重要的原因之一是多部门管理导致市场分割、监管套利。截至 9 月末，央行和银监会主管的信贷 ABS（银行间市场运行）发行 3226 亿元，低于证监会主管企业 ABS（交易所市场运行）的 5144 亿元发行量，前者余额增速仅为 6%，远低于后者超过 30% 的增速。更有甚者，银监会在与央行共同主管信贷 ABS 的同时，又单独指导银行业信贷资产登记流转中心（国债公司子公司，以下简称银登中心）开展类似业务。银登中心业务以基础资产审核宽松、单方认定为标准债权等倾斜政策，人为制造了一个割裂的 ABS 市场，造成价格信号混乱与风险滋生。

现行利率格局下，ABS 市场作为宝贵的能够衔接"两个市场、两种利率"的金融要素市场，具有基准利率培育、盘活信贷存量甚至化解金融风险等重要战略意义，亟须加强顶层设计和监管协调，解决目前不平衡不充分的发展现状。

参考文献

［1］卞志村，胡恒强. 中国货币政策工具的选择：数量型还是价格型——基于 DSGE 模型的分析 ［J］. 国际金融研究，2015（6）.

［2］孙国峰. 货币政策框架转型与中国金融市场发展 ［J］. 清华金融评论，2016（1）.

［3］高晓乐. 利率上限放开后存款定价之自律机制与监督管理——来自温州的案例 ［J］. 上海金融，2016（9）.

［4］何东，王红林，余向荣. 中国利率何处去——利率市场化后政策利率的制定与操作 ［R］. 中国金融四十人论坛报告，2013.

［5］宋慧中，赵越，杨圣奎. 利率市场化后基准利率的选择 ［N］. 金融时报，2015 – 12 – 14.

［6］朱微亮. 央行最关心的利率基准为 7 天回购利率和 10 年期国债到期收益率 ［Z］. 自媒体公众号"央行观察"，2016.

［7］蒋贤锋，王贺，史永东. 我国金融市场中基准利率的选择［J］. 金融研究，2008（10）.

［8］李良松. 上海银行间同业拆放利率 VaR 的有效性研究［J］. 金融研究，2009（9）.

［9］胡婕. 市场利率定价自律机制与利率市场化改革［J］. 清华金融评论，2014（1）.

［10］卢向前. 后 LIBOR 时期国际基准利率改革最新进展及新时代"中国基准利率方案"的初探［Z］. 中国外汇交易中心资料，2017.

［11］Jin Cui, Francis In, Elizabeth Ann Maharaj. What drives the Libor – OIS spread? Evidence from five major currency Libor – OIS spreads. International Review of Economics & Finance, Volume 45, September 2016.

［12］Alternative Reference Rates Committee. The ARRC Selects a Broad Repo Rate as its Preferred Alternative Reference Rate. press release, 22 June, 2017.

［13］Bailey, A. The Future of LIBOR. speech at Bloomberg London, 27 July, 2017.

［14］Bayeux, K, A Cambron, M Cipriani, A Copeland, S Sherman, and B Solimine. Introducing the Revised Broad Treasuries Financing Rate. Liberty Street Economics, 19 June, 2017.

［15］Hou, D. and D. R Skeie. LIBOR：origins, economics, crisis, scandal and reform. Federal Reserve Bank of New York, Staff Report No 667, 2014.

［16］ICE Benchmark Administration. Summary of ICE LIBOR Evolution. 24 January, 2017.

［17］ICE Benchmark Administration. ICE LIBOR Quarterly Volume Report. 2017 Q2.

［18］Bank of Japan. Report on the Identification of a Japanese Yen Risk – Free Rate. Dec, 2016.

［19］Bank of England. SONIA Key Features and Policies. 2017.

［20］FSB. Progress Report on Implementation of July 2014 FSB Recommendations. Oct, 2017.

对交易所时代票据市场利率走势分析的再思考

王红霞　曾一村　付　萱①

上海票据交易所的成立标志着票据市场进入场内线上交易的新阶段。随着场内承兑、贴现业务量的增加，场内二级市场交投活跃度的持续提升，以及交易所时代金融工具的计量准则和税收政策均出现了一些重大变化，导致整个票据市场的投资交易环境处于不断变化中，因而需要对以往的票据市场利率分析框架进行再思考，力求推陈出新，以提升其对票据市场利率波动的解释力和对未来走势的预测力。

一、票据市场利率体系与常用分析方法概述

（一）票据市场利率体系概述

所谓票据市场利率体系，主要包括一级市场的票据贴现利率和二级市场的票据转贴现、回购利率，以及和央行开展再贴现业务时使用的再贴现利率。

本文所要探讨的票据市场利率则是票据二级市场的转贴现、回购利率。票据转贴现利率是指商业银行等金融机构之间将未到期的已贴现商业汇票进行转让的票据行为时的交易利率。票据回购利率是指持票方出现临时性资金短缺时，将未到期的商业汇票作为质押物进行短期融资时相应的利率。

（二）票据市场利率的常用分析方法

1. 供给—需求分析

票据市场利率是指整个票据市场供求的价格关系，一般情况下，在其他条件不发生改变时，对于票据转贴现利率而言，市场票据需求小于票源供给时票据转贴现利率上扬；当票据市场需求大于市场票源供给时，票据转贴现利率下挫；当票据市场需求与供给基本维持均衡状态时，票据利率则很可能维持前期水平呈区间震荡走势。对于票据回购利率而言，其利率上涨通常伴随着市场上流动性的紧张，表明资金需求大于供给，而利率下降则表明市场上流动性趋于充裕，资金需求小于供给。

---

① 作者单位：中国农业银行票据营业部。

2. 市场主要参与者定价行为分析

市场主要参与者定价行为分析是指通过观察票据二级市场部分对市场有重大影响力的参与机构的定价行为，采取跟随或在其报价的基础上进行加减点，以确定票据交易利率。在以往场外纸票交易的环境中，由于市场参与者均为商业银行，一些市场大行的定价对于市场价格影响较大，议价能力较强，因此在实际业务操作中，该分析方法对于较短时期内业务开展的指导意义较强。

3. 资金成本分析

资金成本的高低会对营业收入和净息差产生影响，对于经营机构而言，开展票据转贴现和回购业务的最主要目的之一是盈利，因此对于票据回购业务而言，资金成本便构成了票据回购利率的下限，而票据转贴现利率在绝大多数情况下也受制于资金成本，通常难以低于资金成本。[1]

4. 市场情绪与市场预期分析

从交易的层面看，短期内市场情绪的波动会对市场利率造成影响。当市场上看涨情绪占主导时，市场利率大概率趋于上涨；而当市场上情绪较为谨慎时，市场交投很可能转淡，致使市场利率表现得较为平稳。

所谓市场预期，是指相关群体对经济变量（如价格、利率、收入、利润等）在未来的变动方向和变动幅度的一种事前估计。具体到票据市场来看，倘若市场上大多数投资机构认为未来市场利率趋于上涨，则市场利率很可能受此预期影响而上涨，这也称为"预期的自我实现"。

二、票交所成立后票据市场交易环境的变化

上海票据交易所的成立使票据市场的交易环境发生了一些深刻的变化，主要包括以下几个方面。

（一）市场参与者扩容

根据《票据交易管理办法》（中国人民银行公告〔2016〕第29号）第二章关于票据市场参与者的规定，除传统的银行类、财务公司类参与者外，票据交易所还引入了非银金融机构和非法人产品类参与者，使其能够直接接入系统参与交易，这无疑大大拓宽了市场参与者的范围。

市场参与者扩容带来的影响，一是使二级市场对于票据的需求增加，

---

[1]　由于票据具备信贷属性，在商业银行需要使用票据资产填充信贷规模和削减信贷规模的关键时点，便会忽略资金成本的制约，此时或出现票据转贴现利率与资金成本之间出现折价的情况，也可以视为某种程度上的"信贷属性溢价"。

由于非银金融机构和资管类参与者均不具备开展承兑、贴现业务的资格，无法为票据二级市场提供新的票据供给，而其市场定位主要是票据资产的购买方，因此参与者扩容将会给票据市场带来新的需求。二是非银金融机构和资管类参与者的加入将有助于提升市场的交投活跃度，从而提升市场定价效率，导致票据市场利率的波动更加频繁。三是非银金融机构和资管类参与者在票据业务方面与商业银行合作的机会更多、空间增大，能够激发业务模式和产品方面的创新活力，尤其是推动商业承兑汇票业务模式的创新发展和交投活跃等。[①]

（二）交易效率提高，交易信息透明化

一方面，票据交易所成立后，由于票据交易逐渐转变为场内线上交易，这将免去以往场外交易的人工送票、验票、托收等环节，寻找交易对手的时间将大大缩短，同时也免去了逐笔签订合同等交易流程上的烦琐手续，从而大幅提升交易效率。交易效率提升带来最直观的后果便是交易频率上升，从事交易性业务的市场主体增多，由此也将使市场利率的波动较传统线下交易更为频繁。

另一方面，票据交易所为市场参与者提供了统一的线上报价系统和成交平台，可以实时观测成交的价量信息，随着上海票据交易所基础设施建设的逐渐完善，场内交易量料将不断提升，以往票据市场成交价格信息严重不透明导致难以全面实时监测市场利率变化的困境将被打破，票据交易所内也将发布并不断完善票据收益率曲线，因此以往基于"中国票据网"和市场大型机构报价信息的零散、粗放式的利率分析也需根据市场的变化升级迭代为基于全市场真实成交价格的，更加全面和精细化的利率分析。

（三）与其他场内金融市场的联系更为密切

以往的票据市场长期受制于纸票实物交易、线下交易的特征，与早已实现电子化线上交易的银行间债券市场、同业拆借与回购市场较为割裂，运行机制相对独立且封闭。而进入票据交易所时代后，由于票据二级市场的交易模式与银行间债券市场等有所趋近，并且市场上的资金供给方与资金需求方与银行间债券市场等多有重叠，因此与以银行间债券市场为代表的其他场内金融市场的联系将会更加密切，不同市场可比标的之间的利率

---

①　近年来，商业承兑汇票的交投整体较为清淡，业务发展也较为缓慢，造成这一现象的一个重要原因是商业承兑汇票贴现、转贴现业务的信用风险相较于银行承兑汇票较高，对于许多风险偏好较低的商业银行而言，缺乏开展该项业务的动机。而非银金融机构和资管类参与者通常对于回报的要求较高，相应的风险偏好也较高，因此上述机构和参与者直接参与票据市场有利于推动二级市场商票交易的活跃，从而带动商业承兑汇票整个业务链趋于活跃。

很可能相互影响，最终趋于"无套利均衡"状态，而当可比标的间的利差较为明显时，便存在跨市场套利的机会。

例如，银行承兑汇票与同业存单在信用主体方面较为相似，均为银行信用，因此对于同期限同信用等级的银行承兑汇票和同业存单，其价格在剔除票据的信贷资产溢价①后理论上应当相差不大。而票据的信贷资产溢价则可通过观察票据转贴现与回购利率之间的价差做出大致的判断，由此便可判断出银行承兑汇票和同业存单之间是否存在明显的套利机会，倘若扣除交易成本后的套利空间依然可观，市场参与者便可通过"低买高卖"来赚取利润。

（四）票据回购交易期限呈现短期化特征

在以往的纸质票据和线下交易的环境中，由于交易的便利程度较低，因此票据回购交易的期限通常较长，在1个月以上，月内的票据回购则十分稀少。而在上海票据交易所电子化交易和线上交易的环境中，票据回购交易的便捷性和交易效率大大提升，票据回购交易呈现短期化特征，隔夜、7天等期限品种的交易活跃度上升显著，呈现向债券回购市场的交易品种期限结构分布靠拢的倾向。

三、票据市场利率的趋势性主导力量分析

在以往较长的时间里，囿于客观条件的束缚，票据二级市场交易的定价方式通常较为粗放。进入票据交易所时代后，基于上文所述的种种变化，我们力求对原有的票据市场利率分析框架进行系统的归纳和完善，以形成适应票据交易所时代的票据市场利率分析框架，并且力求这一分析框架兼顾逻辑上的严谨性和实际业务操作中的有效性。

由于票据市场连接实体经济和金融市场的特性，票据市场利率的变化既受到经济基本面的影响，又受到金融市场波动的影响，但从时间的维度看，经济基本面因素往往决定长期票据市场利率的走势，而资金面与流动性则是票据市场利率产生短期波动的主要动因。从中期看，票据的供给和需求是主导市场利率走势的主要因素，而供给和需求又同时受到经济基本面和流动性的影响。

从决定长期票据市场利率走势的经济基本面因素来看，又可以进一步

---

① 由于票据融资计入信贷资产规模，在商业银行信贷投放不足的时期，需要通过购买票据资产以满足信贷规模指标的要求；在商业银行信贷投放过热的时期，则需要通过卖出票据资产以保证信贷投放不超过信贷规模指标。

拆分为经济增长因素和经济周期因素，而与经济周期相伴的一个概念是金融周期，这三个概念均与票据市场的利率走势联系密切。

（一）经济增长

1. 经济增长概述

现代经济增长理论的兴起最早可以追溯到哈罗德—多马模型（Harrod - Domar Model），该模型在一定的假设条件下将经济增长抽象为经济增长率、储蓄率和资本—产出比率这三个宏观经济变量之间的函数关系，得出经济增长率随储蓄率增加而提高，随资本—产出比扩大而降低的结论。索罗经济增长模型（Solow Growth Model）放松了哈罗德—多马模型生产中的劳动力与资本比例固定的假设，使模型更加接近于现实，并且得出无论从任何一点出发，经济向平衡增长路径收敛，人均产出的增长来源于人均资本存量和技术进步，但只有技术进步才能够导致人均产出的永久性增长的结论。随后内生增长理论进一步探讨了决定技术创新水平高低的因素，发现一国的劳动分工程度以及专业化人力资本的积累水平对该国的技术创新有着关键性的影响。

2. 经济增长与票据市场利率的关系

现代经济增长理论更多的是对国民收入增长的长期潜在趋势进行衡量，经济增长这个概念本身也较为抽象，而其对于票据市场利率的影响也相对较为长期和间接。

一般而言，经济增长首先通过影响实际利率来影响金融市场的利率，再传导至票据市场，从而影响票据市场利率。国内外许多实证研究均表明，在经济增长较快的时期，实际利率趋于上升，而当经济增长放缓时，实际利率则会趋于下降。在通货膨胀率较为稳定的情况下，票据市场利率走势通常与实际利率走势呈正相关关系，因而票据市场利率与经济增长，从长期看呈负相关关系。

（二）经济周期

1. 经济周期概述

所谓经济周期，是指经济运行中扩张与紧缩交替更迭、循环往复的一种现象，本质上是国民总产出、总收入和总就业的波动。经济周期的阶段划分主要包括两阶段法和四阶段法，两阶段是指繁荣和衰退两个阶段，四阶段则是指繁荣、衰退、萧条和复苏这四个阶段。

经济周期的类型按照时间长短和主导周期波动的因素进行划分，主要包括基钦周期、朱格拉周期、康德拉季耶夫周期和库兹涅茨周期。其中，基钦周期是 40 个月左右的短周期，朱格拉周期是 9 ~ 10 年的中周期，康德拉季耶夫周期是 50～60 年的长周期，库兹涅茨周期则是指 20 年左右的建筑业周期。

由于经济周期主要着眼于国民收入围绕其长期趋势的波动情况，因此相较于经济增长来说更为直观，也与特定金融市场的投资交易联系得更为紧密。①

2. 经济周期与票据市场利率的关系

经济周期的每个阶段对应的经济增长和通胀率特征不同，决定了大类资产的表现有所不同。具体而言，在经济衰退的阶段，经济增长近乎停滞，并且过剩的生产和下跌的大宗商品价格使通胀率持续走低，进而导致实际收益率下降。在这种情况下，货币政策当局通常会采用降息的措施以刺激经济，希望其能够恢复到可持续增长的路径，进而导致收益率曲线显著下移。在这种情况下，固定收益类资产的表现好于其他资产，票据市场利率趋于下行。与此相反，在经济持续复苏，出现经济过热迹象时，通胀率快速攀升，货币政策当局倾向于采用紧缩的货币政策，导致市场利率水平趋于上升，在这种情况下票据市场利率也将随之上行。

以 2008 年为例，当年发端于美国的次贷危机席卷全球，将全球经济迅速推入经济衰退的危机状态中，我国也未能幸免。为了防止经济陷入衰退和通缩的困境，我国采用积极的财政政策和货币政策予以应对。在此背景下，宽松的信贷规模为票据市场的发展提供了良好的市场环境，有效刺激了商业银行通过开展票据贴现与转贴现等业务以增加信贷投放的积极性和主动性，使票据市场融资规模得以爆发式增长。2008 年下半年至 2009 年上半年，在经济衰退的隐忧之下，宏观经济风险和企业信用风险均有所上升，市场上各大商业银行为了充分利用信贷规模以获取收益，同时保持风险处于可控的范围内，因此加大了买入票据资产的力度。尽管当时票据市场的票源供给也显著增加，但由于买入需求增加的幅度更大，因此票据市场利率迅速下跌。2008 年第四季度，票据转贴现利率跌幅超过 50%，2009 年上半年则仍维持低位运行，基本介于 1.3%～1.6%。

（三）金融经济周期

1. 金融经济周期概述

近年来，在全球金融市场迅速横向与纵向发展的背景下，经济周期运行的特征发生了一些显著的变化，金融经济周期的概念也被更多地提及。

---

① 金融市场上的投资收益计量通常受到特定的时间区间限制，因此需要更多地考虑经济的周期性波动。

首先，金融市场的发展使资金流动性大大提高，进而对经济周期的特征事实产生影响。金融市场各类创新工具的出现、计算机和信息技术不断发展、金融管制不断放松，促使金融交易在全球范围内变得更加便利。而通过金融加速器效应，一国经济运行中面临的微小冲击都可能会借助于国际金融市场在全球传播，从而被显著放大。其次，与传统意义上的经济周期相比，金融经济周期的波动更加剧烈。传统经济周期理论已经无法解释货币或资产价格的冲击导致经济短期剧烈波动的现象，而金融经济周期理论突破了传统理论的局限性，从"银行信贷渠道"和"资产负债表渠道"两个传导链条切入，从全新的视角研究了现代经济周期的运行规律。

2. 金融经济周期与票据市场利率的关系

金融经济周期将金融体系和金融市场与经济运行过程中的周期性波动相结合，而由于票据市场是一个金融子市场，因此金融经济周期与其联系更为紧密。就金融经济周期的实质而言，主要强调的是信用和资产价格的相互作用（彭文生，2015），随着信用扩张与收缩，资产价格相应地上涨或下跌。而信用与实体经济的融资需求联系密切，融资需求旺盛与否与票据市场的价格走势有着直接的联系。

从中国金融经济周期的实际状况看，李拉亚（2016）认为可以使用货币供应量（M_2）的期末同比增速和房地产开发企业商品房平均销售价格同比增速这两大指标[1]作为刻画我国金融经济周期的指标。从二者的历史走势看，可以将 2000～2010 年看作我国金融经济周期上行阶段，在这一阶段 M_2 与房地产开发企业商品房平均销售价格的同比增速双双震荡上行，而 2011 年以来上述两个指标则均开始回落，意味着我国金融经济周期进入下行阶段。

具体到我国票据市场的历史利率走势而言，2005～2010 年[2]，票据市场利率[3]整体震荡上行，从 1.8% 附近的位置上行至 7.0% 左右。仅在 2008 年下半年到 2009 年上半年受到国际金融危机冲击时，人民银行为了刺激不断下滑的经济，连续降息降准、同时取消信贷规模管制，导致票据市场利率

---

[1] 货币供应量同比增速指标用于度量信用，房地产开发企业商品房平均销售价格同比增速则用来度量资产价格。信用和资产价格是衡量金融经济周期最关键的指标。

[2] 将 2005 年作为观测票据市场利率的起点，一方面是由于笔者掌握的历史数据是从 2005 年开始的，另一方面，此前我国票据市场的发展阶段较为初级、市场分割程度严重，具有公信力的全市场利率的可得性较低。

[3] 2005 年和 2006 年使用监测点同业买入价格和工银票据价格指数作为票据市场利率的代表，2007 年之后使用中国票据网转贴现报价利率作为代表指标。

经历了一波急跌。受政策紧缩和监管趋严的双重影响，票据市场利率2011年整体保持在高位运行，2012年则快速走低，2013年剔除6月左右的钱荒①整体区间震荡，2014年至2016年上半年震荡下行，从7.5%附近下降至2.6%，尽管2016年下半年以来票据市场利率因货币政策收紧而攀升至4.5%附近，但与2010年和2011年的历史高点相比，这一利率水平并不算高。

从我国的金融经济周期和票据市场利率走势之间的关系看，在我国金融经济周期上行阶段，票据市场利率也迎来了一个较长的震荡上行周期，而在我国金融经济周期的下行阶段，票据市场利率也几乎是同步震荡走低。由此可见，金融经济周期与票据市场的利率走势周期总体而言有着较强的正相关性。

四、票交所时代票据市场中短期波动的影响因素分析

决定票据市场利率长期走势的趋势性主导力量分别为经济增长、经济周期与金融经济周期，三者均为宏观经济运行中最为抽象和本源的因素，因此无论在进入票交所时代之前还是之后，决定票据市场利率长期走向的这三种主导力量本身都难以发生改变。然而，上海票据交易所成立后为票据市场交易环境带来的变化却会对一些票据市场上关键性的中短期波动影响因素产生影响，主要包括以下几个方面。

（一）票据市场利率走势的中期影响因素：票源供给

上文已提及，从中期看，票据市场的供需关系决定了票据市场的利率走势，并且供需关系也是连接票据市场长期和短期决定因素的纽带。然而，在现实中，票据市场需求端的变动通常较为频繁，受到许多短期因素的扰动，票据市场的票源供给则在一段时期内相对而言较为稳定。

票据转贴现市场的票源供给主要是指票据贴现端。票据贴现端作为票据业务的一级市场，每个时间段内的新增票据贴现和市场上的票据贴现余额都会从票据资产的供给方面对二级市场产生影响。从具体定量指标看，可以使用票据贴现余额及其增长率来对市场上的票据供给进行观测。从2000~2016年的历史数据看，票据转贴现市场的新增票源供给增速在2000~2007年持续震荡下行，在2008~2009年则由于货币政策和信贷政策的引导作用而短暂大幅上升，此后大幅回落，2010~2015年则再次经历了一波上

---

① 受2013年6月中旬资金面极度紧张情况的影响，票据市场利率在6月第二周开始大幅飙涨，一周之内上涨均超过500个基点，但之后一周又迅速回落到300个基点以上，票据市场在半个月内经历了历史上罕见的过山车似的波动。

行，2016 年以来趋于回落。

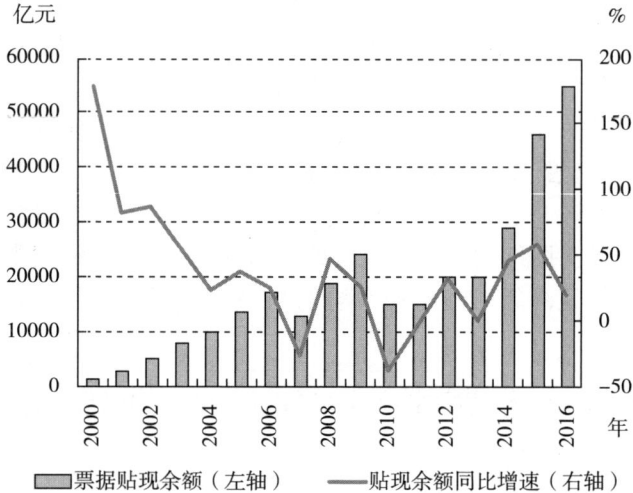

资料来源：中国人民银行。

图 1　2000～2016 年票据贴现余额与贴现余额同比增速

票源供给的决定因素主要是实体企业的承兑和贴现需求以及商业银行开展承兑与贴现业务的意愿。

1. 实体企业的承兑需求

实体企业的承兑需求通常与其生产经营业务开展和贸易往来密切相关，而从较为宏观的视角看，实体企业的生产经营与贸易往来活跃程度主要取决于整个宏观经济环境。

以 2016 年以来我国票据承兑量和承兑余额双双呈趋势性下滑的现象为例，其背后的原因很大程度上在于前期我国实体经济的持续探底导致企业贸易结算需求有所下降，从而导致实体企业的开票需求不断下降。

2. 实体企业的贴现需求

实体企业的贴现需求则主要取决于企业的融资需求、票据直贴利率的绝对水平以及与其他潜在融资途径的成本比较。

通常而言，在经济上行的周期，实体企业进行投资活动的回报率较高，因此具有较强的扩大再生产动机，此时企业的融资需求较为旺盛。反之，在经济衰退时期，企业缺乏投资和扩大再生产的动力，融资需求也会相应减少。

票据直贴利率的绝对水平作为企业的融资成本，需要和企业的投资回报率进行比较，以确定融资是否合算，并且倘若有其他成本更低的融资渠道，也会对票据贴现融资产生替代。例如，根据人民银行货币政策报告的数据，2016 年票据贴现余额增速开始显著放缓，并且自 2016 年第四季度至今，贴现余额更是由前期的快速增长转为下降（见图 2），这表明了票据贴现量的减少。近期，票据贴现量下滑的部分原因便在于 2016 年第四季度至 2017 年第二季度票据直贴利率上升较快，如图 3 所示，票据直贴利率由 2016 年中最低的 2.9% 左右上升至 5.0% 以上，显著高于 1 年以内的短期贷款基准利率 4.35%，因此企业有动机选择使用短期贷款①代替票据贴现融资，从而获得相对低成本的融资。

亿元

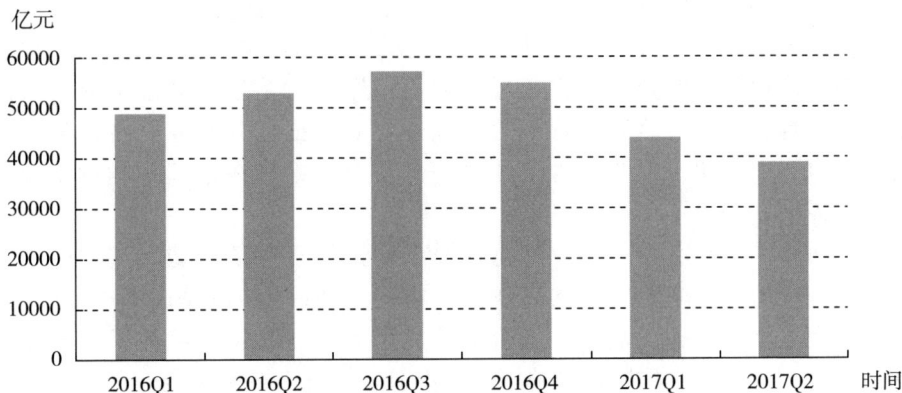

资料来源：中国人民银行。

图 2　2016～2017 年上半年票据贴现余额

%

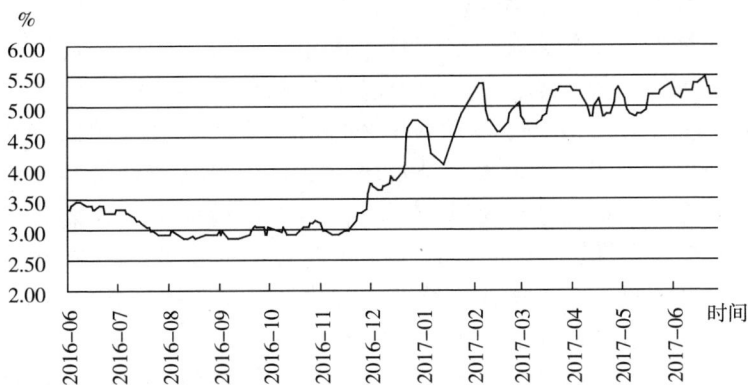

资料来源：Wind 资讯。

图 3　2016 年 6 月至 2017 年 6 月票据贴现利率走势

---

①　市场上较为流行的方式是使用票据质押贷款。

3. 商业银行开展承兑业务的意愿

商业银行开展承兑业务的意愿一方面取决于其吸收存款与维系客户资源的需要，另一方面取决于相关的金融监管政策或市场规则的变化。

商业银行开展票据承兑业务，在收取票面金额万分之五的手续费之余，还可以增加保证金存款，因此商业银行在面临存款指标考核压力时便有动机开展该项业务。

与此同时，与票据承兑相关的金融监管政策也有可能制约或促进业务的开展。例如，2016 年下半年，《关于规范和促进电子商业汇票业务发展的通知》（银发〔2016〕224 号）以及《票据交易管理办法》先后颁布，放松了对票据贴现环节的贸易背景审查，但仍保留了承兑环节对于贸易背景的审查，并且实践中银监等监管部门在检查时对票据承兑业务贸易背景的关注程度也更加密切，因此监管上的严格也使商业银行在办理票据承兑业务时更为谨慎，挤出了一些潜在的承兑业务。

上海票据交易所成立后，目前票据市场正处于变革转型时期，由于交易所实现全面上线尚需时日，商业银行也还需要一定的时间适应和理顺交易所规则下承兑业务的流程，纸票承兑登记等新业务规则增加了办理业务的工作量，也在一定程度上影响了银行办理承兑业务的积极性。

4. 商业银行开展贴现业务的意愿

商业银行开展贴现业务的意愿则主要取决于一般贷款的投放情况、业务开展的盈利性以及票据贴现业务相关的监管政策。

由于票据贴现业务具有信贷属性，占用商业银行的信贷规模，因此在一般贷款需求旺盛的时期，银行通常选择转贴现卖出票据来为一般贷款投放腾挪空间，而在一般贷款需求较弱的时期，为了充分使用信贷规模，银行则会选择转贴现买入票据来填补规模。以 2017 年上半年的情况为例，从人民银行公布的新增人民币贷款数据看，2017 年前 5 个月新增贷款（剔除票据融资）7.86 万亿元，而 2016 年同期则为 5.39 万亿元，同比增速高达45.8%，由此可见，一般贷款增长情况持续强于季节性是导致 2017 年以来票据资产持续大幅被动收缩的重要原因。

此外，开展票据贴现业务是否具备盈利性也是商业银行重要的考量因素。当开展票据贴现业务的利差过低或成本和收入出现倒挂情形，商业银行便很可能缺乏开展该项业务的积极性。例如，在金融机构"营改增"后，2017 年财政部、国家税务总局发布《关于建筑服务等营改增试点政策的通知》（财税〔2017〕58 号）之前，按照当时的文件《关于进一步明确全面推开营改增试点金融业有关政策的通知》（财税〔2016〕46 号），票据贴现利息收入按照贷款服务利息收入缴纳 6% 的增值税。由于"营改增"后增值税是由国家税务部门统一征收，因此统一严格按照全部剩余期限计算利息收入，并以此作为应纳税所得额，从而增加了票据贴现业务开展的成本，压缩了其利润空间，由此也成为导致 2016 年下半年以来票据贴现业务趋于收缩的原因之一。

与此同时，与票据贴现相关的金融监管松紧程度也将会对商业银行的票据业务开展产生影响。例如，进入 2016 年后，票据市场步入风险集中爆发期，暴露出开展票据业务的商业银行在风险管理方面存在一些漏洞，业务运行中的操作风险较为突出，使票据市场成为监管的重点关注对象。由此导致许多商业银行忙于自查，对于业务开展的态度趋于谨慎，也在一定程度上阻碍了票据贴现业务的开展。

（二）票据市场利率走势的短期影响因素：市场需求

与影响票据市场供给端的因素相比，影响票据市场需求端的因素更多，且其变动更为频繁，因此从相对较短的一段时间看，票据市场的供给端较为稳定，市场需求是主导短期内票据市场利率走势的主要因素。

进入交易所时代后，随着以交易所为核心的实时报价平台与成交平台不断发展完善，基于市场实际成交价格的票据收益率曲线逐渐形成，市场潜在参与者的增加使市场容量进一步扩大，交易流程的规范化与交易合约的标准化带来交易效率的提升，影响票据市场需求的因素也将随之发生一系列改变，并且许多原有影响因素的变动规律也有所不同。

具体而言，影响票据市场需求的因素主要包括以下几个方面。

1. 资金面与流动性

资金面与流动性主要通过影响持票（资金）成本来影响票据市场的需求并作用于票据市场利率。对于票据转贴现业务而言，当持票成本趋于上升时，开展业务的利差将随之收窄，使票据市场需求减少，在供给端变动不大的情况下，票据转贴现利率大概率将上涨。对于票据回购业务而言，作为一项资金业务，当资金成本上升时，通过票据逆回购（买入返售）业务融出资金的利率势必随之抬升以确保业务的盈利性。

从近年的历史趋势看，以不同期限的银行间市场质押式回购加权利率作为资金面情况的代理指标，分别与票据转贴现利率和票据回购利率①的走势进行对比（见图 4、图 5），可以发现资金利率与票据转贴现利率的变动

①　票据转贴现利率和票据回购利率均以中国票据网转贴现报价利率为例进行分析，由于中国票据网于 2017 年 6 月 30 日下线，因此将可比统计区间的终点设在 2017 年 6 月末。

趋势整体上保持一致，表明资金利率与票据市场利率的变动方向在大多数时间均保持一致。

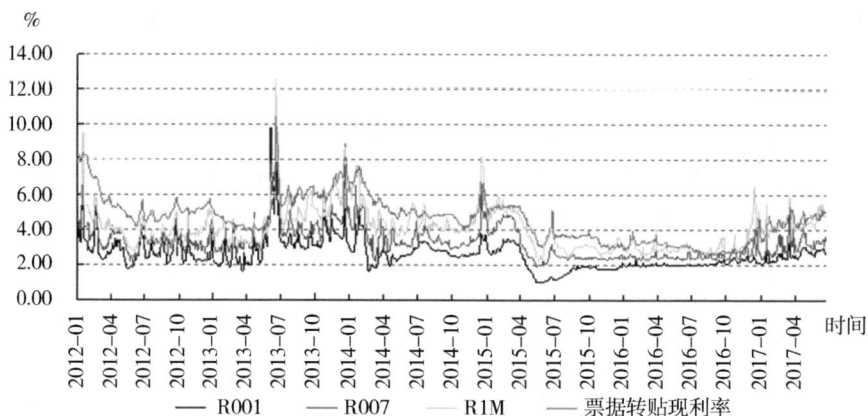

资料来源：中国票据网、Wind 资讯。

图 4　2012 年至 2017 年 6 月票据转贴现利率与线上资金利率走势对比

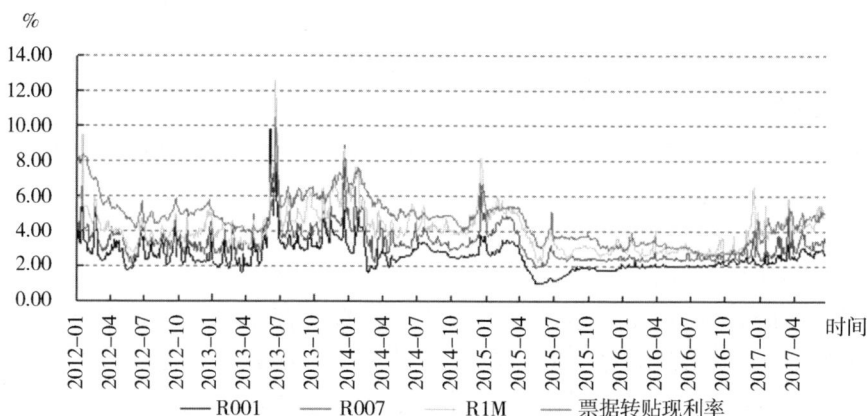

资料来源：中国票据网、Wind 资讯。

图 5　2012 年至 2017 年 6 月票据回购利率与线上资金利率走势对比

然而就票据转贴现利率与票据回购利率对比而言，在实践中，由于票据回购具有资金业务的属性，资金成本的影响通常更为直接和显著。就票据转贴现利率而言，由于票据资产具有信贷属性，当面临刚性的信贷规模调控压力时，持票成本与买入价格对于票据转贴现交易价格的制约则相应减弱。例如，单从 2016 年票据转贴现利率与资金利率的走势看，其在多个时段均出现较为明显的背离，原因主要在于 2016 年一般贷款投放情况偏弱，市场上买入票据资产填充信贷规模的动机强烈，导致资金面对票据转贴现利率的制约程度有所下降（见图6）。

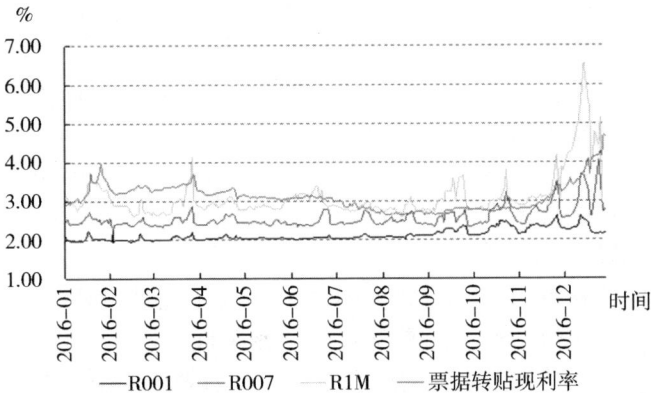

资料来源：中国票据网、Wind 资讯。

图6　2016 年全年票据转贴现利率与线上资金利率走势对比

上海票据交易所成立后，线上电子化交易的便捷性使票据回购业务期限特征较往常发生了显著改变。根据上海票据交易所公布的《2017 年第三季度票据市场运行情况分析》等报告，中国票据交易系统中纸票质押式回购期限已缩短至以隔夜回购为主，票据回购业务短期化趋势明显，与此同时，长期品种则整体交投较为清淡。这一趋势很可能导致票据回购短端利率的波动更为频繁，而回购长端利率则因缺乏交易活跃度而维持较为平稳的运行态势。并且随着主要作为资金融入方的非银机构和非法人产品的直接介入，未来票据回购也将成为其进行同业融资的渠道之一，由此将推升票据回购业务的需求，有利于对票据回购利率形成支撑。

2. 监管因素

监管因素一方面通过影响市场行为和市场情绪来影响市场价格，另一方面则通过规范市场机构行为来对票据市场利率产生影响。

市场行为和市场情绪方面，以 2016 年 1~4 月的票据市场利率走势为例，由于受到几起票据风险案件密集爆发①和重要监管文件出台②的影响，市场情绪起伏较大，导致利率走势出现剧烈震动，市场利率多次出现短期

---

① 2016 年票据市场步入风险集中爆发期，全年共发生重大风险案件 6 起，涉案金额据测算共计 118 亿元。

② 银监会办公厅于 2015 年 12 月 31 日发布《关于票据业务风险提示的通知》（银监办发〔2015〕203 号），加强对票据业务的监管。

内 50 个基点以上的剧烈震荡。

从规范市场机构行为方面看，以往票据市场曾经有过一些为腾挪信贷规模而诞生的业务模式，对应地创造出部分市场需求，然而在交易所环境下，由于市场透明度大大提高，监管机构对于线上业务的可控性远高于以往线下的场外业务，因此会对开展票据业务的市场机构形成较强约束，上述不规范创新的业务需求也将下降。

除此之外，监管因素也可以通过影响资金面、相关市场间接传导至票据市场，从而影响票据市场利率。

3. 其他相关市场的利率走势

票据与同业存单、短期融资券等品种同属于短期融资工具，可比性较强，因此其利率走势两两之间具备较强的相关性。例如，我们针对 2014 年 1 月至 2017 年 4 月①的票据、同业存单、短期融资券②数据进行了两两之间的 Pearson 相关性检验，表 1 列出了三者每个交易日的收益率之间的相关系数，从中可以看出，三者均呈显著的线性相关，且方向为正相关。

表 1　　　　　　票据、同业存单、短期融资券的 Pearson 相关性检验

	中国票据网转贴现报价利率	6 个月期 AAA 级同业存单收盘到期收益率	6 个月期 AAA 级短期融资券到期收益率
中国票据网转贴现报价利率	1	0.936 **	0.949 **
6 个月期 AAA 级同业存单收盘到期收益率	0.936 **	1	0.965 **
6 个月期 AAA 级短期融资券到期收益率	0.949 **	0.965 **	1

注：**代表相关性在 1% 的显著性水平上显著。
资料来源：中国票据网、Wind 资讯。

上海票据交易所成立后，尽管现阶段票据的二级市场无论是市场参与者的范围还是基础设施建设的完备程度都稍逊于同业存单以及短期融资券的二级市场，但交易所的场内标准化交易时代，在票据二级市场参与主体扩大到非银机构和非法人产品等银行间市场的绝大多数参与者后，票据和

---

① 选择将 2014 年 1 月初作为样本区间起点是由于我国同业存单正式推出的时间为 2013 年末，在此之前没有相应的到期收益率数据。

② 此处选择 6 个月期 AAA 级同业存单收益率和 6 个月期 AAA 级短期融资券收益率分别作为同业存单和短期融资券利率的观测指标，原因在于其期限和信用等级与票据中占比绝大多数的银行承兑汇票的期限与信用等级较为匹配。

同业存单、短期融资券利率走势两两之间的相关性规律也将相应发生变化。

　　将上述样本区间进一步划分为两个对照区间①后，可以看出，相较于 2014 年 1 月至 2016 年 5 月的 Pearson 相关系数，2016 年 6 月至 2017 年 4 月票据转贴现利率与同业存单到期收益率的相关性较之前有所增强，票据转贴现利率与短期融资券到期收益率的相关性则较之前有所下降，与此同时，同业存单与短期融资券的相关性也随着时间的推移而有所下降。

表 2　前一对照区间票据、同业存单、短期融资券的 Pearson 相关性检验

	中国票据网转贴现报价利率	6 个月期 AAA 级同业存单收盘到期收益率	6 个月期 AAA 级短期融资券到期收益率
中国票据网转贴现报价利率	1	0.926 **	0.949 **
6 个月期 AAA 级同业存单收盘到期收益率	0.926 **	1	0.971 **
6 个月期 AAA 级短期融资券到期收益率	0.949 **	0.971 **	1

注：** 代表相关性在 1% 的显著性水平上显著。
资料来源：中国票据网、Wind 资讯。

表 3　后一对照区间票据、同业存单、短期融资券的 Pearson 相关性检验

	中国票据网转贴现报价利率	6 个月期 AAA 级同业存单收盘到期收益率	6 个月期 AAA 级短期融资券到期收益率
中国票据网转贴现报价利率	1	0.960 **	0.920 **
6 个月期 AAA 级同业存单收盘到期收益率	0.960 **	1	0.947 **
6 个月期 AAA 级短期融资券到期收益率	0.920 **	0.947 **	1

注：** 代表相关性在 1% 的显著性水平上显著。
资料来源：中国票据网、Wind 资讯。

　　4. 信贷规模调控因素

　　由于票据具有信贷属性，且流动性好于其他信贷资产，因此每逢月末、

---

　　①　选择将 2016 年 6 月作为两个对照区间的分界点的原因则在于 2016 年是我国票据市场由乱到治的转折之年，2016 年 5 月末中国人民银行牵头成立票据交易所筹备组，随即下发《票据交易管理办法》等一系列重要文件，成为我国票据市场发展史上的分水岭和里程碑，以此为分界能够更好地观察在票据市场"场外交易转向场内标准化交易"的大背景下，票据与同业存单以及短期融资券价格走势相关性是否发生变化。

季末商业银行需要调控信贷规模以满足监管和考核要求时，通常首选票据进行调节。而信贷规模的调控会对票据的供求关系产生显著扰动，从而影响其价格。例如，虽然 2016 年 11 月以来每月新增的票据贴现量逐月下降，但由于受稳健中性的货币政策以及持续抬升的资金利率的影响，加之银行2016 年底至 2017 年初通过压缩票据资产来调节信贷规模使票据二级市场的需求端转弱，票据市场的利率不但没有下降，反而进入了持续抬升的通道。这也从侧面印证了短期内的票据市场利率主要是受需求端的影响。

5. 税收因素

税收因素主要通过影响票据业务的成本来影响市场需求。在以往的市场环境下，商业银行开展票据转贴现和回购业务免征增值税。2017 年 8 月，财政部、国家税务总局发布了《关于建筑服务等营改增试点政策的通知》（财税〔2017〕58 号），规定自 2018 年 1 月 1 日起，金融机构开展贴现、转贴现业务，以其实际持有票据期间取得的利息收入作为贷款服务销售额计算缴纳增值税。

对于过去以持票到期型业务模式为主的转贴现机构而言，在改为按实际持票期间缴税后，其税负将会相应增加。在当前商业银行资金成本不断抬升，转贴现机构经营利差持续收窄的背景下，税收带来的成本或将使转贴现机构利润归零，甚至会变为负值，而当持有票据资产会导致亏损时，市场参与者出于减亏的动机很可能会卖出票据。在交易所时代，票据交易业务获得了良好的发展土壤，而税收方面的变化很可能带来新的触发交易的动因，从而进一步激发票据市场交易行为的活跃，使票据转贴现利率波动更为频繁。

6. 会计计量因素

财政部于 2017 年 3 月关于印发修订《企业会计准则第 22 号——金融工具确认和计量》的通知（财会〔2017〕7 号），相较于旧准则，该新会计准则在金融资产的分类与计量、金融资产减值以及套期会计等方面均有许多明显的变化。由于金融资产的分类与计量规则会对市场参与者的财务报表和部分考核指标产生影响，因此会计准则的变化也将间接对市场需求产生影响。

对于票据转贴现业务来说，在旧准则下，票据业务模式划分较为单一，仅以"摊余成本"计量，一旦票据资产入账后，其公允价值的变动难以对票据资产在财务报表中呈现的数值产生影响，仅在每个报表日确认利息收入。在新准则下，票据资产将有可能被归入三种分类中的任何一类，倘若划分至"以摊余成本计量"的类别，则与旧准则的计量方法相同，对财务报表的影响也基本相同；倘若划分至"以公允价值计量且其变动计入损益"的类别，则报表日不仅需要确认利息收入，还需要将票据资产的公允价值变动计入利润表；如果划分至"以公允价值计量且其变动计入其他综合收益"的类别，则报表日需在利润表确认利息收入，同时在资产负债表的权益部分确认票据资产的公允价值变动。

表4   **票据资产根据管理方式和业务模式的三类划分**

业务模式	计量方法
持有票据至到期，收取贴现利息（持有以收取合同现金流）	以摊余成本计量
转贴现卖出，获取价差收益（出售金融资产）	以公允价值计量且其变动计入损益
既有持有票据至到期以收取贴现利息，又有转贴现卖出以获取价差收益（既收取合同现金流，又出售金融资产）	以公允价值计量且其变动计入其他综合收益

由于在新准则下，交易性业务按照"业务模式"和"合同现金流量特征"，对应以公允价值计量且变动计入当期损益的计量方法，而非交易性业务则可以使用以摊余成本计量或是以公允价值计量且其变动计入其他综合收益的会计核算方法，因此在新准则的要求下需要对交易性票据资产进行逐日盯市，从而使交易业务所承担的市场风险显性化，即时反映在当期财务报表中。上述变化将促使市场参与者更认真细致地研判市场利率走势，尽可能地抓住交易机会，从而促进整个市场交易活跃度提升，票据转贴现利率的波动性也将随之增强。

参考文献

［1］蒋书彬，魏菲菲，孙妮. 债券收益率影响因素的流动性视角——基于超储率的分析［J］. 中国货币市场，2016（10）：46 - 51.

［2］李拉亚. 央行政策与公众对策互动关系的利益机制分析［J］. 经济研究，2016（10）：41 - 53.

［3］刘杰. 货币市场利率分析框架及2016年走势展望［J］. 债券，2016（4）：61 - 66.

［4］彭文生. 金融周期看经济［J］. 新金融评论，2015（2）.

［5］王红霞，曾一村，汪武超. 票据业务利差变化趋势分析及应对措施［J］. 上海金融，2014（3）：90 - 93.

［6］汪办兴. 2009 年我国票据市场运行回顾与展望［J］. 中国货币市场, 2010（2）: 34 - 39.

［7］吴秋霜. 基于经济增长的利率政策效果分析［D］. 江西财经大学, 2008.

［8］肖小和. 票据市场利率运行特征与走势分析［J］. 上海金融, 2015（9）: 98 - 99.

［9］杨宝臣, 李彪. 基于广义息票剥离法的国债收益率曲线的估计［J］. 中国管理科学, 2004, 12（6）: 1 - 5.

我国政府债务可持续性研究

刘培琦　卢琼珮　周彦彤[①]

一、引言

为了应对 2008 年爆发的国际金融危机对我国经济所造成的巨大冲击，我国政府实施了大规模的经济刺激计划，在政府积极应对国际金融危机的过程中，我国中央及地方政府性债务产生了井喷式的增长现象。这种大规模债务在促进经济建设的同时，也给国家宏观经济造成了巨大的金融风险和财政风险。因此，准确分析和评估我国政府债务风险，研究我国中央及地方政府债务的可持续性程度，对于将来采取相应的政策措施来稳步化解地方债务风险，无疑具有重要的现实意义。

二、我国中央政府债务可持续性研究

本节是对中央政府债务的可持续性进行考察，不仅从历史和静态的视角入手，而且更为重要的是从未来和动态演化的角度来研究。从我国公开发布的统计数据来看，具有较长时间序列且有可比性的指标一般都只涉及中央政府财政统计与债务统计这两类数据，因此，下面对中央政府债务可持续性的研究样本便采用以上两部分数据。

（一）对政府债务风险警戒水平的考察

按国际经验，衡量政府债务的可持续性（也就是债务风险），主要有三项指标，分别是负债率（年末债务余额/当年国内生产总值）、赤字率（当年财政赤字/当年国内生产总值）和债务率（年末债务余额/当年全国公共财政收入）。针对上述三项指标的风险警戒线，各国都有不同的规定，如欧盟的《稳定与增长公约》规定各成员国的赤字率不得超过 GDP 的 3%，负债率不得超过 GDP 的 60%。结合中国现实，根据《全国政府性债务审计结果（2013 年 12 月 30 日公告）》的规定，将负债率与赤字率的风险警戒线分别设定为 60% 和 3%；而在《国务院关于提请审议批准 2015 年地方政府债

---

① 作者单位：工商银行上海市分行。

务限额的议案》中，拟将债务率不超过 100% 作为我国整体的风险警戒线。

鉴于中国正式恢复对内发行政府债务的时间是以 1981 年全国人大审议通过《中华人民共和国国库券条例》为标志，因此，本文从 1981 年开始对中央政府债务的风险警戒水平进行考察。当前，中央政府债务的风险水平并不高，除赤字率（3.48%）稍高于 3% 的风险警戒线外，其余指标仍显示目前的财政与债务状况距离债务风险警戒线仍相去甚远。不过，历史数据也表明中央政府债务曾有过急剧恶化的表现。如在 1997 年东南亚金融危机之后，中国政府采取了积极的财政政策，财政赤字与政府债务急剧攀升。其中，赤字率从 1997 年的低点 0.73% 跃升至 2002 年的 2.60%，一度接近赤字率 3% 的警戒线；而同期的政府债务率也从 1997 年 63.68% 的低水平大幅上升至 2003 年的高点 104.09%，一度超过债务率 100% 的警戒线。此外，自 1981 年以来，中央政府出现年度财政盈余只有 3 个年份，分别是 1981 年（37.38 亿元）、1985 年（0.57 亿元）、2007 年（1540.43 亿元）。值得指出的是，中央政府的财政赤字多半是由于政府支出的快速扩张所致，并非是财政收入的增长不足。1981～2015 年，尽管财政收入的年均增速高达 14.91%，但财政支出的年均增速（15.49%）仍比其高出 0.58 个百分点。

不过，适用上述标准有一定程度的局限性。一方面，部分负债率超过 60% 的国家，如日本在 2012 年的负债率就高达 238%，但其主权信用评级仍是最佳，尚无发生政府债务危机的迹象；另一方面，对于某些爆发政府债务危机的国家，其负债率尚未触及警戒线，例如，身陷欧债危机泥潭的西班牙和爱尔兰，当年的负债率分别只有 34.2% 和 48.93%，远低于 60% 的警戒线（李猛，2015）。因此，政府债务的风险警戒线只是从历史和静态的视角反映当前政府债务所处的状况，但并不是用来判断一国政府债务是否具有可持续性的充分条件。为此，本文通过理论模型和协整检验的方法来考察政府债务动态演化的问题。

（二）对政府债务动态演化问题的考察

1. 理论模型

首先，给出跨期的政府预算约束，同时也是政府债务的累积公式为

$$D_t = D_{t-1} + rD_{t-1} + (E_t - T_t)$$

其中，D_t 为政府债务，E_t 为政府开支，T_t 为政府收入，下标 t 为时期数。$(E_t - T_t)$ 表示政府赤字（或盈余）水平，若该值为正，则表示政府当期赤字；反之，表示政府当期盈余。令 $DEF_t = E_t - T_t$，该式可表示为

$$DEF_t = def \times Y_t \times P_t$$

其中，Y_t 为实际产出，且 $Y_t = (1+y)Y_{t-1}$；P_t 为价格水平，且 $P_t = (1+$

$\pi) P_{t-1}$。为便于说明，假定债务利率 r、赤字率 def、实际产出增长率 y 和通胀率 π 保持不变。

其次，推导出可持续性的前提条件。由前面跨期的政府预算约束可知，

$$D_t = D_{t-1} + rD_{t-1} + def \times Y_t \times P$$

对上式两边同时除以 $Y_t \times P_t$，得到

$$d_t = \frac{(1+r) \times d_{t-1}}{(1+y)(1+\pi)} + def$$

将上式表示成差分形式 $\Delta d_t = d_t - d_{t-1}$，化简得到

$$\Delta d_t = \frac{r - y - \pi - y\pi}{(1+y)(1+\pi)} d_{t-1} + def$$

最后令 $\mu = \dfrac{r - y - \pi - y\pi}{(1+y)(1+\pi)}$，且 d_0 已知，则第 n 期负债率的解为

$$d_n = (1+\mu)^n \times d_0 + \sum_{t=1}^{n} \left[def(1+\mu)^{n-t} \right]$$

该式的经济含义表明，为保证政府债务的可持续性，政府负债率 d 与赤字率 def 之间存在着线性组合的稳定关系，同时，还需要满足 $r < y + \pi$，即债务利率不得长期高于经济的名义增长率。

由理论模型得出，政府债务可持续性的前提条件是要求政府财政赤字（或盈余）与所借债务之间应当存在一个长期稳定的关系。换言之，对于政府财政赤字（或盈余）与政府债务这两组时间序列的特征而言，或者两者都是平稳的时间序列，或者两者之间具有协整关系；反之，政府债务便不满足可持续性的前提条件。为此，本文还将对中国财政与债务的时间序列数据进行单方程的协整检验。

2. 方法与数据的说明

按照 Engle – Granger 定理，若列向量 $Z_t \sim I(1)$ 具有协整关系，并可表示为 $(1-L) Z_t = C(L) u_t$ 的向量移动平均形式，则一定存在误差修正模型（Granger 和 Engle，1987）。同时，如果两个变量间存在协整关系，那么，应用最小二乘法得到的协整参数估计量与误差修正模型中的短期参数估计量都具有一致性的特性。

由于对政府新增债务与财政赤字两个变量进行协整检验，故下文将利用 EG（Engle – Granger）两步法来建立单方程误差修正模型。以两个变量为例，假定两个 $I(1)$ 协整变量 y_t 与 x_t 的关系为 $y_t = \beta x_t + u_t, u_t \sim I(0)$，第一步便是利用最小二乘法对 $y_t = \hat{\beta} x_t + \hat{u_t}$ 估计出协整向量 $(1, \beta)^T$；第二步是引入非均衡误差项 $\hat{u_t}$，最终建立误差修正模型 $\Delta y_t = \alpha \Delta x_t +$

$\gamma(y_{t-1} - \widehat{\beta} x_{t-1}) + v_t$，其中，$\gamma(y_{t-1} - \widehat{\beta} x_{t-1})$ 是误差修正项。

在改革开放后，中国政府才陆续恢复了债务的发行，1979 年首次对外发行债务，1981 年也开始正式对内发行债务，标志着中国政府重新开始以发行国债的方式筹集资金并完善现代国家的财政治理模式。在 20 世纪 90 年代以前，政府每年新增的债务与财政赤字的规模相对较小；不过从 90 年代开始，债务发行与财政赤字的规模都急剧增加，并且两者的变化趋势表现为同增同减；进入 21 世纪后，两者总体呈现 U 形的变化走势，即先逐年递减但在拐点 2007 年后便快速上升，而财政赤字在当前创下历史新高。因国家统计局尚未公布 2015 年的价格指数，这里用于协整检验的时间序列是 1979～2014 年度数据，新增债务的数据来自林双林（2010）和中经网公布的中央财政债务余额，并将债务余额转化为新发行的债务数（ndebt）；财政赤字（chizi）是基于财政收支计算得到，而全国公共财政收支的数据来自中经网。

3. 单方程的协整检验

在应用 EG 两步法之前，先对剔除价格变化后的财政赤字与新增债务两个变量进行平稳性检验。由表 1 可见，两者都是 $I(1)$ 变量，满足 EG 两步法适用的前提条件。

表1　　　　　　　　　　　　变量的单位根检验

变量	检验形式	ADF 统计量	P 值	结论
chizi	（C，0，0）	2.0640	0.9890	非平稳，$I(1)$
dchizi	（C，0，0）	−2.2034	0.0286	平稳，$I(0)$
ndebt	（C，T，0）	−0.3780	0.5409	非平稳，$I(1)$
dndebt	（C，T，0）	−5.3745	0.0000	平稳，$I(0)$

注：在标准的检验形式（C，T，P）中，C 表示常数项，T 表示趋势项，P 表示滞后阶数；dchizi 和 dndebt 分别表示财政赤字与新增债务的一阶差分项。

接着，进行 EG 两步法的协整检验。第一步是对变量进行协整回归，由于受时间趋势的影响，其估计表达式为

$$chizi_t = -253.95 + 19.02t + 0.50\,ndebt_t + \widehat{u}_t$$
$$(-2.18) \qquad (2.13) \qquad (2.82)$$
$$R^2 = 0.65，DW = 1.75，T = 36$$

估计结果见表 2。

表 2 协整回归的估计结果

变量	系数	标准差	t 值	P 值
c	-253.95^{**}	116.27	-2.18	0.0362
t	19.02^{**}	8.93	2.13	0.0408
ndebt	0.50^{***}	0.18	2.82	0.0081

注: $***$ 、 $**$ 分别表示在 1% 、5% 的显著性水平上拒绝原假设，以下同。

第二步是利用式的 $\widehat{u}_t$ 做 EG 协整检验，其结果为

$$\Delta \widehat{u}_t = -0.21 \widehat{u}_{t-1} - 0.02 \Delta \widehat{u}_{t-1}$$
$$(-5.19) \quad (-0.10)$$
$$R^2 = 0.10, \ DW = 1.98, \ T = 34$$

这里不能直接用 ADF 的临界值，而是采用按麦金农（Mackinnon）公式计算得到的临界值 -3.78， -5.19 小于临界值 -3.78。这表明该误差项通过协整检验，新增债务与财政赤字两个序列间确实存在协整关系，且协整向量为 $(1, -0.50)$。可以说，自中国政府 1979 年恢复债务发行以来，中央政府财政赤字（或盈余）与新增债务之间存在着长期稳定的关系，基本维持 0.5∶1 的比例。

最后，按照 EG 两步法的估计结果建立单方程误差修正模型。其中，将上面估计表达式的 $\widehat{u}_t$ 作为误差修正项 ECM_{t-1}，为此，该误差修正模型为

$$d\,chizi_t = -0.25\,ECM_{t-1} + 0.68dn\,debt_t$$
$$(-2.06) \qquad (5.54)$$
$$R^2 = 0.48, \ DW = 2.13, \ T = 35$$

误差修正项系数为 -0.25，并通过显著性检验。这说明误差修正项对 $dchizi_t$ 的修正强度是 0.25，其经济含义为当财政赤字偏离均衡状态 $chizi_t = -253.95 + 19.02t + 0.50ndebt_t$ 的时候，将以偏离程度（即误差修正项）的 0.25 倍强度在下一期向着均衡点进行调整（具体结果见表 3）。

表 3 单方程误差修正模型的结果

变量	系数	标准差	t 值	P 值
ECM	-0.25^{**}	0.12	-2.06	0.0469
ndebt	0.68^{***}	0.12	5.54	0.0000

综上所述，不管是从历史和静态的视角来考察政府债务风险警戒水平，还是从未来和动态演化的角度来考察政府债务的可持续性，我国中央政府债务的状况都是比较健康的，其可持续性条件能够得以满足。

三、我国地方政府债务可持续性研究

我国在 2015 年实施的新《预算法》结束了地方政府财政不列赤字的时代，允许地方政府在预算执行中增列赤字，并明确赋予了省一级政府通过地方债券举借债务的权力，这是我国地方政府财政体系的重大改革。根据新《预算法》中的规定，地方政府债务收支纳入预算管理，地方政府不得随意发债，发债的权力国家下放到省级政府层面上，其他层级的地方政府均不能进行发债，其举债行为得到规范，且举债的规模也受到严格控制。与此同时，随着我国经济进入"新常态"，地方政府财政收入增速势必放缓，而相应的地方政府财政支出的刚性会使财政收支的矛盾进一步加大，财政赤字和举借债务将成为我国地方政府财政运行的"新常态"，而对于我国地方政府债务可持续性的评估也变得越发紧迫和重要。

（一）我国地方政府债务现状及分析

为了应对国际金融危机，我国政府出台了大规模的经济刺激计划，在人民银行和银监会的支持下，各级地方政府的融资平台迅速发展壮大。从2010 年开始，我国地方政府债务规模急剧膨胀的问题引起了社会各方的关注，中央政府开始着手对其进行审计。审计署分别在 2011 年和 2013 年两次开展我国政府性债务的全面审计，以此来摸清中央及地方政府债务的实际情况，并在审计署 2011 年第 35 号公告及 2013 年第 32 号公告中公布了全国汇总性的审计结果。从 2015 年开始，财政部每年都会公布我国地方政府一般及专项债务余额情况表，提高了债务信息的准确性和及时性，凸显我国对于地方政府债务情况的重视。从审计署的两次公告和财政部地方政府债务余额情况表的数据中，我们可以梳理出近年来我国地方政府债务的发展脉络与状况。

表 4　　　　地方政府债务余额及相关指标情况（2010～2016 年）　　单位：亿元、%

年份	地方政府债务余额	名义 GDP	地方一般公共预算收入总量	地方一般公共预算支出总量	负债率	债务率
2010	67109.51	413030.30	72959.43	74959.43	16.25	91.98
2011	80383.77	489300.60	92333.82	94333.82	16.43	87.06
2012	96281.87	540367.40	106460.80	108960.80	17.82	90.44
2013	108859.17	595244.40	117156.51	120656.51	18.29	92.92
2014	154074.30	643974.00	127464.18	131464.18	23.93	120.88
2015	147568.37	689052.10	145218.78	150218.78	21.42	101.62

续表

年份	地方政府债务余额	名义GDP	地方一般公共预算收入总量	地方一般公共预算支出总量	负债率	债务率
2016	153164.01	744127.20	152637.14	160437.14	20.58	100.35

资料来源：审计署2011年第35号公告及2013年第32号公告、财政部地方政府债务余额情况表及年度预算执行情况报告、国家统计局年度数据、Wind资讯等。

从表4可以看出，我国地方政府债务余额在2010~2016年的增长非常迅速。在2010年末，我国地方政府债务余额约为6.71万亿元，而到了2016年末，地方政府债务余额已经高达15.32万亿元，7年间地方政府债务余额增长了8.61万亿元，增幅为128.32%。从每年地方政府债务的增长情况来看，我国地方政府债务大致可以分为两个阶段：第一阶段为2010~2014年的快速膨胀期，在这段时间中，地方政府债务余额呈现直线上升的趋势，年平均债务增长率约为23.54%，地方政府债务迅速从6.71万亿元（2010年）增至15.41万亿元（2014年）。其中在2014年，地方政府债务增长尤为显著，我国地方政府债务余额仅在这一年中就增长了4.52亿元，年增长率达到41.51%，将地方政府债务余额一下子拉高至15.41万亿元，达到近年来的最高值。第二阶段为2015~2016年的稳定期，从2015年起，我国开始对地方政府债务余额实行限额管理，将地方政府债务分类纳入预算管理，该限额政策对于管控债务规模效果是较为明显的，在2015年我国地方政府债务余额首次出现负增长，较2014年末债务余额减少0.65万亿元，降幅为4.22%，而在2016年地方政府债务较上年增长0.56万亿元，增幅为3.79%，与第一阶段快速膨胀期的债务增长率相比，地方政府债务规模增长明显更为温和，限额政策效果显著，我国地方政府债务进入稳定期。

2010~2016年，虽然我国的国内生产总值也在稳定增长，名义GDP从2010年的41.30万亿元增长到2016年的74.41万亿元，增幅为80.17%，但是我国地方政府债务余额的增长速度要明显高于名义GDP的增长速度，显示我国地方政府债务规模快速膨胀的实际情况，债务可持续性问题值得关注。

负债率是年末政府债务余额与当年GDP之比，该指标反映经济总规模对政府债务的承载能力。该指标为负向指标，即比率越小，经济对政府债务的承载能力越强，债务可持续性越强。负债率的变化情况是衡量债务可持续性的重要指标，从表4和图1可以看出，我国地方政府负债率在2010~2016年总体呈先升后降的变化趋势，在2010年地方政府负债率为16.25%，随后在 2011~2014 年，地方政府负债率逐步上升，年平均上升 1.92 个百分点，特别是在 2014 年地方政府负债率较 2013 年上升 5.64 个百分点，负债率蹿升至 23.93%，主要原因是地方政府债务余额在 2014 年大幅增长 4.52 万亿元（增幅为 41.51%），从而推高我国地方政府负债率而达到 7 年内的最高值；在 2015~2016 年，地方政府负债率开始逐步下降，到 2016 年末时地方政府负债率已经回落至 20.58%，主要原因是我国开始实行地方政府债务限额政策，有效地控制了债务规模的快速膨胀程度。

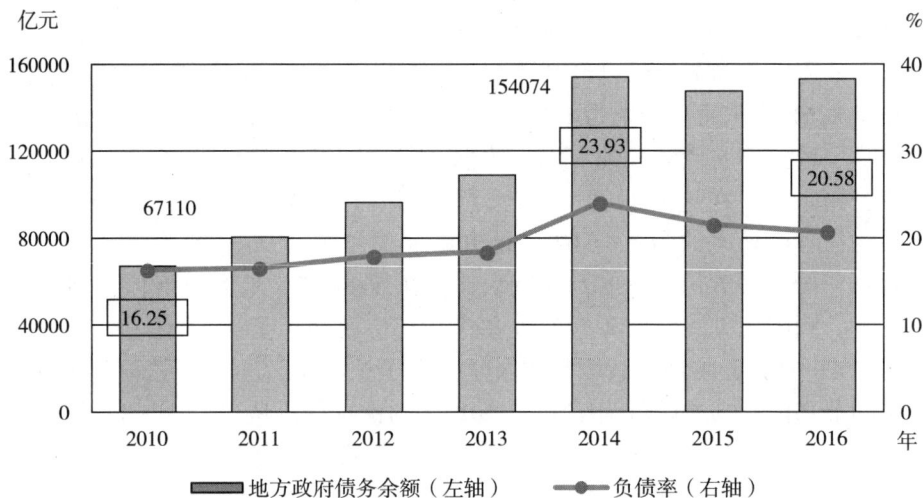

图 1　地方政府债务余额及负债率变动情况 （2010~2016 年）

另外，从 2015 年起，经国务院批准印发的《财政部关于对地方政府债务实行限额管理的实施意见》（财预〔2015〕225 号）中明确，将在 3 年左右的过渡期内，发行地方政府债券置换存量政府债务中非政府债券形式的债务。自这项工作启动以来，截至 2016 年 9 月底，全国地方政府累计完成发行置换债券 7.2 万亿元。通过发行政府债券置换存量债务，进一步规范了地方政府债务管理，促进政府债务依法全部纳入预算管理，减轻了地方政府到期债务集中偿还压力，有利于支持金融机构化解系统性风险，降低了地方政府利息负担。但是，债务置换并不会影响债务余额，或者说从长期来看，地方政府债务的可持续性问题依然存在，并且随着新《预算法》的实施，地方政府会发行增量债，这可能会进一步增加地方政府债券的规模。那么，我国地方政府的负债率是否会继续增加？这需要综合考虑多方面的因素，主要包括经济增长率、通货膨胀率和地方财政赤字率等，只有这样才能对地方政府债券的可持续性程度做出正确的评估和预测。

(二) 地方政府债务限额政策的实施

为进一步规范地方政府债务管理,更好地发挥政府债务促进经济社会发展的积极作用,防范和化解财政金融风险,根据《预算法》、《国务院关于加强地方政府性债务管理的意见》(国发〔2014〕43 号)和全国人民代表大会常务委员会批准的国务院关于提请审议批准 2015 年地方政府债务限额的议案有关要求,经国务院同意,我国自 2015 年开始对地方政府债务余额实行限额管理,年度地方政府债务限额等于上年地方政府债务限额加上当年新增债务限额(或减去当年调减债务限额),具体分为一般债务限额和专项债务限额。根据地方政府债务限额政策中的要求,地方政府举债不得突破批准的限额,依法设置地方政府债务的上限,建立地方政府债务规模控制的长效机制。

同时,我国还将地方政府债务分类纳入预算管理,分别在全国预算草案、地方预算草案和预算调整方案中完整反映地方政府债务情况,改变了以往地方政府债务游离于预算之外的局面。

表5 　　　　　　　　地方政府债务余额限额使用情况 　　　　　单位:亿元、%

年份	地方政府一般债务余额		地方政府专项债务余额		地方政府债务余额合计		
	实际数	限额	实际数	限额	实际数	限额	使用率
2014	94272.40	无限额	59801.90	无限额	154074.30	无限额	—
2015	92619.04	99272.40	54949.33	60801.90	147568.37	160074.30	92.19
2016	97867.78	107189.22	55296.23	64685.08	153164.01	171874.30	89.11
2017	—	115489.22	—	72685.08	—	188174.30	

资料来源:财政部地方政府一般债务余额情况表、地方政府专项债务余额情况表。

自 2015 年开始,财政部每年都会公布地方政府一般及专项债务余额情况表,详细列明了我国地方政府每年的一般及专项债务限额和限额实际使用情况。

从表 5 可以看出,自债务限额政策实施以来,2015 年和 2016 年我国地方政府一般债务和专项债务均没有足额用完债务限额。在一般债务限额使用情况方面,2015 年我国地方政府一般债务限额为 9.93 万亿元,实际执行数为 9.26 万亿元,使用率为 93.25%,2016 年一般债务限额为 10.72 万亿元,实际执行数为 9.79 万亿元,使用率为 91.32%;在专项债务限额使用情况方面,2015 年和 2016 年我国地方政府专项债务限额分别为 6.08 万亿元和 6.47 万亿元,而实际执行数分别为 5.49 万亿元和 5.53 万亿元,使用率分别为 90. 30% 和 85. 47% 。

　　根据财政部最新公布的数据，2017 年我国地方政府一般债务限额设定为 11. 55 万亿元，专项债务限额为 7. 27 万亿元，债务限额合计为 18. 82 万亿元。

（三）我国地方政府债务可持续性评估结果

　　为了对我国地方政府债务的可持续性进行评估，本文将开展对于我国地方政府未来四年负债率的预测。假设 2017 ~ 2020 年，价格指数固定不变（102），地方债务限额的增长率以近三年年均增长率（8.0%）为基准，预测将基于三种经济状况，即乐观、平稳和悲观。根据 2017 年中国政府工作报告，以 2017 年 GDP 增长目标 6.5% 为基准，因此在经济状况平稳的情况下，假设实际 GDP 增长率为 6.5%；在经济状况乐观的情况下，假设实际 GDP 增长率为 8.5%；在经济状况悲观的情况下，假设实际 GDP 增长率为 4.5%。

　　我国地方政府负债率预测结果如表 6 所示。

表 6　　　　　　　地方政府负债率预测情况（2017 ~ 2020 年）　　　　单位:%

经济状况预测	实际 GDP 增长率	价格指数	名义 GDP 增长率	地方债务限额增长率	地方债务限额使用率	地方政府负债率（预测值）			
						2017 年	2018 年	2019 年	2020 年
乐观	8.5	102	10.67	8.0	85	19.42	18.95	18.50	18.05
					90	20.56	20.07	19.58	19.11
					95	21.80	21.18	20.67	20.17
平稳	6.5	102	8.63	8.0	85	19.98	19.67	19.56	19.44
					90	20.95	20.83	20.71	20.59
					95	21.90	21.99	21.86	21.73
悲观	4.5	102	6.59	8.0	85	20.08	20.43	20.70	20.98
					90	21.35	21.63	21.92	22.21
					95	22.54	22.84	23.14	23.44

　　根据表 6 的预测情况：

　　1. 在经济状况乐观预测情况下，假设我国实际 GDP 增长率为 8.5%，价格指数为 102，则名义 GDP 增长率为 10.67%，因此在 2016 ~ 2020 年，名义 GDP 由 2016 年的 74.41 万亿元增长至 2020 年的 111.63 万亿元。无论地方债务限额使用率是 85%、90% 还是 95%，在经济状况乐观时，由于名义

GDP 增速较快，地方政府 2017～2020 年负债率总体呈现逐步下降的趋势。当在限额使用率较低（85%）时，到 2020 年地方政府负债率可以降至 18.05%。

2. 在经济状况平稳预测情况下，假设我国实际 GDP 增长率为政府目标增速 6.5%，价格指数为 102，则在此情况下名义 GDP 增长率为 8.63%，名义 GDP 将由 2016 年的 74.41 万亿元增长至 2020 年的 103.62 万亿元。从地方政府负债率预测情况来看，当地方政府债务限额使用率为 85% 或 90% 时，负债率出现小幅下降，年平均降幅约为 0.1 个百分点，负债率基本维持在 20% 左右；当地方政府债务限额使用率较高（95%）时，负债率变化趋势为先升后降，在 2018 年达到最高值 21.99% 后开始逐步下降至 2020 年的 21.73%。

3. 在经济状况悲观预测情况下，假设我国实际 GDP 增速出现较大下滑，为 4.5%，在价格指数为 102 保持不变的情况下，对应的名义 GDP 增长率为 6.59%，名义 GDP 将从 2016 年的 74.41 万亿元增长至 2020 年的 96.0 万亿元。由于经济增速的放缓，负债率总体上呈上升态势，在地方债务限额使用率较高（95%）的极端情况下，地方政府负债率将从 2017 年的 22.54% 上升至 2020 年的 23.44%，年均增幅约为 0.3 个百分点，增长速度依然较为温和。

综上所述，从三种不同经济状况下我国地方政府负债率预测情况上来看，我国地方政府无论在经济发展繁荣、平稳还是低迷的情况下，地方政府负债率总体依然是可持续和可控的，地方政府负债率不会出现如 2010～2014 年快速上升的现象，这主要归功于地方政府债务限额管理政策的施行，建立了地方政府债务规模控制的长效机制，从而提高了我国地方政府债务的可持续程度。总体上看，新《预算法》实施后，我国逐步依法建立了地方政府规范的举债融资机制，政府债务规模增长势头得到有效控制，2016 年我国政府债务的负债率与上年相比变化不大。今后，随着我国供给侧结构性改革的不断推进，地方政府举债受到严格控制，政府债务规模将保持合理增长，加上我国 GDP 有望继续保持中高速增长，也将为地方政府债务风险防控提供根本支撑，2018～2020 年我国地方政府债务风险指标与 2016 年相比不会发生大的变化。

四、研究结论

本文研究发现，一是在中央政府债务层面，不管从历史和静态的视角来考察政府债务风险警戒水平，还是从未来和动态演化的角度来考察政府债务的可持续性，当前都处于较为健康的状态，其可持续性条件能够得以满足，即自中国政府 1979 年恢复债务发行以来，中央政府财政赤字（或盈余）与新增债务之间存在着长期稳定的关系，基本维持 0.5∶1 的比例。

二是在地方政府债务层面，根据地方政府负债率在三种经济状况（乐观、平稳、悲观）下的预测情况显示，即使在经济增速放缓、地方政府债务加速增长的悲观经济状况预测情况下，由于地方政府债务限额政策的实施，有效抑制了地方政府债务规模的无序增长，地方政府负债率仍然不会出现大幅度的上升，而将会保持一个相对较为温和的增长水平；而在乐观和平稳两种经济状况预测情况中，我国地方政府负债率基本能够维持现有水平（保持负债率在 20% 左右），并有呈现小幅下降的趋势。因此，综合三种经济状况下我国地方政府负债率预测情况上来看，我国地方政府债务依然是可持续和可控的，可以预期我国地方政府债务风险将会不断降低，由此所引发的宏观经济风险也能够得以有效控制。随着我国供给侧结构性改革的不断推进，政府债务规模将保持合理增长，加上我国 GDP 有望继续保持中高速增长，2018～2020 年我国地方政府债务风险指标与 2016 年相比不会发生大的变化。

参考文献

［1］李猛. 中国社会科学院陆家嘴基地报告（第 7 卷）之厘清地方债务十大关系［M］. 北京：社会科学文献出版社，2015.

［2］林双林. 中国财政赤字和政府债务分析［J］. 经济科学，2010（3）：5 - 16.

［3］胡娟，范晓婷，陈挺. 地方政府性债务可持续性测度及对策研究——基于中国审计公报数据［J］. 中央财经大学学报，2016（6）：9 - 20.

［4］习伟涛，徐匡迪. 我国地方政府存量债务化解与债务可持续性分析［J］. 地方财政研究，2016（3）：16 - 20.

［5］习伟涛. "十三五" 时期我国地方政府债务风险评估：负债总量与期限结构［J］. 中央财经大学学报，2016（3）：12 - 21.

［6］海通证券. 地方债务可持续性仍然较强［N］. 证券研究报告，2012.

差异化信贷政策、风险防控与服务实体经济

徐　盼①

差异化信贷政策包括定价策略差异、担保方式差异、约束机制差异、审权限等差异化方式。目的首先是提高风险防控水平，匹配风险与收益，更是利用不同的政策适时调整信贷资金流向，落实银行支持实体经济的根本目的。本文数据的样本为国内某商业银行的某一级支行的人民币法人信贷客户，剔除用信余额小于5万元、不良信用余额、委托贷款及低风险业务（贴现、100%保证金）后的175家法人企业。其中3户为纯表外业务，172户为贷款户，用信总额66.17亿元，户均用信余额3781万元，行业包括制造业、批发和零售、房地产、建筑业等11个行业。通过样本数据的比较进一步说明当前信贷业务的发展现状，以及针对发展现状提出的部分建议。

一、不同的定价策略

银行定价策略的不同最终反映在实体的融资成本上。价格是银行风险偏好的一种体现，行业、规模、所有权差异等影响信贷资产风险大小的因素都有可能成为影响价格的原因。

（一）规模差异

当前实际的现状是，规模较小的企业融资成本略高于规模较大的企业。规模的因素包括总资产大小、贷款余额、是否符合工信部中小企业的标准。其中，是否符合工信部中小企业标准对银行定价的判断影响较小；而用信余额越高，其融资价格越低；企业总资产越多，融资价格越低。这些都从不同的角度说明了当前企业的规模与其融资价格成反比趋势。

---

① 作者单位：中国农业银行上海市分行。

%

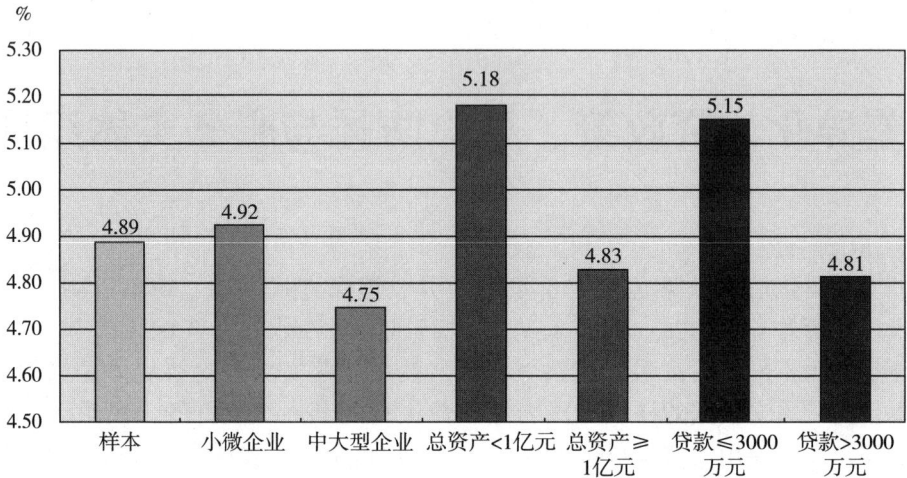

图1　企业规模对融资价格的影响（按贷款余额加权平均）

表1　企业的融资价格与银行 RAROC 的对比（按贷款余额加权平均）　　单位：%

按规模分类	价格	RAROC
全部 172 个样本	4.8858	4.7029
工信部小微型企业	4.9226	4.5078
工信部中大型企业	4.7452	5.4492
总资产 1 亿元（含）以上的企业	4.8283	7.7443
总资产 1 亿元以下的企业	5.1788	− 10.7711
贷款余额 3000 万元以上	4.8115	9.2348
贷款余额 3000 万元（含）以下	5.1515	− 11.4873

　　从表 1 可以看出银行的 RAROC 与融资价格，反映了银行对企业规模和实际风险之间的判断，与常理相符，与行情相符，这也应当是市场一致的判断。服务实体经济的前提是做好风控防范，银行在对企业发展前景无法准确判断的场景下，以规模定价不失为一种正确的策略。大中型企业的内部管理规范，经营能力、市场竞争力普遍强于小微企业，根据风险补偿的原则在定价时适当地偏向大中型企业是正确的选择。但从支持实体经济及业务发展的角度出发，完全以规模定价会使银行错失一些优质的小微型客户，对于一些拥有技术、团队、独特运营模式或某项特殊能力的小微客户，银行可以适当让出部分利润甚至在资产质量上给予一定的容忍度，在企业发展早期就进行支持。差别化对待优质小客户的优势在于：一是切实体现了银行服务于实体经济的作用，好钢用在刀刃上；二是对社会资金的流向

起到了引导作用，影响了民间资金对于优质企业的认知；三是让银行与优质行业客户共同成长，抓住早期，为日后的业务营销节约了大量成本。

（二）行业差异

行业因素同样对企业融资成本产生了一定影响。其中，制造业、批发和零售业融资成本最高，这与当前批发零售行业整体风险上升，以及样本中制造业多为低端制造业有关。房地产及相关行业融资以项目贷款为主，多为中长期融资，但其价格最低，显然相对于其他行业的短期融资而言，房地产行业融资价格已明显偏低，反映了上海地区银行业对房地产的偏好程度高。

表2 不同行业的融资价格、银行 RAROC、企业 ROE、企业税收贡献对比 单位:%

按行业分类	按贷款余额加权平均	按贷款余额加权平均	按净资产规模加权平均	按营业收入加权平均（已剔除异常值）
	融资价格	RAROC	ROE	税收贡献/营业收入
全部样本 164*	4.9166	2.8749	10.3799	1.7655
房地产及相关**	4.8116	9.5267	11.0505	0.4478
建筑业	5.0575	1.9969	10.1029	3.1280
批发和零售业	5.0929	−9.4381	12.6990	0.7859
水利、环境和公共设施管理业	4.9612	8.5813	9.1274	4.1428
制造业	5.1178	−10.5052	10.0607	2.3336
租赁和商务服务业	4.8926	3.8154	5.4989	10.0118

注：*已剔除客户数少于4个的交通运输、居民服务、电力、文化娱乐、信息传输行业，剩余164户样本；**包括棚户区改造、工业园区开发建设。

按照行业均值，银行收益状况与行业盈利能力呈现较弱的负相关关系，说明行业盈利能力只是影响银行收益的一小部分原因。定价与银行收益呈现较强的负相关关系体现了风险补偿的原则，对于风险偏高的行业，银行采取提高价格弥补预期风险损失。

表3 融资价格、ROE 与银行 RAROC 的相关性（按行业均值）

变量	RAROC
ROE	−0.376
价格	−0.849

利率市场化使银行的定价更加自主，但作为基础性金融业，支持实体经济才是银行业存在的根本意义。从数据看，数量占比 65% 以上的制造业融资价格最高，是经济下行时期银行趋利避害的一种表现；房地产及相关行业融资价格最低，一是和当前大型城市房地产行业价格较为稳定有关，二是与行业盈利能力较强有关。样本中，房地产及相关行业用信余额占比为 43.12%，户数占比仅 5.14%，房地产业占据了过多的信贷资源，一是风险过于集中，二是信贷资金存在脱实向虚的趋势，三是非房地产行业的企业大多数以住宅、工业用房等房产资产进行抵押，按照用信余额粗略计算，样本中有 81.49% 的信贷资产与房地产业相关。对于房地产业，银行应当尽早改变定价策略，不能单纯以其风险回报高、收益好等作为定价的依据，放弃短期效益，以稳健的经营策略逐步摆脱该行业的束缚。

从行业税收贡献的度上看，价格的制定应当更加偏向于税收贡献较大的社会服务业、先进制造业，扶持有能力、有前景的企业，创造更多的社会效益。从行业风险回报角度上看，本次样本中的企业部分为中低端制造业、如金属制品加工、塑料制品加工、家具制造等，其对银行的 RAROC 贡献为负。虽然此类制造业企业具备稳定的现金流入，经营持续，担保充足等符合银行当前信贷政策的条件，但从经济的转型升级、长远效益来看，对该类企业应当适度介入，对于个别虽然抵押充足但产能落后、未来不具备发展潜力的企业，应当逐年压缩，尽早调节银行资产结构，缓释风险，一步一步地把更多的资源配置给具有潜力的新行业、新客户。

对不同行业的价格差别对待，一是为经济转型起到引导性作用，支持了优势行业的发展；二是实现了银行收益与风险承担的相互匹配；三是可以提前锁定优势行业，提前占据优势行业重点客户的营销主动权，早日积累新行业的合作案例以及营销经验。

（三）所有权差异

在样本企业中，所有权性质是对其融资价格影响最为强烈的因素之一，样本中国有控股企业与非国有控股企业的融资价格相差约 0.7 个百分点，且两类样本中，国有控股企业长期贷款占比约 58.93%，略高于非国有控股企业的 50.03%。

表4　　　融资主体所有权的差异与融资价格、银行 RAROC 对比　　　单位:%

按所有性质分类	按贷款余额加权平均	按贷款余额加权平均
	利率	RAROC
样本平均*	4.8858	4.7029

续表

按所有性质分类	按贷款余额加权平均	按贷款余额加权平均
	利率	RAROC
国有控股	4.5469	8.5605
非国有控股	5.2522	0.5340
国有控股（剔除 RAROC 负值）	4.5585	8.6149
非国有控股（剔除 RAROC 负值）	5.2609	10.4089

注：＊已剔除 2 个异常样本。

在银行的 RAROC 上，非国有控股企业受制于部分样本的 RAROC 为负，导致国有控股企业远高于非国有控股企业，进一步解释了国有控股企业融资价格低的原因。但如果剔除两类样本中 RAROC 为负值的样本后，得到的结果为非国有控股企业对银行的收益贡献高于国有控股企业，但在价格上依然受到了一定的歧视。

存在上述差别的可能原因，一是市场上国有企业是优质客户的惯性思维尚未改变；二是由于该惯性思维所造成的实际融资能力及被营销难度的差异；三是国有控股企业违约动机极小，这点对债权人而言是绝对重要的因素之一。

从支持实体经济发展的角度看，银行应当一视同仁，在风险收益一致的情况下应给予同样的定价，减少实体经济的负担。应当以实际承担的风险和收益作为定价因素，不宜将所有权差异作为主要参考因素。对于国有控股企业中产能落后的，同样应予以其价格差别对待，引导信贷资金流向产出效益高的经济实体。

二、担保方式差异化

担保作为借款人的第二还款来源，是对企业经营性还款来源的重要补充，同时对于银行的经济资本计量产生着重要的内在影响。以样本总体为例，担保方式中，小微企业基本以抵押担保为主，中型企业抵押担保、保证担保、信用担保三种方式均存在。样本企业中的担保方式及占比如表 5 所示。

表 5　样本中企业用信的担保方式与融资金额占比、户数分布情况对比

担保方式	融资金额（万元）	占比（%）	数量分布情况	占比（%）
总计	661749	100.00	175 户	100.00

续表

担保方式	融资金额（万元）	占比（%）	数量分布情况	占比（%）
信用	127538	19.27	中型 1 户，小型 4 户*	2.29
保证	184167	27.83	大型 1 户，中型 5 户，小型 2 户	4.57
抵押	41646	6.29	中型 2 户，小型 35 户	21.14
抵押追加保证	308398	46.60	中型 3 户，小型 120 户，微型 3 户	72.00

注：＊1 个样本的两个用信品种分别为信用和保证。

样本中，信用担保方式用信的余额占比为 19.27%，数量占比为 2.29%；采用足额抵押担保方式用信的余额占比为 52.89%，数量占比为 93.14%，其中 126 户追加了保证担保；采取信用和保证担保方式用信的企业数量最少，仅 12 户，占 6.86%，但其用信余额占总余额约 47.10%，占比近一半。进一步说明目前大多数企业能取得银行授信的前提是提供足额的抵（质）押，能以非抵（质）押方式取得授信的企业数量较少。

在控风险、支持实体经济的大背景下，担保方式成为解决中小企业融资的一大障碍。比如，科技型企业、服务类企业的发展过程中很多情况下并不具备足额的抵（质）押品，但现实中迫切的资金需求在现有条件下难以满足。寻求于担保方式创新成为解决轻资产、知识型等企业债权融资的重要途径。

（一）银税互动

对于一些具备一定的经营期限且盈利能力较好的用信主体，其必然在税务系统里留有完整的纳税记录。银行可以依据税务部门完整的纳税记录，判断该企业的存续情况，其经营状况与税务记录是否匹配，对照企业的各类票据判断其交易对手、经营状况的真实性，进一步核实企业的信用状况。以纳税记录作为核定企业用信额度的优势在于：

1. 税务记录真实地反映了企业的经营情况，避免了发票信息虚假等信息不对称现象。

2. 主动申报税务信息，缴纳税款反映了用信主体的真实信用情况。

3. 纳税信用级别可作为企业信用等级参考。

按照企业的纳税信用记录以及其缴纳税款的额度，为企业核定一个小额的短期循环授信额度。此方式用信的额度要予以限制，因其纯粹依照税务记录进行信用发放，担保方式实质上为信用，为减少道德风险，银行应当在不影响企业正常运营的前提下争取一定的抵（质）押或连带责任保证，关键还在于银税之间真正形成有效沟通，一旦用信主体发生违约事件，或者不诚信的纳税行为后，银税双方均能及时地通知对方并采取措施。银税互动是一种担保方式的尝试，以企业在税务部门形成的记录为前提。对于经营记录完整、交易频繁，但确实无法提供合格抵（质）押品且额度需求不是很高的用信主体，适合银税互动的担保方式，有利于快速解决企业短期的融资需求。

（二）无形资产质押

对于许多的轻资产企业，其无形资产是其企业资产的重要组成部分。部分无形资产类型举例如表 6 所示。

表 6 　　　　　　　　　　　无形资产类型举例

企业类型	主要资产种类
文化传媒	人物形象、著作权、版权
研发类企业	工程技术专利、配方
互联网公司	程序专利
零售平台	品牌、渠道

对于轻资产企业，其核心资产就是其创造的无形资产。按照现行的法律，商标权、专利著作权等无形资产抵（质）押基本可以实现，收益权质押等形式也已经常出现在市场中。对于轻资产企业中符合政策导向的，应当逐步探索无形资产质押的可能性。抵（质）押方式不仅仅局限于专利、版权，根据物权法、担保法的规定可逐步扩大抵（质）押资产范围，对于销售平台的渠道收益权、传媒公司签约艺人为公司取得的收入、人物形象权及其他合法财产及权利均可进行抵（质）押探索。

轻资产性企业的优势在于其产品附加价值高，盈利能力强于传统制造业，缺点在于抵（质）押物难以认定，经营波动大，现金流入不稳定，以无形资产抵押的难点在于无形资产的价值评估不准确以及处置的难度大。因此，无形资产的质押率必须予以控制，防范处置风险及道德风险。无形资产抵（质）押目前尚属于新的担保方式，市场实践较少，但其对于企业的发展有着重大的意义，有利于激发市场投资热情，支持我国自主品牌的发展，适合为无法提供不动产抵押，但前景好、盈利强的企业提供融资担保。在客户选择的同时应当严格审核借款人资质，融资总量不宜过高，防范无形资产价值虚高。

（三）园区客户差异化

对于入驻科技园区、产业园区、创意园等成熟园区的科创类、研发型企业，常常也是缺乏有效抵（质）押物的优质客户。若园区开发企业、管理方无法提供担保的，银行可尝试将园区设置一定的准入条件，园区达到准入条件的，入驻企业符合信贷条件的，在抵（质）押率、第三方担保能力上可给予一定的让步，甚至使用信用追加担保的用信方式。

此类担保方式的优势在于园区招商时，园区管理方在税收、产值贡献上已对企业进行了一定形式的核准，对入驻企业进行过前期筛选。该项差异化担保方式有利于支持高新技术企业的发展，激发企业的创业热情，在创业群体中树立银行形象。但用信额度不宜过高，适合金额不高、期限较短的用信方式。

三、不同的约束机制

企业的经营方式导致了运营方式的千差万别。信贷风险防控的前提就是要对企业的经营特性进行充分的掌握，在充分了解的前提下，针对不同的用信主体、不同的行业特点制订差异化的信贷方案，为实体经济提供良好的服务。

（一）不同子行业的差别化对待

制定行业政策是为了减少行业内系统性风险，而同行业内也可能细分不同的子行业。以电力行业为例，目前国内按发电量计算，火电占比约为74.4%，而火电中煤电占比约为89.51%（数据来自北极星电力网）。本次样本中的一户企业为天然气分布式能源企业，其2016年热力生产占52%，电力生产占46%，而国标分类中火力发电与热力生产分属不同行业，根据政策导向，国内部分商业银行对火电行业实施了限额及压控，因此该企业同样被银行纳入火电行业。而事实上，从技术角度分析，煤电综合能源利用率一般为40%左右，而天然气分布式机组能源综合利用率一般可达70%，该企业机组理论上综合效率为85%～90%，二氧化碳排放量可减少51%，确实拥有不同的技术标准；从财务角度上看，该机组7～10年可实现回本，全年使用率95%，能持续保持盈利。该企业事实上符合节能的要求。

因此，对于不同的子行业，银行在信贷业务上应当根据企业实际的生产条件、运营模式来区别对待，对于盈利无望、长期亏损、技术落后的要坚决按照供给侧改革要求实施管控。但对于行业内技术领先，管理规范，持续盈利的要继续予以支持，做到行业内细分，行业内差别化对待。

（二）差别化的信贷方案

不同的企业，在融资期限、还款方式上应适当有所考虑。银行赋予的条件应当符合企业的真实情况，在风险可控范围内给予企业一定的空间。

例如，本次样本中的制造业企业中，52户企业贷款用途为采购原材料，对其中51户有余额的样本进行分析，平均存货余额的均值为992万元，贷款余额均值为1191万元。将每户企业分别计算贷款一次性采购原材料占全年存货使用天数的情况后，汇总如图2所示。

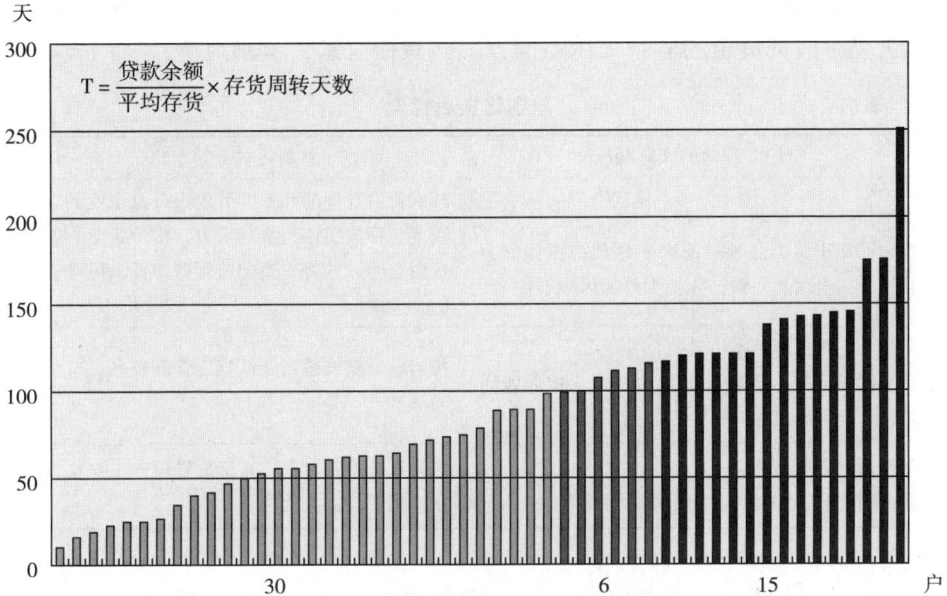

$$T = \frac{贷款余额}{平均存货} \times 存货周转天数$$

图2　51户样本企业存货量情况对比

51户采购原材料的企业中，15户一次性采购原材料超过了120天的用量，户数比约30%，一次性采购90天以上120天以下用量的有6户，约占18%，上述粗略计算以存货量替代原材料用量，一般而言，制造业企业存货包括原材料、产品等，因此企业一次性采购的原材料占全年用量的比例可能更大。制造业企业采购原材料的速度应与其生产周期、资金回流速度保持一致，原材料维持在适量的水平才是合理的，但采购原材料一次性超过4个月甚至更长时间的用量必然存在占用流动资金的情况。因此，对于不同的需求，在符合监管及合规政策的前提下，银行的信贷业务审批条件也应尽量考虑企业实际情况，对于一次性大笔采购、一次性全部归还贷款等与实际现金流明显不相符的情况，应当在针对企业的提出实际需求时，在信贷方案上给出灵活的解决方案，尽量避免为了合规而合规的监管方式，可考虑多以循环额度代替一次性额度。另外，在融资期限、还款方式上，对于资金回笼零散，采购分散的制造业企业，在充分掌握经营实际的前提下应以自主使用贷款，到期后借新还旧的方案给予企业自由的空间，这样不仅降低了实体经济的成本，同时也简化了银行的内部程序。差别化的信贷方案就是鞋要根据脚的大小来调整，而不是反之，制度要服务于实际，流程上不能一味地将制度生搬硬套。

（三）差别化的贷后管理

对于贷后管理，要与信用发放时上报的条件相对照，按照企业实际经营状况对信贷资金的监管采用不同方式，有松有紧，差别对待，节约成本。

表 7　　　　　　　　　　　　**差别化贷后管理**

贷后管理时的实际状况	差别化对待的方式
实际情况好于预期 资金回笼正常，盈利状况高于预期，担保能力充足，资金用途一致，无重大外部风险事件	减少贷后管理的频率，节约银行及企业的人力成本，释放实体经济的活力，给予企业一些的自由空间。并将主要的监管精力投入风险较高的企业中
实际情况与预期基本一致 资金按时回笼，盈利与预基本一致，担保能力正常，无风险事件	按当前频率或适当降低贷后管理频率，节约人力成本
实际情况有所恶化 资金回笼、盈利能力、担保能力等出现恶化	列为重点检查对象，将贷后管理的主要精力放在该类用信主体上

四、以激励和约束机制，合理放宽基层行权限，提高效率

大中型商业银行的信贷审批权限基本以授权制为主，上级行根据其自身所能承受的风险总量及其下各分支机构自身的风险状况、判断能力，结合该分支机构的资产质量赋予一定的信贷权限，分支机构在权限内对业务可予以审批，超出其权限范围的业务需逐级上报核准。

表 8　　　　　　　　　　　　**授权制的优劣势对比**

优势	劣势
1. 符合现代公司治理的要求，对于公司管理，对于内部运营均有着重大的意义 2. 风险可控，上级行对整体风险的审视更加完善，对信息的掌握更加全面，风险控制更加有效 3. 有效地遏制了基层行的寻租空间	1. 对于确有发展前景但超过权限的业务，审批时间被延长 2. 间接造成企业融资成本升高，增加中小型企业的负担 3. 对于中小型法人客户，其本地化属性更加明显，基层行对中小型客户的了解程度相对上级行要更加全面、客观、直接

　　审批与核准是信用发放前通常需要经过的步骤。风险控制与办理效率必然会产生一定的冲突，冲突会影响基层行、基层客户经理服务小微企业的积极性，根本原因在于客户与银行、银行的前台与后台、上级行与基层行间的信息不对称。对于符合政策的小微客户，上级行应合理地赋予基层行（县域行）业务审批权，扩大基层行审批权限，提高服务实体经济的效率，并通过建立激励和约束机制，调动基层行充分履行调查职能，遏制为短期效益而过度审批和发放的信贷业务。

（一）明确权限范围

　　对于基层行的业务权限，首先要确定一个清晰的、可操作的范围，充分考虑实际业务的可操作性，有利于业务效率的提升，有利于划清风险界限。例如，在企业资质和业务性质上进行限制。

表9　　　　　　　　　　　　企业资质与业务性质举例

客户资质	业务性质
1. 实体经济，有利于当地就业、民生	1. 业务背景合理，用途真实
2. 符合地方政策，地区性的优势明显	2. 对企业利润有贡献，创造了效益
3. 地方税收贡献排名前列，环保	3. 能联动零售业务共同发展

（二）约束机制

　　对于扩大范围赋予的审批权，授权行应当定期进行业务后续评价，定期对被授权行的审批事项进行抽查，明确惩罚机制，以加计经济资本、收回审批权限等方式，对不认真执行政策的被授权行进行处罚，约束其主动放弃短期效益行为。

（三）激励机制

　　对于在赋予权限内审批的业务，以不良率作为考核的第一重要因素，低于评价标准的进行奖励，鼓励基层行主动承担调查评估的职责，鼓励基层行服务实体经济，鼓励基层行前台认真履行审批职能。

　　对基层行的信贷业务审批权限的放宽，目的是调动基层行服务小微企业的积极性，将信贷资源更多地投向实体经济。以往经验中，抓大企业、大项目的思路已不能完全满足银行对业务利润考核的需求，且更多的新兴经济形态将诞生于小微企业。在银行前台营销队伍配备充足时，服务小微客户的边际成本也将逐渐降低，而常常容易被忽视的小微企业为银行带来的利润其实并不少。

表 10　　　　　　　按用信余额从高到低排序，企业的收益贡献

排序	户数 （户）	用信余额占比 （%）	利息占比 （手续费）（%）	EVA 合计
前 20%	35	84	83	-2418
后 80%	140	16	17	-1467
合计	175	100	100	-3885

对于众多的小微企业，长尾理论更能说明其对银行利润的贡献度。将 175 户样本企业用信余额从高到低排序，得到近似的曲线如图 3 所示。

万元

120000

60000

2400

EVA=-2418万元
利息收入=
26544万元

EVA=-1467万元
利息收入=5435万元

0　　　　　35　　　　　　　　　　　　　　　　　　　　175　个

图 3　175 户样本企业用信余额与收益贡献

用信余额前 20% 的样本组成了浅色部分，最低用信余额为 2400 万元，共计 35 户企业，用信余额后 80% 的样本组成了深色部分，最低用信余额为 100 万元。虽然深色面积远小于浅色面积，但其利息贡献占全部利息的 17%，对银行利润的影响接近五分之一。截至当前，用信余额排名后 80% 的小微企业的经济增加值贡献高于前 20% 的企业。除了利息，小微信贷客户也是银行代发工资、代理保险、结算手续费及其他公私联动业务收入重要的来源，综合考虑，样本中小微客户对于该行的收入贡献可能不止 20%。

放宽基层行审批权限的目的在于激发基层行服务小微企业的积极性，让银行在客户群上"抓大不放小"。如果图 3 中曲线的尾部再长一点，即基层行在能力范围内服务更多的小微企业，同时增加公私联动、提升小微企业员工的交叉销售率，则小微客户对银行的利润贡献有可能会达到 30%、

40%，甚至更高。俗话说"不要白不要"，对于小微客户群密集的基层行，放宽其审批权限，提高审批时效，调动基层积极性，对于风险可控的小微企业，多服务一户，银行就多一分利润，并且还能树立银行支持小微企业的良好社会形象。

银行与实体经济共生共长，服务于实体经济的根本目的无法改变。水能载舟亦能覆舟，银行的业务数据真实地反映了实体经济的发展现状。提升银行业服务实体经济能力的前提是良好的风险防控，毕竟银行是银行，非慈善机构。在对待实体经济的不同需求时，针对不同的用信主体、不同的区域环境，若能在定价、担保形式、约束机制及审批权限上给予灵活的差异化信贷政策，尊重现实，张弛有度，对确需资金的潜力客户给予一定的自由空间，对于不符合调控方向，占用资源的客户借机退出。相信差异化会对实体经济的发展起到良好的导向性作用。同时，内外部监管、考核部门也应该对那些为了支持实体经济发展而放宽政策的行为予以适当的容忍，区别对待，避免"一刀切"的消极管理态度。作为银行业，来日方长，面对现实而放弃部分短期效益、追求长远回报是正确的选择。

我国信用风险缓释工具市场需求与发展路径

朱晋超　蔡　悦　杜　一　侯　哲①

一、引言

(一) 研究背景

自 20 世纪 80 年代以来，国际金融业多次因信用危机遭受巨大冲击。信用衍生品在此背景下产生，成为管理贷款、债券等资产信用风险的重要工具，逐步走向规范化和标准化。

根据国际清算银行（BIS）的报告②，截至 2016 年下半年，存续的信用衍生品名义本金量为 10 万亿美元，占场外衍生品存续金额的 2.1%，是场外衍生品市场存量的第三大品种。

近几年，我国债券市场飞速发展，金融机构对寻求主动管理信用风险有效工具的需求日益迫切。第一，在我国经济转型和"L"形增长的"阵痛期"，债券违约频发（见表1），市场逐渐产生对冲信用风险的需求。第二，在我国间接融资向直接融资转变过程中，以商业银行为代表的存款类金融机构成为信用债券主要持有人，对债券的长期持有导致流动性不足，影响信用债券的定价准确性，信用风险的转移和分散不足。第三，在低利率环境下，一些金融机构或非法人产品存在允许适当增加风险暴露以提升收益的需求。

表1　　　　　　　　　近三年发行债券的违约情况

年份	违约债券数量（只）	违约主体数量（个）	债券违约金额（亿元）	相比去年同期增加（%）
2014	6	5	13.40	——
2015	23	23	126.10	841.04
2016	79	34	403.24	219.78

资料来源：Wind 资讯。

---

① 作者单位：上海清算所。

② http：//www.bis.org/.

　　为此，交易商协会于 2016 年重启信用风险缓释工具研究，并于 9 月推出信用违约互换（CDS）和信用联结票据（CLN）两项创新业务。

（二）问题提出

　　金融衍生品创新发展的根基在于满足参与者实际需求与服务实体经济。对某一金融衍生品而言，能否切实满足参与者的客观需求、服务于实体经济，决定了该产品是否拥有长远发展的生命力。因此，通过剖析多样化市场参与者的需求，可以了解创新产品能否为市场所接受，进而可以深入探究产品的发展方向与路径。

　　将信用风险与市场风险剥离的市场含义对分散风险、降低系统性风险具有重要意义。参考国际市场发展路径和我国债券市场现状，产品发展也存在一定阻碍，市场需求虽多样化但尚不明晰。在监管政策方面，监管机构尚未明确参与信用风险缓释工具的详细准入资质与流程，在一定程度上制约了市场规模的发展；在产品需求方面，对标国际评级体系，我国信用评级存在评级普遍偏高、评级制度建设不完善等问题，进而会影响参考实体的供需错配，信用风险的有效定价机制尚未形成；在配套制度与法律框架方面，对信用事件发生后的快速处置流程、纠纷后的法律决策等亟待明晰。

　　这些不禁让我们思考，我国信用风险缓释工具的实际需求在哪里？两项创新型信用风险缓释工具的应运而生能否满足市场的呼声与期许？市场发展还存在哪些制约因素？对应实际的市场需求，未来我国信用风险缓释工具的发展方向与路径在哪里？对于上述疑问本文将逐一做出解答。

二、国际市场回顾与述评

（一）产品介绍与演变

1. 萌芽时期（1995～2004 年）

　　起初，信用衍生品被用作债权证券化的辅助工具，随后独立发展，成为企业债、市政债、国债避险工具。这一阶段的信用衍生品以单一名称（Single - name）为主。

表 2　　　　　　　　　　主要单一名称信用衍生产品

名称	产品简介
信用违约互换（CDS）	信用违约互换是最常见、最基础、最标准，也是应用最广泛的信用衍生品产品。本质上是双边协议，通过购买 CDS 可以将信用风险转移

续表

名称	产品简介
信用联结票据（CLN）	信用联结票据是为了特定目的而发行的一种融资工具，与债券的特点相似，定期付息，到期偿还本金，其中利息和本金的支付取决于参考资产的信用情况，如果参考资产违约，票据的投资者可能得不到后续的利息和本金。从其结构设计来看，其设计相对复杂，通常与 CDS 等其他衍生品捆绑
总收益互换（TRS）	总收益互换是由总收益的付出方和总收益的收入方组成，其中总收益的付出方拥有参考资产，将参考资产的全部收益，包括本金、利息和资产增值，而总收益的收入方则可在不持有参考资产下可以得到其收益，同时付给总收益付出方购买该资产的资金成本（通常是 LIBOR + 利差）和资产的或有亏损
信用利差期权（CSO）	与其他期权品种类似，信用利差期权也是其买方在向卖方支付一定的权利金后，有权利在未来的一段时间内或者特定的时间按照一个约定的信用利差来购买或者卖出相关信用资产，但并不负有相关的义务，也包括认购和认沽期权两类，对于参考实体信用等级变化有风险缓释作用

2. 井喷时期（2005～2008 年）

在信用衍生品问世初期，定价标准比较统一、信息披露机制缺失，导致市场透明度和流动性较低，制约了市场的发展。[①] 随后一系列监管制度政策和市场事件爆发了信用衍生品市场的井喷式高速发展，市场规模急剧膨胀，产品交易结构日趋复杂，部分产品设计背离了风险管理的基本原则，由信用风险管理转为投机套利。这一阶段，信用衍生品的主要创新是组合产品（Multi – name）。

表 3　　　　　　　　　　　　监管制度政策文件

年份	监管制度政策文件
1996	美联储正式允许美国的银行使用信用衍生品；同年，巴塞尔银行监管委员会通过了《巴塞尔协议 I》市场风险修正案，风险资本缓释功能正式落地
1999	国际互换与衍生品交易协会（International Swaps and Derivatives Association, ISDA）出台了第一部信用衍生品定义文件（*Credit Derivatives Definitions*）
2002	ISDA 颁布主协议（*ISDA Master Agreement*）
2003	ISDA 颁布信用衍生产品定义文件（2003 *ISDA Credit Derivatives Definitions*）

---

① 李海涛. 国际信用衍生品市场发展以及启示 [J]. 北方经贸，2015（4）.

表4　　　　　　　　　　　　　　　组合类信用衍生品

名称	产品简介
信用违约互换指数（CDS Indice）	由多个单一实体信用风险缓释合约按照一定的分类所编制的指数产品
抵押债务凭证（Collateralized Debt Obligation，CDO）	将一系列参考资产的现金流作为发行新证券品种的基础，通常由原始参考资产的持有人发起，将其出售给 CDO 的实际发行人（SPV），之后 SPV 将这些资产池的收益作为现金流重新打包，发行为不同风险评级的债券或者收益凭证，由不同风险承受能力的投资者持有，将风险转嫁给这些投资者，从而实现了原始资产持有人信用风险的转移 按照基础资产是现券、贷款或是信用风险缓释合约被分为现金流 CDO 和合成 CDO
互换期权（Swaptions）	给予互换的一方在合约到期前的任意时刻随时终止合约的权利，互换选择权的拥有者通常要向对方缴纳期权费
分层指数交易（Tranched Index Trades）	以信用互换指数为基准，设置标准的损失发生点和停止点，它为投资者提供了投资信用风险相关系数的渠道，被视为标准化的 CDO

3. 危机后的调整时期（2009 年至今）

2007 年夏，美国开始爆发次贷危机，继而引发了更大规模的国际金融危机。而次贷危机的蔓延导致金融信用衍生产品市场出现萎缩。

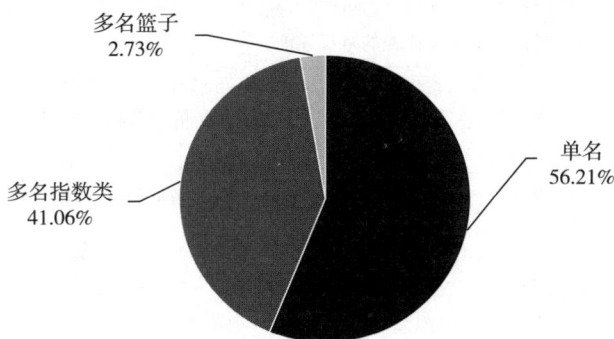

图1　全球 CDS 类产品存量（截至 2016 年 6 月）

（二）国际市场发展路径

危机前，场外衍生品的清算方式主要体现为双边清算。然而，由于交易双方对双边保证金等各类金额计算方法和估值方法存在差异，容易引发交易纠纷，导致市场低效率。危机后，各国积极推进落实 G20 关于场外衍生品的监管要求，提高交易透明度和标准化程度。

美国证券托管清算公司（DTCC）通过衍生工具服务系统（Deriv/SERV）为 CDS 等场外衍生品交易提供自动比对和确认服务，还提供相关的支付现金流比对和双边轧差服务。

LCHClearnet 作为欧洲主要的 CCP 清算机构，提供单名 CDS 和指数 CDS 的 CCP 清算业务，系统可接收主要同业经纪商达成的 CDS 交易或非交易平台达成的 CDS 交易。

洲际交易所（ICE）及其欧洲子公司（ICE Europe，原伦敦国际金融期货交易 LIFFE）也可提供单名及指数类 CDS 合约的交易和 CCP 清算服务。

三、我国现有信用风险缓释工具产品需求分析

（一）产品简介

2010 年 10 月 29 日，交易商协会发布《银行间市场信用风险缓释工具试点业务指引》，推出 CRMA 和 CRMW 两类风险缓释工具，标志着我国信用风险缓释工具试点业务正式在银行间债券市场推出。2016 年 9 月 23 日，交易商协会发布《银行间市场信用风险缓释工具试点业务规则》及相关文件，推出 CDS 和 CLN 两类信用风险缓释产品。其中，CDS 作为最主流的信用风险缓释工具，在管理信用风险和资本缓释等方面优势凸显。

表5　　　　　　　　　　　　交易商协会对于四种产品的定义

CRMW	由标的实体以外的机构创设、为凭证持有人就标的债务提供信用风险保护的、可交易流通的有价凭证
CRMA	交易双方达成的、约定在未来一定期限内，由信用保护买方向信用保护卖方支付信用保护费用，信用保护卖方向信用保护买方提供信用风险保护的合约
CLN	由创设机构向投资人创设，投资人的投资回报基于参考实体信用状况，附有现金担保的信用衍生品
CDS	交易双方达成的，约定在未来一定期限内，信用保护买方按约定的标准和方式向信用保护卖方支付信用保护费用，由信用保护卖方就约定的一个或多个参考实体向信用保护买方提供信用风险保护的合约

（二）CDS 产品需求调研与分析

1. 调研方法与调研开展

在已推出的四类信用风险缓释工具中，CDS 最受市场关注，也是国际市场上最活跃的产品。我们分别向银行、券商、信用增进机构、基金公司、非法人产品等参与者开展市场调研。通过前期实地走访、日常电话邮件、

后期调研问卷等向主要的商业银行和证券公司开展调研，充分利用各类研讨会座谈会机会与信用增进机构、基金公司、非法人产品等充分交流，辅助电话回访、邮件跟踪等方式持续跟进。

此外针对银行和券商类型参与者我们分别设计了具有针对性的调查问卷，向17家银行和5家券商发放问卷，并全部回收并汇总统计。

2. 银行券商调研结果归纳

（1）自营交易类需求

1）买入CDS合约对冲信用风险

大多数被调研银行（约占94%）对此项需求较为强烈，涉及自营交易与投资相关部门。小部分银行认为，此项需求依赖于基础资产的评级状况、存在一定的信用事件发生概率、存在现券市场和CDS市场间价差合适的情况、现券期限与CDS合约期限是否相近等前置条件。

被调研券商对此项需求相对偏弱。主要阻碍是监管机构（证监会）尚未正式认可以CDS为代表信用风险缓释工具的风险缓释功能。

2）开展做市业务获得价差收入

大部分被调研银行（约占65%）表示具有开展做市获得价差收入的需求；小部分被调研银行（约占35%）表示现阶段暂无开展需求，但不排除未来有此项需求的可能。被调研银行的主要疑虑集中在目前产品的交易流动性欠缺、存在交易对手的信用风险以及风险定价谨慎等方面。

相比于国有银行，具有更高效激励机制和更强烈盈利导向的券商交易团队，更具有做市意愿。

3）开展投机交易套利获得价差收入

大部分被调研银行（70%）对此项需求强烈，认为开展CDS投机交易有利于增强二级市场的流动性，主要涉及债券交易或衍生品交易团队。小部分被调研银行（30%）表示，从现阶段看CDS的参考实体以高评级债券为主，存在卖盘易寻买盘稀少的问题，在一定程度上制约了投机交易开展。

被调研券商均表示有实际需求。盈利目的较强的券商成为市场中最称职的投机者。

（2）风控与授信管理类需求

1）缓释风险资本降低风险暴露[①]

近半数被调研银行（约47%）表示，通过买入CDS进行风险资本缓释

---

① 此项需求是指，对于商业银行可通过买入CDS并使用商业银行资本管理办法内评法进行风险资本缓释，降低风险暴露。

是该产品最强劲也是最具潜力的需求，其余银行（约53%）表示受限于尚未通过《商业银行资本管理办法》的内评法①相关要求，现阶段较难开展此项需求。

被调研券商由于监管机构（证监会）暂未发布明确的资本缓释要求与细则，因此暂无此项需求。

2）降低债务集中度，分散信用风险②

小部分被调研银行（18%）表示具有此项需求，具体视内部风险管理政策而定，主要与信贷和投资管理相关业务有关。商业银行对此项需求整体偏弱，一是商业银行对信用风险敞口的管理相对宽松，二是国有大行的部门间沟通协调成本较高，二级交易与一级发行团队之间的沟通也会产生一定阻力。

大部分被调研券商（80%）表示具有此项需求。券商固定收益部的自营团队可通过买卖不同参考实体的CDS分散信用风险并调节信用风险敞口。

3）管理内部授信③

小部分被调研银行（约24%）表示具有一定需求，认为授信额度是信用债券投资的重要限制条件，如能通过买入CDS释放授信额度，将大幅提升投资力度和市场参与度。

被调研券商对此项需求较小。

（3）创新类需求

1）挂钩债券发行，提升发债效率

大部分银行和券商认为，在承销参考实体债务融资工具的同时向投资者卖出针对同一参考实体的CDS，一方面可以分散降低投资者投资债券的信用风险；另一方面可以提高债券发行承销效率，具备可操作性。在实际操作层面，由于涉及自营交易、债券发行等多个部门或团队，参与者还需对具体实施规则和内部流程进行探讨。

---

① 使用《商业银行资本管理办法》的内部评级法进行风险计量，进而可以使用CDS作为合格信用风险缓释工具进行风险资本缓释。目前市面上大多数银行仍然采用权重法进行风险计量，无法使用CDS进行风险资本缓释。

② 此项需求主要表现为，参与者如果持有大量参考实体B的债券，则可通过卖出部分参考实体A的CDS，买入部分参考实体B的CDS，将原来对参考实体B的信用风险敞口置换为参考实体A的信用风险，进而分散信用风险、降低债务集中度。

③ 此项需求表现为，市场参与者内部通常会对某参考实体（或称为企业客户）设置内部的综合授信额度，如内部风控团队认可，市场参与者可通过买入CDS来释放风控部门对该客户的授信额度。

2）降低内部融资成本，获得增值收益

部分被调研机构从分散和管理风险的内生角度提出 CDS 在降低内部融资成本方面具有实际需求。具体表现为：参与者在开展信用债券买卖时，债券买方同时向卖方购买基于该债券参考实体的 CDS。对于债券和 CDS 的卖方，可收取买方支付信用保护费，获得增值收益；对于债券和 CDS 的买方，两笔交易的融资收益是获得的债券利息与支付的信用保护费之差，由于买卖信用债券存在内部融资成本（FTP 定价和信用风险计提资本），因此如果 CDS 可以缓释购买债券的信用风险（降低信用风险计提资本），那么买方的内部融资成本将大幅降低，进而买方将获得融资收益与融资成本之间的超额收益。

3. 其他类型机构需求分析

（1）保险公司需求

利用信用衍生品对冲持有资产的信用风险。据保监会《保险资金参与衍生品交易暂行管理办法》（2012 年）规定，保险集团参与境内金融衍生产品交易时，仅限于对冲或规避风险，不得用于投机。

从履约保证保险探索信用衍生产品业务。据 2015 年发展改革委《关于简化企业债券申报程序加强风险防范和改革监管方式的意见》，保险公司等机构可发展债券违约保险，探索发展信用违约互换，转移和分散担保风险。

（2）信用增进机构需求

通过信用衍生产品实现信用增进业务。信用增进机构可通过信用衍生产品等信用增进手段和措施来降低债务融资工具的违约率和违约损失率，以降低投资人承担的违约风险和损失，从而保护资本市场投资者，加速投资者的投资行为，提供风险管理。

（3）公募基金、资产管理公司及其非法人产品需求

管理自营投资信用风险。资管公司作为这些产品的投资管理人，可通过信用衍生产品主动管理信用债投资的信用风险。基金公司和资产管理公司出于投资管理的避险需求，也可能成为信用衍生产品的主要买方。

（4）私募基金需求

结合交易策略开展投机套利。私募基金投资策略比较灵活，可通过买卖信用风险、交易信用利差和波动率来参与信用衍生产品市场。

四、我国信用风险缓释工具发展制约因素

（一）监管政策与配套机制不完善

1. 监管规则尚不明确

目前，我国各监管机构对参与信用衍生品交易设置了准入管理要求，

主要体现在资本金要求，以及内控制度和风险管理制度，但在产品认定、准入资质与流程、风险缓释功能等方面尚未十分明确。

表6 监管机构关于信用衍生品交易的准入管理要求

	监管规则	颁布时间	政策要点	制约因素
银监会	《商业银行资本管理办法（试行)》	2013年1月1日	规范中国境内商业银行的资本管理要求和风险资产计量方式 按内部评级法计量风险资产时，要求估计违约概率、违约损失率等风险参数需数据样本支持，且数据样本观测期应涵盖一个5~7年的完整经济周期	申请流程复杂，获批难度较大
证监会	(1)《证券公司风险控制指标管理办法》 (2)《证券公司风险控制指标计算标准规定》	2016年6月	提出证券公司开展风控指标相关的新产品或新业务应向当地监管部门报告或报批，具体监管规则尚不明确	未明确信用风险缓释工具的资本缓释功能
保监会	《保险资金参与衍生品交易暂行管理办法》	2012年12月	明确了相关保险类机构可以参与诸如期货、远期、期权和互换等金融衍生品交易，同时要求开展的交易仅限于对冲和避险，不允许用于投机	未针对保险机构参与信用衍生品出台具体规定，未明确信用衍生品的风险缓释功能

2. 有效定价机制尚未形成

我国信用债券市场信用风险交易机制尚不完善，影响信用风险定价的准确性。一是信用债券交易流动性不足。以商业银行为代表的金融机构，风险偏好低，交易需求不足，对信用债券多以持有到期为主，信用债券流动性不足影响信用债券的定价准确性。二是不规范的信用风险交易方式增多。近几年，随着资管业务的发展，非法人产品的信用债券持有比例逐年上升，其追求的是绝对收益，风险偏好较高，有交易信用风险的需求，但资金实力又相对有限。在此背景下，"代持""加杠杆"等不透明、不规范的信用风险交易方式有所增多，不利于债券市场的风险防范和产品定价。

（二）市场环境有待进一步成熟

1. 市场品种单一，市场规模较小

目前，我国信用衍生品主要分为合约类和凭证类，仅有四个品种。相比较而言，国际信用衍生品市场的品种相对较丰富，市场体量较大。除了我国市场现已推出的单名 CDS，还包括多名 CDS、CDS 指数等，并且各类产品在区域、标的范围、期限等方面均进行了细分。

2. 市场参与者数量较少，类型单一

我国信用衍生品市场参与者相对有限。与债券市场和利率衍生品市场相比，信用衍生品市场的参与者主要是银行、券商、增信机构和非法人产品，而国际市场信用衍生品的参与者类型较多、层次较丰富。

3. 信用保护种类较少，范围较窄

目前，信用风险缓释工具的保护范围仅限于非金融企业债务融资工具，而国际同类产品普遍已将贷款纳入保护范畴。市场调研的银行也提出，将贷款纳入保护范围，可满足商业银行管理贷款信用风险的需求，对冲贷款违约风险，降低贷款集中度并且弥补贷款违约对债券投资者造成的间接损失。

五、我国未来信用风险缓释工具发展路径探究

(一) 市场总体规划设想

1. 完善监管政策和配套机制

一是推进资本缓释核心功能落地，市场和中介机构充分发挥各自作用，共同推动三类监管机构对信用风险缓释工具资本缓释功能的实施落地；二是完善信用风险计量方法，落实标准法和内模法的市场风险计量要求，规范计量准则；三是规范发行主体和债券的信用评级，建立透明统一的评级体系。

2. 拓展产品品种，推进标准化单名和指数类产品落地

参照目前国际市场产品现状，标准化的单名和指数类 CDS 产品占据了97% 的市场份额。在我国市场的产品拓展方面，一是产品结构简单、便于市场充分竞争、定价机制透明的标准化产品更易于市场接受；二是单名和指数类 CDS 产品足以满足对单一参考实体和一篮子参考实体的信用风险对冲需求；三是此类产品交易规则简单，且便于净额轧差集中清算。

对于标准化单名 CDS 产品，前期交易商协会已组织市场和中介机构开展研究工作，将在不久的将来促成产品落地。对于指数类产品，目前尚未有明确的产品雏形，但市场呼声持续渐涨。在低等级参考实体卖方缺少的情况下，如能将参考实体打包为一篮子产品，并约定违约赔付条件，则卖方承担的参考实体信用风险将被分散，而买方对一篮子参考实体仍然有对冲风险的需求。

3. 扩充参与者数量，丰富参与者类型

目前我国信用风险缓释工具的参与者主要限定在银行、券商、信用增进机构和非法人产品，数量和类型都有待增加。对此，监管机构可考虑适当放宽参与者准入门槛、简化准入流程；中介机构提升服务质量，完善交易清算结算的自动化一体化流程，为参与者提供便利；积极引入中小参与者和企业类型参与者，丰富参与者类型。

4. 推进双边清算，提升交易清算效率，严防系统性风险

作为典型的场外市场信用衍生品，信用衍生品具有定制化、交易不透明等特点。产品的特征决定了参与者可能在同一个支付日面临与多个交易对手的多笔支付，交易对手风险和清算结算风险并存。如能够从参与者备案、交易监控和清算管理多个环节建立一体化的管理机制，将更加有助于对全市场的整体交易和风险情况进行监控，切实严防系统性风险的发生。

国际上，以 LCH 和 DTCC 为代表的国际清算机构为市场提供场外衍生品双边清算服务，以降低风险、提升双边清算结算效率。我国市场如果能由具有丰富经验的集中清算机构作为独立第三方为市场提供双边清算结算服务，将切实提升市场效率，并且可实现产品前台交易和后台清算的无缝对接，有助于降低清算成本、保障市场效率。

（二）清算业务发展设想

参考国际市场，合约类的 CDS 类产品具有较强的发展潜力。因此，我们建议相关清算机构根据市场发展和推进情况分步推进 CDS 类信用衍生品相关业务。

1. 推进普通单名 CDS 合约逐笔清算

建议由具有丰富经验的专业清算机构为普通单名 CDS 双边交易提供逐笔清算可选服务，并借鉴集中清算的风控经验为逐笔清算的合约提供估值信息参考服务。

2. 推进单名 CDS 合约标准化与集中清算

在普通单名 CDS 合约平稳落地后，对交易要素的标准化可以提高单名 CDS 合约的交易需求，促进市场流动性。

（1）推进交易要素标准化

单名 CDS 合约的标准化指对一些交易要素进行标准化，包括标准票息、支付频率、信用事件类型、信用事件结算方式等。

（2）明确集中清算的相关条件

明确可清算参考实体和债务的条件，包括符合交易商协会规定、具有在银行间市场发行债务工具的发债资质、参考实体发行债务的余额达到一

定水平的存量债务量约束、参考实体最低外部评级为 AA + 级的主体评级要求、未发生过信用事件等条件。

（3）高效的风险管理机制

具体包括对要素合规性检查和风控合规性检查，对最低、变动、超限保证金的灵活管理，生成利率曲线和信用曲线并进行数据管理，基于市场风险因素和清算参与者头寸的实时风险监控，管理和使用用于弥补出现违约损失中保证金覆盖不足以及弥补清算会员重大违约损失的清算基金和风险准备金，瀑布式违约处理机制。

3. 研究多名和指数类 CDS 产品并实现集中清算

在完成单名 CDS 产品的基础之上，可考虑研发多名①和指数类②的 CDS 产品。从中国实情和市场需求出发，拟考虑设计基于特定区域和特定行业的多名 CDS 产品，并开展集中清算服务。

清算机构可借鉴国际同类产品经验并结合我国市场实情，根据信用评级、行业、区域等推出不同类型的指数类 CDS 产品，并推进其集中清算。

参考文献

［1］巴塞尔银行监管委员会. 巴塞尔协议Ⅲ［Z］. 2013 – 01 – 06.

［2］中国银行业监督管理委员会. 商业银行资本管理办法（试行）［Z］. 2012 – 06 – 07.

［3］张海云，左思斌，王博. 信用风险缓释工具：产品改造与缓释失效［J］. 科学决策，2014（5）：47 – 57.

［4］美国金融危机调查委员会. 美国金融危机调查报告［M］. 北京：中信出版社，2012.

［5］宋丽志，胡宏兵. 美国《多德—弗兰克法案》解读——兼论对我国金融监管的借鉴与启示［J］. 宏观经济研究，2011（1）：67 – 72.

［6］范希文，孙健. 信用衍生品理论与实务［M］. 北京：中国经济出版社，2010.

［7］Augustin P. , Subrahmanyam M. G. , Tang D. Y. , et al. Credit Default Swaps – A Survey［J］. Foundations and Trends in Finance，2014：1 – 196.

---

① 多名 CDS 产品是指由一篮子具有较好信用市场流动性的实体，主要用于追踪某个特定类型实体的信用风险情况，也可作为各种信用风险缓释工具的参考实体。

② 指数类 CDS 产品是指由多个单名 CDS 合约组成的指数产品。

上海金融中心与科创中心

地方金融国资平台支持科创中心建设的路径

上海国际集团有限公司课题组[①]

一、选题背景

随着科技创新不断突破地域，全球科技创新网络逐渐构成。其中，一些产业基础好、地理环境优越、金融市场发达的城市或地区通过汇集各类创新要素，不断催生高新技术产业和科创企业逐渐演变为一个区域、一个国家乃至全世界的科技创新中心。中国正在加快实施创新驱动发展战略，推进以科技创新为核心的全面创新，2014 年中央提出要把上海打造成为具有全球影响力的科技创新中心，这不仅是中国对全球创新型城市发展竞争的积极回应，也是上海加快经济转型升级、创新发展的自身要求。

金融是现代经济体系的核心，衔接多种科技创新要素，发挥资金融通和资源配置的重要功能。中国各地政府通过组建地方金融国资平台以整合地方金融资源，提升地区金融行业综合竞争力，为推进地区经济发展和科技创新奠定金融服务基础。从功能定位来看，地方金融国资平台以整合地方各类金融资源为宗旨，协调区域经济发展，促进产业结构调整。围绕充分发挥平台作用和深化金融体系服务功能的主线，地方金融国资平台在各地经济转型发展过程中可以发挥独特作用，支持和帮助地方开展科技创新。

本文旨在研究地方金融国资平台支持科技创新中心建设的作用路径。

二、金融国资平台支持科创中心建设的理论探索

（一）初步探讨

金融国资平台支持科创中心建设，着力于微观和宏观两个层面：微观层面聚焦科创企业，金融国资平台旗下拥有众多金融机构，金融投资和资本运作经验丰富，凭借自身齐全的金融牌照和丰富的金融资源，通过发起设立各类股权投资基金、支持旗下金融机构创新金融产品和服务等方式，为科技类中小企业提供持续性资金支持和综合化金融服务；宏观层面，金

---

① 课题组成员：傅帆、钟茂军、刘广安、孙久朋、俞莉慧、陈思全。

融国资平台作为国有企业，积极服务国家和地方重大战略和产业政策，通过整合金融资源，优化地方金融生态，拓展地方金融服务功能，搭建金融要素机构和功能性平台，吸引和汇聚各类优秀人才和优势资源，助推地方科技创新，增强金融服务实体经济发展的能力。

（二）优势分析

1. 政策优势

地方金融国资平台是出资人为地方政府或地方国资监管机构、控股或参股地方各类金融企业的投资公司，地方金融国资平台先天具备国资色彩，在获取政策支持、推进产融结合、参与地方经济发展方面具有制度优势。

2. 资源优势

地方金融国资平台是以整合地方金融资源、协调区域金融发展、促进产业结构调整为目标而设立的，通常拥有银行、证券、保险、信托、期货、基金等多个金融子行业的牌照，这使地方金融国资平台能够为科技创新活动提供多元化的金融服务。

（三）面临机遇

1. 政策机遇

近几年出台了一系列旨在推动国家科技创新的政策。2015年，中共中央、国务院出台了《关于深化机制体制改革加快实施创新驱动发展战略的若干意见》，提到要发挥金融创新对技术创新的助推作用。2016年，中共中央、国务院印发了《国家创新驱动发展战略纲要》，其中提到要探索建立符合国情、适合科技创业企业发展的金融服务模式。除此之外，各部委和各级地方政府也出台了大量有关促进科技创新的金融支持政策和举措。可以说，地方金融国资平台今后在推动科技创新方面会面临较多的政策红利。

2. 市场机遇

新一轮国资国企改革聚焦创新主线，围绕价值链布局产业链、配置资源链，吸引资本、留住资本、激励资本，支持区域内重点产业、掌握核心技术的自主创新企业加快发展，这迫切需要地方金融国资平台统筹区域金融资源支持实体经济，促进金融资本和其他社会资本向高新技术行业等领域集中。

三、国内外科技创新城市建设发展案例

国内外在推进科技创新城市建设方面涌现不少案例，下面选取若干具有代表性的案例作为研究对象，分析金融在支持科创中心建设中的方式途径。

（一）国外案例

1. 美国硅谷

硅谷发展比较典型，主要依托完善的资本市场体系、发达的风险投资市场、全面的信用担保体系以及规范化的法律法规体系。

首先是完善的资本市场体系。美国的资本市场体系庞大、条块结合、功能完备、层次多样，可以满足众多不同类型的企业进行股权融资，获得资本支持。以企业 IPO 为例，即使在 2008 年次贷危机之后资本市场恢复疲软的情况下，硅谷地区 IPO 企业数量占全美的比例也多数稳定在 10% ~ 20%（见图 1）。

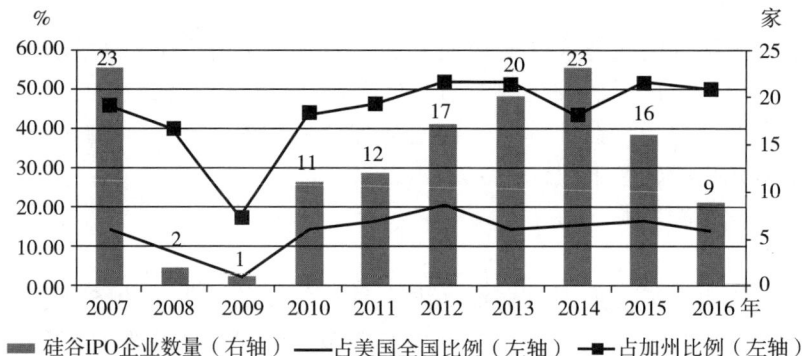

资料来源：2017 Silicon Valley Index, Joint Venture Silicon Valley.

图 1　2007 ~ 2016 年硅谷地区 IPO 企业数量

其次是发达的风险投资市场。硅谷的文化鼓励创业，而它的风险投资体系保障了个人创业的实施。硅谷具有世界上最完备的风险投资机制，有上千家风险投资公司和两千多家中介服务机构，资金由养老基金、大学捐赠基金、企业年金、保险公司、银行等机构流向风险投资，再通过风险投资将资金导入科创类中小企业。据统计，1995 ~ 2016 年，硅谷吸引了全美 15% ~ 30% 的风投资金（见图 2）。

再次是全面的信用担保体系。美国于 1953 年就建立了全国中小企业信用担保体系，既有全国性担保机构又有区域性和地方性担保机构，不同类型的担保机构提供不同层次的担保服务，以满足中小企业融资需求。目前已形成三套中小企业信用担保体系：一是由美国联邦小企业管理局直接运营的全美小企业信用担保体系；二是由州政府负责运营管理的区域性专业担保机构；三是地方性担保体系。

最后是良好的政策环境。美国从 20 世纪 50 年代相继颁布了《史蒂文森—威德勒技术创新法》《小型企业创新开发法》《小型企业投资法案》，为优化中小企业融资环境提供法律保障，为企业科技创新提供优惠的财税政策。

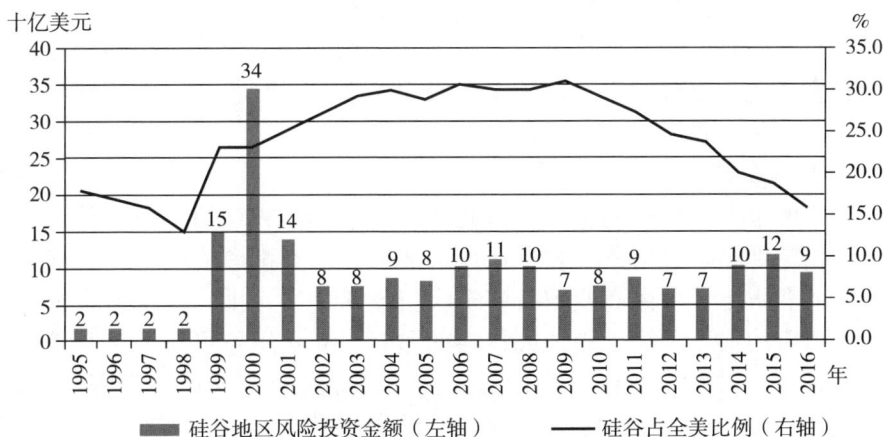

资料来源：2006 – 2017 Silicon Valley Index，Joint Venture Silicon Valley.

图 2　1995 ~ 2016 年硅谷风险投资情况

2. 英国伦敦

伦敦地区的科技类中小企业在创业初期能吸引大量的种子资本投资，同时英国国内发达的天使投资人网络和种子企业投资计划等税收减免倡议培育了良好的种子基金投资环境，伦敦地区庞杂的创新网络以及各类科创孵

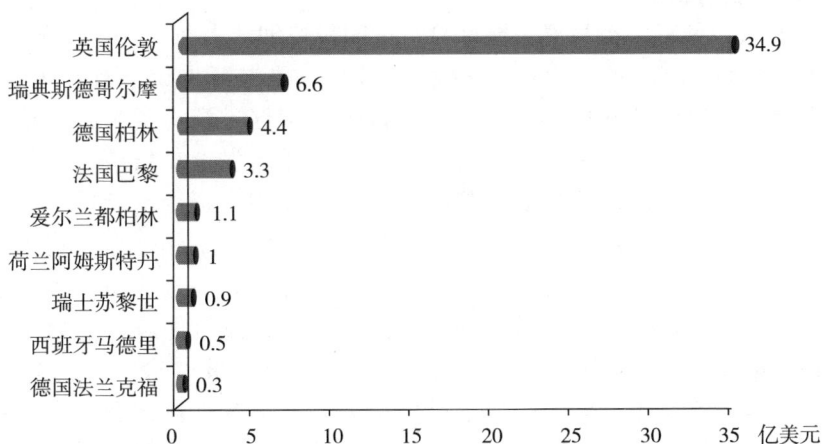

资料来源：Pitchbook.

图 3　欧洲部分城市 2016 年科技风险投资金额排名

化器和加速器的存在也有力地支撑了在伦敦的科技企业获得种子资本投资的便利性。与种子资本相对，成长资本受到英国风险投资基金普遍低风险偏好的约束，因此英国通过设立风险投资信托计划等来促进成长资本支持企业发展，为科技企业在成长阶段提供深度和充分的资金支持。在成长阶段后，科技企业可以通过英国完善的资本市场实现上市融资。独特的金融科技投资环境为伦敦的科技创新企业吸引了大量风险投资，在欧洲各大城市中名列前茅（见图3）。

3. 日本东京

东京的金融支持科创企业体系是通过东京都地方政府、东京信用担保协会、指定性金融机构三者相互协作形成的。东京都政府先将专项资金委托存入商业银行，再由商业银行将资金贷款给中小企业。这些资金来源于东京都政府的财政预算，受地方议会的监督。商业银行可以在东京都政府规定条件下，对中小企业进行低息融资。这种融资方式还分为多个种类，针对科技研发、环境保护、创业援助、改善经营、赈灾减灾、新能源、创业等各个方面提供不同的专项贷款。这就使东京地区的中小企业能够较容易获得融资渠道，在成长过程中可以凭借自身创新能力和经营手段筹措资金用于创新发展。

值得一提的是，东京信用担保协会在银行给中小企业贷款时负责提供还款担保，东京都政府还会对地方信用担保机构的担保提供再担保，这使商业银行在给中小企业提供信贷资产时几乎没有任何还贷风险。

（二）国内案例

1. 北京：依托中关村科技园区打造全国科技创新中心

中关村科技园在推动金融支持科技创新方面先行先试，有几个特点：一是出台一系列金融支持创新的手段，包括专利促进资金支持、新技术新产品推广金融支持、大学科技园及科技企业孵化器发展支持资金、创业投资风险补贴支持、知识产权质押贷款、中小企业创新资金支持等。二是建立金融与科技创新有效对接的机制，首先是搭建信用工作平台，将园区内企业信用体系建设作为科技金融工作的基础，为园区内企业使用各类信用产品提供服务；其次是建立风险补偿、信用激励、投贷保联动、分阶段连续支持、银政企多方合作等机制，围绕科创企业不同发展阶段的融资需求、发展特征和经营情况，提供相应的融资服务。三是推进科技创新企业对接多层次资本市场，中关村坚持"培育一批、改制一批、辅导一批、送审一批、上市一批"的企业上市培育工作体系，推动园区企业的股权运作。数据显示，2016年中关村发生股权投资案例1961起，股权投资总额达1054

亿元，占全国比例接近 40%，截至 2017 年 8 月，中关村的上市企业达到 312 家，新三板挂牌企业 1612 家。四是注重引导社会资本参与科技创新，中关村积极推动风险投资、天使投资等股权投资机构在园区内集聚和发展，设立科技创新基金，鼓励高校、科研院所与社会资本共建技术转化机构和投资基金，引导社会资本投资早期、具有潜在价值的企业，拓展高新技术企业融资渠道。

2. 深圳：财政资金引导金融资本

财政资金在创新深圳市科技金融服务模式起到了关键的带头引导作用，财政资金通过银行委托贷款，同时杠杆撬动银行资金再提供给企业；通过设立政策性创业投资机构，参股初创期和早期的科技类企业；通过设立引导母基金，分散投资各个市场的子基金，将资本引入创新创业企业中去；通过设立担保集团，为符合条件的中小企业向银行申请贷款时提供担保，增加企业资信；通过与银行及其他担保机构共同出资，设立再担保中心，为担保机构提供信用再担保。

3. 广州：风险分担支持中小企业发展

建立风险分担机制是广州促进中小企业发展的重要手段，具体的措施包括：补偿银行信贷投放风险，对通过银行审贷程序的项目，按照协议，由政府部门为推荐的科技项目提供贷款额一定比例的风险准备金；补偿担保机构开展贷款担保风险，每年给予担保机构对中小科技企业贷款担保实际代偿损失一定比例的风险补偿；鼓励保险公司利用融资型保险业务帮助高新区企业获得银行融资；补偿科技型企业贷款利息，给予中小企业获得银行贷款后按实际支付利息金额的一定比例贴息支持。

（三）经验小结

从国内外各地发展案例来看，有以下几点特征值得注意：

第一，地方优惠政策构筑科技金融良好的发展环境，为金融支持科技创新提供各项便利；第二，资本市场与风险投资为科技创新提供了融资渠道和资本运作空间；第三，地方政府可以通过创设信用担保机构，搭建担保体系，为科技创新发展提供风险处理机制。

四、上海金融国资平台支持科创中心建设的实践探索

上海国际集团（以下简称"国际集团"）通过归集市属金融机构股权组建综合性投资集团，积极探索地方金融国资平台的综合经营模式。近几年，围绕上海城市能级和核心竞争力提升，国际集团积极发挥金融国资平台功能，通过专业化管理和市场化运营，聚集各类社会资源助推上海创新驱动

发展和科技创新中心建设。

（一）依托产业基金支持上海科创中心建设

为更好地服务上海科创中心建设，进一步完善科技创新投融资体系，根据上海市委、市政府的安排，国际集团牵头联合国盛集团、上港集团、国泰君安、上海信托、张江高科等产业集团和金融机构，于 2017 年 9 月共同发起设立了上海科创中心股权投资基金（以下简称"科创基金"）。上海科创基金目标管理规模 300 亿元人民币，首期募资 65.2 亿元人民币。

作为第一只以"科创中心"这一国家战略命名的股权投资基金，上海科创基金以服务国家创新驱动发展战略、服务上海科创中心建设为核心使命，秉承"金融资本引导、产业资本参与、市场机制运作"的理念，坚持"专业化、市场化、国际化"运作方式开展投资运营，围绕"科创中心建设22 条意见"，聚焦上海重大创新功能型平台、重大战略项目和重要承载区，重点投向信息技术、生物医药、先进制造、环保新能源等战略性新兴产业。

国际集团作为科创基金管理公司的大股东，帮助其组建市场化、专业化的管理团队，建立规范化的制度体系，协助其储备潜在的子基金投资项目。目前，科创基金管理公司已获得基金业协会基金管理人资格。一期基金也已完成募资及合伙协议的签署，首期65.2 亿元已全部认缴。截至目前，科创基金完成 9 只子基金的投资决策，共承诺出资 12.7 亿元，可带动子基金投资 114 亿元，并吸引更多社会资本投资科创项目。与此同时，科创基金着力加强"三个联动"，一是与科技部、中科院等引导基金联动；二是与上海推进科创中心建设办公室、科创承载区联动；三是与上海龙头企业、功能型平台、国际领先的科技公司及投资基金联动。

（二）依托金融要素市场建设支持科创企业

在市委、市政府的指导下，国际集团积极发挥地方金融国资平台功能，坚持"不求所有、但求所在"的原则，在人力、物力、财力等各个方面，全力支持各类全国性要素市场落户上海，助推金融基础设施建设，拓展地方金融服务功能，完善上海金融市场体系，为各类科技创新企业创造良好的上市融资环境。

近年来，国际集团从大股东角度，大力支持上海股权托管交易中心（以下简称"上海股交中心"）创新发展，为科技创新企业提供综合化金融服务，在依法合规、风险可控的前提下，开展业务、产品、运营模式和服务方式创新。积极协调其他股东完善上海股交中心治理机制，支持其设立专门服务于科技创新中小微企业的科技创新股份转让系统，设置和引入符合科技创新中小微企业需求的挂牌条件、审核机制、交易方式、融资工具等制度安排，推动上海股交中心建立与其他多层次资本市场间的对接机制，为挂牌企业进入更高层次的资本市场打下坚实基础。上海股交中心科技创新板于 2015 年 12 月 28 日正式开板，继首批推出 27 家挂牌企业后，又于 2016 年推出 75 家挂牌企业。截至 2017 年 4 月，科技创新板挂牌企业共有 122 家，其中已有 43 家挂牌企业实现股权融资额 6.85 亿元，34 家企业实现债权融资 5.86 亿元。未来，上海国际集团将进一步支持科技创新板建设成为一个助推科技型、创新型企业成长的综合金融服务平台。

（三）支持旗下金融机构开展金融服务创新

上海国际集团汇聚旗下银行信托、证券基金、金融服务和保险、资产管理等各类金融资源，不断延伸金融服务链，深化综合金融功能，支持旗下金融机构服务科技创新中心建设。

上海国际集团支持浦发银行筹建浦发硅谷银行，探索通过设立从事股权投资的全资子公司，与银行形成投贷利益共同体，建立融资风险与收益相匹配的机制，开展"股权 + 银行贷款"和"银行贷款 + 认股权证"等投贷联动融资服务方式创新。同时，上海国际集团支持旗下国泰君安等证券公司为科技创新企业提供全方位资本市场金融服务，综合运用股权投资、夹层融资、并购融资、结构化融资、股权质押贷款以及上市挂牌等工具，帮助不同发展阶段的科技创新企业成长壮大。此外，2013 年以前，上海国际集团还通过在货币经纪、再担保、小额贷款、融资租赁等领域设立的金融机构，支持和引导这些金融机构为中小企业以及战略性新兴产业的发展提供多样、灵活的金融服务，有效缓解科技类中小企业融资难问题。

五、金融国资平台支持科技创新中心建设的机制

金融国资平台着眼于为科技创新企业提供一系列综合化的金融支持，利用自身平台资源，搭建一个多方参与者可以积极合作的科技金融平台。金融国资平台可以依托旗下的商业银行，不断创新适合科技金融的信贷产品；依托旗下创投公司和产业基金，为科技创新企业提供资金来源；依托旗下保险公司为科技创新提供信用保护，分散科技金融风险；依托旗下证券机构为科技创新企业提供资本市场融资服务。

（一）金融国资平台在支持科创中心建设中的功能

1. 资本配置功能

地方金融国资平台支持科创中心建设是一个长期过程，具有一定风险性。科技创新是一项从研发到成果转化与应用、再到市场开拓、商业经营和投资回报的长期性活动，其中任何一个环节都需要金融服务和资本支持。

特别是科技创新企业往往经历种子期、初创期、成长期、成熟期等阶段，每个阶段的经营特征和面临风险不同，对金融服务需求也不同。在种子期和初创期，企业面临技术风险，这时需要政策性融资和风险偏好较高的天使投资、风险投资等融资主体的参与；在成长期和成熟期，企业已经开始产业化运作，具备了一定的现金流和资产，这个时候可以吸引银行贷款、抵押贷款等资金的注入。地方金融国资平台在科技创新企业发展过程中，正好扮演了金融服务主体的角色，利用所掌握的银行信贷、信托产品、债券融资、基金投资、金融服务和保险等金融工具，为科创企业在各个发展阶段配置资本。

2. 引领带动功能

科技创新企业在发展初期阶段面临技术风险、市场风险、资金风险，对具有逐利性的资本来说本身并不具有投资吸引力，尤其是以安全性、流动性、低风险性为投资原则的银行等传统金融机构不愿意为初创企业提供资金支持，这使这些初创企业在成长过程中面临巨大的资金压力。此时地方金融国资平台的介入正好可以弥补这一市场失灵，引领带动各类资本支持初创企业。地方金融国资平台凭借其自身在投融资方面的专业能力，通过设立股权投资基金、风险投资基金等方式率先投资于初创企业，起到抛砖引玉的作用，向资本市场传递出初创企业具有投资潜力的信号，引领带动其他社会资本纷纷参与投资初创企业。

3. 完善资本市场建设功能

构建以企业为主体、市场为导向、产学研相结合的技术创新体系，需要一个成熟的多层次资本市场作为支撑。同时，构建完善的资本市场本身也属于科创中心建设的重要部分。地方金融国资平台可以发挥组织优势和地域优势，通过积极参与各类金融要素市场建设和功能性市场搭建，在政府有关部门指导下协助推进对主板（包括中小板）、创业板、新三板市场、区域性股权托管交易中心、票据交易所、保险交易所等要素市场进行改革和创新，协助健全多层次资本市场体系，为科创中心提供有力支持。

（二）金融国资平台支持科技创新中心建设的作用路径

地方金融国资平台支持科技创新中心建设的路径不是唯一的，而是多维度的。地方金融国资平台利用自身完备的金融资源，通过发起设立投资基金、参与建设金融要素市场建设、支持旗下金融机构创新金融服务等方式，推进科技与金融紧密结合，支持科技创新中心建设。

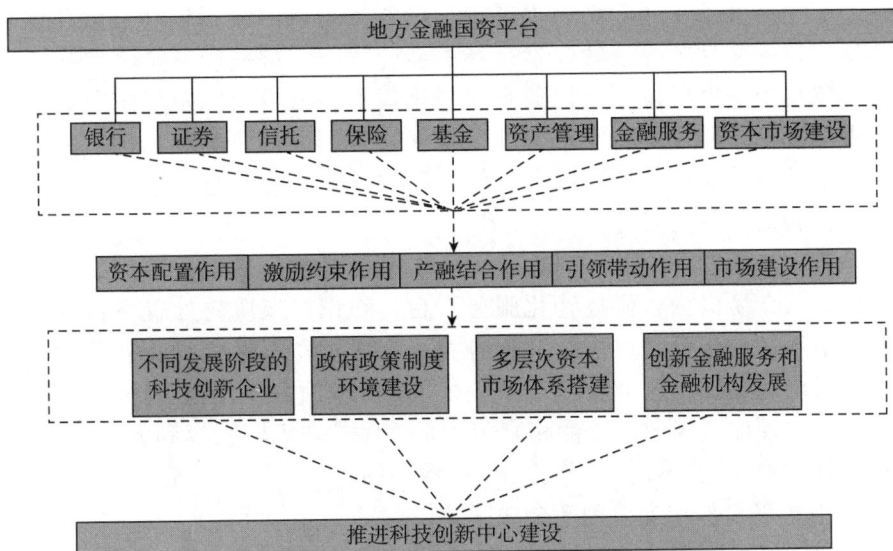

图4 金融国资平台支持科技创新中心建设路径

1. 发起设立投资基金支持科技创新

地方金融国资平台通过发起设立各类投资基金，发挥投资基金的杠杆撬动和引领带动效应，有效引导各类社会资本"脱虚向实"，重点投向具有市场潜力的高新技术行业和处于初创期的高科技企业，解决科技创新在初创期的融资困难。地方金融国资平台可以针对不同类型、不同规模、不同管理水平的企业，发起设立创业投资基金、风险投资基金、产业投资基金、知识产权保护专项基金以及母基金等各种类型的投资基金，充分依托基金敏锐的市场嗅觉、丰富的运作经验、专业的投融资能力，促进区域内具有高附加值和市场潜力的科技创新企业发展。同时，利用基金专业化投后管理和丰富市场资源，进一步挖掘衍生业务，围绕产业链集聚金融资源，提高产业参与深度，精耕细作重点行业和关键领域，培育一批在生物医药、医疗健康、互联网、创新消费、新材料、新能源等领域的未来明星企业。

地方金融国资平台积极发挥国有资本引领带动作用，通过搭建基金平台，联合其他社会资本向科技产业集中，将更多资本资源引入本地科技型、创新型中小企业。地方金融国资平台也可以探索通过产业基金主动对接和参与管理各级政府设立的产业引导基金，服务地方创新驱动发展战略，落实地方产业政策和经济结构调整政策。

2. 参与建设金融要素市场和功能性机构

地方金融国资平台出资参与全国性证券交易市场、区域性股权交易市场、产权交易市场、外汇交易市场等金融要素市场的改革创新，以及保险交易所、票据交易所等金融要素市场的新建设立，进一步健全多层次资本市场，支持中小型科技创新创业企业资本运作，形成不同发展阶段科技创新企业服务的差异化发行上市标准，建立符合新兴产业企业和创新型企业成长特征的制度安排，帮助符合条件的科技创新企业通过多层次资本市场开展直接融资与并购交易。

地方金融国资平台也可以探索出资参与功能性机构的建设，例如参与建设知识产权交易机构、科技转化服务平台、知识产权质物处置平台以及中小企业信用平台建设等。通过搭建各类非金融类功能性机构，完善科创中心基础设施建设，构建创新城市系统发展的基础平台，健全科技创新企业科研成果的评估、登记、托管和流转体系，保护知识产权权利人合法权益，打造良好创新环境，吸引世界级创新机构和创新人才落户本地。

3. 发挥平台作用支持创新金融服务

金融国资平台鼓励、支持旗下商业银行开展科技信贷服务机制创新，制定专门信贷政策，加大对科创企业的信贷支持力度，积极探索服务方式创新；与政府部门配合参与建立科技银行，为科创企业提供财务管理、业务结算、资金存管等服务，监督企业经营管理情况，为企业发展提供融资指导；支持旗下证券公司创新组织形式，探索成立区域性小微证券公司，专门服务区域性股权市场，并通过加强与科技创新企业孵化器等创新创业平台的合作，为科技创新企业提供专业化服务；不断延伸平台的金融服务产业链，在保险、债券、信托、货币经纪、再担保、小额贷款、融资租赁、创业投资等领域设立一系列新型金融机构，研究推出符合科技创新企业需求的各类金融产品，建立与各类金融业态相结合的服务机制；参与设立为科创企业提供全生命周期的现代科技投资银行，综合运用股权投资、夹层融资、并购融资、过桥贷款、股权质押贷款等工具，支持不同成长阶段的科技创新企业发展壮大；支持平台旗下各类持牌金融机构依托互联网技术，积极开发基于互联网技术的新产品和新服务，发挥互联网金融创新支持作用。

六、政策建议

如何进一步推动科技与金融紧密结合，促进金融服务创新支持上海科技创新中心建设，是一个与时俱进的命题，金融国资平台需要不断思考自身在推动金融服务科技创新中应当发挥的作用，不断尝试模式创新和机制创新。同时，地方政府应该大力推动金融国资平台、不断深化平台功能、健全运作机制，支持金融国资平台通过多种方式服务科创中心建设。

（一）支持金融国资平台参与金融要素市场建设

地方政府应积极支持各地金融国资平台参与金融要素市场建设，通过完善多层次资本市场体系，满足新商业模式、新经济业态的发展。

一是参与设立多层次金融要素市场。地方金融国资平台治理与完善地区金融市场体系，通过出资参与设立区域股权交易市场、地方保险交易所、票据交易所等金融要素市场，为科技创新企业提供综合金融服务，在依法合规、风险可控的前提下，开展业务、产品、运营模式和服务方式创新。通过行使董事职权，参与设置符合高新技术类中小微企业发展实际的挂牌条件、审核机制、交易方式、融资工具等制度安排，推动建立与其他资本市场的对接机制，加强政策配套和市场服务。探索出资建立区域知识产权交易平台，促进上下游产业分享创新成果，实现知识产权质押、交易、处置全流程流转。

二是参与已有资本市场的改制创新。在地方政府的指导支持下，积极配合国家金融监管部门，出资参与股票交易所、债券市场等资本市场改制创新，完善不同层次证券市场之间的转板机制和退市制度，吸引风险偏好不同的各类投资者参与，让初期投资者转化资本、分散风险、获取回报的周期大大缩短。支持资本市场探索相关制度创新，为挂牌企业提供股权融资、股份转让、债券融资等创新服务。

（二）依托基金投资支持科创中心建设

继续支持金融国资平台创新国资经营管理体制，发起设立股权投资基金，充分发挥国有资本引领带动作用和基金投资市场化运作优势，集聚各类资源，投向科技创新项目，促进科技创新成果转化，支持科创中心建设。

一是牵头成立地方层面科创基金。以"政府引导，市场化运作"为原则，联合其他国有基石投资人、民营资本和海外战略投资者等，撬动各类社会资本发起设立科创母基金进行股权投资，聚焦初创期和成长期的子基金或科创企业，采取新设或增资等方式将募集的资金投资于子基金和高科技重点企业。

二是促进产业基金投资发展。发挥国有资本的引领带动作用，通过设立产业基金，撬动社会资本，聚焦信息技术、生物医药、高端制造和环保新能源等行业，引领各类创业投资主体加大对处于种子期、初创期创业企业的投入，全面激发各类创新主体的创新动力和创造活力。

（三）搭建科技金融服务链

发挥地方金融国资平台功能，整合平台内部资源，支持银行证券、保险基金、融资担保、小额贷款、金融服务机构等加强业务协同合作，为种子期、初创期、成长期、成熟期等不同成长阶段的科技创新企业提供全生命周期金融服务，助推科技创新企业发展壮大。利用中介服务机构的专业优势，加强科技创新企业信用体系建设，着力解决科技创新企业和金融机构之间的信息不对称，促进金融机构与科技创新企业有效对接。增强自身研究实力，为科创投资、融资项目提供专业顾问服务，研究制定科技金融产业报告，密切跟踪前沿科技创新动态。

打造国际投融资中心
加快推进上海供给侧结构性改革

刘　斌①

供给侧结构性改革是中国经济进入新常态后改革和发展的主轴，贯彻落实供给侧改革需要结合本地区实际。上海作为全国的经济金融中心，要有效推进供给侧改革，加快产业转型升级，大力拓展"四个中心"功能，可以建设国际投融资中心为突破口，着力构建新的投融资体制，增强市场在扩大投融资中的作用，引导更多资金，尤其是民间资金流入实体经济。

一、上海供给侧结构性改革的基本思路

中央关于供给侧结构性改革的重大决策出台后，上海服从服务国家发展大局，按照创新、协调、绿色、开放、共享的发展理念，解放思想、锐意改革、扩大开放、勇于创新，紧紧围绕提升供给体系的质量和效率全面深化改革，紧密结合中国（上海）自由贸易试验区（以下简称上海自贸试验区）和建设具有全球影响力的科技创新中心（以下简称科创中心）的国家战略实施，坚定不移、有力有效推进供给侧结构性改革，取得显著成绩。2016年8月5日，上海正式发布了《关于本市推进供给侧结构性改革意见》，从八个方面提出了30条有针对性的落实措施。

一是以制度创新为核心，着力构建开放型经济新体制。在制度创新方面，上海着重深化与高水平开放相适应的投资管理制度创新；深化贸易便利化制度创新，加快形成国际产能合作新机制。

二是以科技创新为引领，着力培育经济发展新动能。重点在构建市场导向的科技成果转移转化机制，实施激发市场创新动力的收益分配制度，健全企业为主体的创新投入制度，完善积极灵活的创新人才发展制度。

三是多措并举降成本，着力减轻企业生产经营负担。包括降低企业税费负担，调整优化社保费率，深化价格机制改革。

---

① 作者单位：中国人民银行上海总部。

四是加快政府管理制度创新，着力提高行政效率。最大限度减少行政审批，深化以企业为主体的投融资体制改革，建立事中事后监管制度体系，提升政府服务效率。

五是加快推动产业结构转型升级，着力扩大有效供给。上海一方面将大力培育服务业优质供给，扩大制造业高端供给，改造提升传统优势制造业，另一方面也将继续调整淘汰落后产能，加快推动农业结构调整，提升土地资源配置和利用效率。

六是以深化国资国企改革为重点，着力激发各类市场主体活力。在国企改革方面，上海将推动开放性市场化重组，完善国有企业激励约束机制。同时还将优化非公有制经济发展环境。

七是推进金融开放创新，着力防范金融风险。加强上海自贸试验区金融改革与国际金融中心建设联动，积极推进金融开放创新，加快推动资本项目可兑换、人民币跨境使用、金融服务业开放，拓展跨境投融资渠道，降低企业融资成本，不断提高金融服务实体经济效率。同时，完善金融监管体制，探索建立符合国际规则、适应中国国情的金融监管框架，建立健全系统性风险预警、防范和化解体系，守住不发生系统性、区域性金融风险底线。

八是聚焦城乡发展一体化，着力补齐薄弱环节短板。上海将通过强化以水、大气为重点的生态环境综合整治，完善交通基础设施体系，支持农村经济可持续发展，推进城乡基本公共服务均等化等措施，补上城乡之间发展不平衡这一最大短板。

上海市推进供给侧结构性改革的部署非常全面及时，也具有很强的可操作性。但如何选定突破口，形成新的推动力仍然十分关键。2016 年 7 月 5 日，中共中央、国务院颁布了《关于深化投融资体制改革的意见》，指出了投资对稳增长、调结构、惠民生的关键作用，提出了打通投融资渠道，激发社会投资动力和活力的战略要求。这对上海具有重要的启示作用。

二、建设国际投融资中心对上海的重要意义

当前，上海正处于经济转型升级的关键时期。近年来，上海传统的工业，包括六大支柱产业，甚至部分战略性新兴产业发展停滞，外贸增长乏力，国际贸易中心和航运中心建设面临严峻挑战。在这种情况下，上海可以将建设国际投融资中心作为供给侧结构性改革的一个突破口。

按投资主体性质，投融资机构可以分为四类：一是金融机构。随着整个社会融资结构从间接融资向直接融资转变，包括银行在内的所有类型金

融机构都越来越多地开展投融资业务，其中证券和信托机构是构成投融资机构的主体。二是非金融专业投资机构。如风险投资机构、个人私募股权基金、互联网众筹公司等。三是工商业企业。越来越多的企业通过投资兼并收购开展业务整合，提高经营效率。四是政府支持机构。近年来，中央和地方各级政府也在不断完善投资方式，探索通过各种投资基金等形式更好地发挥对社会投资的引导和带动作用。

国际投融资中心应符合三个标准：一是各类投融资机构集聚；二是投融资市场体系完备；三是投融资活动具有广泛辐射力。上海建设国际投融资中心就是要大力吸引各类投资机构在上海集聚发展，规范创新投融资业务，有效防范各类投融资业务风险，显著提高资金对全国实体经济的配置效率和服务能力。建设上海国际投融资中心有助于上海依托现有金融中心优势，扬长避短，与上海科创中心建设、上海制造业升级等互相促进，推动上海城市功能再上新台阶，为全国供给侧结构性改革做出更大贡献。

一是有利于避免资金脱实向虚。近年来，上海经济持续保持稳中有进态势，但也存在一定的脱实向虚苗头，如图1所示，金融业和房地产业快速发展，占GDP的比重明显上升。2015年，金融业对上海GDP增长的贡献率超过一半，房地产业对上海固定资产投资的贡献率超过60%。 受国际国内多

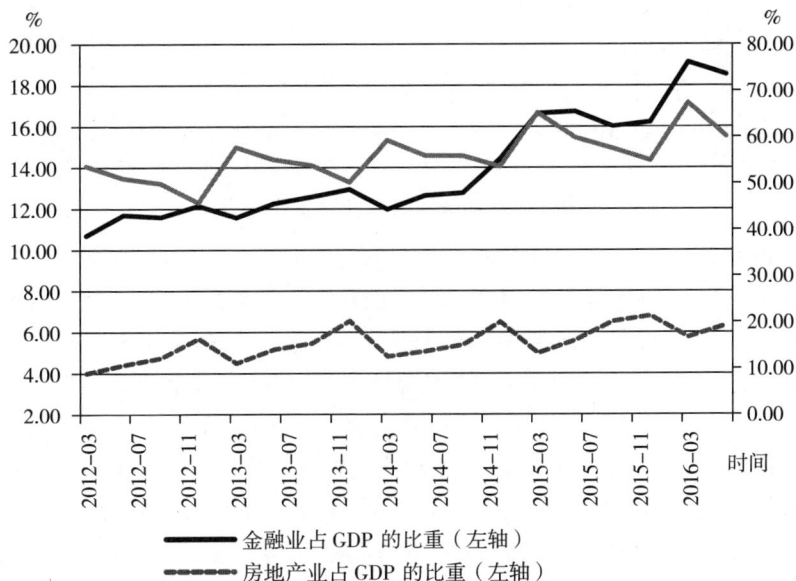

资料来源：上海市统计局。

图1 上海房地产和金融业占比和房地产投资占比情况

种因素影响，金融服务实体经济的能力并没有同样的增强，融资难融资贵问题与有效信贷需求不足问题同时存在，部分资金脱实向虚，在金融体系内部空转或流入房地产行业。2016 年上半年，上海市房地产贷款新增额占全部贷款新增额的 41.7%，这推动了上海房价的不断上涨，不仅不利于经济长期稳定健康发展，也影响了金融的长期稳健运行。建设上海国际投融资中心，鼓励成立更多的投资机构，可以充分发挥它们的专业化投融资能力，通过多样化的投融资方式，有效克服信息不对称等阻碍，疏通投资渠道，引导更多的资金从金融市场内部"以钱炒钱"转向实体经济，以上海为基地服务全国。

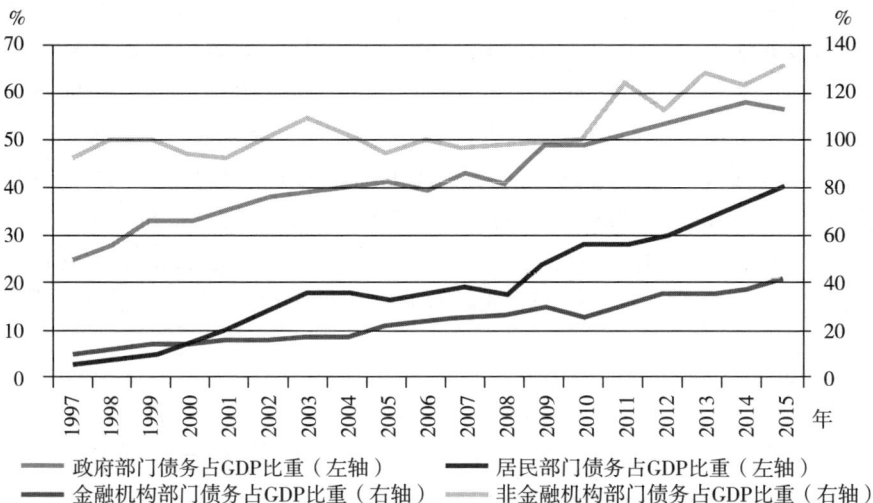

图 2　近年来我国杠杆率变化情况

二是有利于支持企业降杠杆。一方面，当前中国的经济稳增长仍需要加强资金支持，但各经济主体的债务杠杆率，尤其是非金融企业杠杆率快速上升，如图 2 所示，根据中国社科院的测算，到 2015 年末，非金融企业杠杆率已达 123.1%，而根据 BIS 的统计，2015 年我国企业部门杠杆率已达 170.8%，高于国际警戒线 90% 近一倍之多。另一方面，上海和全国都在积极推动创业创新，但贷款支持新设企业面临多种难题，这些都要求我国金融业必须尽快由以间接融资为主向以直接融资，尤其是股权融资为主转变。中央已经提出了建设多层次资本市场的战略目标，但仅依靠场内市场进行股权融资的规模仍然有限，且受到股市行情影响，筹资额波动剧烈。截至2016 年 6 月底，我国非金融企业的境内股票融资额只有 5.13 万亿元，相当于社会融资总额的 3.5%，目前在证监会排队等待上市的企业数量近 900

家，远远不能满足企业转型发展和经济降杠杆的需要。建设上海国际投融资中心，依托场内市场加快发展场外股权融资，既可以缓解现有场内股票市场上市拥堵状况，也可以进一步丰富资本市场层次，为场内股票市场的发展奠定更加雄厚的基础。

三是有利于扩大对外投资。如图3所示，自2015年以来，我国对外投资和外贸一升一降反差明显。2016年1~5月，全国和上海的外贸进出口同比分别下降了8.6%和1.5%，同期我国和上海对外非金融企业直接投资分别增长61.9%和228%，这一趋势不仅是我国经济转轨和政策推动的结果，也顺应了国际经济变化的大趋势。2015年，全球进出口总额下降了12.8%，但跨国直接投资流量大幅增长36%，国际经济合作新体制构建的重点也正从以世贸组织为代表的国际贸易转向以TPP和TIPP为代表的跨国投资。正是看到了这一国际国内经济变化的大趋势，中央高瞻远瞩，提出了人民币国际化和"一带一路"建设的宏伟战略，以投资引导出口，以投资扩大人民币的国际使用。据国家有关部门预测，未来10年，中国对外投资将达1.25万亿美元。这一战略的深入推进必须更多地依靠市场的力量，积极鼓励民间资金走出去。与政府和国企相比，民企走出去面临的困难和挑战更多，需要国内提供更加全面的服务支持。上海作为中国经济开放度最高，国际资金、信息、人才集聚度最高的城市，建设面向国际的投融资中心，就是不仅要继续充当中国商品走出去的港口，同时也要力争成为中国资金，尤其是民间资金走出去的窗口，使上海作为全球城市的功能和作用更加丰富完善。

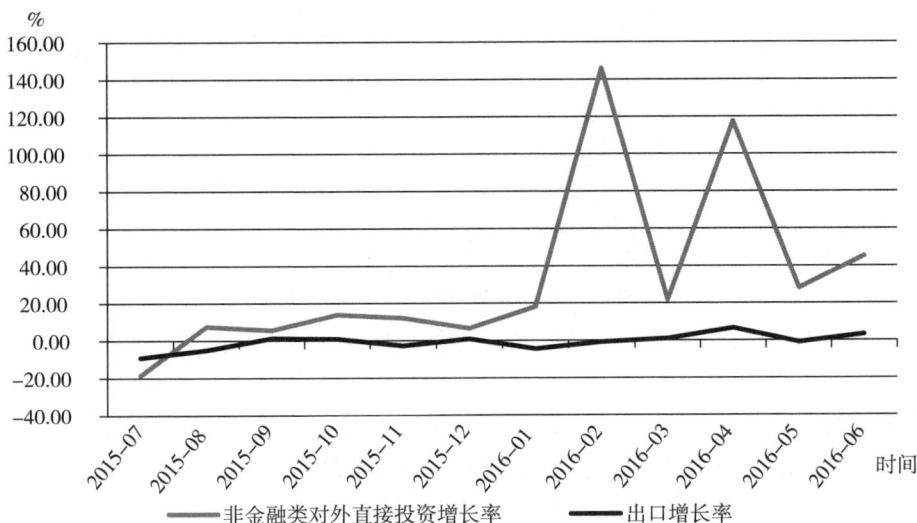

图3　2015年7月至2016年6月我国出口和对外投资增长情况

　　四是有利于推动企业改革和上海科创中心建设。增强企业的活力和竞争力是我国供给侧结构性改革的核心内容。为适应全球科技竞争和经济发展新趋势，进一步推进供给侧改革，中央提出了上海加快向具有全球影响力的科技创新中心进军的新要求。无论是推进企业改革还是建设科创中心，不仅需要大量而持久的资金投入，而且要通过深化投融资机制改革，更好地发挥资金在结构调整和改革中的引领和激励作用，提高资金的使用效率。上海建设国际投融资中心，可以充分贯彻落实中央关于投融资改革的各项战略部署，通过资本金注入、股权投资等方式，支持重点领域项目；通过设立政府引导、市场化运作的产业（股权）投资基金，一方面支持国有资本入股非国有企业，另一方面也可以引入非国有资本参与国有企业改革，推动 PPP 业务发展；通过促进创业投资发展，推动科技与金融紧密结合，激励创业创新；通过鼓励发展并购基金和资产交易市场，支持企业更多地利用市场手段兼并重组盘活存量资产；通过发展跨境并购基金，构建更加开放的投融资体制，支持国内企业走出去和深化对外合作。

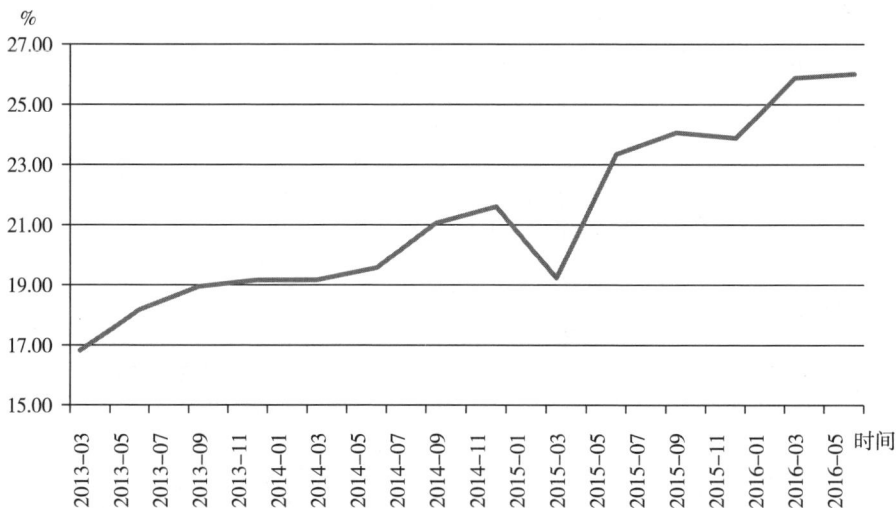

图 4　上海法人银行投资占总资产比重

　　五是有利于上海产业结构升级。投融资业务高风险高收益，即使在金融业内也属于附加值最高的业务种类之一，人员的工资水平也是最高的。大力发展投融资业务有利于提高上海产业结构的能级，适应上海城市空间有限，商务成本不断上升的大趋势。随着中国金融伴随经济进入新常态，资金紧张状况逐步缓解，而"资产荒"却愈演愈烈，金融业发展的关键正从负债方转向资产方，大力发展投融资业务已成为各金融机构的共识，上海和全国商业银行投资业务占总资产的比重快速上升。截至 2016 年 5 月末，全国商业银行资产中投资余额同比增长 34.8% 至 45.1 万亿元，相当于总资产的 28.3%。如图 4 所示，上海法人银行投资余额同比增长 26.58% 至 1.2 万亿元，相当于总资产的 26%。风险投资、创业投资、兼并收购投资、跨境投资等各类新的投资方式也如雨后春笋迅速发展，如图 5 所示，2015 年，中国并购市场共完成并购案 6269 起，同比增长 54.3%，涉及交易金额 28395 亿元，同比增长 16.6%。

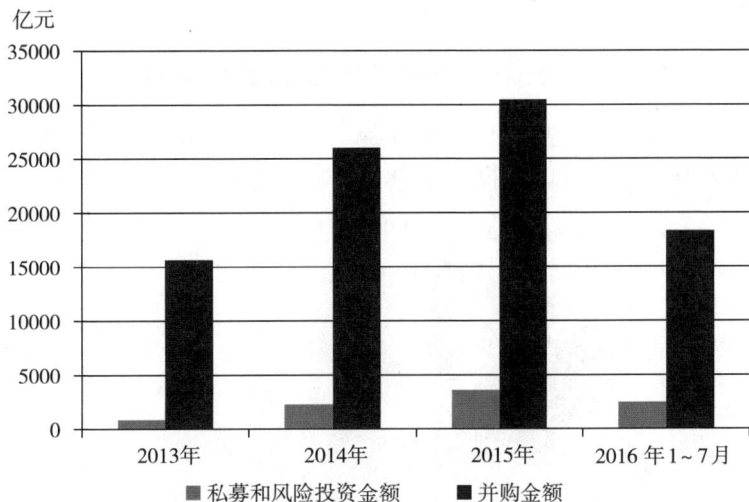

图 5　近年来我国私募和风险投资及并购业发展情况

2016 年上半年，中国私募股权投资金额 2238.8 亿元，同比增长 49.1%。2016 年 1~5 月，我国累计实现非金融类跨境直接投资 735.2 亿美元，同比增长 61.9%。此外，2016 年中央将开展投贷业务试点作为银行支持科技创新的突破口。投贷联动最关键的是"投"。试点办法突破了《商业银行法》第四十三条，关于商业银行不得向非银行金融机构和企业投资，不能直接持有非金融企业股权的规定，允许试点银行设立投资功能子公司与设立科技金融专营机构，这为商业银行未来发展多元化投融资业务创造了广阔空间。上海金融机构也必须顺应这一大趋势，在开展投贷联动试点，发展投融资业务方面大胆先行先试，继续走在全国前列。

六是有利于上海增强对金融发展的掌控力。由于金融在国民经济中特殊的地位和作用，我国实行的是垂直金融管理体制，中央政府，包括"一行三会"在金融机构和金融市场的改革和发展中发挥着主导作用。长期以来，上海国际金融中心建设得到了中央和各金融管理部门的大力支持。但另一方面，上海市政府在国际金融中心建设方面的自主权相对较小，许多改革和发展计划容易受到宏观经济金融形势变化的影响，大量增设金融机构的难度很大。而目前许多种类投资机构尚未明确监管部门，今后可能部分地由地方管理部门负责。因此，上海可以在政策允许的范围之内充分发挥自主性，鼓励发展各类投资机构，支持它们积极参与金融市场活动，加强与金融机构的交易和合作。这不仅可以丰富上海金融中心的主体，夯实金融发展的基础，而且可以通过对投资机构的政策引导增强对上海金融业发展的影响力。

三、上海具有建设国际投融资中心的最优条件

与国内其他城市，甚至与亚洲其他一些中心城市相比，以下五方面条件决定了上海具有建设国际投融资中心的明显优势。

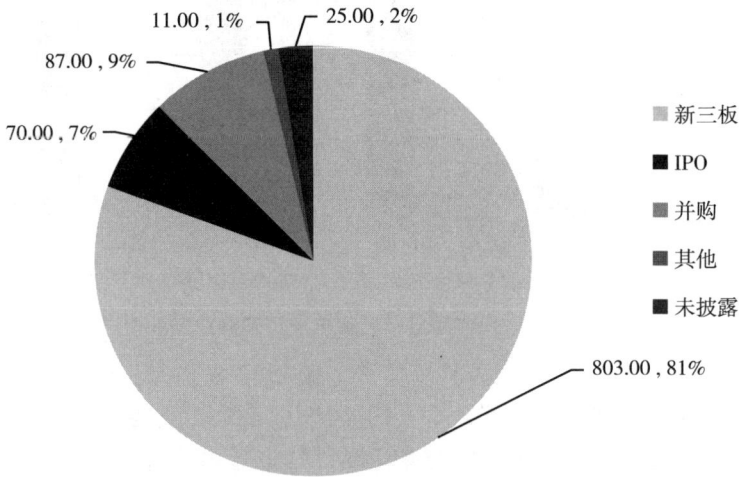

图 6　2016 年第一季度我国 VC/PE 退出方式

一是上海国际金融中心。投融资与金融相互重叠，相互联系，投融资需要以金融为依托，是金融业务的自然延伸，如图6所示，股票上市是风险投资退出的主要渠道之一，根据清科研究中心统计，2016年第一季度，在新三板和主板上市占了风险投资和私募股权投资退出总数的88%。上海是我国的国际金融中心，金融机构和金融市场集聚，融资最便利，2016年上半年，上海市贷款、债券和股票融资占全国的比重分别为5.33%、7.86%和5.94%，远高于上海 GDP 在全国3.8%的占比。在上海融资的成本也是最低的，2016年第一季度，上海金融机构贷款加权平均利率为5.06%，比全国平均水平低0.24个百分点。这些都为投融资业务的发展创造了最好的

基础，也是未来吸引各商业银行在投贷联动试点中将投资功能子公司和科技金融专营机构设在上海的最有力依靠。

二是良好的法制和管理水平。近年来，上海在金融和投融资的司法环境、执法环境、法律服务环境和法治文化环境等方面进展显著，根据地方立法权限出台一系列地方性法规，为投融资业务发展奠定了制度基础；设立专门的金融审判庭和金融仲裁院，对投融资纠纷的处置体系日趋完整；在执法方面建立了有效的协调机制，如成立了金融法治环境建设联席会议，上海市检察院与金融监管部门建立了工作交流与合作制度，处置方式日益多元化、公正和高效，能有效地保护市场参与各方的利益；上海市还协调各方力量，多次严厉打击"非法集资"和金融诈骗活动，清理整顿互联网金融机构，有效保护了投资者的合法权益。司法机关与司法人员不断更新投融资和金融司法理念，并积累了丰富的经验，司法公开、公平、公正性得到了国内外的广泛认可。我们在调研中了解到，正是因此，许多投资机构即使在其他地区开展业务，也选择上海作为合同争议处理的管辖地。

三是雄厚的人才、信息和经济基础。除了良好的政策和法制环境外，上海还拥有国内最多的专业投融资人才，相关的法律、会计、金融等配套机构和服务业最健全，对外开放程度最高，生活环境最优良、投资信息最集中。上海和周边的浙江、江苏等地区经济发达，投融资交易活跃，以并购投资和风险投资为例，过去一年，江浙沪分别占全国成交金额的22.7%和33.6%。

四是中国（上海）自贸区。中国（上海）自贸区以自由贸易账户为核心的金融改革开放推动了有管理的资本项目可兑换进程，极大地便利了跨境投融资，截至2016年6月底，上海自贸区共办理融资租赁类公司融资租赁对外债权业务3.6亿美元，已发生境外直接投资项下外汇登记业务1455.4亿美元，境外放款额度10.3亿美元，人民币直接投资项下结算5363.3亿元。41家企业被批准开展跨国公司总部外汇资金集中运营管理试点。375家企业发生跨境双向人民币资金池业务，收支总额6649.1亿元。

五是已经具备扎实的基础。上海市一直高度重视投融资业务的发展，2014年发布了《关于加快上海创业投资发展的若干意见》（沪府发〔2014〕43号），先后设立了创业投资引导基金、天使投资引导基金等一系列母基金，政府投入资金实现了6倍放大，投资领域涵盖了七大战略性新兴产业，包括文化、高技术服务业等上海市重点发展的产业。陆续出台了引导基金、风险救助、国资退出、税收优惠、创投机构联动等一系列政策措施，建立起具有上海特色的投融资政策扶持体系。在政府引导和市场需求拉动下，一方面，各类投资机构在上海如雨后春笋纷纷成立发展，投融资业务活动日趋活跃。以私募基金为例，截至2016年6月，上海已有5600家，约占全国的1/4，从业人数超过8万人，包括李开复、田朔宁、朱敏等一系列创投行业领军人物，也培育了饿了吗、微创医疗等一系列优秀项目。另一方面，投融资市场体系逐步建立。技术产权交易所、文化产权交易所、知识产权交易中心、股权托管交易中心等蓬勃发展，上海产权市场已经成为我国交易量最大、覆盖面最广、影响力最大的产权市场和场外市场，2015年实现交易规模1700亿元，其中涉及亏损企业的并购调整占比达到20%。上海还启动了国际并购交易中心的筹建工作，2015年，普陀并购金融集聚区为1.2万余家市场主体提供并购服务，实现场内产权交易总额1710.66亿元，同比增长45.34%。与此同时，上海银行业也逐步将经营重点从存贷款转向多元化的投融资业务。截至2016年6月，股权及其他投资余额达8409.6亿元，同比增长33.6%。上海已经设立了专门从事科技投融资的硅谷银行，并正在争取成立张江科技银行。上海各商业银行还有序探索"投贷联动"新模式，截至2015年末的融资余额达10.2亿元。上海各金融机构大力支持投融资业务发展。截至2016年6月，发放境内并购贷款余额达655.39亿元，同比增长78%，发放境外并购贷款余额303.1亿元，同比增长303.8%，与此同时，在有效信贷需求不足和净息差收窄的压力下，此外，上海作为全国企业总部中心也为发展投融资业务奠定了良好基础。截至2016年6月底，外商在上海累计设立跨国公司地区总部558家（亚太区总部49家）、投资性公司320家，央企和民企在上海的总部也越来越多。投融资始终是这些总部的核心职能，许多企业利用上海资金洼地优势，在上海贷款投资全国，截至2016年6月底，主要包含企业总部贷款的"租赁和商务服务业贷款"余额已达7922.3亿元，同比增长25.6%。

四、政策建议

过去上海投融资业务总体处于自发成长阶段，虽然已经取得了很大成绩，但也潜藏着不容忽视的风险隐患，这突出表现在互联网金融领域的种种乱象，因此中央和上海都在进行专项整治。但整治不是目的，而是为了更好地规范发展。这正是上海的优势所在，也是上海的历史性机遇。上海市应把建设上海国际投融资中心作为供给侧结构性改革的一个突破口，依托上海国际金融中心，勇于担当，争取短期在以下五方面取得突破。

1. 依托上海自贸区发展离岸投融资业务

目前，我国许多现行法规制度和管理体制不合理，成为制约投融资业务发展的重要障碍，在短期内难以彻底改变的情况下，为规避这些限制，上海可以大力发展自贸区离岸人民币市场，并以此为依托开展双向离岸投融资业务。

一是采取符合国际管理的税收制度。稳妥发展面向国内市场的家族信托、私募股权等投资业务，允许其按照国际惯例运营和纳税，实行"信托财产移交制度"，取消对股权或者不动产转移到家族信托的交易税，允许有限合伙投资机构的海外投资收益按照股权投资收益来征收，对于海外收益已缴税部分，国内征税时予以抵扣。考虑当前的外汇资金流出压力，自贸区对境内的投融资在改革初期可以采取对境外完全开放，对境内有限渗透的方式，即在流入侧实行"限额可兑换"。

二是全面落实备案制管理。鼓励中资机构成立国际并购基金，同时在国内和海外筹集多币种资金，对在自贸区注册的国际并购基金的海外投资，除涉及敏感国家和地区或涉及敏感行业的项目以外，均可实行备案制，并将备案权限下放到自贸区管委会。对外投资项目前期工作周期长、所需前期费用金额较大的，可突破现行前期费用的金额不得超过项目投资总额的15%的限制，并可单独对项目前期费用申请核准或备案。对不涉及区内外资金流动或需要区外母公司担保的再投资，可豁免核准或备案要求。

三是推动投融资活动国际化。鼓励外资在自贸区成立独资或合资的各类资产管理机构、私募基金、养老基金、慈善基金、捐赠基金等中长期投资者，在条件成熟时取消资格和额度审批。建立面向国际国内的人民币资产池，资产池不仅包括中国境内的资产，也应包括中国境外形成的人民币资产。建设自贸区面向国际的金融交易平台，吸引国际投资者，尤其是"一带一路"沿线国家和地区投资者通过这一平台以发行债券、股票等方式筹集资金，推动上海成为"一带一路"建设及相关项目的投融资中心。鼓励各国政府、投资者将自贸区作为人民币资产经营的主要平台，吸引境外人民币离岸市场资金回流，逐步将各类人民币离岸资产定价权掌握在自己手中。

四是完善投融资信息服务。加快建设自贸区境外投资服务平台"3.0版"，实现平台功能从信息＋备案＋服务向资本与项目对接拓展。充分发挥自贸区境外投资服务联盟作用，整合各类专业服务力量，推进境外投资项目库、资金库、信息库的建设，实现政府、中介机构与企业的有效连接与信息共享。

2. 大力发展场外投融资交易市场

存量资产难以盘活，投资项目退出过度依靠股票市场已经成为制约我国投资业务发展的主要障碍。2016 年第一季度，我国风险投资和私募股权投资分别有 93.2% 和 80% 通过主板 IPO 或新三板退出。上海应借鉴国际经验，大力发展场外投融资交易市场。

一是构建多种形式的投融资交易市场。应着力突破技术支撑、风险防控、监管制度等诸多障碍，以现有的各类产权交易中心、股权托管交易中心和新华 08、万德等电子信息平台为基础，大力发展有形和电子场外资产交易市场，由原来的股权交易平台向包括金融、知识产权、体育资源、文化资源等多样化的交易平台升级转变。逐步推动投融资项目标准化和证券化，增加市场流动性和透明度。应建立合格投资者制度，鼓励专业机构提供做市商和中介等相关服务，努力打造多品种、多层次的交易体系。努力实现交易业务从非金融类向金融类拓展，交易产品从有形资产向无形资产拓展，交易范围从区域性向全球化拓展。为了提高交易效率，规范交易行为，降低交易风险，投资交易可以在上海清算所登记托管、集中清算结算。

二是拓展不良资产市场化处置"新蓝海"。随着金融风险的逐步暴露和企业改革的深化，商业银行不良资产余额大幅增加，到 2016 年末已达 14373 亿元，预计 2016 年不良资产的市场化投放规模将达 1.5 万亿元左右。不良资产处置既是关系到我国供给侧改革和去杠杆顺利进行的关键，也为"资产荒"大背景下的投融资业务发展创造了又一新蓝海。上海应积极争取在全国率先成立不良资产交易市场，对不良资产的债权、资产进行登记、分拆和打包，建立健全进入和退出机制，提高不良资产的流动性，为不良资产进行合理定价。同时还应争取在上海设立地方性不良资产管理公司，鼓励成立不良资产产业（投资）基金，引进国际不良资产处置机构，扶持发展评估、催收和处置等专业服务机构。

三是实现投融资机构与市场的合作互通。支持境内外投融资机构参与上海股权托管交易中心"科技创新板"建设；鼓励其他地区的产权交易中心等投融资市场机构在上海设立分支机构，合作开展业务；加快建设长江流域产权交易共同市场，为各类要素、资源、资本等跨区域优化配置服务。

四是推动上海投融资机构做大做强。与国际一流投融资机构相比，我国的投融资机构普遍存在规模小，投资能力弱，风险管控能力不强等问题，例如美国黑石全球管理的私募股权基金规模已达 997 亿美元，在中国私募排名前三位的都是外资企业，我国最大的中信产业基金也只有 800 亿元，上海的投融资机构规模在国内更加偏小，上海没有一家私募股权基金进入全国排名前 10 位。因此，上海要引导各类投资机构积极开展兼并重组，做大做强，尽快形成若干家国内一流，并有较强国际影响力的大型跨国投资机构。

3. 完善有利于投融资业务发展的制度体系

作为整个产业体系金字塔的顶端，投融资业对发展环境要求更高，上海应该对标香港、伦敦等其他国际投融资中心城市，进一步优化制度体系。

一是完善社会信用体系。上海应大力加强信用体系建设，以推动在沪的人民银行征信中心市场化经营为突破口，扩大现有企业和个人信用信息的开放度和共享性，加快与上海市公共信用信息平台的数据对接和互联互通，鼓励各类征信机构在上海的集聚发展，扩大信用信息服务与产品的应用范围，使各类投资机构也能利用这些信息服务防范投资风险，在条件成熟时，在上海自贸区允许外商独资企业开展除"国家主权信用评级"之外的评级业务。

二是促进专业服务机构发展。完善政策措施，加快构建与投融资业务发展相适应的专业服务和中介服务体系。大力支持会计审计、法律服务、信用评级、资产评估等专业服务机构，特别是跨国专业服务机构的规范发展。打造境外投资保障体系，向企业提供重点国别和重点行业的评估报告，帮助企业规避风险，引进和发展相关争端解决机构，为投资机构提供权益保障服务。

三是加强投融资研究和人才建设。要像当初支持对国际贸易的研究那样推动上海高校和研究机构加强对跨国投融资的研究，争取通过适当的形式参与中美双边投资协定谈判等国际投资磋商，进而在国际投资新规则的制定过程中有所作为。鼓励大学增加投融资学科的招生规模，加大投融资人才的培养和吸聚力度。可将现行的对金融机构和从业人员的税收、户口等优惠政策扩展到全部投资机构和员工。

4. 加强与上海科创中心建设的协调互动

当地可投资源的潜力是决定投资机构集聚和发展的重要因素。上海应该努力实现科创中心和投融资中心的联动发展。

一是通过科创中心建设创造更多可投资源。上海科创中心在注重实施重大战略项目，布局重大基础工程的同时，还应更加重视科技成果的转化和鼓励科技创业。要营造形成适应大众创新创业需求的低成本、便利化、开放式环境，降低科技创新企业设立和经营门槛。创建以市场为导向的转移转化政策体系，加大科技成果使用权、处置权和收益权的下放力度，对科技成果市场前景较为确定的研发团队，可实行"先奖后投"，即在新公司成立之前完成对科研团队的股权奖励。应充分发挥上海大学和研究机构多、实力强的优势，鼓励教师和研究人员兼职创业，并将成果转化纳入部门和个人考核体系。

二是通过投融资中心建设提高科技创新企业融资的可获得性。一方面应充分发挥政府投资的引导作用，扩大政府天使投资引导基金规模，强化对创新成果在种子期、初创期的投入；另一方面，争取在上海股权托管交易中心设立科技创新专板，支持中小型科技创新创业企业挂牌。此外，还可以探索建立现代科技投资银行，鼓励各商业银行探索设立专门的"投资子公司"开展投贷联动试点，建设股权众筹平台，探索开展股权众筹融资服务试点。

5. 建立全覆盖的投融资监管体系

上海建设国际投融资中心一个不可避免的副作用就是各类投融资风险也会向上海集聚。因此，必须一手抓扶持，一手抓规范，确保不出现系统性风险。

一是开展投融资业务综合监管试点。目前，上海的各类投融资业务分属不同部门管理，例如合格境内有限合伙人（QDLP）和合格境外有限合伙人（QFLP）的试点工作由上海金融服务办推动，包括私募证券投资基金、私募股权投资基金、私募创业投资基金在内的私募基金由中国证监会监管，创业投资引导基金由上海发展改革委管理，并购基金等则没有主管单位。分散的多头管理使投融资业务存在着比金融业更大的监管真空和监管套利空间，也存在着更大的潜在风险隐患。在不改变现行监管体制的情况下，我们建议上海市能借鉴上海自贸区金融综合监管试点经验，明确对"一行三会"监管范围以外的投融资机构和交叉业务领域管理的牵头部门，制定分业监管机构清单和重点监测投融资行为清单，建立投融资综合监管联席会议机制，加强监管协调，以消除监管盲区，实现监管全覆盖。建议在指定管理部门时可适度集中在发展改革委或金融服务办。

二是建立投融资业务监测体系。在建立全覆盖的投融资监管体系的基础上，上海必须做到对投融资业务整体发展和风险状况有实时、全面和准确的了解。市政府应牵头分门别类、全面摸排全市投融资机构和市场底数和基本情况，加强跨部门、跨市场投融资业务监管协调和信息共享，尽快建立起一套全面覆盖投资机构和投资产品的事中和事后统计监测体系，加强失信、投诉和举报信息共享；充分发挥行业协会自律作用，尽量减少事前准入审批。

三是加强投融资风险防控。与普通融资机构不同的是，投融资机构数量多、规模小、创新能力强、业务交叉嵌套，不适宜，也不可能采取传统的对金融机构的监管方法，必须更加强调信息披露和市场自律。要依托各类行业自律组织和监管机构，建立投融资企业信息披露、登记等平台，出台或完善行业规范性指引，强制推行更加严格的信息披露和风险提示标准。对产品、业务交叉嵌套的投融资业务，要根据其业务本质属性采取"穿透式监管"，明确监管责任主体，切实做到"同业同规"。

商业银行助力科创企业融资模式
创新和风险管理

孟志芳　　傅晓云①

一、商业银行助力科创企业的融资困境

（一）科创企业的融资难题

科创企业的产品科技含量高，产品拥有较多的专利及咨询服务等附加值，因此科创企业具有无形资产占总资产比例高的特征。同时，科创企业的科技创新风险大，其科技贷款也具有风险高、风险资产权重大、不良贷款率高等特点，这些特点与商业银行经营管理的"三性原则"中的安全性原则严重相悖。因此，由于科创企业的技术发展前景具有不确定性，往往兼具高成长性与高风险性，加之其轻资产的发展模式下缺乏可抵押资产，银行信贷人员很难对科创企业的科技贷款做出精准风险评估，从而导致科创企业"融资难、融资贵"。

上海银行业针对初创科技企业"轻资产、无担保"的特点，不断进行创新，在对传统的科技贷款项目进行信贷政策、信贷流程创新优化的基础上，陆续开发出了质押贷款、供应链融资、商业保理融资、阶段性股权质押融资等科技型中小企业专项信贷产品。但是，我国科技信贷创新力度仍较大程度上受到客观环境限制。例如，知识产权质押融资与阶段性股权质押融资都因缺少专业人员对其知识产权及股权合理的评估，从而使银行难以精确评估其真实价值，因此不得不强调抵（质）押物的足值；供应链融资又必须得到核心企业与第三方物流企业等上下游企业配合，有巨大融资需求的二级及以上供应商和经销商则常因信用风险而难以获得融资服务。

（二）科创企业的融资模式

目前，在信贷资源紧张的情况下，交通银行上海市分行向科技创新型企业实施倾斜，科技创新型企业成为重点投放和新增贷款的领域。截至2017年3月末，交通银行上海市分行"四新"经济客户贷款增幅达30%，

---

①　作者单位：交通银行上海市分行。

贷款投放涉足 30 多个细分行业，"四新"经济授信客户群体不断壮大。

为进一步研究上海银行业融资模式的创新状况，本文调研了列入"上海张江国家自主创新示范区"的交通银行张江支行授信的 20 家中小型企业及 1 家大型企业。调查结果见表1。

表 1　　　　　　　交通银行张江支行授信的科创企业

序号	客户名称	注册资本（万元）	所属行业	主营业务	张江支行授信情况（授信模式、风险情况）	他行授信情况
1	上海云翎物联网科技股份有限公司	1000	软件信息及互联网技术	智慧工厂（大数据预警系统）智慧农业（大数据溯源系统）	大担保基金担保及实际控制人个人无限责任保证	无
2	申朴信息技术（上海）股份有限公司	1610	软件信息及互联网技术	银行系统软件的开发与服务	200 万元信用，400 万元履约贷（浦东科技融资担保）	无
3	上海企垠信息科技股份有限公司	1050	软件信息及互联网技术	银行系统软件的开发与服务	大担保基金担保及实际控制人个人无限责任保证	无
4	上海时年信息科技有限公司	111	软件信息及互联网技术	移动互联网手游开发、运营与服务	100 万元信用，300 万元大担保基金担保及个人保证	无
5	飞客文化传媒（上海）股份有限公司	200	软件信息及互联网技术	互联网网页制作及订票旅游服务	履约贷（大地财险）及个人保证	无
6	上海爱韦讯信息技术股份有限公司	2500	软件信息及互联网技术	航空领域软件开发与服务	大担保基金担保及个人保证	无

续表

序号	客户名称	注册资本（万元）	所属行业	主营业务	张江支行授信情况（授信模式、风险情况）	他行授信情况
7	上海其明信息技术有限公司	353	生物医药	DNA 数据分析及平台服务	大担保基金担保及个人保证	另有张江小贷 500 万元流贷，房产抵押
8	上海翊圣生物科技有限公司	300	生物医药	高校、医院及科研院所的生物试剂及技术服务	大担保基金担保及个人保证	无
9	普罗生物技术（上海）有限公司	500	生物医药	微生物法处理污水、污泥	大担保基金担保及个人保证	无
10	上海安维尔信息科技股份有限公司	1000	科学研究与技术服务	图像识别技术在生产性企业、港口安全中的应用	股交所上市股权质押，个人保证（范柘、杜滢）	另有浦发银行 300 万元流贷，大担保基金担保
11	高弗特科技股份（上海）有限公司	5000	科学研究与技术服务	公安刑侦设备的研发、集成与销售	大担保基金担保及个人保证	另有中国银行 200 万元履约贷
12	上海商格信息科技有限公司	687	科学研究与技术服务	物流、服装等行业的 RFID 标签研发及销售	履约贷（大地财险）及个人保证	无
13	上海仁微电子科技股份有限公司	625	科学研究与技术服务	监狱人员管理、刑侦设备管理的 RFID 标签研发及销售	大担保基金担保及个人保证	另有中国银行 100 万元履约贷

续表

序号	客户名称	注册资本（万元）	所属行业	主营业务	张江支行授信情况（授信模式、风险情况）	他行授信情况
14	矩强（上海）信息科技有限公司	526	科学研究与技术服务	珠宝管理、仓储物流、医疗后勤等的RFID标签研发及销售	大担保基金担保及个人保证	无
15	上海长合信息技术股份有限公司	2000	科学研究与技术服务	地铁轨道交通的通信系统设计、制作与施工	500万元为履约贷，810万元为经营性物业	中国银行300万元流贷（大担保基金）南京银行500万元流贷（信用）
16	上海华宿电气股份有限公司	3266	科学研究与技术服务	电气安全设备的研发与销售	信用及个人保证	另有上海银行500万元流贷（信用）
17	上海大汉三通通信股份有限公司	8814	通信	手机短信业务提供与服务商	信用及个人保证	另有中国银行、招商银行、兴业银行、上海银行等6家银行共计3000万元贷款
18	上海大汉三通无线通信有限公司	5000	通信	移动流量业务提供与服务商	大担保基金担保及个人保证	另有邮储银行600万元信用贷款
19	上海欧美拉光电股份有限公司	500	光电	LED照明设备的整体研发、销售与服务	大担保基金担保及个人保证	无
20	上海华承光电科技有限公司	12500	光电	光纤电缆的销售与技术服务	大担保基金担保及个人保证	无

续表

序号	客户名称	注册资本（万元）	所属行业	主营业务	张江支行授信情况（授信模式、风险情况）	他行授信情况
21	东莞华贝电子科技有限公司	90000	通信设备制造业	手机主板与整机的研发和生产制造	母公司华勤通讯技术有限公司担保，追加母公司位于科苑路399号9幢1～6层的房产抵押	建设银行4亿元银票额度，招商银行3亿元银票额度，中信银行2亿元银票额度，汇丰银行1.35亿元流贷额度等

从表1可知，交通银行张江支行授信的21家科创企业中仅有一笔股权质押贷款，其余均为抵押或担保贷款。总体来说，该支行的科创企业融资模式较为单一，主要是抵押和担保贷款。交通银行张江支行的融资模式一定程度上代表了上海银行业的融资模式，这种单一的融资模式难以满足中小型科创企业融资需求。

（三）科创企业的创新融资模式

2016年4月，银监会等部委印发《关于支持银行业金融机构加大创新力度开展科创企业投贷联动试点的指导意见》，意见明确将"上海张江国家自主创新示范区"列入试点地区，将上海银行、上海华瑞银行及浦发硅谷银行3家银行纳入试点范围。2017年10月16日，国务院办公厅印发《关于积极推进供应链创新与应用的指导意见》，意见指出要推进供应链创新与应用，推动供应链金融服务实体经济。

紧跟国家政策，结合科创企业实践。商业银行应从科创企业的具体情况出发，根据科创企业的不同发展状态，为其提供必要的金融服务。

初创期的企业资金缺口比较大，企业的业务发展模式还不够成熟，缺乏一定的贷款偿还能力，此时其市场风险控制能力也比较弱，因此，对于初创期科创企业可以采用投贷联动模式投资，在投贷联动模式下，由政府为企业发展提供帮助，投放必要的扶植资金帮助企业完成原始的资本积累。

成长期的企业受到市场供求关系变化影响比较大，企业的扩张欲望比较强。商业银行应对成长期企业的经营状况进行考察，并可以结合上下游企业产业链提供互联网供应链金融服务，引进大体量的私募股权资金服务，帮助成长期的企业完成经营规模扩大化发展。

二、投贷联动模式创新和风险管理研究

（一）国内投贷联动模式

"投贷联动"也称"投贷一体化"，贷、债、股投资联动机制的本质是具有不同风险偏好和收益要求的金融机构，围绕不同成长阶段的企业的差异化投融资需求，建立紧密的利益共同体。在收益共享、风险共担的基础上，商业银行以"股权 + 债权"的模式对企业进行投资，形成权益融资和债务融资相结合的融资模式。创立"投贷联动"模式的初衷是为了更好地解决高科技中小型企业"融资难"问题。在此模式下，银行与风险投资（Venture Capital，VC）、私募股权投资（Private Equity，PE）合作，风险投资机构先通过股权融资方式，满足高科技中小型企业的部分融资需求，商业银行再行跟进，提供高科技中小型企业剩余股权融资需求和债务融资需求。目前，商业银行投贷联动主要有三种模式，一是投贷联盟合作模式；二是与子公司合作"贷款 + 投资选择权模式"；三是与子公司合作"贷款 + 投资"混合融资模式。

（二）投贷联动的模式创新

"投贷联动"本质上是"股权投资—直接融资"和"信贷投放—间接融资"两类融资模式的组合方式。"投"和"贷"是现行监控框架下已有的正规融资渠道，创新的关键在于"联动"，即通过联动的制度安排，风险投资机构和商业银行结成利益共同体，为标的企业提供持续金融支持，从而在融资主体或融资项目上，实现风险与收益的匹配平衡。这些标的企业多是风险相对较高但发展前景较好的中小型企业，尤其是处于创业期的科技企业。

投贷联动突破了单一的信贷融资模式。银行通过信贷投放为中小型企业提供债务性融资，同时通过特定方式获得部分股权性收益，银行以企业高成长带来的部分股权性收益补偿债务性融资所承担的风险，从而达到风险和收益的平衡，这种方式有助于提高科创企业的融资可获得性、降低其融资成本。

投贷联动的创新增强了对成长类客户的服务能力，有助于缓解利率市场化背景下信贷息差逐步缩小的盈利压力，同时也锻炼了股权投资能力，促进了商业银行的经营转型。在"股权投资 + 贷款"联盟运行的投资方式中，银行一方面在规避了监管限制的同时分享了企业的股权回报；另一方面通过与 VC 机构或 PE 机构的合作在一定程度上起到了风险缓释的作用，

VC 机构或 PE 机构在对于创业阶段企业的筛选上更加专业，银行从而保证获得融资企业的质量。

（三） 投贷联动的风险

商业银行涉足"投贷联动"时其组织结构、所有权结构等会发生相应变化，由此可能产生利益冲突风险、传递性风险、收益波动风险和法律风险四个方面的风险。

（四） 投贷联动试点取得的成绩和存在的问题

1. 取得的成绩

2016 年五大地区十家银行首批入围投贷联动试点范围，其中沪上就有上海银行、上海华瑞银行和浦发硅谷银行 3 家银行。截至 2017 年 6 月末，上海辖内机构投贷联动贷款余额为 46.5 亿元。上海银监局抽样 82 家开展选择权投贷联动业务的企业进行分析，结果显示企业平均总资产增长 46.7%；平均净资产增长 37.51%；员工平均人数增长 14.89%；平均经营收入增长 124.24%；在原先没有产生盈利的企业中，近 60% 企业经营收入增加，并有部分企业扭亏为盈。

2. 存在的问题

虽然我国商业银行在投贷联动业务实践中的初步探索取得了一些成效，但仍存在以下问题：（1） 商业银行和企业投贷联动业务合作机制尚不完善，商业银行和企业之间缺乏必要的业务对接与联动合作；（2） 作为一种新的融资模式，商业银行投贷联动风险控制缺乏经验，投贷联动中的风险管理成为重点关注问题；（3） 商业银行的投资行为存在较大的制度政策限制，对风险投资和企业的监管不够严格。

三、美国投贷联动模式及其借鉴

（一） 美国投贷联动模式

美国硅谷银行是投贷联动模式的创始者，硅谷银行投贷联动运行模式具有三个特点。一是"利息＋期权"的收益模式，对于处在创业阶段的科技型中小型企业的融资需求，硅谷银行在对企业收取较高固定贷款利息的同时，还获得其一定比例的股权；二是循环放贷模式，硅谷银行采用信用卡额度授权模式，即企业在贷款额度内自主使用资金，并只支付实际使用资金的利息，在一定程度上减轻了初创企业高利息的压力；三是硅谷银行开发具有独特的信贷风险评级模型。硅谷银行投贷联动运行模式如图 1 所示。

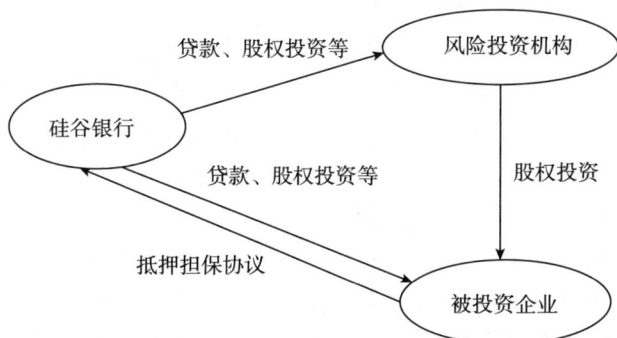

图 1 硅谷银行模式

（二）美国投贷联动模式借鉴

硅谷银行将股权与债权完美融合，与风险投资机构紧密联盟，形成风险共担机制，同时通过对拟融资企业的间接融资，在一定程度上可以做到风险隔离。硅谷银行专业化的经营理念、抗风险能力、高利润盈利模式始终处于业内领先地位，均值得我国银行研究和借鉴。但由于我国《商业银行法》第四十三条的限制，即商业银行不得向非银行金融机构和企业投资，不能直接持有非金融企业股权的规定。目前，我国商业银行尚不能持有所投资企业的股权，无法通过风投方式和风投机构结成利益同盟，无法利用风险机构来降低自己的投资风险。

四、投贷联动风险管理

针对我国商业银行投贷联动试点中存在的问题，在现行商业银行法规下，本文建议商业银行关注以下几个方面。

（一）建立基于层次分析法的投贷联动风险评价模型

我国银行目前的信用风险评价体系并未体现科技型企业的特征，为完善量化风险管理体系，我们对科创企业中具有投资经验的专家和相关人员进行了访问和调查，并聚焦于企业的现金流、发展速度及成长性，建立了适用于初创期和成长期的科创企业的基于层次分析法的投贷联动风险评价模型。

首先，课题组确定构成元素和分层结构，其次，课题组建立了判断矩阵并对其进行了一致性检验，最后，课题组将指标值和各指标权重相乘求和，最终构建出了投贷联动风险评估指数模型，模型用数学公式表示如下：

$$投贷联动风险评估指数 = \sum 单项指标得分 \times 该指标的权重$$

投贷联动风险评估指数取值范围为［0，100］，指数分值越大，说明该投贷联动风险管理能力越强，反之则说明风险管理能力越差。

对科创企业，我们获取其相关信息后，按照指标赋值标准进行赋值，计算出风险评估指数分值，再按照分值对照表采取相应的投贷联动策略，这样就建立了一个完整的投贷联动风险评估模型。

（二）建立严格的风险隔离机制

建立严格的风险隔离机制可以将银行资本的投资业务与其他业务分离开来，使其资金不得相互占用，以实现风险隔离，同时要严格确定贷款比例，对于高风险的初创期企业和较为成熟的科技型企业，可以专门测算贷款比例和额度。最后，要明确商业银行的贷款人定位，作为一家商业银行，无论是盈利来源或是主营业务，都要以债权投入及贷款服务为核心。

（三）建立风险补偿机制

对商业银行而言，如何有效覆盖银行贷款风险是投贷联动中的首要问题。商业银行应充分利用政府提供的扶持政策来缓释贷款风险损失，如政府出资设立中小企业专业担保公司、出资设立科创企业贷款风险补偿基金等。同时，商业银行可以寻求愿意接受科创企业认股期权作为对价的商业保险公司、担保公司等，通过这些公司提供贷款风险保障服务，从而缓释投贷联动中的贷款风险。

（四）建立行业准入限制

商业银行应专注服务于自身熟悉的行业，在发放贷款前可以借助风险投资机构对企业进行甄别和筛选，从而有效地降低贷款风险。

（五）建立专门的授信管理制度和贷前、贷中、贷后管理制度

商业银行可对企业提供知识产权抵押贷款，防范信贷违约风险；加强贷款期限与授信额度管理，密切关注贷后管理，将不良贷款率控制在较低水平；还可以通过与企业签订清偿协议来保障银行自身在企业破产清算时的优先受偿权利。

建立贷前、贷中、贷后管理制度。贷前调查可参照创投机构筛选客户方法，以技术优势、专利质量、研发与管理团队稳定性、商业模式和市场前景等要素对客户进行评级；贷时审查可建立单独的审批渠道和审批流程，配置专职审查人和审批人，必要时，审批权可下沉前移到科技支行等基层经营单位；贷后检查可通过风险投资等合作机构的渠道掌握信息，同时将企业成长性和后续融资进度等持续经营和融资能力纳入判断标准中。

（六）为科创企业整个经营活动提供金融服务

美国风投最成功之处在于风投机构提供给科技中小型企业的不仅仅是

资金，还包括企业管理、市场规划、风险规避等各项服务，这些服务的价值远远超越其提供的资金支持。投贷联动中，商业银行同样可以为企业客户提供价值评估和咨询服务，银行从中赚取中介服务收入，并提供决策支持，孵育被投资企业成长，同时也控制自身的投资风险。

五、互联网供应链金融创新和风险管理研究

从行业角度来看，对于成长期和成熟期的科创企业及其上下游产业链科创企业，可以侧重于供应链融资这种能实现上下游科创企业相互合作的融资模式。在产业互联网时代，"互联网＋供应链金融"可为中小型科创企业提供融资新途径。

（一）互联网供应链金融模式和特点

供应链金融模式有"供应链金融 1.0 模式""供应链金融 2.0 模式""供应链金融 3.0 模式"，以及进入产业互联网"供应链金融 4.0 模式"——招商银行供应链金融。"供应链金融 4.0 模式"其基本思想是通过充分融合"供应链的生态共建思维""互联网的开放共享思维"和"投行的资源整合思维"，建立以 FinTech 技术为助推，投商行一体化的思维方法；"供应链金融 4.0 模式"的目标对象是产业互联网重塑的各类产业生态圈场景，包括核心企业产业生态圈、B2B 平台产业生态圈等；"供应链金融 4.0 模式"的经营模式是"融资＋融智＋融器"，如表 2 所示。

表 2　　　　　　　　　　　　产业互联网供应链金融业务 4.0 模式

经营模式	运作方式
融资	向实体产业链注入资金资源。融资不局限于银行传统的表内外资金，而是广泛组织理财、ABS、互联网平台等社会化资金
融智	向实体产业链输出金融服务能力，包括商业模式设计、交易结构安排、资产运营管理、外部资源整合等一揽子服务
融器	发挥 FinTech 技术应用优势，向客户提供基于 FinTech 的金融 IT 基础设施

（二）互联网供应链金融模式创新和风险

1. 互联网供应链金融模式的创新

（1）参与主体日趋多元化

从产业链金融发展趋势看，产业链金融正式进入"供应链金融 4.0 模式"时代，从"线下 1＋N"到"线上 1＋N"再到"线上平台化 N＋N"，其参与主体日趋多元化，除了传统的商业银行、产业链核心企业以及其上下游的中小企业以外，产业资本下的金控和金服公司、物流企业、电商平

台、资产交易平台和互联网金融公司等也参与到产业链金融生态系统中，这改变了过往以银行提供融资服务为核心的供应链模式，并加速向以交易和服务为核心的供应链金融模式的转型。

（2）提供综合性的金融服务

互联网供应链金融构建以中小企业自身交易为核心的金融服务平台，商业银行利用该平台，整合真实交易数据，开展以"数据质押"为核心的供应链金融业务，进而逐渐去中心化，使中小型企业能够直接享受综合性的金融服务。

（3）提高效率，降低成本

互联网供应链金融的发展对互联网、物联网、大数据等新技术的应用有着较高要求，商业银行可与大型电商平台、物流企业进行强强联合。一方面，商业银行可与电商平台合作，设定企业的资信评判标准等其他标准要求，降低成本并提高效率；另一方面，商业银行通过与物流企业的合作能够对交易流程进行追踪，实现资金流、商流、信息流和物流的"四流合一"，从而降低商业银行的信贷成本。

（4）加强客户黏性

互联网供应链金融业务的创新以产品创新为主，深度挖掘"互联网＋"时代下客户的需求变化，在产品创新的基础上，进行流程的优化、信息传递渠道的创新，从而提升客户服务体验，增强客户黏性。

2. 互联网供应链金融的风险

互联网供应链金融存在以下四点风险：一是互联网供应链金融交易依托信息技术传递，金融风险被放大和扩散；二是产业与金融的关联性增强，金融风险更具复杂性和传染性；三是大数据和区块链风险不断加剧，目前，大数据技术缺乏历史数据，数据的不准确性和不全面性都会导致科创企业的经营决策和风险管理存在偏差，进而引发风险，区块链更是大量信息节点被攻击的安全性问题；四是网络和信息风险较大，新技术的记账方式会在互联网上共享数据，风险敞口大，一旦遭受黑客攻击，将面临系统瘫痪的风险。

（三）互联网供应链金融风险管理

互联网供应链金融模式风控体系依托产业互联网，力争实现企业信息的高度共享。新的风控体系应积极运用 FinTech 技术，依托多维度、实时动态数据，有效结合商业银行的风控理念和方法，探索适应产业互联网时代的供应链金融风控体系。

1. 提升供应链金融风险防控手段

在企业准入方面，要对行业、市场动态、核心企业经营能力等多个方面进行综合考虑，防范系统性行业风险。在操作流程方面，充分利用互联网、大数据和云计算的技术，对交易数据、行为数据进行综合分析，对供应链管理的各环节实时监控，充分利用线上供应链金融的优势完善风险预警机制。

2. 银行风控体系的线上化

银行风控体系的线上化，即银行要以"大数据分析"为基础，建立风控模型，辅助进行风险的事先识别、事中预警和事后评价。风险体系的线上化，可以具体运用在信用评级、授信核定、交易背景审查、资金监控等各个授信环节，从而有效提高线上化业务的风险管理水平。

3. 商业银行风控实践

招商银行在"E+"账户中初步运用"移动互联、人脸识别、活体检测、联盟区块链、Saas、征信大数据"等 FinTech 技术，取得了一定的成效。兴业银行推出的"黄金眼"，是将科技与金融创新融合的智能风控产品，该产品可以模拟人工查询和评价数据的过程，通过企业客户在互联网上的公开行为数据和银行内部数据的分析评价从而识别和警示风险，提升银行风险管理的信息化、自动化和智能化水平。

(四) 互联网供应链金融发展策略

1. 行业的选取

行业的选取是产业链金融的切入点，一般而言，产业链金融比较适合于计算机通信行业、电力设备、汽车、化工、医药及能源行业。从产业链金融业务适用性角度看，可选择符合资金密集程度高、资金量大等特征的竞争性行业作为产业链金融的目标行业。

2. 行业内客户细分

对选定行业内的客户属性进行细分有助于准确选定核心客户群并对其进行划分。对于大中型企业客户群，可以为其定制行业综合解决方案；对于中小企业，可打造线上社区并以非金融场景经营来带动其金融服务的需求。

3. "一链一策"定制产业链金融业务模式

产业链的特征决定了银行必须是"一链一策"地提供产业链金融解决方案。银行可从以下三个方面评估不同产业链的差异：一是从行业系统性风险方面进行评估；二是从产业链主体的核心企业资质进行评估；三是从产业链主体的交易模式、结算方式进行评估。

六、商业银行对策和建议

(一) 建立差异化科创金融战略

大型商业银行应定位于大中型科创企业。在科创金融中，大型商业银行必须较多地考虑收益、风险、成本等因素，而大型企业具有风险小、成本低和有较高金融需求的特点，因此，具备综合化金融服务能力和水平的大型商业银行更适合于定位大中型科创企业，更多地支持新兴科技行业中的全球领先科创企业，支持"一带一路"建设大中型科创企业和重点项目。

中小型商业银行，应定位于服务中小型科创企业。目前，我国中小企业超过 5000 万家，在市场、贸易和技术方面有丰富的合作机会，具有巨大的金融服务的潜力可挖，并且可以较好地满足银行的定价要求和政策优惠，而中小型商业银行具有灵活、便捷优势，可以以创新的融资模式和风险管理方式服务于中小型科创企业。

(二) 进一步完善投贷联动模式

1. 建立商业银行与高科技产业园区"投贷联动"机制

该机制的基本思路是商业银行为"园区平台发展基金"提供债权贷款，并通过该基金为园区内合格融资企业提供股权投资，以此获得固定收益和退出后的风险收益。

商业银行提供债权贷款，建立"园区平台发展基金"。商业银行通过调研，筛选出合适的产业园区。产业园区作为发起人，与地方政府、股权投资机构合作成立有限合伙企业组织形式的"园区平台发展基金"，政府以及具有良好风险投资项目管理经验的 PE、VC 等风投机构都是"园区平台发展基金"合作伙伴。在联结 PE、VC 等风投机构的基础上，"园区平台发展基金"通过全面考察，筛选园区内中小型企业，并为合格融资企业提供资金支持。商业银行为"园区平台发展基金"提供 90% 的贷款，剩下的 10% 作为劣后级由"园区平台发展基金"提供。园区内合格企业的融资需求统一由"园区平台发展基金"予以满足。此外，商业银行可以担当园区内科技型中小企业的财务顾问，协助中小企业设计重组、改制方案，理顺经营管理机制，优化股权结构。

2. 加强与同业合作，培育股权投资生态链

商业银行拥有充沛的客户基础，与不同行业、不同规模、不同发展阶段的众多客户均有不同程度的业务关系，是投贷联动业务有待开发的宝贵资源。商业银行可以用此优势与证券、基金、私募股权、产业金融资本以及上市公司建立紧密的合作关系，构建优势互补、内外互动的投资银行生

态链、资本市场产品链及业务开办机制链，为投贷联动奠定未来发展的基础。

3. 进一步完善投贷联动制度

完善商业银行和投贷联动业务合作机制，商业银行和企业之间加强业务对接与联动合作；完善商业银行风险隔离机制；完善商业银行与风投机构、科技型企业之间风险补偿机制；完善利益分享机制；建立和完善投贷联动中商业银行退出机制，在银行股权退出方式的选择上，需要借助资本市场，制定明晰的退出界限；完善风险评测信息系统；加强对风投和企业监管机制。

（三）灵活运用差异化互联网供应链金融策略

1. 差异化的合作和进入策略

自建线上平台形成产业链生态圈。建议以国有银行以及股份制银行为代表的大中型银行采用此种策略，其优点显而易见。银行建立线上平台并形成生态圈以后可以提高客户黏性，各类信息掌握在银行手中，银行可以成为相关产业链生态圈的主导者和管理者，此为典型的"塑造性"战略思路。但采用此种模式需要银行具有强大的资源和能力为基础。

参与其他机构合作建立的产业链生态圈。建议以小型股份制银行、城市农商行为代表的中小型银行一方面可以基于自身区位优势定位特定细分产业链，建立业务范围相对较小的供应链平台；另一方面可以积极与电商、物流企业、产业集团合作，以"合作共赢"方式建立或参与建立线上产业链合作平台并发力于某一细分业务领域，如表内外融资、现金管理或者资产托管等。一般中小银行可通过引入战略投资者，或通过并购、参股等方式与三方机构建立更为紧密的战略合作关系。采用此种模式需要银行具备快速调整、不断尝试新业务领域的能力。

2. 差异化的现金管理策略

中小型企业现金管理需求相对简单，以日常流动性资金管理需求为主，兼顾临时融资支持和短期增利管理。中小银行参与产业链生态圈提供现金管理业务时可定位产业链上下游中小型企业，提供相对简单和标准的现金管理服务和产品。

随着国内企业全球业务布局的发展，对于大型集团客户的现金管理产品则应瞄准"本外币一体化全球现金管理"服务，汇集投融资管理、金融风险管理、运营资金管理、结算清算等服务，为企业建立资金池甚至跨境双向资金池，并提供相应的决策支持分析。

（四）建设专业化人才队伍

"投贷联动"中的信贷业务需要更多地对行业、企业和技术的发展前景进行判断，风险识别和控制的要求也更高，因此，商业银行需要建设一支熟悉行业和创业企业的专家队伍，为企业提供融资、行业、市场、技术、咨询等方面的服务，帮助银行全面掌握企业的技术、产品、市场和管理团队情况，从而降低和控制贷款风险。商业银行应逐步培养高新技术领域具有专业理论背景和行业从业经验的复合型银行金融人才，提供高技术团队的专业分析评估，为商业银行的贷款和投资决策提供依据，解决企业成长过程中资金管理及后续发展等问题。

我国金融科技发展中的监管研究

桂詠评　韩精艺　肖雨晴　熊亚萍①

一、绪论

金融科技（即 FinTech，下文两者同义）的发展，正在引发一场新的变革，信息技术、人工智能技术正在影响、改变传统金融行业的发展轨迹。不少专家甚至认为，这是一种颠覆性的影响。FinTech 引发的变革，可能会产生新的商业模式、技术应用、业务流程或创新产品，从而对金融服务的供给产生重要影响。FinTech 在去中心化，增加非金融机构中介，提升金融体系的效率、透明度、竞争性和韧性，促进普惠金融和经济增长等方面具有积极的意义。同时，对政府机构的金融监管也提出了新的挑战。

（一）研究背景与选题意义

1. 上海建设国际金融中心，需要研究金融科技。作为金融创新的制高点，金融科技正成为全球各金融中心争夺的焦点。无疑，上海也将要从新的视角、新的路径和新的高度建设国际金融中心，课题研究将努力为此提供对策建议，为政府决策提供参考。

2. 上海发展"四新"经济，需要研究金融科技。在推动上海金融产业转型升级发展的过程中，金融科技的作用和影响是值得探讨的，也正体现课题的研究意义。

3. 为了把握金融科技发展的时代脉搏，需要研究金融科技发展现状和路径，以及如何防范金融科技可能带来的风险，加强对金融科技的监管。

（二）国内外研究现状述评

什么是金融科技？2016 年 3 月金融稳定理事会（FSB）对此下了定义，"金融科技是一种足以引发金融界创新海啸的科技手段，它已经并将继续对产品服务、商业模式、经营理念等带来深刻变革，对整个金融市场及提供金融服务的机构都具有显著性影响。"

---

①　作者单位：上海大学。

金融稳定理事会金融科技课题工作组（2017）[①] 则在一份报告中，将"金融科技"定义为"由技术驱动的金融创新，这些金融创新可能会产生新的商业模式、技术应用、业务流程或创新产品，从而对金融服务的供给产生重要影响。"

1. 研究金融科技（包括互联网金融）对传统金融影响的相关文献。这类文献相对较多，吴晓求（2015），孙国茂（2015），何启志、彭明生（2016），陈嘉欣、王健康（2016），崔海燕（2016），刘忠璐（2016），刘澜飚等（2016），刘芬华等（2016），崔海燕（2016），陈麟、谭杨靖（2016），廖愉平（2015），杨东（2015），郑志来（2015），徐卫东、郭千钰（2017），邹静、王洪卫（2017）、陆岷峰、虞鹏飞（2017），张涛（2016），何剑锋（2016）等文献，从第三方支付、P2P、众筹等主要领域研究金融科技（互联网金融）对传统金融业务的影响以及互联网金融对中国金融体系的结构、金融监管方式的影响和冲击等。杨东（2015）[②] 认为，互联网金融具有满足小微投融资者需求、降低交易成本、促进竞争、提高市场透明度的功能，发挥着分散金融风险、回归金融本质的作用。吴晓求（2015）[③] 认为，互联网金融是一种新的金融业态。作者从互联网金融的基本内容、运行结构、理论基础、风险特点、监管标准以及替代边界等角度出发，探究其生存逻辑、理论结构及监管准则。

2. 针对金融科技如何实施监管的相关文献。杨东（2015），钟鸣长（2016），芦国荣（2016），朱太辉、陈璐（2016），李文红、蒋则沈（2017）等文献，梳理了美国、英国、新加坡，以及中国等国家的监管思路和具体做法。其中，以美国为代表的功能性模式；以中国为代表的适应性监管；以新加坡和英国为代表的主动型监管，即包括"监管沙箱"、创新加速器等。

文献述评：以往文献，针对金融科技的事件、现象做了分析，也概括了中国金融科技发展的现状，但较少探索金融科技创新的路径、模式和机理，从国内外两个方面的视角，探索如何加强金融科技的监管，提出中国的思路。而这就是本文所要进行的探索。

（三）基本思路和基本方法

在研究过程中，将采取以下基本方法：

① 金融稳定理事会金融科技课题工作组. 金融科技对金融稳定的影响及各国应关注的金融科技监管问题 [J]. 金融监管研究，2017（9）.

② 杨东. 互联网金融的法律规制——基于信息工具的视角 [J]. 中国社会科学，2015（4）.

③ 吴晓求. 互联网金融：成长的逻辑 [J]. 财贸经济，2015（2）.

1. 资料分析法。分别从以下国际机构、国别政府机构收集监管动态解读、研判。包括:(1)观察的国际机构:金融稳定理事会(Financial Stability Board, FSB)等。(2)观察的国家:美国联邦储备系统(The Federal Reserve System)等。英国金融行为监管局(Financial Conduct Authority, FCA)等。(3)重点是中国金融科技发展现状,以及中国的"一行三会"出台的金融监管政策与措施。

2. 专题研究法。针对金融科技和监管科技中的几个重要主题展开研究,包括监管沙箱,创新指导窗口,创新加速器等。

二、国际金融监管现状分析

金融科技的国际监管,无疑是由巴塞尔银行监管委员会(BCBS)[①] 和金融稳定理事会(FSB)[②] 两大国际机构领衔、推动的。国际支付和市场基础委员会(CPMI)、国际保险监督官协会(IAIS)和国际证券事务监察委员会(IOSCO)也是重要的国际金融科技的监管机构。一般来说,国家权威机构的监管目的主要包括保护消费者和投资者,维护金融市场信心,增强金融普惠,促进创新和竞争。而维护金融稳定性在现阶段很少被列为金融科技监管的目标。

在这种情况下,金融监管必须突破传统模式与手段,更多植入新型技术因素,监管科技(RegTech)由此走向前台。分析发现,金融危机以来,欧美国家针对金融市场的监管政策不断收紧,《巴塞尔协议Ⅲ》等国际性金融法规也不断提出更高要求,导致金融机构遵守监管法令的成本骤增。

(一)金融科技监管架构

当前,金融正在发生最大的冲击和变化是在监管和法律方面。因为金融科技的出现,监管必须从机构的监管走向功能监管,当整个的功能是内生的时候,监管针对机构就可以解决所有的问题。监管必须从一个静态的区域、一个城市、一个点走向跨区域和跨境的监管,因为所有的科技金融

① 巴塞尔银行监管委员会(Basel Committee on Banking Supervision)简称巴塞尔委员会,巴塞尔银行监管委员会原称银行法规与监管事务委员会,是由美国、英国、法国、德国、意大利、日本、荷兰、加拿大、比利时、瑞典十大工业国的中央银行1974年底共同成立的,作为国际清算银行的一个正式机构,以各国中央银行官员和银行监管当局为代表,总部在瑞士的巴塞尔。每年定期集会4次,并拥有近30个技术机构,执行每年集会所订目标或计划。

② 金融稳定理事会的前身为金融稳定论坛(FSF),是7个发达国家(G7)为促进金融体系稳定而成立的合作组织。在中国等新兴市场国家对全球经济增长与金融稳定影响日益显著的背景下,2009年4月2日在伦敦举行的20国集团(G20)金融峰会决定,将FSB成员扩展至包括中国在内的所有G20成员国,并将其更名为FSB(Financial Stability Board)。

都是跨区域、跨境的。①

1. 基本构架。金融科技监管的基本构架包括相关立法，监管原则，主管机构，监管模式等。

目前，作为最大的发达国家，美国的金融监管强调功能性监管，由不同领域的主管机构分别实施监管，并且采取"激励创新＋监管"相结合的方式。各管理部门、代表处和独立的监管者运用了一系列方法刺激金融科技创新，包括美国货币监理署（OCC）的"负责任创新"（Responsible Innovation）监管框架，消费者金融保护局（CFPB）的"项目催化剂"（Project Catalyst），证券交易委员会（SEC）的"金融科技工作组"（FinTech Working Group），商务部的"开放创新"（Open for Innovation）活动，以及财政部和美国国际开发署（USAID）的"普惠金融论坛"（Financial Inclusion Forums）。

英国，其经济规模相对较小，采用集中统一的监管模式。2013 年 4 月，英国成立的金融行为监管局（FCA），主要针对非金融机构和金融市场行为监管，促进市场竞争和保护消费者权益。依据《2000 年金融服务与市场法案》，金融行为监管局承担对金融科技创新的监管，其主要监管思想是平衡创新与风险的关系，以达到适度监管的目的。

不同国家针对特定金融科技业务监管措施的变动情况，取决于对金融稳定理事会中承担的责任。大多数监管变化集中在付款，融资及小部分投资管理方面，这些经济功能已大部分符合现有的监管制度。只有少部分的监管政策变化涉及保险、市场支持方面的金融科技业务创新。

表 1　　　　　　　　　　　部分国家和地区金融科技监管机构

国家或地区	主要监管机构	监管类型	监管手段
美国	货币监理署、财政部、金融消费者权益保护局	功能监管	颁布法律、加强监管
英国	英国金融行为监管局	单一监管	监管沙箱等
澳大利亚	澳大利亚证券和投资委员会	单一监管	监管沙箱等
新加坡	新加坡金融管理局	单一监管	监管沙箱等
中国台湾	台湾"金融监督管理委员会"	单一监管	监管沙箱等

2. 金融科技监管的重点领域。目前，巴塞尔银行监管委员会将金融科技分为支付结算、存贷款与资本筹集、投资管理和市场设施四类。金融稳

---

① 2017 年 9 月，朱民在一次论坛上的发言。

定理事会金融科技课题工作组，将金融科技活动分为五类：支付、清算和结算，存款、贷款和资本融资，保险，投资管理和投资者服务以及市场支持。科技创新发展迅速，涉及上述所有类别金融服务，包括零售（家庭和中小企业）和批发（公司、非银行金融机构和银行间）服务活动。这也是金融科技监管的重点领域。

（1）支付、清算和结算。大多数地区已经或计划发布监管新规，范围涉及移动支付、非银行支付和数字货币。新规在承担维护支付设施责任的基础上，拓宽支付手段，确保支付系统顺畅运行。在数字货币方面，针对存储转移货币及涉及欺诈、洗钱和涉恐融资的问题，明确了法律框架，也出台了相应的措施。以日本为例，金融服务局修改了《支付服务法》以建立数字货币监管框架，进而解决数字货币产生的洗钱风险的问题，保护消费者权益。香港金融管理局于 2015 年 11 月制定了新的条例，推出了零售支付体系许可制度及相应的监管措施。

（2）存款、贷款和资本融资。许多地区修改或明确了现有的股权众筹和在线市场借贷制度，这也是国际证监会组织（IOSCO）关注的重点。这些更改包括定义新的许可要求以及明确现有规则的适用范围。在墨西哥，联邦议会审议通过了授权证券监管机构作为众筹平台的监管机构的法案。加拿大在 2015 年 5 月首次引入了新的众筹规则，允许公司在特定情况下使用股权融资募集资金。中国正在开展研究以借鉴国际经验，制定有关股权众筹的监管框架。在在线市场借贷（包括在线贷款平台）方面，中国积极发布了一些规则和指引。加拿大也发布了对在线借贷平台业务运营的预期，巴西计划发布 P2P 借贷的新法规。

（3）保险。国际保险监督官协会评估了保险技术的创新发展，并提出保险行业的创新发展、技术投资落后于银行业的观点。目前，只有中国、印度和俄罗斯推出了旨在通过电子销售保险产品以促进保险服务发展的相关措施。俄罗斯计划进一步修改有关披露要求。中国香港审查了其对金融科技的监管制度，决定现阶段不做出改变。

（4）投资管理和投资者服务。一些司法管辖领域已经或计划发布有关机器人投资顾问的指导意见，其中大多数只是阐明了证券监管框架内的现行规则。也就是说，注册、适用规则和行为要求是"技术中立的"，无论投资组合在传统模式还是在线平台下运行，都适用相同的规则。

（5）市场支持。类似银行监管框架的规定，针对金融科技第三方支持平台的监管机制已涵盖云计算应用。新加坡、南非和英国的报告显示，它们修订或发布了关于审慎风险管理的新指引，以便通过外包来解决云计算的使用问题。

（二）金融科技监管原则

总体而言，国际上 FinTech 的监管模式随着金融行业的发展规模、法律适用情况及科技发展成果的不同而异，呈现不同的形态。

1. 美国《FinTech 监管框架》中提出的监管原则

2017 年初，美国国家经济委员会发布了一份名为《FinTech 监管框架》的白皮书，为政府相关监管机构评估 FinTech 生态系统提供了以下十项原则：一是多角度思考金融生态系统；二是以消费者为中心；三是推动普惠金融安全健康发展；四是认识并克服技术偏见；五是最大限度提高透明度；六是努力实现统一的技术标准；七是重点保障网络安全、数据安全和隐私保护；八是提高金融基础设施的效率和服务能力；九是维护金融体系稳定性；十是继续加强跨部门合作。

2. 英国的监管原则

（1）业务属性原则。英国在现有金融技术监督管理框架的基础上实施了监管。FCA 在 2014 年 3 月发布"通过网络或其他媒体公开募集发行不易变现证券监管法"，企业"借众筹"的 P2P 和 P2C，建立信息披露制度为核心，包括最低审慎资本标准、客户资金保护规则、信息报告系统，对借贷平台倒闭后终止合同，管理安排和争端解决机制包括 7 个基本规则。募集公募权益：募集各类股权扩大投资型公众筹码，从最低资本水平、投资者地位、投资额度和投资咨询要求等方面提出更高的监管要求。同时，要求贷款平台和融资平台获得金融监管机构的授权，并要求所有投资者在英国金融服务补偿计划中增加投资。网络银行和第三方支付服务：监管部门没有单独的条例纳入现行监管规范，监管主要是基于金融行为权威 2009 年发布的"银行支付和电子货币系统"。

（2）行业自律先行。按照金融科技的发展，适时调整和完善监管措施。以 P2P 网络借贷为例，英国的 Zopa、Rate Setter 和 Funding Circle 3 家 P2P 借贷平台在 2011 年组织的全球第一家 P2P 行业协会的成立，并发展了 8 个会员的标准操作规程和 10 个会员的章程，规范和促进持续稳定发展的英国 P2P 产业。

（3）监管与支持并重。监管方面，随着 P2P 行业的发展，在《消费信贷法》和行业协会自律规则的基本金融行为监管局，于 2013 年 10 月发布了《关于众筹及类似行为的监管方法》，在 2014 年 3 月发布《关于互联网众筹及通过其他媒介发行不易变现证券的监管方法》，并开始实施 P2P 网络借贷的专业金融监管。在支持方面，为金融和科技企业提供直接帮助，帮助企业开放国际市场或外国公司进入英国市场。通过与金融科技企业的对话，帮助企业了解监管框架，更好地适应监管体制。2015 年 11 月 1 日，英国财政部发布的《小微企业（融资平台）监管条例 2015》文件要求，在获得小微企业同意的前提下，联合爱尔兰银行等九大银行必须将被其拒绝放贷的小微企业的信息推送给 Funding Xchange、Funding Options 和 Business Finance Compared 三大融资平台。

3. 中国《关于促进互联网金融健康发展的指导意见》中提出的监管原则

2015 年 7 月 18 日，中国人民银行会同有关部委牵头联合印发了《关于促进互联网金融健康发展的指导意见》（银发〔2015〕221 号，以下简称《指导意见》），制定了"依法监管、适度监管、分类监管、协同监管、创新监管"的监管原则。《指导意见》在"鼓励创新、防范风险、趋利避害、健康发展"的总体要求下，对于互联网支付、互联网消费金融、众筹融资、互联网基金、保险、信托等互联网主要业态的监管提出了以下几方面监管意见：一是鼓励创新，支持互联网金融稳步发展；二是分类指导，明确互联网金融监管责任；三是健全制度，规范互联网金融市场秩序。

4. 与金融科技监管相关的国际金融机构

（1）金融稳定理事会（Financial Stability Board, FSB），于 2009 年在 G20 伦敦峰会决议设立，并在瑞士成立，承担全球金融监管体系改造职能。2016 年 3 月 16 日，FSB 在日本召开第 16 届全会，正式讨论了 FinTech 的系统性风险及监管问题，并发布了《金融科技的全景描述与分析框架报告》，建议监管机构从三个方面对 FinTech 创新进行分析。第一，分析创新内容和机构特征。判断是真正市场需要的金融服务创新，还是只是借创新之名牟取暴利。第二，区分创新动机。对有利于提高效率、降低成本、填补金融服务空白的创新予以支持，对规避监管、进行监管套利甚至涉嫌非法集资的"伪创新"给予严厉打击。第三，评估创新对市场稳定性的影响。微观层面重点评估 FinTech 活动对市场结构和竞争格局的影响，宏观层面重点评估对现有金融系统的复杂性、透明性、流动性的影响。

（2）金融稳定理事会会员机构。巴塞尔银行监管委员会（Basel Committee on Banking Supervision, BCBS）是国际银行业标准制定机构。BCBS 成立了 FinTech 特别工作小组，研究金融技术对商业银行的影响以及未来的监管应对，并对各国 FinTech 监管措施进行调研。国际保险监督官协会（International Association of Insruance Supervisors, IAIS）是国际保险业标准制定机构。IAIS 于 2017 年 3 月发布了《保险科技创新报告》，建议保险监管机构从五个方面进一步探索：①实施穿透式监管，②实施持续性监管，③调整行为监管重点，④实施协同式监管，⑤实施创新式监管。国际证监会组织（International Organization of Securities Commissions，IOSCO）是国际证券业标准制定机构。IOSCO 于 2017 年 2 月发布的《IOSCO FinTech 研究报告》指出，各国监管机构应加强信息交换等各方面国际合作。

（三）　金融科技的监管模式

总体而言，国际上 FinTech 的监管模式随着金融行业的发展规模、法律体系的演变，以及科技发展成果的不同而异，呈现不同的形态。

1. 限制性监管模式——以美国为代表

美国则凭借着其优越的人才资源与创新文化——"硅谷人才摇篮"，打造出以科技创新为最主要驱动力的金融科技模式，其在金融科技的成分上，以投资顾问、P2P 和证券交易方式为主要入口，美国的 FinTech 更像是新老金融企业的科技创新革命。美国针对其以科技创新为主的 FinTech 业态，采取视同基础金融行业的监管模式——功能性监管，即不论金融呈现的方式和涉及的领域，均按照金融的本质将相关业务纳入现有监管体系而不单独实施监管。原因在于：首先，美国经过几次金融风暴的洗礼，不论法律法规、监管模式还是投资者意识均较成熟；其次，美国拥有国会立法权、法官的判例解释权，政府和法律都能促成监管模式的及时调整以确保金融安全。

2. 主动性监管模式——以英国和新加坡为代表

英国采取政府主导型的监管模式，旨在大力推动金融科技的发展。其中，最典型的莫过于英国金融行为监管局（FCA）于 2015 年 11 月推进的"金融创新工程"中"沙箱计划"。所谓沙箱计划，是指在一定的试验区域内，降低金融标准、放宽监管要求以激发创新活力。此外，监管当局还对试验区内的创新科技进行检测以及对相关产品（包括金融产品及服务）的风险指标、盈利能力进行测试，在确保基本不会危害金融系统的前提下，允许其投放金融市场。

3. 适应性监管模式——以中国为代表

和西方发达国家优越的资本环境和成熟的监管体系不同，我国的金融市场发展刚刚起步，金融科技的推动主要依靠强大的市场需求与商业模式推动，另外，从监管上来看，美国金融体系与监管较为成熟，相关法律法规也较为完善，对于近些年兴起的金融科技，虽然现有法规无法完全覆盖，却能及时调整立法，其监管相对严格。而中国的大陆法体系对于金融科技的监管只能依靠成文的法律法规，缺乏灵活性与时效性。不成熟的监管法律体系反而成了金融科技野蛮生长的灰色领域，加上中国政府对于金融创新的大力支持，监管初期，中国政府实行较为宽松的"黑名单"策略，即明文规定不可为，规定之外运行尝试创新。在这种宽松的环境下，我国的金融科技迅猛发展，积极意义上说我国第三方支付、P2P 的规模大肆扩张位居全球前列，并且出现了蚂蚁金服、陆金所等优秀的金融科技公司，从消极意义来说，伴随着行业的井喷式增长，"无门槛""无标准""无统一数据"的状态仍然没有改变，P2P 平台跑路及坏账风险也开始集中显现。2015年下半年，P2P 平台风险的大规模爆发引起了相关监管部门的注意，先后颁布了《关于促进互联网金融健康发展的指导意见》和《网络借贷信息中介机构业务活动管理暂行办法》，对金融科技行业的乱象进行整顿。

（四）金融机构自律措施

1. 金融机构自身的风控要求

为了顺应监管要求，各类金融机构开始与 RegTech 公司进行合作，并将 RegTech 产品引入自身系统。具体到金融行业，RegTech 的最大优势就是能够通过实现纸质报告流程的数字化，减少基于监管的人力激励支出；以及集中化地满足监管要求等途径达到有效降低成本的目的，使金融机构的合规成本降低 50%。同时，RegTech 能够帮助金融机构无缝对接和系统嵌套监管政策，及时自测与核查经营行为是否符合监管要求，从而避免因不合规带来的巨额罚款，完成风险的主动识别与控制。

金融机构大量采用 RegTech 无疑强化了监管机构采用 RegTech 的倒逼力量，否则必然形成监管者与被监管者十分严重的信息不对称，出现更为高级、更加隐蔽的监管套利行为。而对于监管机构而言，运用 RegTech 不仅能够快捷地感知与发现金融风险，提升监管的实时性，同时能迅速而准确地识别与捕捉违规操作，继而进行及时的警示与制止，在大大降低监管成本的同时提升风险防范的精准性与有效性。

在实现监管目标上，金融企业与监管机构完全可以在运用 RegTech 方面取得一致或者接近的目标。借助 RegTech，监管机构可以力避因强势或过度监管从而抑制金融创新的结果，在监管与市场之间找到了一个平衡机制，因此 RegTech 可以驱动金融业与监管层双重创新的强大动能。

2. 政府监管机构的监管压力

（1）需要明确哪些领域、产品、交易、业务等应该被纳入监管的范围。大多数监管当局已经审查了现有的监管框架，并针对金融科技业务进行了部分修改；同时，部分监管当局也在考虑可能存在部分金融科技业务并没有被纳入监管框架的情况。例如，银行的授权要求一般是针对银行业务（存款、借贷业务）相应的风险披露和监管。

（2）监管掌握数据来源少、数据质量也不高，影响监管的效果。尽管丰富的数据是金融科技发展的核心，但官方数据来源少，数据质量差影响了监管部门对其有效的管控，其部分原因是金融科技实体在监管范围或要求之外提供数据。一些监管机构发现，"监管沙箱""创新加速器""创新中心"以及其他形式的政企互动是了解新的金融科技业务及其商业模式的重要途径，这些交流对于了解其风险和激励措施非常重要。许多监管当局已进行了监管机制和措施的创新，搭建了如"监管沙箱""创新中心""创新加速器"以及研讨会，与市场参与者定期会话等多种形式的企业与监管部门沟通的桥梁。在许多情况下，一个司法管辖领域的监管部门，同时采取多种创新型监管措施。笼统地说，"监管沙箱"可以被定义为在可控的限定环境中对金融科技创新产品进行虚拟测试，"创新中心"需要以新公司遵循现有的监管要求为基础，"创新加速器"是包含资金扶持的监管部门与业界合作的手段。

这些创新协调措施的实施、经验的分享和监管知识的普及使相关企业受益匪浅，相关内容将逐步成为引起国际讨论和启发同仁学习的领域。

3. 跨国监管问题

不同国家，对于跨国监管的态度和做法差异较大。一般来说，一个国家的监管当局常常将关注的重点放在金融科技如何影响其国内的金融体系安全性方面，很少涉及跨境问题。在一些地区，其监管框架只适用于国内市场参与者。比如巴西、韩国和新加坡监管涉及利用金融科技进行汇款的情况，但不需要报告与金融科技有关的跨境问题。在某些地区，区域间的合作会被纳入监管范围。例如，在欧盟，成员国内的市场参与者通常被认为受同等程度监管；东非地区（包括肯尼亚）也是这样。加拿大和土耳其主要监管洗钱、跨国组织犯罪问题以及国际性的非法交易，而印度尼西亚则制定了鼓励外国资本流入的规则。随着金融科技的发展，跨境问题的监管处理会越来越重要，有些监管当局已经着手建立更加结构化的跨境合作监管体系（如英国、新加坡、印度尼西亚和澳大利亚）。

（五）我国的金融科技监管现状

"沙箱"监管模式并不是英国的首创，早在 20 世纪 80 年代，我国建立深圳经济特区，近几年我国大力推进的"自贸试验区"都是一种试验、探索的模式。英国提出的"监管沙箱"也属于这类试验、探索的模式。我国的试验区、经济特区出现得更早，实践得更充分，积累的经验也更多，比"监管沙箱"具有更大优势。我国金融业发展仍不充分，"监管沙箱"仍然具有一定的参考价值。

目前我国 FinTech 监管模式正处于由分业监管逐步向混业监管转型的过程中，可能会存在监管体系的空白；成文法的固化也会导致监管制度的滞后性。除制度和法律因素，市场因素对我国监管制度有效施行的制约也愈益明显：（1）我国监管机构和自律组织，在科技创新和金融模式方面的知识储备尚不充分。（2）监管政策导向性过大。在现阶段我国尚无明确的法律规制的情况下，政策指导对监管指标影响很大，FinTech 企业的从业者无法对未来进行准确预期，其从事科技创新的内在动力明显不足。（3）投资者保护不充分。在金融科技领域，我国政府保持着宽容的监管政策，政府在支持金融科技创新的同时，无法对违法行为予以充分的事前、事中，甚至事后的追责，大量的金融消费者成为最终的受害者，金融科技本身仍然止步于市场。

三、金融科技监管模式分析

目前，发达国家和地区正在探索金融监管模式，主要集中监管沙箱、创新指导窗口，以及创新加速器三种模式上。

表 2   部分国家或地区的金融科技监管方式探索

监管沙箱 Regulatory Sandbox	创新指导窗口 Innovation Hub	创新加速器 Innovation Accelerator
已正式实施		
英国金融行为监管局	意大利央行	新加坡金管局
新加坡金管局	日本央行	英格兰银行
澳大利亚证券投资监管委员会	日本金融厅	
	韩国金融监督院	
	澳大利亚证券投资监管委员会	
	荷兰央行/金融市场管理局	
	新加坡金管局	
	英国金融行为监管局	
考虑实施		
韩国金融监督院	卢森堡财政部	
荷兰央行/金融市场管理局	墨西哥央行	
瑞士金融市场监管局		
中国香港金管局		

资料来源：李文红，蒋则沈. 金融科技（FinTech）发展与监管：一个监管者的视角［J］. 金融监管研究，2017（3）.

（一）监管沙箱模式

"监管沙箱"的概念首先由英国提出，截至 2015 年末，英国金融科技产业规模已达 200 亿英镑，英国金融行为监管局（FCA）认识到金融科技产业对经济增长的重要作用，提出了"监管沙箱"（Regulatory Sandbox）项目，旨在为金融科技、新金融等新业态提供"监管试验区"，支持金融类、金融科技类初创企业发展。"监管沙箱"主要是以试验的方式，创造一个"安全区域"（Safe Place），适当放松参与试验的创新产品和服务的约束，激发创新活力。

FCA 在 2016 年 5 月推出"沙箱监管"机制，对 FinTech 实行积极式监管，为 FinTech 公司缩短创新周期以及节省合规成本提供重要的帮助，同时也让监管机构从一开始就能监控和引导 FinTech 的潜在风险。所谓监管沙箱，主要是指监管部门在其金融创新中心设立的旨在为金融机构创新提供安全空间的监管机制，是一种既促进金融创新同时又将风险控制在特定范围内的监管创新机制。这实际上类似于将金融科技业务、合规要求及其监管实践放在"沙盘"中进行演练，是一种监管中的压力测试。

"监管沙箱"机制大体分为三个阶段。

首先是申请阶段，监管机构根据准入标准对报名加入"监管沙箱"的企业进行筛选。

其次是评估阶段，测试企业的诸如赔偿和消费者保护计划。

最后是实施阶段，企业在向客户推出创新服务和产品的同时，接受监管机构的监督，对现有监管的空白和漏洞进行完善。

新加坡金融管理局在研究英国"沙箱监管"机制后，于 2016 年 6 月推出新加坡版的"沙箱监管"。新加坡金融管理局（MAS）在 2016 年 6 月，针对金融科技企业推出了沙箱机制，允许任何在沙箱中注册的金融科技公司在事先报备的情况下，从事和现有法律法规有所冲突的业务。并且即使以后被官方终止相关业务，也不会追究相关法律责任。

2016 年 9 月，香港金融管理局（HKMA）公布了两项促进金融科技的措施，包括金融科技创新中心和金融科技的"监管沙箱"机制，通过"沙箱"可为银行推出金融科技产品提供弹性监管，若银行在测试过程中没有出现相关的风险问题，就可以全面推出相应的产品和服务计划。

2016 年 9 月，泰国中央银行就监管沙箱制度进行在线公众听证会，部分商业银行将会成为第一批被允许在 2017 年第一季度加入计划的金融组别，拥有金融科技开发部门的非金融机构，可以在 2017 年第二季度申请进入沙箱，进行新产品和服务的测试。

1. "监管沙箱"的基本内涵与价值

（1）"监管沙箱"的基本内涵。沙箱（Sandbox）是计算机领域的一种虚拟技术，多用于计算机安全技术。安全软件可以先让它在沙箱中运行，如果含有恶意行为，则禁止程序的进一步运行，而不会对系统造成任何进一步的危害。"监管沙箱"类似于改革试验区，允许在可控的测试环境中，对金融科技新产品或新服务进行真实或虚拟测试。该模式在限定的范围内，简化市场准入标准和流程，豁免部分法规的适用，在明确保护消费者权益的前提下，允许新业务快速落地运营，并可根据其在沙箱内的测试情况给予推广。

（2）"监管沙箱"的价值。首先，"监管沙箱"是金融领域首次引入的一种全新监管工具，可以被视为"寻找新平衡"的新监管理念的尝试。它打破了传统监管思维，可视为一种监管创新，但其意义不仅止于监管工具的创新。其次，"监管沙箱"的引入大大扩展了"金融消费者保护"的内涵。现有对金融消费者的保护，是基于行为金融学、信息不对称等经济理论的基础上建立起来的，重在保护消费者获知权、消费自由权、公平交易权、保密权和安全权、求偿求助权等"权益保护"。而"监管沙箱"的引进，将保护的内涵基于"权益保护"但高于现有权益。在英国 FCA 和新加坡金管局发布"监管沙箱"机制的相关文件中，一再强调消费者受益，包括降低价格、提高服务质量、更互惠的交易、增强便利性和可得性、帮助消费者识别和缓释风险等，这充分表明"监管沙箱"的底层逻辑是促进金融市场有效竞争，将让消费者受益。最后，"监管沙箱"的引入重新定义了监管者的角色。在传统的金融监管理念中，监管者的职责是维护金融稳定，而稳定的目的是保护金融消费者，并让金融更好地支持实体经济。但在"监管沙箱"模式中，监管者的角色定位为促进有效竞争，确保相关市场正常运作，监管所有金融服务公司的行为，其中包括防止市场滥用行为，帮助消费者得到公平的交易机会。促进有效竞争，是其职责之一。按照 FCA 的观点就是"创新促进有效竞争"。而金融创新、有效竞争与消费者的良性互动关系可以真正支持改善消费者福利的创新。

2. "监管沙箱"的典型特征

（1）虚拟"沙箱"是以云计算为基础的解决方案，通过创建一个真实或虚拟的安全环境，对创新产品和服务模式实现低成本的快速试验。企业利用公共数据、其他企业提供的数据，在虚拟"沙箱"中进行测试。（2）没有消费者利益受损的风险，也不会对金融系统造成任何伤害。（3）通过测试能够反映出创新的本质，及时发现并规避产品缺陷和风险隐患，提高风险评估的有效性，为实施推广的决策提供依据。（4）测试的底层逻辑是保护消费者利益和支持真正的金融创新。如提升服务品质，促进金融效率，缓释金融风险，实质性的业态突破等。（5）对金融科技创新公允对待，执行一致的公平与透明措施。所有的创新者都可以进行尝试，在测试阶段不采取强制性管理。

3. "监管沙箱"的流程与通行模式

（1）"监管沙箱"的流程。从流程来说，具体而言，"监管沙箱"模式整个流程包括：①筛选企业；②选取消费者；③推出产品和服务；④完善监管政策。

（2）"监管沙箱"的通行模式。以目前"监管沙箱"管理制度性规则比较完备的英国和新加坡为例来看，"监管沙箱"的一些共性的运行模式有：第一，明确测试和加入标准。第二，明确测试时间和对象。第三，明确消费者权益保护措施。第四，明确监管要求和弹性。第五，明确企业便利条件。

（二）创新中心模式

创新中心模式，也称创新指导窗口，即支持和引导机构（含被监管机构和不受监管的机构）理解金融监管框架，识别创新中的监管、政策和法律事项。目前，意大利、日本、韩国、澳大利亚都已正式实施创新指导窗口，以确保金融科技市场产品和业务的合规性。

英国 FCA 设立了创新中心，协助企业进入"监管沙箱"并获得有限许可申请，对创新产品与业务进行测试。服务的企业范围包括但不限于创新类或创业期的新型金融服务机构、科技公司、传统金融机构等。创新中心提供的服务具体有：①向非授权机构提供支持，以帮助其获得有限许可。②向受监管的金融机构提供支持，以帮助其获得许可变更。③在企业进入"预申请"阶段后，安排专门"案例负责人"参与企业工作，组织"预申请"会议，确保企业理解授权流程以及 FCA 标准，担任主要联络人确保企业完成高质量的授权申请。④企业取得有限授权后，在测试期内继续提供"授权后联系"，以确保企业有效理解和执行规则，并提供相关的支持。

英国创新中心设立以来，已先后为近 300 家创新企业实施帮助，并成功地实现了 5 项授权。从实践效果来看，创新中心有助于让 FCA 更好地掌握创新，也有助于让创新企业提高对监管的认知。其成效：①帮助企业了解监管规定，解决了企业面对的各种监管问题。②识别影响金融创新的现行监管规定，并提出切实的修订建议。③对金融创新实现了充分的识别，提升了完善产品缺陷和风险防范的有效性。

（三）创新加速器模式

创新加速器模式，即监管部门或政府部门与业界建立合作机制，通过提供资金扶持或政策扶持等方式，加快金融科技创新的发展和运用。一些国家的孵化器安排也属于这一模式。鉴于监管部门的职责所在，预计这一模式将更多地为政府部门而非监管部门所采用。

（四）金融科技牌照管理模式

金融科技牌照的审核与发放，也是金融科技监管的措施之一。国际上金融业务牌照管理主要涉及五类业务，包括吸收存款类、发放贷款类、支付类、资本筹集类和投资咨询类业务。

各国监管机构普遍按照业务实质，确定开展某项业务的机构是否需要申领金融牌照及牌照类型。根据巴塞尔银行监管委员会的相关调查，在存款业务方面，几乎所有国家都要求吸收公众存款的机构获取金融牌照，大多数国家要求获得全能银行牌照（Full Banking License），部分国家允许获得有限银行牌照（Limited Banking License）的机构，在有限范围内吸收存款。在贷款业务方面，多数国家要求使用表内资金发放贷款、在表内承担风险的业务需获取金融牌照，牌照类型包括全面银行牌照（多数国家）、有限银行牌照或放贷业务牌照，只有个别国家对限定的放贷行为不设牌照要求，如在加拿大的部分省，仅在本省范围内使用自有资金放贷的行为不需要牌照。在支付业务方面，多数国家要求持有金融牌照，牌照类型包括全能银行牌照、有限银行牌照或其他牌照。在资本筹集业务方面，主要指股权众筹活动，各国普遍将其视同股票发行，纳入证券发行的许可和监管范畴。在投资咨询业务方面，几乎所有国家都要求获得投资咨询业务牌照。

另外，从国际经验看，资产管理业务是一项重要的、与投资咨询相互独立并行的金融牌照，需要接受严格的金融监管，其监管标准在此次国际金融危机后进一步得到强化。欧洲各国、美国、中国香港等多数国家和地区均实行"双审制"，金融机构开展资管业务不但需要事前申请牌照，而且向零售客户公开发行的每只资管产品，也需要事前获得监管机构的批准。有的国家和地区还实行"三审制"，对资管行业的从业人员资格实施事前审批。国际证监会组织（IOSCO）发布的《证券监管目标与原则》，要求监管机构对面向零售投资者发行的资管产品，应实行业务资格和产品发行"双审制"。目前，国外基本不存在采用"纯线上"模式开展的资产管理业务，金融科技领域涉及的主要是与智能投顾相关的投资咨询业务牌照。

（五）监管科技

金融科技给金融监管体系带来的巨大挑战，也促进了监管科技的兴起。

监管科技（RegTech）是能够有效解决监管和合规性要求的新技术，主要包括机器学习、人工智能、分布式账本、生物识别技术、数字加密以及云计算等。监管当局使用监管科技主要需要考虑两个问题：一是如何利用监管科技执行微观监管、货币政策以及宏观审慎政策；二是如何运用监管科技强化对金融空间的认识，并确定新的监管规则与举措，从而提高监管的有效性。

四、我国金融科技监管对策

1. 建立与完善金融科技监管的法律法规和监管架构。建立和完善金融科技法律法规，搭建起金融科技的法律体系。制定金融科技信息安全行业标准，提高金融科技企业的安全准入门槛。明确金融科技企业的法律地位、金融监管部门以及政府的监管职责、金融科技行业的准入和退出机制。

2. 构建包含"一行三会"为主导的、司法和税务等多部门参与的多层次、跨行业、跨区域金融科技监管体系。提升金融科技消费者权益保护力度，逐步完善金融科技消费者权益保护的法律制度框架。这需要加强信用环境建设，完善信息披露制度，畅通金融科技消费的投诉受理渠道，建立消费者保护的协调合作机制。

3. 借鉴国际经验，建立我国的 FinTech 试验模式，鼓励创新与监管创新相结合，推动 FinTech 产品和业务稳步发展。

4. 积极鼓励行业协会和相关企业加强自律。加强行业协会建设，充分发挥行业协会的自律作用。行业协会是介于政府、金融机构之间，为其服务、咨询、沟通、监督、公正、自律、协调的社会中介组织。行业协会是一种民间性组织，它不属于政府的管理机构系列，而是政府与企业的桥梁和纽带。鼓励 FinTech 机构积极采用 RegTech，加强风控，避免一家企业出现问题，迅速传染到同行业其他企业，并酿成危机。

5. 在技术层面，①应建立统计数据交流和信息共享机制，构建良好的沟通机制。我国应以金融消费者权益保护和维护金融稳定为前提，以 2015 年 7 月中国人民银行等十部委共同颁布实施的《关于促进互联网金融健康发展的指导意见》为标准，建立 FinTech 交易等相关统计数据交流和信息共享机制。②政府监管机构积极推进采用 RegTech 手段，提升对 FinTech 监管的全面性、及时性、有效性，监管全面覆盖、不留空白。③提升 RegTech 行业的技术水平，提高对 FinTech 监管的有效性、实时性；海量交易数据保存、电子证据的固化等，为未来处理纠纷甚至司法程序提供证据。在证据收集方面，金融科技相关业务证据保存难，需要有专门机构从事相关业务。在审理相关案件的时候，由于案件的特殊性，也缺乏相关的司法人员。如果互联网金融相关案件大量出现，审理相关案件也将会是一个重大挑战。

天气指数保险及其证券化金融创新

汪丽萍[①]

一、天气指数保险和衍生品

（一）天气风险

天气和气候状况对各种各样的经济商业活动有巨大的影响，这一影响可能带来收益也可能增加成本。为了区别频率低、损失大的巨大气象灾害风险和频率高、损失相对小的一般天气波动风险，Brockett 和 Yang（2005）将天气风险定义为，由非巨灾天气事件（如温度、湿度、降雨、降雪、水流、风等）引起的现金流和收益的不确定性，这区别于由飓风、龙卷风等引起的巨灾风险。非巨灾天气可以被归纳为那些影响公司收入或成本，但并不影响生命和财产安全的，偏离天气平均状况的季节性天气波动事件，例如暖冬或凉夏等（Stulec，Bakovic 和 Petljak，2013）。由于这样的天气变化会对公司的现金流和价值产生影响，为了避免这样的收益波动风险，很有必要对此类天气事件的影响进行风险管控。

天气风险的一个重要特点是，其直接影响的是商品的产量和需求而非商品的价格。影响产量主要是指异常天气事件造成商品减产，如粮食歉收、建筑工期延迟等，影响需求主要是由于异常天气事件对人的感官造成影响进而影响消费者对商品的需求，如低温会增加供暖的需求。天气风险的特点还在于天气无法像普通商品那样进行交换，例如人们无法用干旱地区的高温日照来换取暴雨洪涝区域的丰沛雨水。由于天气的这一特殊性，其不存在一个一般的市场价格可以直接进行交易，必须通过天气指数帮助交易的形成。

在金融市场发展较为成熟的今天，通过金融工具对风险进行管控已经非常普遍，因此自然而然地想到通过保险和期货衍生品等金融市场工具对此类非巨灾天气事件进行风险管理，天气保险和天气衍生品应运而生。天气商品化市场已逐渐发展起来，例如二氧化碳排放权交易快速发展成为一

---

① 作者简介：中国太平洋保险（集团）股份有限公司。

个新兴的交易市场。天气衍生品市场也是如此，其通过构造与温度、降雨、风速等天气因素对应的指数，市场参与者根据天气指数与公司本身收益或成本的相关性进行交易以对冲天气风险。

(二) 国内外研究情况

很多研究从天气指数保险的功能的角度进行分析，主要是通过天气指数保险和传统保险的优劣比较进行研究。天气指数保险相对于传统保险的优势是非常明显的。首先，相对于保险公司，投保人对天气指数并不具有信息优势，也不能影响天气指数的实际值，克服了传统保险中的信息不对称问题，有利于减少逆向选择，防范道德风险 (Halcrow, 1978; Skees, 1999; Barnett 和 Mahul, 2007; 曹雪琴, 2008)。其次，天气指数保险存在着及时理赔、低交易成本的显著优势，这是因为天气指数保险的赔偿不同于传统的农业保险计划，其是基于天气指数进行支付而不是针对个别投保人农产品产量的损失，因此可以简化赔付过程，并且由于天气指数保险合约相对简单明了，不像传统保险需要针对不同的投保人考察其风险暴露的具体情况来调整合约，标准化的合约可以简化销售过程，降低销售成本 (Barnett 和 Mahul, 2007; Skees 和 Collier, 2008; Manuamorn, 2010)。此外，天气指数保险还有更好的流动性，由于其高标准化和透明程度，使其相对于传统保险产品更容易进行流通转让 (Skees, 1999; Zhang, 2008)。最后，天气指数保险易于进行再保险，由于其标准化程度和流通转让性，天气指数保险更有利于在条件成熟时被引入资本市场，通过强大的资本市场来分散风险 (Skees, 1999)。

虽然有着传统保险产品不可比拟的上述优势，天气指数保险也有着明显的不足，尽管天气指数提供了客观的且相对简便的评估损害的依据，但这也不可避免地产生了基差风险，也就是赔付和损失之间的不匹配风险 (Carter 等, 2007)。还有一些研究从天气指数的选择和统计建模的角度对天气指数保险进行分析。Bokusheva (2011) 使用 Copula 函数研究了产量和天气指数变量的联合分布，发现两者的联合分布存在着显著的时空变化，因此在设计和开发天气指数保险产品时需要考虑这些因素。Kapphan 和 Zurich (2011) 也指出天气指数保险产品的设计必须考虑到天气因素的空间相关性，需要进行交叉验证分析以减少合同设计的风险。

(三) 天气指数衍生品

1999 年，芝加哥商品交易所 (CME) 将标准化的月度温度期货合约引入场内交易，交易标的是基于美国不同城市的温度指数。2005～2006 年，CME 场内交易天气衍生品总价值由 22 亿美元增长到 220 亿美元，交易量达到 63 万手。此外，CME 交易的天气合约标的城市也逐渐增加，美国城市由 1999 年最初的 10 个城市发展到 2008 年包括 24 个美国城市，23 个国际城市，形成了庞大的天气衍生品合约市场，但其后标的城市有所减少，目前最主要的活跃城市在美国和欧洲。

从交易数量上来看，天气衍生品市场发展迅速，但受 2008 年国际金融危机的影响，天气衍生品价值水平出现了明显的下降，根据 WRMA 的报告分析，2010 年以后，天气衍生品的交易量水平表现出较高的增长趋势，天气衍生品市场有着很大的发展潜力。亚洲市场 2009 年度的增长达到 250%，同期欧洲市场的增长率为 35%。此外，天气衍生品也在逐渐向发展中国家推广。但总体来看，国际金融危机以后，天气衍生品场外交易量水平相较场内交易增长更快。

二、天气指数产品间的差异比较

（一）天气指数保险和传统保险产品的区别

指数保险和传统保险最直接的差别在于保险理赔上的不同。指数保险是基于某一特定事件的物理参数而触发赔付的保险产品，而传统保险是基于赔偿性质的，对损失进行评估的保险产品。简单地说，指数保险将传统保险的"出险—核损—赔付"三阶段模式缩短为"出险—赔付"两阶段模式，传统保险中出险是指某一投保人的保险标的发生了保单承保范围内的风险而遭受损失，指数保险中出险是指保单承保地区发生了保单承保范围内的某一事件，与某一被保险人的具体损失没有直接关系。

指数保险的产生是保险证券化发展过程中的创新产品，指数保险的指数触发机制是对传统保险模式的改革和创新。指数保险对传统保险模式的冲击主要有两点，其一是指数保险颠覆了传统保险对特定保险标的损失情况进行审核定损的模式，转而考虑致灾因子对全体风险暴露会产生的影响，这样的赔付模式不符合传统保险的损失补偿原则。对传统保险模式的第二个冲击是从理论基础上颠覆了保险的风险评估方式。传统保险是基于风险的损失赔付数据（风险的结果）对承保风险进行评估分析，但指数保险转而从风险致灾因子的角度（风险的起因）出发，考虑风险导因的具体性质从而进行风险管理。

（二）天气指数保险和衍生品间的区别

1. 保险和衍生品的相同点

首先，保险和期货期权等金融衍生工具都是非现货交易。购买保险产品不同于普通的现货商品，投保人在缴纳保费的时刻并不能享有商品服务，在约定的未来一段保险期间内，如果保险标的受到了损失，则按照事先约定由保险公司进行赔偿；期货期权等衍生工具最本质的特征也正是跨期交易。其次，从购买目的来说购买保险或期货等衍生工具都是用来对未来潜在损失进行风险管理。最后，保险和衍生工具都具有很强的杠杆效应。

保险就像是一份美式期权，在期初支付保费（期权费），如果在保险期间内保险标的发生损失，则保险公司进行损失补偿，与期权产品的区别在于标的物的所有权不进行转移，也就是不进行实物交割，这与现金交割类期权产品极为相似。因此，从风险厌恶者的角度来看，保险和期权衍生品都是有效的风险管理工具，如果不考虑保险的具体约束条件，购买期权衍生品可以看成为标的物购买了一份价格保险。

2. 保险和衍生品的区别

首先，购买保险和衍生品交易的区别在于风险承受者的不同以及风险管理方式的差异。保险市场上，风险厌恶者通过保险公司为标的物购买保险，保险公司作为风险承受者，聚集投保人的风险，运用大数法则的原理管理风险。保险产品的交易过程中不存在投机者，投保人无法获得额外收益，只能获取损失补偿。期权等衍生品交易过程中，并不存在像保险公司这样唯一的一个风险承担者，而是通过交易所将风险在不同的风险偏好水平的交易者之间进行匹配。

保险和衍生品的区别还在于标的物所面临风险的区别，保险标的一般是某一具体的实物，保障的是实物受到损灭的风险，而衍生品对应的标的是实物或金融权益，保障的是实物价格或基于价格构造的指数波动的风险。根据保险利益原则，投保人对保险标的必须具有合法的保险利益，因为保险标的受到的损害程度与投保人的行为有直接关联，才能防止道德风险。而期权等衍生品的标的价格或价格指数，不易受到市场中个别参与者的影响，不存在道德风险的问题。

3. 天气指数保险和天气衍生品的比较

天气指数衍生品是天气指数保险在资本市场的应用延伸，广义来说，除了交易的过程中没有保险公司的参与，天气指数衍生品合约与保险保单没有区别，尤其是场外交易的非标准化天气指数衍生品合约。为了吸引资本市场上更多的参与者，天气指数衍生品需要将合约标准化，在合约设计上更加简单透明，交易方主要是为了通过天气衍生品交易对冲未来天气变化对自身销售经营不利的风险。

从本质上说，天气指数衍生品可以看作将天气指数保险产品在资本市场而非保险市场内进行交易。天气衍生品之所以能够在不同的参与者之间达成交易，是因为天气风险对各行各业的影响是不同的。例如，能源电力等行业会由于异常的高温或低温而使销量大幅增加，进而带来收益的增加。因此，参与天气衍生品交易可以帮助企业规避和对冲天气风险，减少天气反常带来的负面效益，甚至还能通过参与交易而从天气变化中获利。

（三）天气指数衍生品和农产品期货的区别

天气指数衍生品和农产品期货衍生品所规避的风险不同。天气指数衍生品是用来规避产量风险，而农产品期货衍生品是用来规避价格风险。因此天气指数期货和农产品期货在对农产品进行风险管理时并不冲突，也并非替代关系，收入＝产量×价格，两种工具的综合运用可以有效对冲农作物面临的风险。

天气指数衍生品的合约设计是基于气象因素构造的指数，这一指数与农产品的产量有一定的相关性，但并非农产品的实际产出水平，因此合约一般只能通过现金交割的方式进行。农产品期货的标的物就是对应的农产品，期货价格就是约定的农产品到期交易价格，因此可以进行现金交割也可以进行实物交割。

天气指数衍生品不具有价格发现功能，其标的价格主要受自然环境、气象变化等外在因素的影响，标的价格是指数乘以某一固定金额，由于这一指数具有科学性和客观性，市场中的参与交易者并不能左右这一指数，因此市场的价格不足以对未来市场走势做出准确的预期。农产品期货的价格更多地受到市场中交易者的行为因素的影响，市场供求关系决定了价格，交易过程中形成一个反映供求关系的价格，这一价格就是对市场未来走势所做出的预期反应，综合农产品现货市场一起，起到价格发现的作用。

三、我国开发天气衍生品的探索路径

（一）天气衍生品开发构想

标的指数的选择对天气指数衍生品的发展是至关重要的，必须考虑市场需求情况，分析对我国企业和居民影响重大的天气风险，同时参考国际天气衍生品的发展经验，首先推出的产品以及发展规模最大的产品都是温度指数衍生品，因此建议我国也应该首先选择温度指数产品试点，后续再进一步拓展到风力、太阳能等新能源产品天气指数衍生品。

关于天气指数保险衍生产品标的城市的选择，需要考虑城市的地理位置、历史气候状况以及城市的经济发达水平等因素。合约标的城市的数量要适中，从地理位置的角度来考虑，我国集中供暖以秦岭淮河为界，因此选择标的城市，尤其是冬季热日指数合约的城市要选取秦岭淮河以北的一个城市比较适宜。同时，推出温度指数衍生品的前提条件是需要足够的历史气象数据。此外，推出温度指数衍生品的主要目的是帮助受到温度影响的行业进行天气风险的管理，规避和对冲企业受到温度影响而产生收入或成本波动的风险，故所选城市的经济较为发达，排除了虽然有充足气象数据但经济发展水平渐弱的东北老工业城市。

根据国际经验，考虑到我国的具体情况，在试点之初不宜推出太多城市的温度指数产品，从地理位置、气象数据完整性、经济发展和人口状况的角度综合考虑，本文设计北京、上海和广州三个城市的温度指数衍生产品。

（二）天气衍生品合约

芝加哥商品交易所在推出 HDD 和 CDD 衍生品合约之初，每一指数点的价值设定为 100 美元，后于 2004 年将每一指数点的名义价值调整为 20 美元。参考 CME 的合约规格，同时考虑我国需要规避天气风险主体的经济规模和市场投资者投资能力，再考虑到我国使用摄氏度温度计数，因此合约指数值本就低于华氏计数水平，我们认为可以将名义价值设定为每一指数点 100 元人民币。

温度期货合约主要是用来规避冬季异常严寒或温暖，夏季异常酷热或凉爽的天气情况，因此月份选择主要是基于冬季和夏季。鉴于我国推出天气衍生品首先是进行试点推行，而且春秋季节的产品性质上更倾向于投机而非避险，在推行之初对天气衍生品市场风险管控还没有任何经验的情况下可以暂缓推出。因此我国可以选择月制热指数产品合约月为 11 月、12 月、1 月、2 月、3 月，季度产品合约期为 12 月至 2 月，月制冷指数产品合约月为 6 月、7 月、8 月、9 月，季度为 7 月至 8 月。

在上述设定下看我国北京、上海和广州三地的温度指数产品情形，以 2014～2015 年的气温情况为例。表 1 中展示了我国北京、上海、广州三地月度（季度）制热指数值及其对应期货合约名义价值。从表 1 中可以看出，广州的月制热指数值较小，不适宜推出冬季月制热指数期货合约，上海 11 月的制热指数值较小，不适宜推出 11 月制热指数期货合约。

表 1　　　　　　　　我国北上广三地各月合约价值情况

		北京	上海	广州
2014 - 11	指数值	347	98.1	3.3
	合约价值	34700	9810	330

续表

		北京	上海	广州
2014－12	指数值	574.7	382.5	162.7
	合约价值	57470	38250	16270
2015－01	指数值	575.6	370.5	139
	合约价值	57560	37050	13900
2015－02	指数值	467.8	313	74.2
	合约价值	46780	31300	7420
2015－03	指数值	287.2	232.9	46.1
	合约价值	28720	23290	4610
2014－12 至 2015－02	指数值	1618.1	1066	375.9
	合约价值	161810	106600	37590
2015－06	指数值	745.7	724.8	855.1
	合约价值	74570	72480	85510
2015－07	指数值	831.5	826.4	871.9
	合约价值	83150	82640	87190
2015－08	指数值	827.5	863	865.7
	合约价值	82750	86300	86570
2015－09	指数值	629.8	726.7	807.3
	合约价值	62980	72670	80730
2015－07 至 2015－08	指数值	1659	1689.4	1737.6
	合约价值	165900	168940	173760

从欧美和日本的天气衍生品市场的发展过程来看，天气衍生品都是首先通过场外交易的方式出现，再推广至交易所场内交易的方式。这主要是由于场外交易可以按照参与者的实际风险管理需求量身定制，更符合参与公司的实际天气敏感性程度，但场外交易会面临较大的信用风险，我国目前还没有此类产品。在交易所推出天气衍生标准化产品需要实现调查参与者的敏感度，而场外试点模式是很好的方法，因此我国也需要推进场外交易市场的试点发展。此外，从国际经验来看，场外交易由于灵活多变的特性常常发展迅猛，规模和增速常超过场内标准化交易水平；同时，场外交易市场由于更贴近避险者和投资者的直接需求，往往能够更快地发现市场的痒处和痛点，更有利于推陈出新，促进衍生品市场的创新和深化发展；此外，场外交易的直接性更可以针对交易方的需求对产品进行调整，从而

减小基差风险。本文我们主要设计标准化场内交易天气衍生品合约，这更具有普遍性和一般性，而场外交易模式更倾向于定制化，适合交易双方协商确定。

四、我国城市天气产品设计

(一) 气温预测模型

在国内外已有研究的基础上，主要的气温预测模型可以分为时间序列模型和均值回复模型两类。时间序列模型主要是以采用 ARMA（p，q）的形式，以 Jewson（2005）为代表。Ornstein – Uhlenbeck 均值回复模型主要基于 Alaton 等（2002）提出的月波动率 O – U 均值回复模型和 Benth 等（2005）提出的日波动率 O – U 均值回复模型。

1. ARMA 模型

在时间序列气温模型分析中，温度由长期趋势、季节效应和残差项组成，具体可以表示为

$$T(t) = S(t) + \mu(t) \tag{1}$$

$$S(t) = \alpha + \beta t + \gamma \sin(\omega t + \varphi) \tag{2}$$

其中，$T(t)$ 为时间 t 的日平均气温，$S(t)$ 为气温的长期趋势，$\mu(t)$ 为 ARMA（p，q）序列，描述气温的随机波动情况。α 可以解释为气温的平均趋势，β 表示随时间变化的气候变暖趋势，$S(t)$ 中的正弦项表示气温的季节效应，忽略闰年的影响，$\omega = \dfrac{2\pi}{365}$，同时引入相位角 φ。

为了便于进行参数估计，对式（2）做简单变换可得

$$S(t) = a + bt + c\sin(\omega t) + d\cos(\omega t) \tag{3}$$

$$\begin{cases} \alpha = a \\ \beta = b \\ \gamma = \sqrt{c^2 + d^2} \\ \varphi = \arctan(d/c) \end{cases} \tag{4}$$

2. O – U 均值回复模型（月波动）

Alaton 等（2002）将 O – U 过程引入到对气温的预测模型中，并将温度的波动率考虑为按月变化的常数，提出基于月波动率的 O – U 均值回复模型。模型可用如下随机微分方程表示为

$$dT(t) = dS(t) + A[S(t) - T(t)]dt + \sigma(t)dW(t) \tag{5}$$

其中，$T(t)$ 和 $S(t)$ 仍然表示时间 t 的日平均气温及气温的长期趋势，A 为均值回复速率，$\sigma(t)$ 为温度的月波动率，$dW(t)$ 是一个维纳过程。Alaton 等（2002）认为气温的月波动率在不同年份变化较小，因此考虑月波动变化常数 $\sigma^2(t) = \{\sigma^2(i)\}_{i=1}^{12}$，并通过鞅函数条件估算均值回复速率。

3. O－U 均值回复模型（日波动）

Benth 等（2002）对气温的季节项进行傅里叶变换，用多个正弦和余弦函数来描述气温的季节性变换，同时将温度的波动率考虑为日波动，提出了基于日波动率的 O－U 均值回复模型。Benth 等（2002）同样是基于式（5）推导气温预测模型，并将 $S(t)$ 和 $\sigma^2(t)$ 进行傅里叶变换表述为如下形式，且将气温波动率 $\sigma^2(t)$ 考虑为日波动率。

$$S(t) = a + bt + \sum_{i=1}^{I_1} c_i \sin\left(\frac{2\pi i}{365}(t - f_i)\right) + \sum_{j=1}^{J_1} d_j \cos\left(\frac{2\pi j}{365}(t - g_i)\right) \quad (6)$$

$$\sigma^2(t) = h + \sum_{i=1}^{I_2} l_i \sin\frac{2\pi i}{365}t + \sum_{j=1}^{J_2} m_j \cos\frac{2\pi j}{365}t \quad (7)$$

（二）实证分析

1. 数据样本

数据来源于中国气象数据网地面资料数据——中国地面国际交换站气候资料日值数据集，台站编号 58362，宝山，纬度 31.24N，经度 121.27E，海拔 5.5 米；台站编号 59287，广州，纬度 23.10N，经度 113.20E，海拔 41 米；台站编号 54511，北京，纬度 39.48N，经度 116.28E，海拔 31.3 米。

北京、上海、广州采样区间为 1991－01－01 至 2015－12－31，每一地区共 25 年日平均气温数据，在建立模型时为保证数据区间一致，删除所有闰年 2 月 29 日的数据记录值，因此每地区一年有 365 项温度数据，共 9125 个数据记录值。

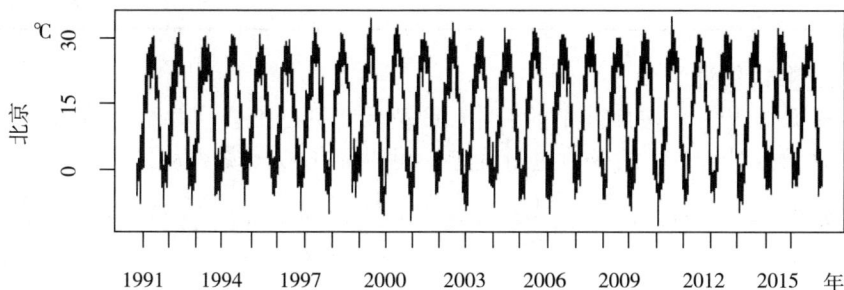

图 1　北京日平均气温变换情况①

---

① 受篇幅限制，仅列出部分图表作为示例，如有需要请联系作者获取。

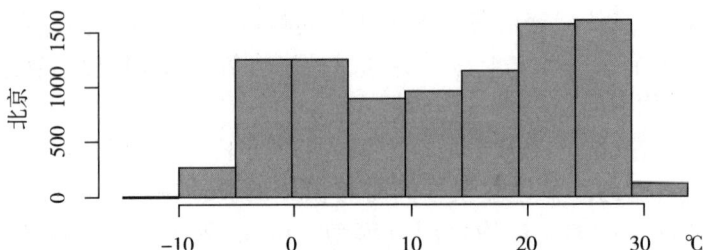

图2　北京气温分布直方图（1991～2015 年）

根据日平均气温变化情况，可以看出显著的周期性变化和明显的季节性效应，同时北京存在一定的大气温度暖化现象。通过观察日平均气温直方图，北京每日气温多集中在摄氏零下 5 度到 30 度，极低和极高温度天数较少。数据的基本统计分析结果如表 2 所示，表中 P 值表示对三地气温时间序列数据进行 Kolmogorov – Smirnov 正态分布假设检验的概率，都显著拒绝正态分布假设，每日平均气温时间序列数据不服从正态分布。

表2　　　　　　　　北京、上海、广州日平均气温统计值

	北京	上海	广州
最大值	34. 5	35. 7	34. 2
最小值	– 12. 5	– 4. 9	3. 3
均值	13. 24	17. 1	22. 46
中值	14. 6	18	23. 9
标准差	11. 036	8. 799	6. 149
偏度	– 0. 185	– 0. 132	– 0. 604
峰度	1. 684	1. 873	2. 395
P 值	0. 00	0. 00	0. 00

2. 参数估计

根据式（6），按照其中的 I_1、I_2 取值为 2 进行拟合，并结合数据拟合的实际效果再对 I_1、I_2 的取值进行确定，可以简化拟合模型为

$$S(t) = a + bt + c_1\sin(\frac{2\pi}{365}t) + c_2\sin(\frac{4\pi}{365}t) + d_1\cos(\frac{2\pi}{365}t) + d_2\cos(\frac{4\pi}{365}t)$$

$$(8)$$

北京：

$$\bar{S}(t) = 12.9621 + 5.9862 \times 10^{-5}t - 3.2484\sin(\frac{2\pi}{365}t)$$

$$- 14.6939\cos(\frac{2\pi}{365}t) - 1.3559\cos(\frac{4\pi}{365}t)$$

北上广模型中的回归系数和截距项在 t 检验中都满足在 99.9% 的显著水平下不为零。观察北上广三地的气温长期趋势拟合结果，北京和上海显示气候暖化现象，而广州的结果却显示轻微的冷化趋势，这可能是由于所选取的时间区间只有 25 年这一原因。一般来说，由于我们的模型是对未来 1 年或几个月这样相对较短期间内的温度情况进行预测，因此气温变化情况与近年内的情况更具有相关性，这样的轻微冷化现象是可能存在的，因此对结果的影响并不具有颠覆性。

我们先运用 ARMA 模型进行拟合估计，下一步是观察残差项的特征并进行 ARMA（p，q）拟合。由于北上广三地的分析过程类似，因此仅以北京为例展示模型选择分析过程。

$$\dot{\mu}(t) = T(t) - \bar{S}(t) \tag{9}$$

根据式（9），得到北京市日平均气温去除季节和暖化趋势影响后的残差序列。残差序列是比较平稳的，并不存在明显的趋势，为了准确验证序列的平稳性，确定是否需要通过差分过程平稳化残差序列，继而对残差进行 ADF 单位根检验。检验结果 D – F 统计量为 – 39.64，p 值为 0.01，显示不存在单位根，残差序列是平稳的。

根据残差序列自相关图有明显的拖尾趋势，偏自相关图呈现 3 阶截尾现象。因此 ARMA 模型合适的取值为 p = 3，q = 0。求得模型的系数，得到拟合模型如下，且回归系数在 t 检验下显著不为零，截距项为零。

$$\dot{\mu}(t) = 0.7483\dot{\mu}(t-1) - 0.1213\dot{\mu}(t-2) + 0.0751\dot{\mu}(t-3) + \varepsilon(t),$$
$$\varepsilon(t) \sim N(0, 1.96^2)$$

（三）产品设计

实际上，由于月度指数值和季度指数值都只有在月末和季末的最后一天得到气温观测值以后才能准确计算出来，在月内和月前的任何一天，由于不知未来日期的实测温度数据，无法得到制热或制冷指数月度累计值。因此，虽然交易标的准确值只能在月末得到，在未到期前交易所也需要发布相关估计指数，保证指数能够每日进行更新。

合约月之前任意一天的指数值为

$$月制热指数_t = \sum_{i=1}^{t-1} 实际日制热指数 + \sum_{i=t}^{n} 预测日制热指数,$$

$$月制冷指数_t = \sum_{i=1}^{t-1} 实际日平均温度 + \sum_{i=t}^{n} 预测日平均温度。$$

其中，t 为当前日期，n 为当月天数，1 ~ $t-1$ 为当月（季）已经过去的、已有实测气温数据的日期，而 t ~ n 为合约期内尚未完成的，还不具有实测气温数据的日期。由于气温有显著的季节效应和周期，最简单的预测模型就是取当日在过去历史上记录的气温平均值，因此上文中的指数估计公式中预测日值最简易的估计方法可以用历史均值替代。

日平均温度：$T_t = (T_{02} + T_{08} + T_{14} + T_{20})/4$。

其中，T_{02} 是指 02 时观测到的温度值，T_{08} 是指 08 时观测到的温度值，T_{14} 是指 14 时观测到的温度值，T_{20} 是指 20 时观测到的温度值。

五、结语

本文研究的出发点是以保险公司保险产品供给的角度，研究如何有效转移保险公司承保的天气风险（主要是来自农业保险），因为大量的研究都是站在保险需求的角度分析农业保险对农民生活、农业生产、经济稳定的好处，极少有研究分析保险公司是否有能力和意愿提供这样的保险产品。事实上，农业保险是当前农业发展的必然选择，但前提是保险公司有能力对自身承保的农业风险进行有效的风险转移和风险管理，由于再保的承接能力有限，因此创新金融工具被引入保险风险的分散中来。已有的"保险＋期货"模式就是用衍生品金融工具来管理价格风险，产量风险是否也可以通过金融衍生品对冲的形式进行风险管理？带着这样的问题，本文进行了相关的研究。

本文在对天气风险和指数保险分析的基础上，提出运用天气指数衍生品这种创新金融工具来分散天气风险，并通过天气指数保险和衍生品的比较，理论分析了天气衍生品转移天气风险的创新本质和内涵，证明了推出天气衍生品交易进行有效风险管理的理论合理性，进而本文借鉴国际上已有的产品及相关经验，对我国发行天气衍生品的可行性进行了具体分析，并就我国地理环境及实际城市状况，以北上广三地为例进行了天气产品设计。

本文研究内容的理论核心是通过风险对冲这种风险管理方式转移保险风险，同样是分散风险，保险和金融衍生品在风险管理方式上有着本质区别。在保险市场上，投保人都是风险厌恶者，保险人作为风险承受者，保险人通过签订大量保单，如果这些风险满足独立同质的要求，则保险公司传统经营方法就是运用大数法则的原理，集合的风险单位越多，损失发生的频率也就越稳定。因此，保险市场的参与者中没有投机者和风险偏好者，投保人无法通过购买保险产品而获得额外收益，只能获取损失补偿。而在衍生品市场中，产品联结着不同的投资者，交易过程中并不存在像保险人这样唯一的风险承担者，而是通过衍生品的价格设计将风险在不同风险偏好程度的交易者之间进行匹配。

国民经济大部分行业都受到天气因素影响，参与天气衍生品交易可以很好地对冲企业天气风险，尤其对支持农业保险市场化发展和农业经济的发展有重要意义，也能很好地促进未来新能源的发展，有着广阔的发展前景。当然，创新产品的推出要充分考虑其所带来的全面影响，尤其是防范可能会产生的风险，这些方面仍待研究。

参考文献

[1] 巴曙松. 对我国农业保险风险管理创新问题的几点看法. [J]. 保险研究，2013 (2)：11 - 17.

[2] 陈百硕，李守伟，何建敏，曹杰. 天气衍生品中时变均值回复的气温预测模型研究 [J]. 管理工程学报，2014 (2)：145 - 150.

[3] 娄伟平，吴利红，陈华江，毛裕定. 柑橘气象指数保险合同费率厘定分析及设计 [J]. 中国农业科学，2010，43 (9)：1904 - 1911.

[4] 汪丽萍. 天气指数保险及创新产品的比较研究 [J]. 保险研究，2016 (10)：81 - 88.

[5] 王明亮，何建敏，陈百硕，曹杰. 时变 O - U 模型在气温预测及气温期货定价中的适应性研究——基于北京市 1951～2012 年的日平均气温数据 [J]. 中国管理科学，2015，23 (2)：44 - 49.

[6] 魏华林，吴韧强. 天气指数保险与农业保险可持续发展 [J]. 财贸经济，2010 (3)：5 - 12.

[7] 杨太明，刘布春，孙喜波，李德，荀尚培. 安徽省冬小麦种植保险天气指数设计与应用 [J]. 中国农业气象，2013，34 (2)：229 - 235.

[8] 易泺泺，王季薇，王铸，梅杰，叶涛，史培军. 草原牧区雪灾天气指数保险设计——以内蒙古东部地区为例 [J]. 保险研究，2015 (5)：69 - 77.

[9] Actuaries Climate Index Committee, Overview of actuaries Climate index research project. CIPR Symposium：Implications for increasing catastrophe volatility on insurers and consumers, 2014.

[10] Alaton, P., Djehiche, B., and Stillberger, D., On modeling and pricing weather derivatives. *Applied Mathematical Finance*, 2002, 9 (1)：1 - 20.

[11] Alderman, H., andHaque, T., Insurance against covariate shocks：the role of index - based insurance in social protection in low - income countries of Africa. *World Bank Publications*, 2007.

［12］Barnett, B. J. , and Mahul, O. , Weather Index Insurance for Agriculture and Rural Areas in Lower Income Countries. *American Journal of Agricultural Economics*, 2007, 89 (5): 1241 – 1247.

［13］Benth, F. , and Benth, J. , The volatility of temperature and pricing of weather derivatives. *Quantitative Finance*, 2007, 7 (5): 553 – 561.

［14］Bokusheva, R. , Measuring dependence in joint distributions of yield and weather variables. *Agricultural Finance Review*, 2011, 71 (71): 120 – 141.

［15］Bryla, E. , and Syroka, J. , Micro – and meso – level weather risk management: deficit rainfall in malawi. Working Paper, 2009.

［16］Charpentier, A. , Insurability of climate risks. The Geneva Papers, 2008 (33): 91 – 109.

［17］Collier, B. , and Barnett, B. , Weather Index Insurance and Climate Change: Opportunities and Challenges in Lower Income Countries. *Geneva Papers on Risk and Insurance – Issues and Practice*, 2009, 34 (3): 401 – 424.

［18］Fuchs, A. , and Wolff, H. , Concept and Unintended Consequences of Weather Index Insurance: The Case of Mexico. Working Paper, 2011.

［19］Gallant, A. J. E. , and Karoly, D. J. , A combined climate extremes index for the Australian region. *Journal of Climate*, 2010 (23): 6153 – 6165.

［20］Halcrow, H. G. A New Proposal for Federal Crop Insurance. *Illinois Agricultural Economics*, 1978, 18 (18): 20 – 29.

［21］Ku, A. , Betting on the weather. Global Energy Business (July/August), 2001, 3 (4): 28.

［22］Leblois, A. , and Quirion, P. , Agricultural insurances based on meteorological indices: realizations, methods and research challenges. *Meteorological Applications*, 2013, 20 (1): 1 – 9.

［23］Manuamorn, O. P. , Scaling up Microinsurance: The Case of Weather Insurance for Smallholders, *India Agriculture & Rural Development Discussion Paper* 36, the World. 2010.

［24］Shynkarenko, R. , Introduction of Weather Index Insurance in Ukraine – Obstacles and Opportunities. *EAAE Seminar*, 2007.

［25］Skees, J. R. , Opportunities for Improved Efficiency in Risk Sharing Using Capital Markets. *American Journal of Agricultural Economics*, 1999, 81: 1228 – 1233.

［26］Stulec, I. , Bakovic, T. , and Petljak, K. , Effectiveness of Weather

Derivatives as Hedge against Temperture Risk and Beverages Sale Uncertainty. Working Paper, 2013.

[27] Sun, B. , Guo, C. , and Cornelis van Kooten, G. , Hedging Weather Risk for Corn Production in Northeastern China: The Efficiency of Weather – Indexed Insurance. *Agricultural Finance Review*, 2014, 74 (4): 555 –572.

[28] Weatherbill, Inc. , Global Weather Sensitivity: A Comparative Study, 2008.

[29] World Bank, Managing Agricultural Production Risk: Innovations in Developing Countries. *World Bank Other Operational Studies*, 2005.

商业银行经营与发展

商业银行支持新兴产业发展研究

上海浦东发展银行新兴产业研究课题组①

一、研究背景：经济新常态下的增长动能转换

当今世界新技术、新产业迅猛发展，新一轮产业革命方兴未艾，新兴产业正在成为引领全球经济增长的重要力量。世界主要经济体纷纷调整发展战略，大力培育新兴产业，抢占未来经济、科技竞争的制高点。历史经验和大量实证研究表明，技术进步乃是经济长期持续增长最为重要的推动因素。因此，在新常态下，我国更加关注经济增长质量，通过深入推进供给侧结构性改革，增强科技进步对经济增长的贡献度，形成新的增长动力源泉。

2010 年《国务院关于加快培育和发展战略性新兴产业的决定》正式确定了节能环保、新一代信息技术、生物、高端装备制造、新能源、新材料和新能源汽车七大战略性新兴产业，并于 2012 年推出了《"十二五"国家战略性新兴产业发展规划》。2016 年最新发布的《"十三五"国家战略性新兴产业发展规划》，在原有基础上进行调整，形成了现阶段的八大战略性新兴产业门类，即新一代信息技术、高端装备、新材料、生物、新能源汽车、新能源、节能环保、数字创意。战略性新兴产业代表新一轮科技革命和产业变革的方向，是我国培育发展新动能、获取未来竞争新优势的关键领域。

随着国内经济发展步入新常态，中国成功把握了新一轮新兴产业发展浪潮。在过去的几年里，战略性新兴产业在经济下行期实现了两位数的快速增长。截至 2015 年底，战略性新兴产业增加值在 GDP 中的占比达到 8%，拉动经济增长 0.552 个百分点，预计到 2020 年占比将达到 15%，拉动经济增长 1 个百分点左右。与此同时，战略性新兴产业对传统产业的改造升级转型也存在重大的推动作用。从整体来看，战略性新兴产业在稳增长、促转型、引创新方面发挥了重要作用，正在顺利承接新旧动能转换，逐渐成为经济增长的新引擎。

---

① 课题负责人：李麟；课题组成员：索彦峰、赵学刚、单国俊、李韬、林文轩。

战略性新兴产业的运行主体主要是高科技企业，鉴于这类企业"高风险、高投入、轻资产、财务信息不健全"的特点，其发展尚不能得到有效的金融支持，对经济转型升级形成了明显的制约。商业银行体系在社会融资结构中占有主导地位，具有金融资源丰富、资金动员和组织效率高等突出优势。但现阶段，商业银行出于对成本—收益的权衡和对信息不对称引发的潜在风险考量，对新兴产业的金融服务方式以信贷为主，形式单一，规模有限，服务能级也较低，在金融资源配置中的优势并没有得到充分发挥。

因此，探索研究商业银行支持新兴产业发展的运作模式及解决方案，提升商业银行体系服务新兴产业的能力和效率，不仅对银行自身创新转型，而且对推动我国经济结构转型升级具有重要的战略意义和现实意义。同时，基于经济决定金融的逻辑，我国实体经济资产负债表中传统产业占比过高，由此导致商业银行的资产负债表中的信贷资产过多地配置于传统产业、过剩产业。因此，研究商业银行如何抓住战略性新兴产业的机遇，在助推经济转型的同时，通过强化资产负债表经营，不断优化调整资产负债结构，提升综合化金融服务能力，不仅具有非常重要的理论意义，而且具有重大的实践价值。

二、理论基础：创新理论与技术—经济范式

从新兴产业角度，讨论科技和金融对经济发展的驱动及长期增长的动力机制，具有代表性的有熊彼特的创新理论和佩蕾丝的技术—经济范式。创新理论主要是从技术与经济相结合的角度，探讨技术创新在经济发展过程中的作用，而技术促进经济发展过程中，离不开金融的支持。佩蕾丝的技术—经济范式通过对过去 240 多年里发生的 5 次技术革命的特征进行总结，划分技术革命周期阶段，融入金融在不同阶段的支持作用及其变化。两者都认为技术和金融之间具有相互促进的作用，是推动经济增长的"车之双轮"。

（一）熊彼特的创新理论

早期的新古典经济增长理论（哈罗德—多马模型、索洛—斯旺模型等）将技术视为外生变量，直觉上这并不符合现代经济增长的事实，因为传统的要素驱动理论无法解释经济增长的动力机制。从而，经济增长理论开始由外向增长转向内生增长的研究。以罗默等为代表的新增长理论（内生增长理论）在解释经济持续增长现象时，技术内生需要加上规模收益递增才能避免回到"增长的陷阱"。而规模收益递增的原因可能来自知识的外部性

和人力资本的外部性，但实证经验表明，人力资本对经济长期可持续增长的外部性并不确定。由于研发创新创造新知识，因此如果知识具有外部性，那么研发就具有外部性。以熊彼特（1934，1939）为代表的创新理论逐渐开始得到重视。他在《经济发展理论》一书中提出"创新理论"以后，又相继在《经济周期》和《资本主义、社会主义和民主主义》两书中加以运用和发挥，形成了以"创新理论"为基础的独特理论体系。

"创新理论"的最大特色，就是强调生产技术的革新和生产方法的变革在经济发展过程中的至高无上的作用。熊彼特提出，"创新"是资本主义经济增长和发展的动力，没有"创新"就没有资本主义的发展，并进一步明确指出"创新"的五种情况，即产品创新、技术创新、市场创新、资源配置创新和组织创新。熊彼特认为，服务创新是金融的一个重大职能，两者并不是单向影响关系，而是相互作用关系。传统理论由于将技术创新与金融分离，因为忽视了两者之间的互动机制。

到了 20 世纪 90 年代初期，以罗默为代表的经济学家在动态一般均衡框架下将创新、研发与内生经济增长联系起来，产生新古典熊彼特增长理论，其经济增长机制可以解释为垄断利润$\rightleftharpoons$研发生产→技术创新→知识增长（外部性）→规模收益递增→全要素生产率持续增长。

（二）佩蕾丝的技术—经济范式

佩蕾丝（2007，2010）通过对过去 240 多年里发生的 5 次技术革命进行的总结发现，每次技术革命具有如下两个特征：第一，每次技术革命都具有一定的周期性，这些周期性特征包括：（1）重要的生产要素突然变得非常便宜；（2）一些全新的基础设施被创造出来；（3）放纵的创新期过后，泡沫紧随其后；（4）泡沫破灭后经济衰退；（5）一段巩固期后，具有更高生产力的新技术开始普及。第二，每次技术革命都会产生新的支柱产业，成为经济增长的新引擎。与此同时，原有产业得到升级，提升了整个生产系统的潜在生产率水平。形成一种技术—经济范式的改变。

为了阐明这种技术—经济范式，佩蕾丝将一个技术革命的生命周期分为两个时期四个阶段，即导入期（包括爆发阶段和狂热阶段）和展开期（包括协同阶段和成熟阶段）。不同时期的不同阶段在技术进步和经济表现上都表现出显著差异化特征，并由于这种差异化特征带来金融资本和生产资本的差异化表现。与此同时，金融资本和产业资本又反过来影响技术进步和经济表现，最终导致新一轮技术革命和更高水平的经济发展。

佩蕾丝认为，正是在这样一个技术—经济范式下，技术和金融的相互作用，共同推动经济发展。一轮技术革命的开始，将经济发展推向更高水平的增长，而伴随着这轮技术革命的终结，新一轮技术革命爆发的舞台也在金融资本的推动下初步搭建形成。

三、特征事实：新兴产业发展与政策环境改善

（一）战略性新兴产业成为稳增长的重要动能

在国内外经济整体均处于下行的艰难时期，战略性新兴产业却"风景独好"，为稳增长、调结构以及竞争力提升发挥了重要作用。截至 2015 年末，战略性新兴产业增加值占 GDP 比重达 8%，较 2010 年接近翻倍。最新数据显示，2016 年上半年，战略性新兴产业增加值同比增长 11%，高于工业总体增速 5 个百分点。其中，第二季度增长 11.8%，比第一季度增加 1.8 个百分点。2015 年全年，战略性新兴产业涉及的 27 个重点行业，其规模以上企业营业收入达 16.9 万亿元，在工业总营收中的占比达 15.3%，自 2010 年以来实现 17.8% 的年平均增速。2016 年，战略性新兴产业总营收将达到 28.3 万亿元，产业发展保持高速增长势头。

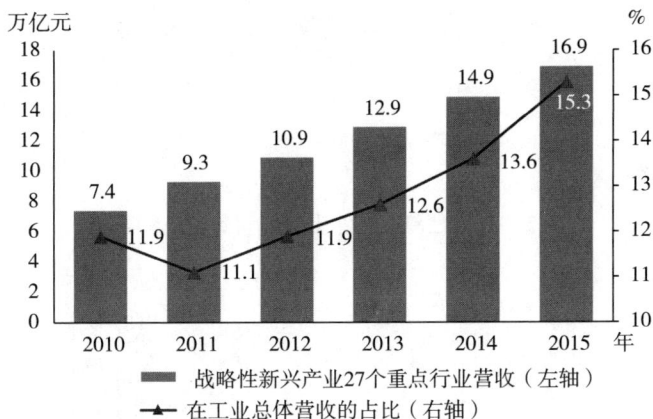

资料来源：国家信息中心。

图1 战略性新兴产业 27 个重点行业营收情况

（二）战略性新兴产业成为投资消费的热点

一是新兴领域投资保持快速增长。2016 年 1~6 月，医药制造业、计算机、通信设备制造业等九类重点行业固定资产投资完成额达 1.6 万亿元，同比增长 10.1%，高于全国固定资产投资 9.0% 的增速水平。其中，信息传输、软件和信息技术服务、生态保护及环境管理业等领域的投资增速均超过 20%。

二是健康、信息、绿色消费成为拉动消费的主要增长点。2016 年 1~6

月，医药类消费累计规模达 3981.4 亿元，同比增长 13.3%，比同期全社会消费品零售总额增速高出 3 个百分点；体育娱乐类消费累计规模同比增速高达 16.9%，超出同期全社会消费增速 6.6 个百分点；4G 手机出货量达 2.3 亿部，同比增长 19.8%；新能源汽车销售 17 万辆，同比增长 126.9%，其中纯电动汽车销量 12.6 万辆，同比增速达 161.6%。

（三）战略性新兴产业领域上市公司表现出众

1. 公司数量和资产规模持续扩大

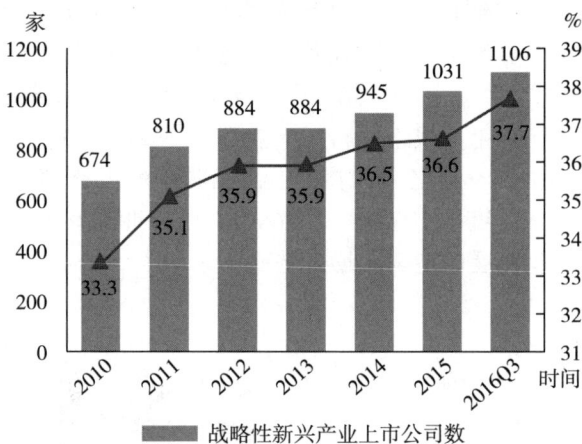

资料来源：国家信息中心。

图 2　战略性新兴产业上市公司数量变动趋势

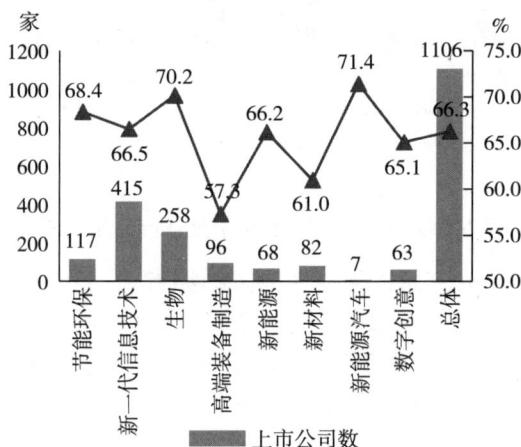

资料来源：国家信息中心。

图 3　战略性新兴产业上市公司数量分布情况

首先，从上市公司数量来看，截至 2016 年第三季度，战略性新兴产业上市公司数突破 1100 家，达 1106 家。其中，民企占 66.3%。各行业民企占比普遍较高。自 2010 年以来，432 家企业完成 IPO 上市，战略性新兴产业上市公司数在全部 A 股中的占比由 33.3% 提升至 37.7%。

其次，从企业总资产规模变化情况来看，截至 2016 年第三季度，战略性新兴产业上市公司总资产达 8.4 万亿元，同比增长 25.75%。并且可以发现，尽管宏观尚处于经济下行期，但战略性新兴产业总资产增速自 2014 年第三季度以来仍保持 20% 以上的强劲增速。

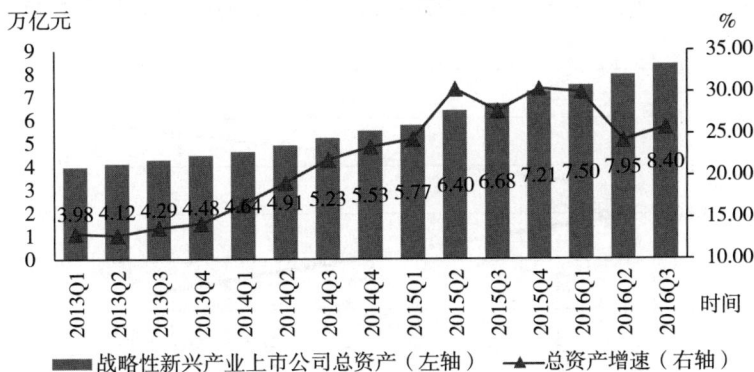

资料来源：国家信息中心。

图 4　战略性新兴产业上市公司总资产变动趋势

最后，对比战略性新兴产业和上市公司整体固定资产净值规模增速，可以明显地看出，战略性新兴产业固定资产净值增速并没有因为宏观经济增速下滑受到影响，反而出现逆势上行趋势，与上市公司整体固定资产净值增速"剪刀差"逐渐拉大。

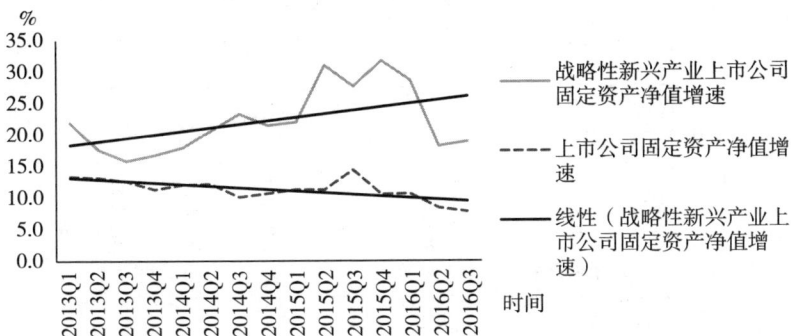

资料来源：国家信息中心。

图 5　战略性新兴产业上市公司固定资产净值增速变动趋势

2. 业绩相较于整体水平优势明显

战略性新兴产业上市公司的营收和利润增速与上市公司总体形成鲜明的、不断拉大的"剪刀差"。近年来，伴随着经济增速的持续放缓，上市公司整体呈现与宏观经济一致的走势。营收增速回落至 5% 以下，并在 2015 年第一季度触底；利润增速甚至出现负增长，并于 2016 年触底达到 -3.9%。与此同时，战略性新兴产业上市公司的营收和利润增速始终保持两位数高水平增长。其中，营收增速 2014 年第二季度以来维持 18% 左右的高速增长，利润增速保持 25% 以上的高速增长（2015 年第四季度除外）。不论是营收增速还是利润增速，战略性新兴产业上市公司表现远超同期上市公司总体水平。

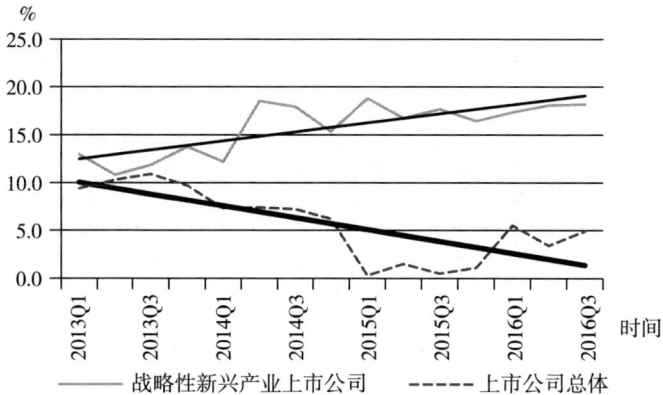

资料来源：国家信息中心。

图 6　战略性新兴产业上市公司营收增速变化

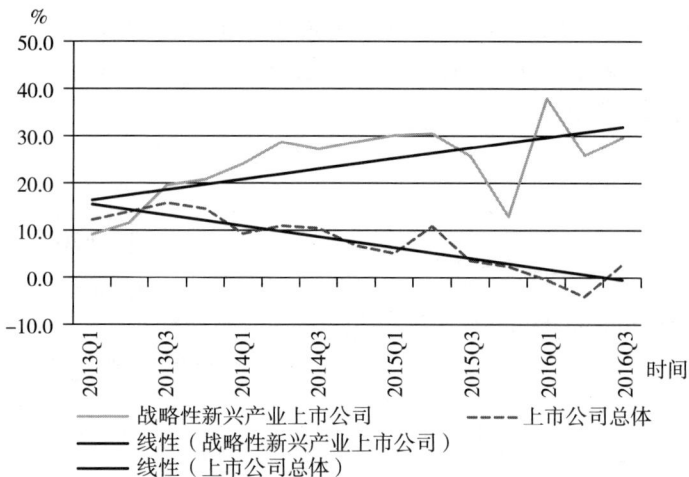

资料来源：国家信息中心。

图 7　战略性新兴产业上市公司利润增速变化

3. 研发创新能力持续提升

作为技术密集型产业，战略性新兴产业表现出更高强度的研发投入和更为活跃的创新能力。

一是研发强度显著高于上市公司整体。2015年，战略性新兴产业上市公司平均研发投入达到1.53亿元，较2010年提高1.9倍；平均研发强度（研发投入占营收比例）6.2%，较2010年提升2.4个百分点，显著高于上市公司整体3.5%的水平，并且两者之间研发强度"剪刀差"呈逐步放大趋势。

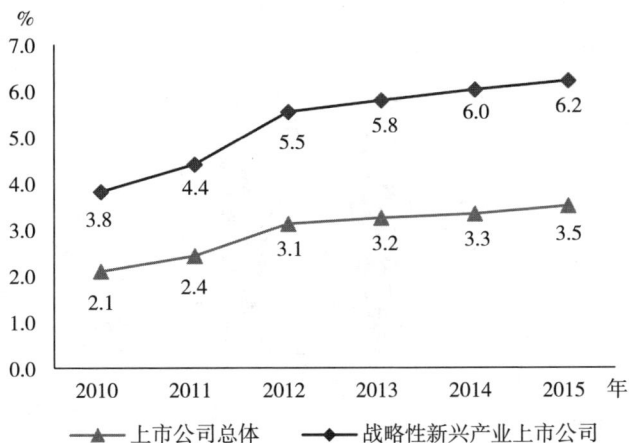

%

| | 2010 | 2011 | 2012 | 2013 | 2014 | 2015 |

上市公司总体：2.1，2.4，3.1，3.2，3.3，3.5
战略性新兴产业上市公司：3.8，4.4，5.5，5.8，6.0，6.2

资料来源：中国战略性新兴产业发展报告2017。

图8 战略性新兴产业上市公司研发强度情况

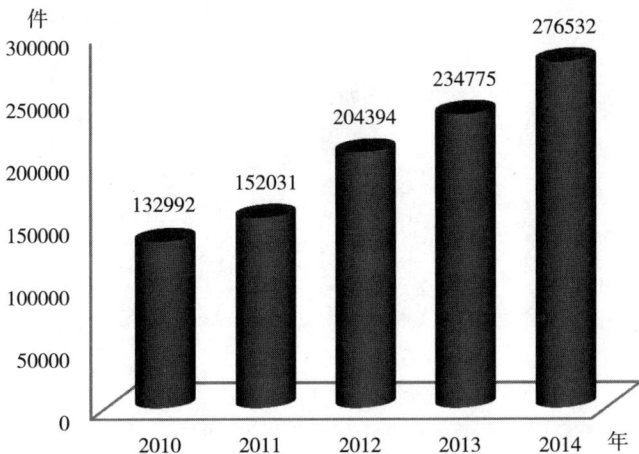

件

2010：132992
2011：152031
2012：204394
2013：234775
2014：276532

资料来源：国家信息中心。

图9 战略性新兴产业企业发明专利申请情况

二是创新成果显著提升。自 2010 年以来，战略性新兴产业企业发明专利申请数平均增速达 26.98%。2014 年，发明专利申请超过 27 万件，较 2010 年实现 1 倍以上增幅。

4. 融资和并购重组相对活跃

一是 IPO、增发和发债三类资本市场主要融资方式均比较活跃。随着中国经济进入新常态，经济增速放缓，战略性新兴产业上市公司融资增速仍然保持较高水平，有力支撑了公司的结构调整和转型升级。

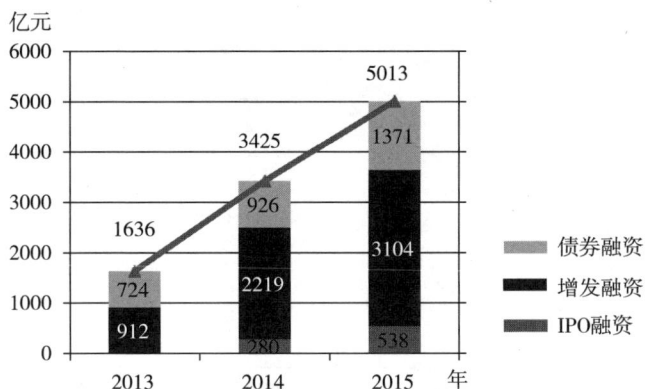

资料来源：国家信息中心。

图 10　战略性新兴产业上市公司融资情况

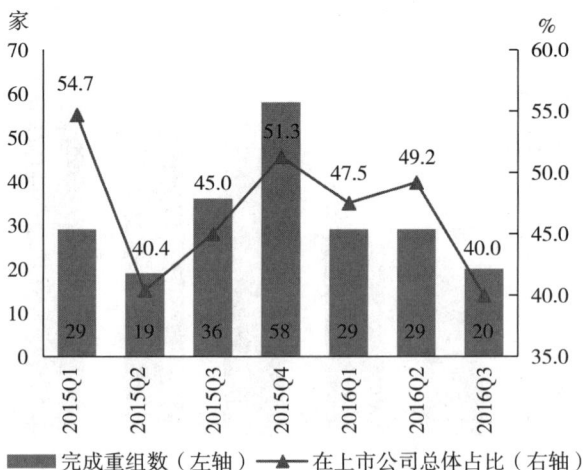

资料来源：国家信息中心。

图 11　战略性新兴产业上市公司重组数

二是并购重组节奏有所放缓，横向整合是并购重组的主要目的。近年来，接近一半的重组涉及战略性新兴产业上市公司。2016 年以来，战略性新兴产业并购重组活跃度有所下降，但在上市公司总体重组数中的占比仍然维持 40% 以上的较高水平。从重组目的来看，2015 年重组的 142 家新兴产业上市公司中 61.9% 主要是想通过重组来实现横向整合。其中，新一代信息技术领域的重组活动最为活跃，其次是生物和节能环保领域。

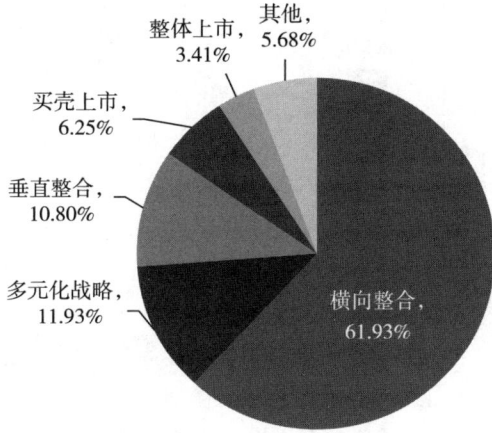

资料来源：国家信息中心。

图 12 战略性新兴产业上市公司重组目的分布

5. 行业和地区差异化发展

一是战略性新兴产业发展呈现显著的行业差异性。第一，从战略性新兴

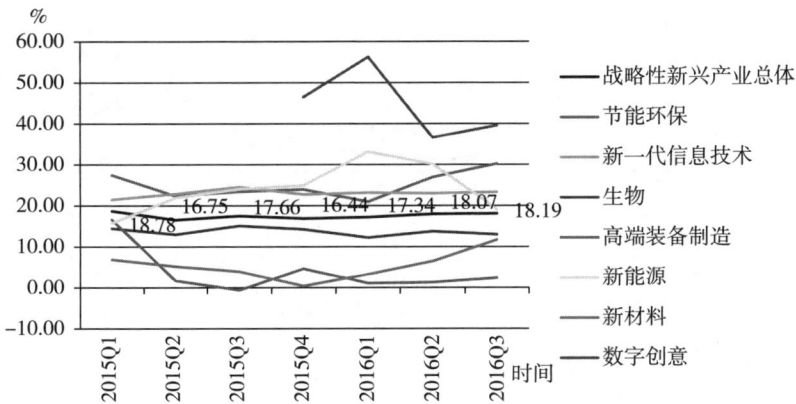

注：数字创意是 2016 年 12 月发布的《"十三五"国家战略性新兴产业发展规划》新加入的，数据更新从 2015 年第四季度起；新能源汽车上市公司由于数量较少，代表性不足，未加入对比。

资料来源：国家信息中心。

图 13 战略性新兴产业各细分行业营收增速

产业总体应收增速保持在 18% 左右，维持较高水平；第二，数字创意、节能环保、新一代信息技术和新能源行业营收增速高于平均，达 20% 以上，尤其是数字创意，保持在 40% 以上的超高增速；第三，生物、新材料和高端装备行业营收低于平均增速，尤其是高端装备制造行业增长缓慢。

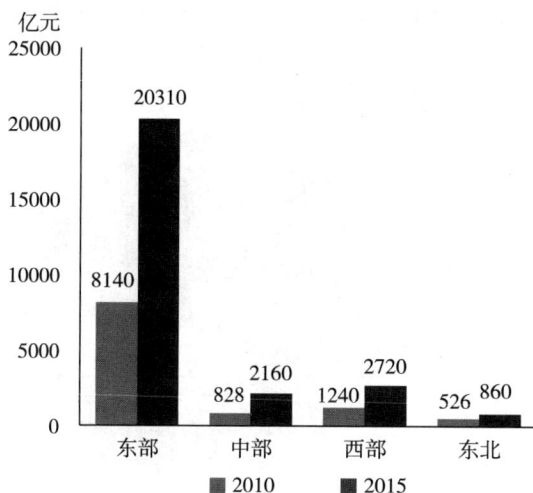

资料来源：中国战略性新兴产业发展报告 2017。

图 14　各地区战略性新兴产业营收变化

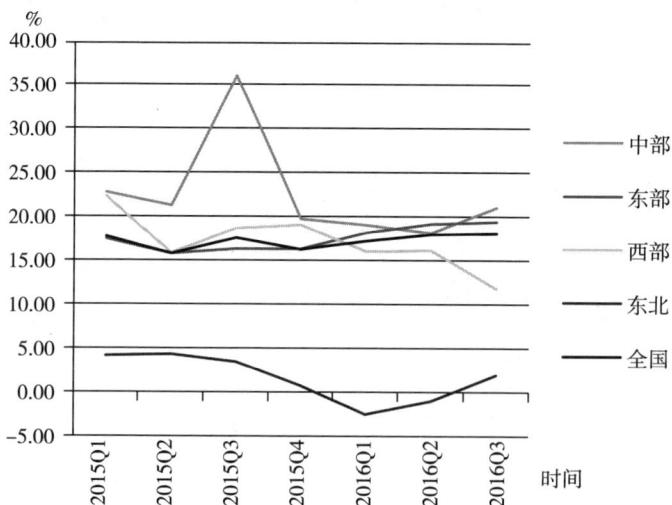

资料来源：国家信息中心。

图 15　各地区战略性新兴产业营收增速变化

二是东部是发展核心区，中东部成增速引领区。从营收规模来看，东部地区战略性新兴产业上市公司营收是中、西部地区的近 10 倍，是东北地区的近 25 倍。从营收增速来看，中部地区显著高于全国平均增速，东部地区略高于平均水平，西部地区下降趋势明显，东北地区战略性新兴产业由于集中在营收和利润增速较低高端装备，发展面临较大瓶颈。

（四）相关政策和市场环境不断完善

一是形成了相对比较完备的政策导向和支持体系。2010 年，国务院发布《关于加快培育和发展战略性新兴产业的决定》（以下简称《决定》）后，又根据国家"十二五"规划纲要和《决定》的部署和要求，于 2012 年通过了《"十二五"国家战略性新兴产业发展规划》，明确了节能环保、新一代信息技术、生物、高端装备制造、新能源、新材料和新能源汽车 7 个战略性新兴领域的发展目标、重点方向和主要任务。随后，各个战略性新兴产业专项发展规划陆续编发。2016 年，国务院发布《"十三五"国家战略性新兴产业发展规划》进一步明确战略性新兴产业的发展领域和战略目标。与此同时，各相关部委及地方政府根据行业和地区实际情况，以国家创新发展战略为导向，陆续研究出台各细分化的行业规划、政策和指导意见。此外，国务院相机调整和完善了制约新兴产业和创新的相关体制机制，深入推进体制机制改革，形成了良好的政策环境。

二是重大国家创新发展工程和项目陆续部署实施。《"十二五"国家战略性新兴产业发展规划》中提出的宽带中国、信息惠民等 20 个重大工程和项目正逐步实施和落实。

三是金融支持力度不断加强。针对战略性新兴产业的金融配套政策和金融工具创新等金融支持力度不断加强。例如，产业创投计划推进实施，截至 2015 年底，此类基金总数达 206 只，引导地方政府和社会资本累计投资 556 亿元；探索金融工具创新，发展知识产权和股权融资业务、排污权抵押贷款、清洁发展机制、合同能源融资、绿色消费信贷等；开展战略性新兴产业融资担保风险补偿试点。

四是产业景气度保持较高水平。国家信息中心通过对全国 28 个省份1050 家战略性新兴产业企业的 2016 年第四季度调查显示，企业家预期信心指数和产业景气预期指数均维持在较高景气区间。指标呈现全面回升态势，产销景气整体大幅上涨，资金总体活跃程度反弹至年度最高点。

四、服务思路：打造多方主体共赢的科技金融生态圈

总体来看，近年来我国新兴产业尽管还面临各种困境，但增长动能持续强劲，对我国顺利实现新旧动能转换和产业结构转型升级起到了一定的

支撑作用。新兴产业的蓬勃发展，为商业银行金融产品和服务的创新提供了更为广阔的市场空间。为了更好地对接和提供金融产品和服务，满足高科技企业的投融资需求，商业银行需积极参与新兴产业发展趋势、投融资模式等方面的研究，逐步破解高科技企业融资难问题。十九大报告中提出，要"建立以企业为主体、市场为导向、产学研深度融合的技术创新体系，加强对中小企业创新的支持"，我们认为，充分运用 FinTech 技术，结合数字化场景，构建融合科技金融元素的创新模式，打造多方主体共享共赢的科技金融生态圈，是商业银行服务新兴产业发展的有效路径。

围绕科技金融市场主体各方核心需求、痛点、服务优势与短板，与政府部门、各级科技服务平台等科技金融生态渠道建立合作，大范围批量获取客户，形成覆盖面广、信息完备、数据实时更新的科技金融客户项目库，并在信贷融资、结算、财务顾问等传统银行业务上实现当期盈利。在海量项目库信息的基础上，在交易撮合、产业对接、资源整合等方面发挥作用，将商业银行打造成新兴产业企业全方位、专业化、一站式的综合金融服务平台。一方面，针对新兴产业企业高风险、高回报的成长特性，开展认股选择权、投贷联动、直接股权投资等股权相关业务，培育新兴产业企业通过上市等手段退出，形成中长期投资收益。另一方面，在客户培育基础上，整合商业银行和投行资源，与行业龙头建立战略合作，组织项目对接、产业对接，提前规划、布局、涉足新兴行业的跨界发展，获取长期战略撮合收益，或者以服务价值折算股权，从而获得超额收益。实现传统银行业务收益 + 投资收益 + 撮合收益 + 大数据价值的可持续收益。

（一）明确科技金融多层次客户视图

从客户分类来看，围绕国家科技创新的路线图和产业链布局，聚焦八大战略新兴产业：节能环保、新一代信息技术、生物医疗、新能源、新能源汽车、高端装备制造、新材料和文化创意产业；基于行业、产业链、生命周期等维度，面向科技型中小企业、大型龙头科技企业、政府部门、PE/VC 四类客群开展服务，形成平台化、集合化的产品体系与差异化服务模式，明确目标客群差异化经营策略，形成业务联动。

（二）打造科技金融多维度服务模式

1. 构建多层次政府服务模式

聚焦科技管理部门、国家高新区，以及政府设立的产业基金和政府引导基金等两类目标客群，通过政府补偿联动融资、政府资金监管服务、政府引导基金服务等，升级服务质量。一方面，根据企业所获得的政府认定资格或扶持政策，给予流程简化的快速信用贷款，提高科技型企业的融资效率。另一方面,根据政府发起的贷款风险补偿机制,设计符合规定条件和程序的科技型企业贷款产品,放大财政资金的杠杆作用。

2. 建立"撮合 + 投贷联动"的科技金融合作模式

商业银行开展与优秀市场化股权基金管理机构、行业龙头企业、上市公司等相关投资机构代持认股选择权、认股权溢价换股权等业务合作,建立了良好的利益共享机制。与 PE/VC 深化合作,采用跟投跟贷的方式,对于有爆发增长潜力的企业,以投为主、以贷为辅,建立中长期的合作共赢纽带。通过为基金提供 PE 综合金融服务,帮助合作基金从企业处取得认股选择权,并与合作基金共同为企业提供增值服务,强化企业的成长动能。同时配套科技含权贷业务,给予签署认股选择权协议的科技型企业信用贷款等。

(三) 建设多业态开放共享的数字化科技金融服务平台

服务新兴产业发展,围绕科技金融生态圈的基本构架,还需注入更多互联网和数字化基因以及配套的审计、法律咨询服务,从而形成多业态开放、共享的数字化科技金融服务平台。借助金融科技技术,利用云计算和大数据技术,通过整合多方资源、信息集成共享,有效提高科创领域投融资对接效率。面向科技企业、投资机构、上市公司等科技创新生态链的核心主体开放。对于科技企业,通过平台发布融资需求、查找投资人、个性化主页展示、精品项目推送等功能,快速触达投资人。对于投资机构和上市公司,通过平台项目筛选功能,实现高效精准、查找优质项目。

五、策略建议:数字化时代的业务、产品和风控模式创新

(一) 业务策略

1. 运用 FinTech 技术,以数字化模式推进科技金融生态圈建设

推进数字化转型是商业银行未来几年发展的重要支撑点,是科技金融生态圈模式创新的关键。

一是形成一体化的投贷联动大数据体系,构建目标客户视图。商业银行在传统领域有着天然的数据和客户网络优势,但在风险投资和创新创业领域有较大的瓶颈和掣肘。投贷联动业务应结合政府的政策信息、风投机构的目标客户数据、FinTech 公司的大数据分析工具等多业态资源展开,通过数字化推动投贷联动金融生态圈的扩容升级。

二是加强与 FinTech 公司的战略合作。借鉴国际先进同业的做法,商业银行可与大型 FinTech 公司共同成立金融实验室,利用 FinTech 公司的科技创新优势,提升新兴产业投贷联动的产品加载能力,在交易撮合、项目对

接、资源整合等方面发挥积极作用。

三是基于多方共赢的科技金融生态圈模式，在业务层面，商业银行应面向以新兴产业企业、政府部门、投资机构、产业龙头企业为代表的生态圈主体，融合多业态元素，制定新兴产业企业全生命周期金融服务方案。一方面，与优秀的市场化股权基金管理机构、行业龙头企业、上市公司等相关投资机构开展代持认股选择权、认股权溢价换股权等业务合作，建立利益共享机制。另一方面，与互联网金融企业加强合作，通过债券投资同股权众筹、P2P 网贷相结合，形成"股、债、贷"联动的新业务条线，提升新兴产业线上线下综合金融服务水平。

2. 聚焦新兴产业科创类重点行业，覆盖投贷联动试点地区

行业方面，围绕医药制造，航空、航天器及设备制造，电子及通信设备制造，计算机及办公设备制造，医疗仪器设备及仪器仪表制造，信息化学品制造，信息服务，电子商务服务，检验检测服务，专业技术服务的高技术服务，研发与设计服务，科技成果转化服务，知识产权及相关法律服务，环境监测及治理服务十四大类高科技产业门类下科技初创类企业、完成中试的成型创业企业、成长类高科技（及运用高科技）的企业、成熟类高科技（及运用高科技）的企业，以及传统产业中技术改造类企业进行客户开发与服务。投贷联动业务的开展需要对相关新兴产业更专业的跟踪研究，业务实施领域需要一定的针对性。综合风险资本和政府引导基金的投资关注领域，商业银行可结合自身特点和业务优势，重点选择互联网、电信及增值服务、生物技术/医疗健康、IT、金融、娱乐传媒等新兴产业领域开展投贷联动业务。

区域方面，重点覆盖最新《关于支持银行业金融机构加大创新力度开展科创企业投贷联动试点的指导意见》中公布的五大投贷联动试点地区：北京中关村国家自主创新示范区、武汉东湖国家自主创新示范区、上海张江国家自主创新示范区、天津滨海国家自主创新示范区、西安国家自主创新示范区，并结合商业银行资源优势进行聚焦。风投机构和政府引导基金是如上构建的金融生态圈中的主要代表，其投资规模的地区分布将给商业银行投贷联动的区域策略提供依据。我国风险投资最集中的省份主要是北京、上海、广东、浙江、江苏等省和直辖市；政府引导基金投资则主要集中于华东、华南、华北地区。综合分析，建议商业银行重点布局北京、上海、广东、浙江、江苏等地区，加强与这些地区投资机构和政府部门的合作，集中优势资源推动新兴产业投贷联动业务发展。

地区	数值
东北	212.18
西北	347.51
西南	1062.88
华中	1149.25
华北	1854.6
华南	3300.4
华东	4926.88

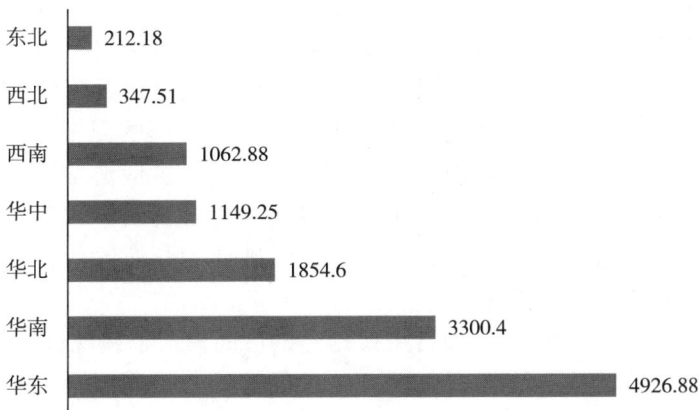

资料来源：中国证券投资基金业协会。

图16 2016年我国各地区政府引导基金新增规模（亿元）

3. 围绕企业生命周期全过程，提供差异化产品服务

针对初创期和成长期的新兴产业企业。提供结算类、贸易融资类等基础性银行服务，如国际结算、流动资金贷款、过桥融资贷款、股权质押贷款等产品。并针对初创企业特点在抵押方式、还款方式、定价方式上进行创新，推出知识产权质押贷款、浮动利率贷款等创新产品。同时针对资质好、成长前景好的企业，充分利用资本市场工具和集团内资源，结合基础性银行信贷产品，附加创新型投行类产品，如认股选择权业务、期权顾问协议、投贷联动业务、直接股权投资业务等。此外，整合商业银行融智类服务和投行业务平台，通过顾问类服务提升企业的核心价值，提供如创业孵化、管理咨询、法务顾问、上市财务顾问、企业挂牌顾问等服务。

针对成熟期的新兴产业企业。提供全面的基础性银行服务，如国际结算、流动资金贷款、中长期贷款、应收账款融资、票据融资、供应链金融、贸易融资、对公理财等各类基础性银行产品服务。同时，也帮助企业进行债务融资，为企业提供私募集合债、短期融资券、中期票据承销、专利许可费收益权证券化等服务。此外，为企业提供股权投融资相关的服务，如上市财务顾问、股票增发顾问、并购融资等服务，支持企业加强技术和资产的整合。另外，还可以发挥银行集团优势，整合提供其他综合金融服务产品，如跨境投资、科研设备租赁、科技保险等服务。同时，还可以发挥银行的专业优势、信息优势和平台优势，为客户提供信息咨询服务，撮合企业与供应商、经销商、合作伙伴、用户等，打通企业的产业链上下游，帮助企业更好地拓展市场和客户。

针对生命周期晚期的新兴产业企业。通常意义上，这一阶段的企业往往盈利能力下降、经营风险上升、未来前景不佳，属于银行限制或退出类的企业。但这并不意味着对商业银行而言，这类企业就不存在市场机会。商业银行依然可以开展低风险的银行服务，获取合理的回报。例如，可继续为企业提供支付结算、债项风险低的贸易融资、供应链融资等服务。同时，也可为企业提供并购顾问服务，帮助企业通过拆分、出售、并购、重组等方式重新焕发生机。即使企业最终走向破产，商业银行也可以提供与破产清算、托管等相关的服务。

4. 创新产品线，构建"商行＋投行"的产品模式，实现投贷一体化

创新业务产品线，构建商业银行＋投行的经营模式，通过综合开展风投系、银行系、投行系三类业务，形成多元平衡的盈利模式，打造"产业链闭环、业务系闭环、风险收益闭环"创新服务结构，真正做到投贷一体化。一是开展风险投资系业务，获取股权投资回报等收入。新兴产业企业尚处于早期阶段时，商业银行主要通过投贷联动分享企业快速增长带来的股权增值收益，覆盖银行信贷业务的高风险，并通过咨询顾问服务增加确定性收入，加速创业企业的孵化和成长。二是开展银行系业务，获取固定收益类收入。主要对接进入成熟发展阶段后经营风险较低的新兴产业企业。三是开展投行系业务，获取顾问咨询等收入。主要对接进入成熟期和衰退期的新兴产业企业，提供财务顾问、债券承销、并购重组、破产清算等投行服务。

（二）产品策略

形成"银行基础产品＋科技金融特色产品"的产品体系。基础产品以存、贷、汇、信息咨询、现金管理、贸易融资等为主，科技金融特色产品结合新兴产业科创企业的特征进行创新。重点包括三类：

1. 收益型：股贷结合类产品（直接投资、认股选择权）

充分利用资本市场工具和集团内资源，服务新兴产业科创企业多元化融资需求，结合基础性银行信贷产品，附加先进投行产品，为科创企业打造股、债、贷一体的综合金融服务。

2. 培育型：智融结合类产品（通过顾问类服务提升企业的核心价值）

聚焦新兴产业中小科创企业的成长链，提供"融资＋融智"服务，一方面，整合融智类服务和投行业务平台，通过顾问类服务提升企业的核心价值。另一方面，整合股权基金、政府部门、交易所、券商及其他中介服务机构，打造全方位服务平台。

3. 渠道型：内外结合类产品（与各类合作伙伴合作创新的产品）

根据不同的合作渠道的共性和个性，以渠道特色为基础，一是发挥政府科技主管部门、高新园区、VC/PE、券商等的信息对称作用，提供新兴产业科创企业筛选、认定、补贴等信息，更全面完善对科创企业的全方位判断；二是发挥政府引导基金、保险机构、担保公司、小贷公司的风险缓释作用，为新兴产业科创企业提供多样化的担保措施；三是发挥供应链核心企业、行业协会、众创空间等中介作用，帮助新兴产业科创企业撮合交易，提升行业竞争力。

（三）风控策略

初创期科技型企业缺乏稳定的现金流，又大多属于轻资产型，没有可供抵押的实物资产。科创企业虽然可以以自身的股权或认股期权来向银行贷款提供质押，但这种质押的权益尚未有实际价值，不是有效的第二还贷来源，并不能真正缓释风险。在金融生态圈模式下，由于融入了更多金融业态，风险机制更加复杂，需创新风险控制模式和策略。

1. 构建数字化风险管理体系，提升风险识别与防控能力

数字化时代商业银行的风险管控要善于依托数字技术，建立数字化风险防控机制，形成涵盖数字风险识别、数字风险计量、数字风险监测、数字风险控制和数字风险报告的数字化风险管理体系。重点包括以下方面：一是整合行内外各方数据资源，运用大数据征信等加强风险识别能力；二是利用深度学习等优化算法模型，并结合特定目标和场景，运用人工智能等技术实现风险的实时动态预警和监测；三是利用智能投研等技术，合理有效运用与风险事件相匹配的方法和工具分散、对冲、转移、规避和补偿风险。

以人工智能为例，未来它将对商业银行的战略制定、管理决策、金融产品、服务渠道、服务模式、授信融资、风险预警、投资决策等带来新一轮的全方面变革。人工智能在前端可以服务客户，在中台可以支持授信、各类金融交易和金融分析中的决策，在后台可用于战略制定、风险防控和监督。随着更多新一代信息技术的普及和应用，商业银行将在各个环节逐步推进数字化进程，商业银行在数字化转型方面要及早构建适应外部市场发展趋势的数字化金融服务体系。此外，还应重视数字技术本身带来的网络信息安全、隐私和知识产权保护等方面的维护和管理。

2. 合理设定风险容忍和风险分担机制，建立"防火墙"和风险隔离机制

在新兴产业投贷联动的机制设计中，应当合理设定科创企业的贷款风

险容忍度，确定商业银行、政府贷款风险补偿基金、担保公司、保险公司之间不良贷款本金的分担补偿机制和比例，使不良贷款率控制在设定的风险容忍度范围内。

可与政府合作设立联合科技贷款风险准备金池，与政府科委等部门深入合作，以国资背景担保公司和政策性担保基金担保，基于专业严格的项目及企业评审，对优质的科创企业提供信贷。在风险分担的具体机制上，可按照一定的不良率水平设置阈值，阈值以下的不良贷款由政府和银行各承受一定比例，阈值以上的则由银行自身承担，从而既做到风险分担，又起到控制风险的激励效果。一方面，充分利用国家政策，包括各类财政补贴资金、风险补偿基金、引导基金等，通过设立合理的特色方案或产品，充分缓释风险。另一方面，充分发挥合作伙伴的风险预警功能，通过与科技园区管理方、风险投资机构等的合作，有效改善信息不对称问题。

商业银行即使以优先级 LP 参股新兴产业科创企业成长基金，对单一基金或单一企业的投资比例建议不要超过自有资金的 10%。通过银行集团设立子公司直接进行股权投资时，面向科创企业的股权投资应当与其他投资业务隔离；股权投资子公司应当与银行金融集团母公司实行机构隔离、资金隔离；开展科创企业信贷投放时，贷款来源应为表内资金，不得使用理财资金、委托资金、代理资金等非表内资金。

3. 注重企业成长性，构建全产业链闭环资产配置模式，平衡长期收益与风险

融合多业态元素的目的就是要打造一个利益共享、风险分担的开放、互动平台。利用该平台，商业银行应加强与 PE/VC 的合作，做到债权优先于股权，利用 PE/VC 的客户筛选和风险识别能力选择跟投、跟贷的新兴产业企业，依托风投机构的评估模型、经验、团队对投贷联动风险进行可靠评估，与商业银行自身的风险评估形成双保险。注重企业的未来现金流和成长性，平衡长期收益与风险。改变传统风控模式，更加注重新兴产业企业的未来现金流和成长性，较好地平衡长期收益和风险，实现以丰补歉、以大补小、平衡发展、规模发展。

构建全产业链闭环资产配置模式，不仅服务于早中期的科创企业，同时也覆盖中期和晚期的科创企业，实现风险收益闭环。针对早期的科创企业，商业银行通过投贷联动业务在提供信贷融资服务的同时，争取股权投资回报，分享企业高成长的收益。针对中期的科创企业，通过信贷融资等基础性银行业务获得比较稳定的固定收益回报，通过投行业务获取更高的客户综合回报，对冲早期科创企业客户的经营风险。针对晚期和需要退出

市场的科创企业，通过开展并购重组、破产清算，获取咨询服务收入，推动企业新生和产业重组，最大化降低业务风险。

参考文献

[1] 卡萝塔·佩蕾丝. 技术革命与金融资本——泡沫与黄金时代的动力学 [M]. 北京：中国人民大学出版社，2007.

[2] 付剑峰，刘洪江，肇启伟. 科技金融中的关键问题——中国科技金融2014年会综述 [J]. 管理世界，2015 (3)：164 - 167.

[3] 洪银兴. 科技金融及其培育 [J]. 经济学家，2011 (6)：22 - 27.

[4] 何继业. 我国战略性新兴产业金融支持体系构建论略 [J]. 山东社会科学，2016 (11)：160 - 164.

[5] 李萌，杨扬. 经济新常态下战略性新兴产业金融支持效率评价及影响因素研究 [J]. 经济体制改革，2017 (1)：129 - 135.

[6] 廖岷，王鑫泽. 商业银行投贷联动机制创新与监管研究 [J]. 国际金融研究，2016，355 (11)：45 - 55.

[7] 林毅夫，姚洋. 中国奇迹：回顾与展望 [M]. 北京：北京大学出版社，2006.

[8] 刘志彪. 科技银行功能构建：商业银行支持战略性新兴产业发展的关键问题研究 [J]. 南京社会科学，2011 (4)：1 - 7.

[9] 孙晓华，王昀，刘小玲. 范式转换、异质性与新兴产业演化 [J]. 管理科学学报，2016，19 (8)：67 - 83.

[10] 吴敬琏等. 供给侧改革 [M]. 北京：中国文史出版社，2016.

[11] 俞乔，薛澜. 科技金融：理论的创新与现实的呼唤——评赵昌文等著《科技金融》 [J]. 经济研究，2010 (7)：157 - 160.

[12] 余东华，吕逸楠. 政府不当干预与战略性新兴产业产能过剩——以中国光伏产业为例 [J]. 中国工业经济，2015 (10)：53 - 68.

[13] 赵昌文等. 科技金融 [M]. 北京：科学出版社，2009.

[14] 赵黎明，宋瑶，殷建立. 战略性新兴产业、传统产业与政府合作策略研究 [J]. 系统工程理论与实践，2017，37 (3)：642 - 663.

[15] Di Z. Search on financial support for the strategic emerging industries from commercialbanks [J]. Modern Property Management，2013.

[16] Freeman C. and L. Soete. The Economics of Industrial Innovation [M]. MIT Press，1997.

[17] Mao Z. S. Analysis on Financial Support of Strategic Emerging Indus-

tries in Jiangsu Province [J]. Science & Technology & Economy, 2012.

[18] Schmookler J. Invention and Economic Growth [M]. Cambridge, Harvard University Press, 1966.

[19] Schumpeter A. J. The Theory of Economic Development [M]. Springer US, 2003.

商业银行资产管理业务发展及经验借鉴

张小东　邹冬沪　陈智玲　陈秋敏[①]

近几年，在利率市场化、人民币国际化、分业经营壁垒被逐渐打破的大背景下，资产管理行业的产业链不断延伸，为金融混业经营提供了新的发展机遇，"大资管"时代正式开启。本文对国内外资管业务发展经验进行了归纳总结，希望对大型商业银行资管业务下一步发展提供借鉴。

一、国外银行资产管理业务的发展经验借鉴

20 世纪 90 年代后，欧美等国金融管制不断放宽，尤其是 1999 年美国颁布《金融服务现代化法案》，混业经营时代全面来临。商业银行可以利用各种金融工具为客户提供综合化金融服务，资产管理业务获得飞速发展，在多数国家银行都是最主要的资管机构类型，收入贡献占比也不断提升。

（一）资产管理业务的内涵界定

1. 资产管理业务的内涵

资产管理业务的内涵有狭义和广义之分。从狭义来看，指投资人（包括零售客户、私人银行客户、机构客户甚至主权国家）委托资产管理机构对其资产进行管理，以实现其约定目标的综合金融服务。从广义来看，资产管理不仅包括受托资产管理，还包括为金融交易提供托管、清算、记账、咨询、代理等各类资产服务业务。本文选择广义的视角研究资产管理业务。

2. 资产管理业务的产业链

从产业链看，资产管理主要包括 5 个维度：基础资产、资产管理机构、金融产品、销售渠道、投资者。

---

① 作者单位：上海城市金融学会。

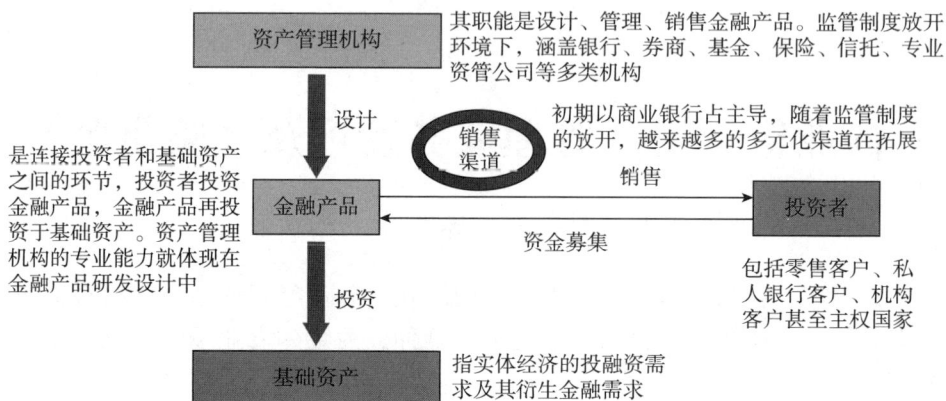

资产管理机构：其职能是设计、管理、销售金融产品。监管制度放开环境下，涵盖银行、券商、基金、保险、信托、专业资管公司等多类机构

设计

销售渠道：初期以商业银行占主导，随着监管制度的放开，越来越多的多元化渠道在拓展

金融产品：是连接投资者和基础资产之间的环节，投资者投资金融产品，金融产品再投资于基础资产。资产管理机构的专业能力就体现在金融产品研发设计中

销售

资金募集

投资者：包括零售客户、私人银行客户、机构客户甚至主权国家

投资

基础资产：指实体经济的投融资需求及其衍生金融需求

资料来源：根据公开信息整理。

图1　资产管理业务产业链中的 5 个维度

（二）国外商业银行资管业务的发展历程与驱动力

从全球来看，资产管理行业已经成为金融服务业里面资金规模最大、发展最快的领域之一。1997 年以来，全球的资产管理规模年复合增长率在6% 左右，2015 年资金总规模约为 71.4 万亿美元。

国外资产管理业务是随着金融脱媒的加深而不断发展的，经历了起步、兴起、飞速发展 3 个阶段。从历史经验看，国际市场资产管理业务的发展有三大本质驱动力。一是经济和财富增长激发资产管理市场需求。"二战"后，随着全球经济加速、科技进步和资本市场发展，社会财富快速积累，公众对资产保值增值的需求日益强烈，需要专业金融机构为其提供资产管理服务。二是金融自由化和混业经营为资产管理提供多样化工具选择。20世纪 90 年代以后，欧美等国金融管制不断放宽，混业经营成为金融市场的典型特征。银行等各类金融机构可以利用各种金融工具为客户提供综合化、跨市场金融服务，资管业务进入了大众化飞速发展阶段。三是资本监管和金融市场竞争推动金融机构从信用中介向资产管理服务商转型。金融自由化也带来更大的金融风险、更激烈的市场竞争，监管政策对金融机构的资本要求不断提升，传统信用中介业务的盈利能力下降。而资产管理业务资本占用低，可以带来更高的资本回报，成为各类金融机构竞相争夺的新兴业务领域，业务和收入贡献占比不断提升。

表 1　　　　　　　**国际市场资产管理业务发展的 3 个阶段**

发展阶段	时　期	金融市场特征	资产管理业务特征
第一阶段 起步阶段	"二战"结束至 20 世纪 60 年代	欧美经济复苏带来了旺盛的投资金融服务需求	引入理财服务
第二阶段 兴起阶段	20 世纪七八十 年代	低增长、高通胀的"滞胀"时期到来，金融风险增大，金融衍生品交易兴起	提供融合了传统存贷款、投资和咨询顾问业务的多元化资管服务
第三阶段 飞速发展阶段	20 世纪 90 年 代后	欧美等国相继经历了金融大爆炸，金融管制不断放宽。尤其是 1999 年美国《金融服务现代化法案》颁布后，混业经营时代来临	商业银行可以利用基金、股票、保险、债券等各种金融工具，为客户提供综合化、跨市场金融服务

资料来源：根据公开信息整理。

（三）国外商业银行资产管理业务发展现状

1. 市场格局

全球来看，美国是全球资产管理规模最大市场，资产管理总规模（AUM）占据半壁江山。2014 年，美国在全球前 500 强资管机构中上榜 217 家，AUM 41.4 万亿美元，占比 53%，在全球前 20 大资管机构中上榜 11 家且 AUM 占比高达 65.5%。

美国在前500强资管机构中AUM占比53%　　　美国在前20强资管机构中AUM占比65.5%

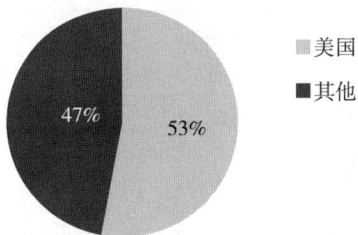

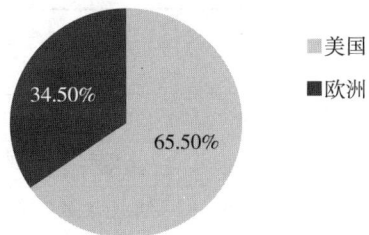

资料来源：Towers Watson，申万宏源研究。

图 2　美国资产管理在全球市场占比

美国银行系资产管理市场占比约在 1/3。美国 AUM 中，注册投资咨询机构占比 43%，其中银行控股的资管子公司的市场占比为 10%；银行占比 24%；私募公司占比 18%，保险公司占比 15%。如果将注册投资咨询机构中的银行资管子公司统计在银行中，银行资管规模达到 18.4 万亿美元，占比提升至 34%。

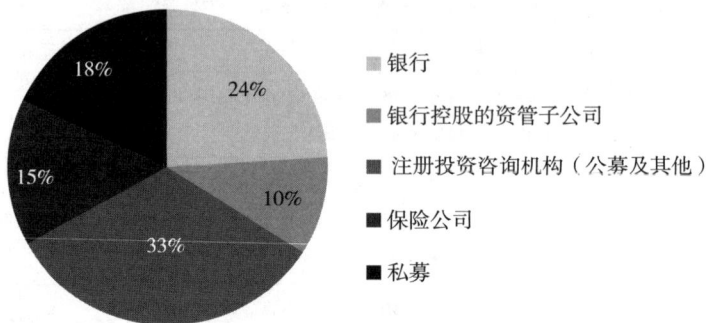

18%
24%
10%
33%
15%

- 银行
- 银行控股的资管子公司
- 注册投资咨询机构（公募及其他）
- 保险公司
- 私募

资料来源：美国 OFR，申万宏源研究。

图 3 美国资产管理行业格局

从市场发展成熟度看，美国银行系资产管理发展领先我国近十倍。以资产管理规模 AUM 与表内总资产比例看，美国资管业务规模与表内资产已基本持平。2014 年末，美国银行业资产管理余额 12.7 万亿美元（不包括公募产品），占银行表内总资产的 97%，占 GDP 78%，占 M_2 的 108%。其中，多家银行资产管理规模远大于本行表内资产，纽约梅隆银行甚至达到 4 倍多。同期，中国银行业理财产品规模占银行总资产的 8.73%，占 GDP 的 23.6%，占 M_2 的 12.2%。显著的规模差距表明，中国银行业资产管理业务具有巨大的潜在市场空间。

表 2 2014 年末主要国际大银行资产管理规模和表内总资产比较

名称	单位	总资产	资产管理规模	资产管理规模/总资产	资产管理规模全球金融机构排名
中国银行业	亿元	1723355	150000	8.70%	
美国银行业	亿美元	130663	127540	97.61%	
瑞银集团（UBS）	亿瑞士法郎	10625	27340	257.32	2
富国银行	亿美元	16871	25000	148.18%	3
摩根大通	亿美元	25731	17440	67.78%	6
纽约梅隆银行	亿美元	3853	17100	443.81%	7
德意志银行	亿欧元	17090	13300	77.82%	8
瑞士信贷银行	亿瑞士法郎	9215	13773	149.46%	10
美国银行	亿美元	21045	9029	42.90%	20

资料来源：美国 OFR。

从行业集中度看，资产管理行业向大机构、知名品牌的集中效应显著。从全球范围来看，2014年前20大资管机构占前500家资管机构AUM的比重为41.6%，较2013年提升了0.6个百分点。美国也是如此。以公募产品为例，美国前5大公募基金规模为6.6万亿美元，占比43%；前25大公募基金的管理规模为9.9万亿美元，占74%。

表3　　　　　　　　美国资管行业集中度高，且逐步提升　　　　　　　单位：%

年份	2000	2005	2010	2014
前5大资管机构占比	32	36	42	43
前10大资管机构占比	44	47	55	55
前25大资管机构占比	69	69	74	74

资料来源：美国ICI。

2. 组织构架

在混业经营的环境下，以美国为代表的国外商业银行开展资产管理业务的架构可以分为三大类。

一是由综合性银行设立资管子公司。类似于我国银行系基金公司。例如摩根大通银行，通过金融控股公司的形式，单独成立资管子公司开展资管业务。资管子公司可以和银行的各部门尤其是财富管理部门进行合作，在渠道、客户和产品线优势互补、协同合作，有效对接银行个人客户和机构客户的资管需求。

二是条线与区域相结合的矩阵式管理模式。资管业务作为综合金融服务的一部分，针对不同客户对象，由资管部门和不同客户部门合作分别提供，例如汇丰银行和渣打银行。这也与我国银行理财业务布局类似。

三是专营资产管理和投行业务的专业银行模式。此类银行以资产管理和投行业务为主营业务，内部按客户或产品分别由多个部门或子公司开展资管业务，例如纽约梅隆银行。

3. 投资标的与运作特点

投资标的广泛，不同机构各有侧重。美国资管机构的投资标的主要分为权益类、固定收益类、混合类、现金管理类投资等。不同类型的机构在资产配置过程中，对不同投资标的会根据自身的优劣势而有所侧重和回避。根据OFR数据，美国银行系资管的权益类投资占比达到58%，比资管机构500强平均水平高出12个百分点；固定收益类占比19%；货币类投资占比10%。

美国银行业　　　　　　　　　　　中国银行业

美国银行系资管权益类投资占比58%

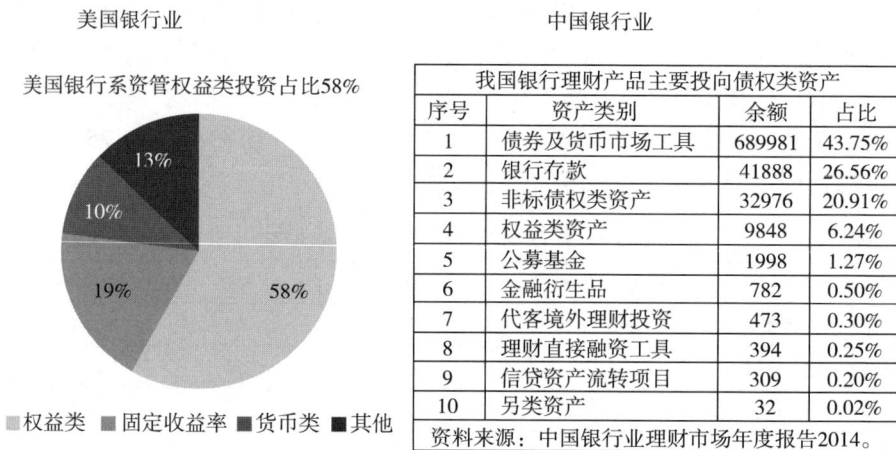

■权益类 ■固定收益率 ■货币类 ■其他

我国银行理财产品主要投向债权类资产			
序号	资产类别	余额	占比
1	债券及货币市场工具	689981	43.75%
2	银行存款	41888	26.56%
3	非标债权类资产	32976	20.91%
4	权益类资产	9848	6.24%
5	公募基金	1998	1.27%
6	金融衍生品	782	0.50%
7	代客境外理财投资	473	0.30%
8	理财直接融资工具	394	0.25%
9	信贷资产流转项目	309	0.20%
10	另类资产	32	0.02%
资料来源：中国银行业理财市场年度报告2014。			

资料来源：美国 OFR，申万宏源研究。

图4　中美投资标的结构比较

投资者通过专业资产管理机构进行投资的比例逐步提高。根据美国投资协会统计显示，随着投资者群体的日益多元化，直接投资股票、债券的投资者占比呈现逐步下降的态势，通过专业资产管理机构进行投资的比例逐步提高，这为资产管理行业的扩张提供了良好的基础。

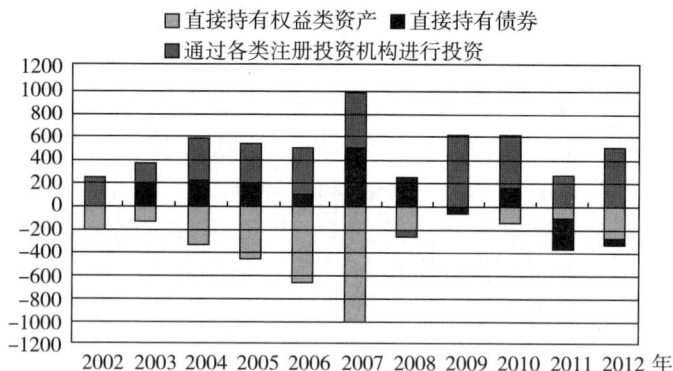

■直接持有权益类资产　■直接持有债券
■通过各类注册投资机构进行投资

图5　美国投资者投资结构

4. 市场发展新趋势

从全球来看，资管行业呈现 8 个新趋势：一是全球面临"资产荒"问题，由于负利率经济环境、资产回报率下降，2015 年资管行业增长速度开始趋缓；区域来看，亚洲地区资管规模不大，但增长相对较快。二是金融全球化对全球经营型的资管机构提出更大挑战，也带来了更大市场空间，新一代的全球资产管理机构逐步兴起。三是非传统的资产管理机构加入，加剧了行业竞争。四是传统主动管理产品占比下降，方案解决型和被动型投资产品占比达到59%，未来资产管理中心将在很大程度上取决于区域被动型产品的范围和产品线完整程度。五是伴随低利率环境的持续和风险偏好降低的影响，债券型资产比例增长迅速，取代货币市场工具成为仅次于权益类资产的投资品类。六是信息技术和大数据对资管行业带来深刻变革，智能投资管理推动以 ETF 为代表的被动型资管规模迅速增长，目前美国权益类被动型投资中，ETF 的规模占比达到2/3，新流入资金量占比达到90%以上，且八成左右集中于少数领先的资管机构。七是私募基金以其复杂性操作继续保持稳定发展，不同定位服务于不同风险偏好投资者。八是资管规模扩大，市场影响力增长，引发监管强化。

（四）国外商业银行资管业务的发展路径分析

国外商业银行在资产管理业务发展过程中，大多依托既有的资源和业务优势，开展差异化经营，从而形成特定的核心竞争力。从代表性银行来看，主要可以有四种各具特色的发展路径。

1. 零售银行驱动型

以富国银行为典型代表，依托零售客户优势，重点突破财富管理、私人银行和养老业务，并成为收入的重要组成部分。

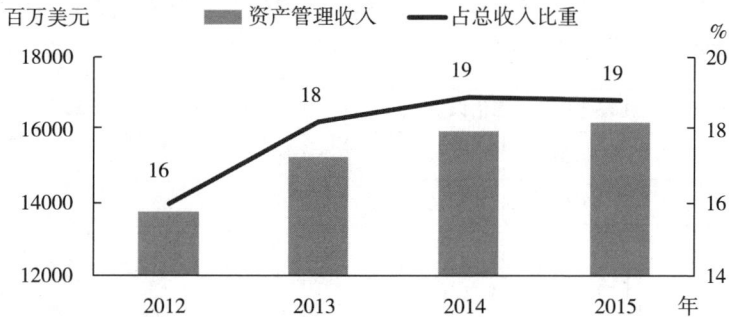

资料来源：公司年报。

图6 富国银行资产管理收入和贡献

富国银行资产管理业务根植于其强大的零售和社区银行业务基础。富国银行核心业务包含零售和社区银行、批发银行、财富管理和养老三大板块，其中零售和社区银行板块的收入贡献超过一半。富国银行一直保持全美网点数量第一的纪录，而且在不同区域的网点密度通常也位列前三。依托强大的渠道优势，富国银行积累了大量优质客户，与全美1/3的家庭建立业务关系。富国银行主要服务富裕个人、高净值客户和企业三类客户。富国银行具有很强的产品交叉销售能力，为客户提供"一站式"金融超市服务。

2. 机构银行驱动型

以纽约梅隆银行为典型代表，依托机构客户优势，重点突破资产托管和资产管理业务，成为全球规模排名前列的金融资产服务提供商。

纽约梅隆银行通过一系列的战略并购，将战略重点聚焦机构客户，依托其强大的金融交易清算能力，提供以托管为核心的资产服务，并带动资产管理业务。从 1997 年起，纽约梅隆银行即通过收购、建立公司的形式，确立在证券清算交割和交易处理业务方面的领先地位。2002 年开始，纽约银行加快并购步伐，当年并购了 6 家与交易处理业务有关的公司。2003 年初从瑞士信贷第一波士顿手中以 20 亿美元的价格收购 Pershing，成为全球最大的交易执行和代理清算服务商。2006 年纽约银行与梅隆资产管理公司合并后，又收购了 30 家投资服务公司和 16 个证券经纪商，都纳入 Pershing公司。该银行主要服务企业、金融等机构客户和高净值客户，前 100 家客户中 75% 是企业客户，没有设立零售业务板块。公司的客户囊括了 80% 以上的世界 500 强企业、2/3 以上的美国前 1000 家养老基金，以及 75 家央行。2014 年，纽约梅隆银行 AUM 达 1.7 万亿美元，是全球第 7 大、美国第 6 大资管机构；其托管规模 28.5 万亿美元，是世界最大托管银行。银行资产管理对总收入贡献比例达 69%，其中托管等资产服务费占资产管理收入的64%，投资管理收入占 26%。

纽约梅隆银行AUM是总资产四倍以上		
	2013年	2014年
总资产	3745亿美元	3853亿美元
总存款	2611亿美元	2659亿美元
资管规模（AUM）	1.58万亿美元	1.71万亿美元
托管规模（AUC）	27.6万亿美元	28.5万亿美元
AUM/资产	422%	444%

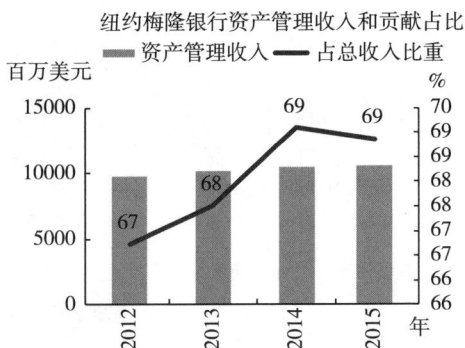

资料来源：公司年报。

图7　纽约梅隆银行资产管理规模和收入贡献

3. 投资银行驱动型

以摩根大通银行为典型代表，依托投资银行优势，整合金融控股公司资源，提供全方位的资产管理服务。

摩根大通凭借良好的投资银行经验，依托金融控股优势，全面服务零售与机构客户，提供所有主要类别的资产投资管理服务。公司全资控股的资产管理子公司JP摩根资产管理控股公司负责整个资产管理板块的业务管理，旗下还有众多子公司。2014年，资管业务的收入和净收入分别占全行的12.3%、9.9%，是ROE最高、最稳定的业务板块。摩根大通的资管服务包括权益投资、固定收益、另类投资、货币基金等。摩根资管在投资管理服务方面有两大优势。一是投行经验丰富。2014年旗下有228只基金被评为四星级或五星级基金，84%的10年长期基金在业绩前50%的基金内。由于优异的业绩持续吸引顾客，自2010年开始，它平均每年AUM净增加约1000亿美元。在另类投资方面也是领先者。二是资管部门和其他部门合作协同效应好，能够较好地满足个人和企业各种金融需求。

表4 　　　　　　　　　摩根大通银行各业务板块收入贡献　　　　　　　单位:%

类别	总收入占比	净收入占比	ROE
消费者与社区银行	45	42	18
公司与投资银行	35	32	10
商业银行	7	12	18
资产管理	12	10	23

资料来源：公司年报。

4. 兼并收购驱动型

以美国银行为典型代表，依托收购兼并，实现品牌协同效应，为财富客户提供更具专业化的资产管理服务。

美国银行通过收购美林和美国信托，实现资管业务服务升级。美国银行的资管业务运作主体为全球财富及投资管理（GWIM）板块，是其六大业务板块之一，包括美林全球财富管理和美国信托—美国银行私人财富管理两个业务条线，分别于2008年和2007年收购后，将自己原有的全球财富及投资管理板块业务整合进去。板块间的联动效应日益明显，如美林新增的40%个人客户都是从其他条线介绍而来，而公司客户购买其机构养老金计划的数量增长了53%。美国银行提供分层的资产管理服务。其中，美林财富管理主要面向可投资资产在25万~1000万美元的客户，美国信托和美林财富管理的私人银行及投资团队，主要面向可投资资产超过1000万美元的高净值及超高净值个人客户和家庭。

表5　　　　　　　　　　　美国银行各业务板块收入贡献　　　　　　　单位:%

类别	总收入占比	净收入占比	ROE
消费者与企业银行	35	147	24
消费者不动产服务	6	−277	—
全球财富及投资管理	22	62	18
全球银行	20	112	18
全球市场	19	56	8

资料来源：公司年报。

(五) 国外商业银行资管业务发展的启示与借鉴

国际银行资产管理业务的发展经验，对我国商业银行发展资产管理业务具有以下启示与借鉴。

启示一：资产管理是金融市场创新发展和银行业务转型的必然趋势，我国资产管理业务仍有巨大发展空间。当今时代，金融市场加速脱媒，资产管理的发展是与资本市场的活跃、金融技术的发展、风险管理方法的提升相辅相成的，是金融创新发展的必然趋势。从资管市场成熟度看，我国与欧美市场仍有较大差距，资管规模与表内资产比例较低，与美国97%的水平相比尚属于起步阶段。从资产管理收入占比看，资产管理已经成为国际银行重要的核心业务板块，对国际综合性大银行总收入贡献占比为二到三成，对资产管理专业银行总收入贡献占比达到2/3以上。特别是在低利率和金融脱媒环境下，资管业务将成为商业银行经营转型的主要方向。

启示二：资产管理兼具混业与分业经营的双重特征，适合独立运作。混业经营是资产管理加速发展的重要推动力，各类金融机构都是资产管理市场的重要参与者。另外，资产管理具有很强的金融服务专业性，是资本、智力和技术密集型行业，各资产管理机构都建立了专业机构平台，进行独立运作，并在不同市场、不同业务领域形成特色竞争优势。"混中有分、独立运作"成为资产管理的重要特征。

启示三：发展资产管理业务应从银行自身传统业务和客户优势出发，谋求差异化竞争。资产管理是传统金融服务的延伸与发展，国际银行多从自身传统优势出发，充分依托银行母体既有业务和客户资源，形成不同的业务突破路径，为资产管理业务发展提供支持。有的银行发挥零售客户资源优势，专长于财富管理、私人银行服务。有的发挥机构客户和金融服务优势，专长于机构金融服务。有的依托投资银行优势，整合金融控股公司资源，提供全方位的资产管理服务。在特定业务领域，这些银行往往形成了全球领先的竞争优势。

二、我国银行资管市场发展及竞争格局分析

近年来，我国大资管市场蓬勃发展，资产管理机构管理资产规模超过100万亿元。其中银行已经成为资管市场最大的参与主体，资管规模占到全市场的四分之一。

（一）我国大资管市场发展情况

资产管理业务（以下简称资管业务）一直以来都是信托、券商、基金等资本市场主体的经营主业。2004年，在利率市场化推动下，银行发售第一只理财产品，开启银行业资管业务。

1. 监管环境

我国资产管理业务监管遵循分业监管原则，央行和银监会负责银行理财和信托，证监会负责券商资管、公募基金和私募基金，保监会负责保险资管。2012～2013年，一系列"新政"推出，在保持分业监管框架下，各类金融机构的资管业务分割局面被打破，银行、信托、保险、券商、基金、期货、私募等各类金融机构全面介入资管领域的竞争中，相互交织，形成跨领域、跨行业竞争合作的"大资管"特征。2015年股灾发生后，监管政策不断趋严，资管行业进一步规范。

监管松绑后金融机构资管业务范围发生实质性变化。2012年新政后，银监会进一步扩大商业银行设立基金管理公司的试点范围，城商行首次进入试点范围。保险资管可以发行资产管理产品、公募基金、设立私募基金。券商资管可以开展公募业务、发行资产支持证券，受托管理保险资金并取消大集合产品发行。基金公司可以受托管理保险基金。基金公司可以设立基金子公司开展特定客户资产管理业务，并且基金子公司获准发展类信托、PE等投融业务；私募基金可以开展公募业务。

分业监管框架下资管业务监管要求存在差异。从不同行业监管政策来看，由于各监管机构对于业务创新和风险控制的倾向性不同，各行业监管政策宽松程度不同。银行理财目标客户最为庞大，投资范围限制最为严格，投资其他资管产品同样面临着非标资产比重、融资类信托比重等上限；信托、保险、基金子公司的投资范围最为广泛；基金专户受到关联交易、券商资管受到不动产投资等较小范围限制。

- 发行理财产品
- 国有银行、股份制银行可设立基金公司
- 托管基金、保险、证券、期货、私募等资金
- 允许城商行设立基金公司

- 公募基金管理
- ✓ 受托管理保险资金

✓ 特定客户资产管理业务
✓ 买卖信托等投融业务
✓ 受托管理保险资金

✓ 发行资产支持证券
✓ 开展公募基金管理业务
✓ 停发大集合产品
✓ 受托管理保险资金

- 保险资金管理
✓ 开展资产管理产品业务
✓ 开展公募基金业务
✓ 设立私募基金

- 私募基金管理业务
✓ 开展公募基金业务

银行　券商及券商资管公司　金融机构资产管理业务范围　基金公司　保险资管公司　基金子公司　私募基金

✓代表2012年新政后业务变化内容

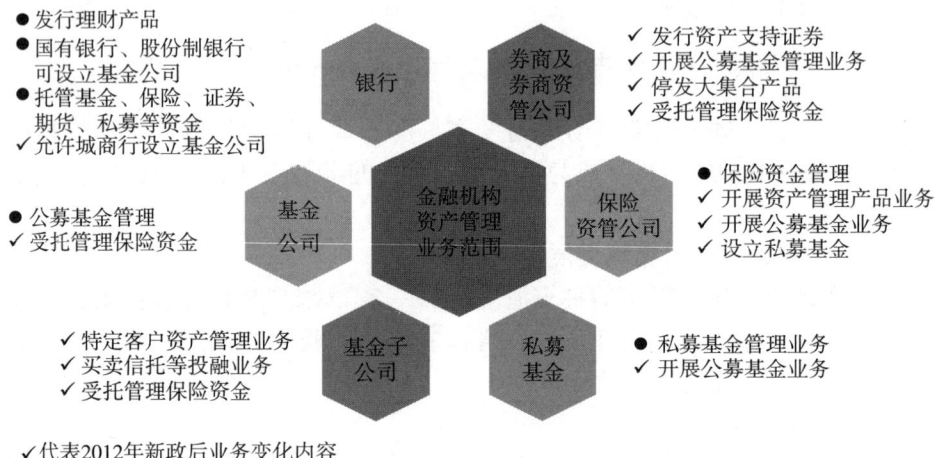

资料来源：根据公开信息整理。

图 8　2012 年监管新政后金融机构资产管理业务范围变化

表 6　　　　　　　　各行业监管政策及投资范围

行业	关键监管政策	投资范围
银行理财	2013 年 3 月《关于规范商业银行理财业务投资运作有关问题的通知》	（1）普遍客户理财产品的投资范围局限于债权、股权以及不在投资范围之列的其他财产类产品。高净值客户私人银行客户投资范围包括上市及未上市股权投资 （2）投资其他资管产品红线：融资类信托不超过银信合作总额的 30%；非标准化债权资产不超过上年度总资产的 4% 和理财余额 35% 上限比例等
信托	2009 年 2 月《信托公司集合资金信托计划管理办法》	投资范围非常广泛，可以跨越和打通实业市场、资本市场和货币市场
保险资管	2012 年 10 月《关于保险资产管理公司有关事项的通知》	银行存款、股票、债券、证券投资基金、央行票据、非金融企业债务融资工具及信贷资产支持证券、基础设施投资计划、不动产投资计划和项目资产支持计划等"非标"资产
券商资管	2013 年 6 月修订《证券公司客户资产管理业务管理办法》和《证券公司集合资产管理业务实施细则》	（1）投资范围：除直接债券和不动产无法投资外，基本上囊括了其他各项投资品种 （2）按照现行管理办法，可投资新三板挂牌企业

行业	关键监管政策	投资范围
基金专户	2012 年 11 月，《基金管理公司特定客户资产管理业务试点办法》	可投资银行间市场和交易所的产品，但非标准化的私募产品，如信托、券商资产计划等不在投资范围中
私募基金	《私募投资基金监督管理暂行办法》	(1) 通常依靠信托、银行委托贷款等渠道进行非标准债权资产 (2) 2014 年后，私募基金可直接在中证登开户，参与证券市场投资，改变此前需要通过其他通道入市的局面
基金子公司	2012 年 11 月，《基金管理公司特定客户资产管理业务试点办法》	囊括了几乎所有投资领域 (1) 银行间市场和交易所市场所有品种、未通过证券交易所转让的股权、债权及其他财产权利 (2) 约束是不能与基金管理公司形成股权投资、控股等强关联关系

资料来源：根据"一行三会"官网公布的相关监管政策整理。

2. 市场发展

近年来，我国资产管理行业快速发展，银行系资管成为重要主体。截至 2016 年 6 月末，我国金融机构资产管理规模达到 103 万亿元。自 2010 年以来，增速始终保持在 30% ~ 60%，平均年增长率为 44%。从行业结构看，银行资管规模约 26.3 万亿元，占比约 25%，长期处于资管第一大行业；信托、基金子公司、券商资管、保险资管规模分别为 17.3 万亿元、16.5 万亿元、15 万亿元、14.2 万亿元。

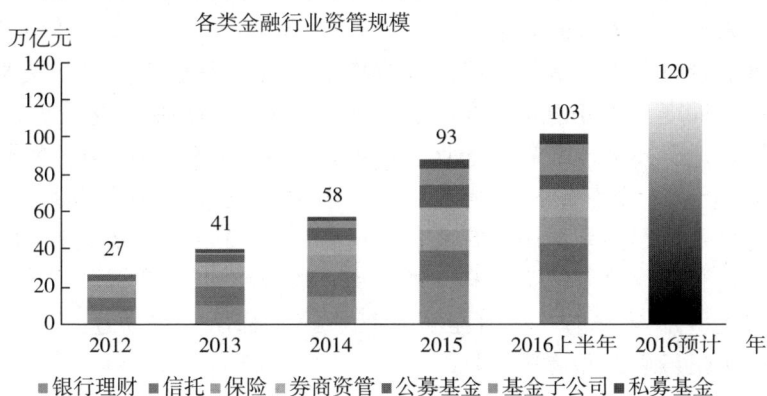

各类金融行业资管规模

■银行理财 ■信托 ■保险 ■券商资管 ■公募基金 ■基金子公司 ■私募基金

2016年各行业占比

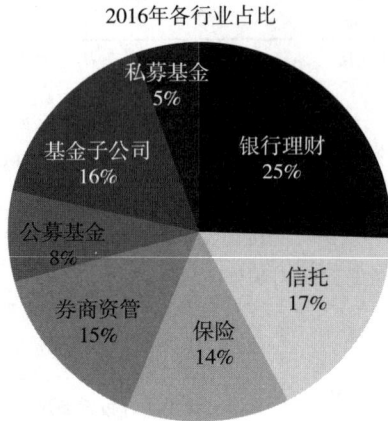

资料来源：Wind；BCG 分析。

图9　2012 年以来我国资产管理规模及占比情况

　　不同资产管理机构在资产管理的投向上形成了各自特色。受监管政策和自身资源优势差异影响，不同资产管理机构在资产投向上各具特色。一是信托和私募基金为全功能型。截至 2016 年 6 月末，信托对实体经济的投资占比为六成左右，主要投向行业分别为工商企业（24%）、基础产业（17%）、房地产业（9%）、其他实体行业（10% 左右），另四成左右为金融领域投资。私募基金根据投向不同，可分为私募证券投资基金、私募股权投资基金、私募创业投资基金，规模占比分别为 38%、56%、5%。二是公募基金、券商资产管理、保险为金融市场投资主导型。其中公募基金资产全部投资于金融市场工具，券商资产管理和保险资产大部分投资于金融市场，少部分投资于实体经济。三是基金子公司为通道主导型。其 2/3 以上资管业务来自银行渠道的非标业务。

　　传统资管行业市场份额下降，新兴资管机构占比提升较快。受监管层的政策宽松程度、业务创新力度影响，部分行业市场份额变化较大。信托、保险与银行理财同属传统资管行业，其 2016 年上半年市场份额分别较 2012 年下降 11 个、12 个百分点，政策从宽松到趋严、通道业务的萎缩、"资产荒"下竞争加剧是主要原因。基金子公司作为 2012 年才开始运作的新型资管机构，由于监管政策较为宽松，投资范围最为广泛，业务从无到有，市场份额快速增加至 16%，跻身至资管行业第二梯队，规模达到 16.5 万亿元，仅次于银行理财和信托行业。

银行

信托

券商资管和保险

■债券　　　　　■现金及银行存款　　■工商企业　　　■基础产业　　　　■金融市场工具
■非标准化债权　■其他　　　　　　　■房地产业　　　■其他实体行业　　■实体经济
　　　　　　　　　　　　　　　　　　■金融投资

私募基金

公募基金

基金子公司

■证券投资　　　■股权投资　　　　　■金融市场工具　　　　　　　　　■银行通道业务　　■其他
■创业投资

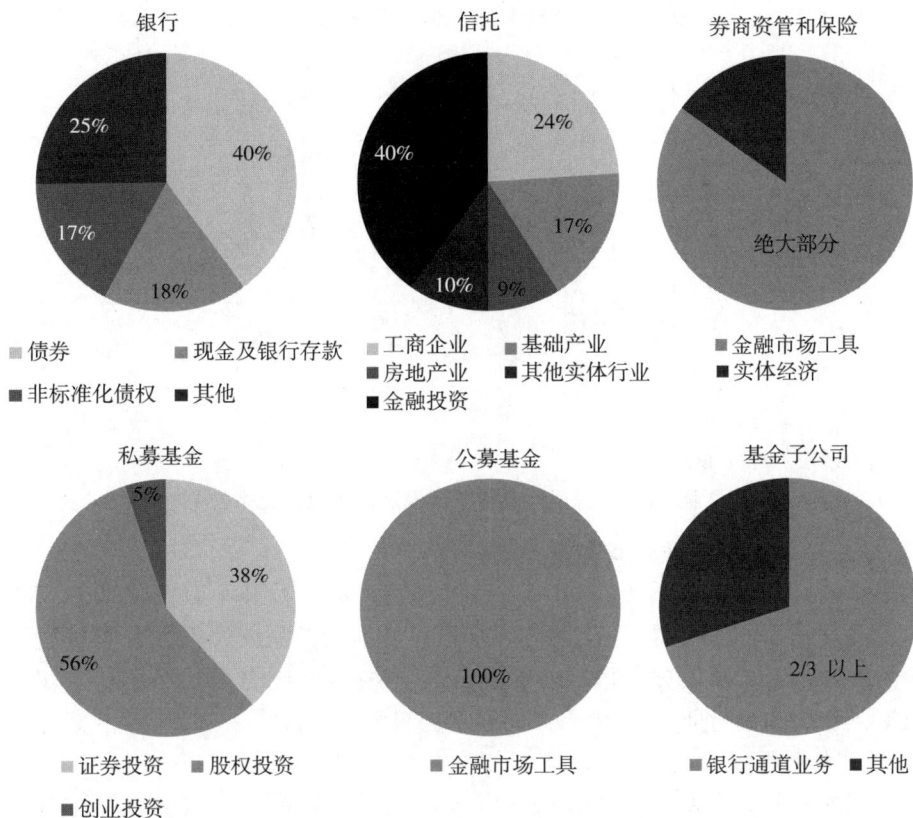

资料来源：根据公开信息整理。

图 10　截至 2016 年 6 月末各行业资管产品投向情况

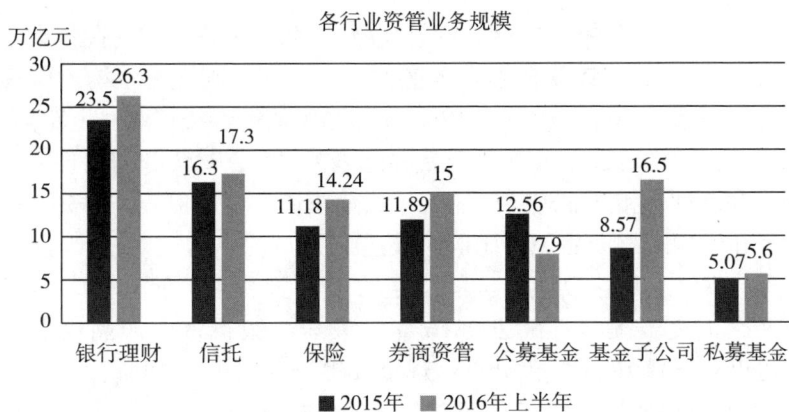

各行业资管业务规模

各行业占比较2012年增减

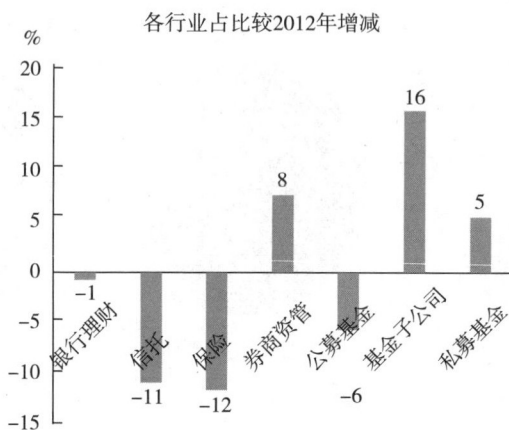

资料来源：Wind；BCG 分析。

图 11　资管子行业业务规模及市场份额变化

（二）我国银行业资管市场发展情况

2004 年，光大银行发行首只人民币理财产品，拉开了我国商业银行探索发展资管业务的大幕。强大的分销渠道、客户资源成为银行资产管理行业的重要基石。从发展阶段看，银行资管规模与传统表内资产的比重仅为12%，与美国银行业 97% 相比，仍处于初级发展阶段。

1. 发展历程

国内商业银行的资管业务是在资本市场不断发展和银行业改革中起步的，并在监管规范引导和金融创新中得到迅速发展。可以大致分为四个阶段，如图 12 所示。

2. 市场现状

截至 2016 年 6 月末，银行业资管规模达到 26.3 万亿元，在各类子行业中占比最高；自 2010 年以来年均增速在 40% 以上，与金融机构资管规模平均增速基本一致。非标资产占比 17%，与 35% 监管红线仍有一定距离。

从客户端结构看，个人理财产品占比 2/3 左右，对公和同业理财产品占比 1/3 左右。对公和同业理财产品近年增速较快，占比提升，部分银行的个人、对公和机构理财产品规模比例已经达到 1∶1。

从资产端结构看，以债券类的固定收益配置为主，但其他多元化投资的贡献占比正逐步提升。截至 2016 年 6 月末，银行资管产品投向：债券40%，比年初下降 10.6 个百分点；现金及银行存款占比 18%，比年初下降4.6%；非标准化债权类资产占比 17%，比年初略升 0.8%。其他多元化投市场：
- 银行理财回归资管属性、规范发展。
- 2013年3月，银监会"8号文"对非标资产明确界定并限额管理，同年，全国银行业理财信息登记系统上线。
- 2014年7月，银监会"35号文"启动银行业理财事业部制改革进程。

规范发展阶段
(2013年至今)

【动因】我国迈进"大资管"时代。2012年创新政策密集出台，政策的松绑使得各类金融机构的监管业务分割局面被打破，银行、保险、证券、基金、期货、信托、私募等各类金融机构在资管业务上有了延伸，均在全面介入资管领域的竞争中。

市场：
- 理财市场快速发展，模式创新活跃、银信、银证、银基、保等通道合作增强。
- 系统性风险、监管与反监管博弈、影子银行，成为关注焦点。

快速发展阶段
(2009~2012年)

【动因】利率市场化改革接续推进和金融脱媒日趋明显，社会投资的审慎对理财等相对安全性的投资需求日益旺盛。

市场：
- 理财投资标的频繁创新且多次转换。
- 2006年，债券和信贷资产成为主要投资标的。
- 2008年国际金融危机，投资标的回归低风险的货币市场工具和债券。

积极探索阶段
(2005~2008年)

【动因】资管业务的制度环境逐步形成。2005年9月和10月，银监会相继颁布《商业银行个人理财业务管理暂行办法》和《商业银行个人理财业务风险管理指引》，搭建了银行理财业务监管的基本制度框架和政策基础。

市场：
- 2004年被称为"银行理财元年"。
- 光大银行推出了国内银行第一只外币和人民币理财产品。

懵懂起步阶段
(2004~2005年)

【动因】利率市场化迈出了实质性步伐。2004年央行放开存款利率下限和贷款利率上限，中小银行谋求利率创新之路。

图12　我国商业银行资产管理业务发展历程

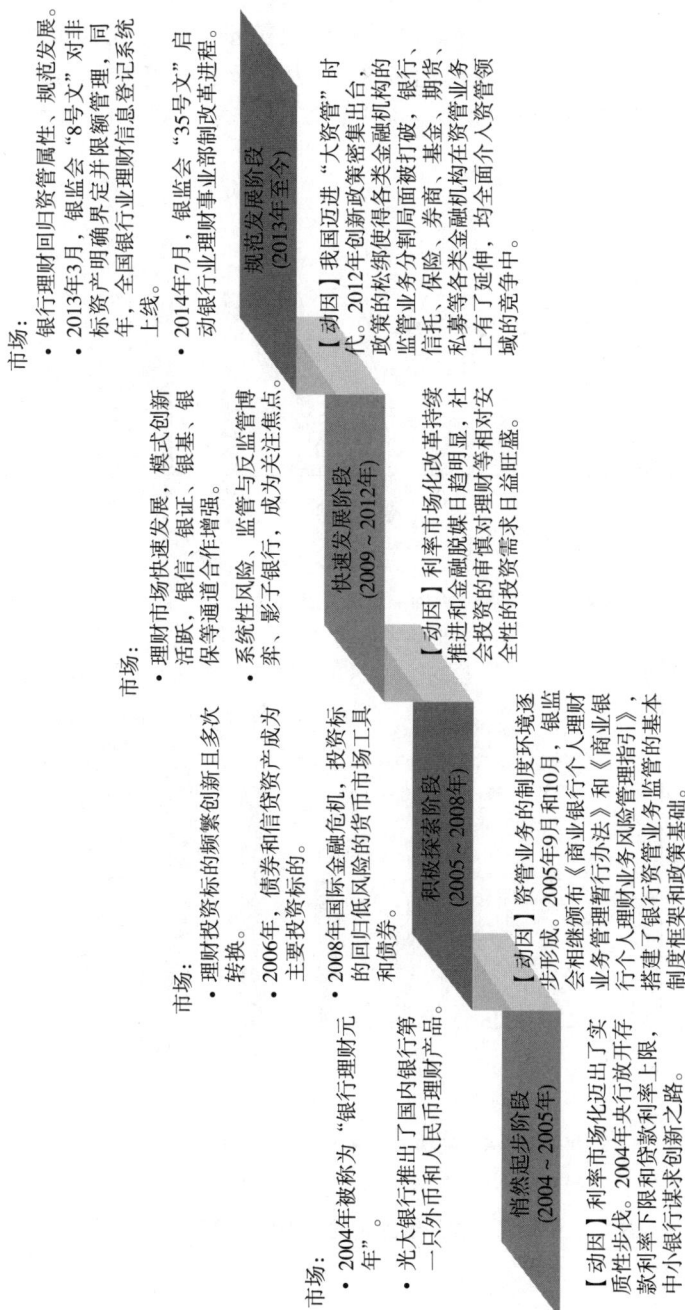

资料来源：根据公开信息整理。

资的占比合计达到 25.19%，比年初提升 14.4%。

从资产托管规模看，伴随资产管理行业快速扩张，资产托管也获得高速发展。2015 年末，托管业务规模达到 87.7 万亿元，存托比达 62.74%，托管总资产占银行总资产比重达 45.17%，而 2009 年末存托比仅为 7.84%，2011 年末存托比为 17.11%。

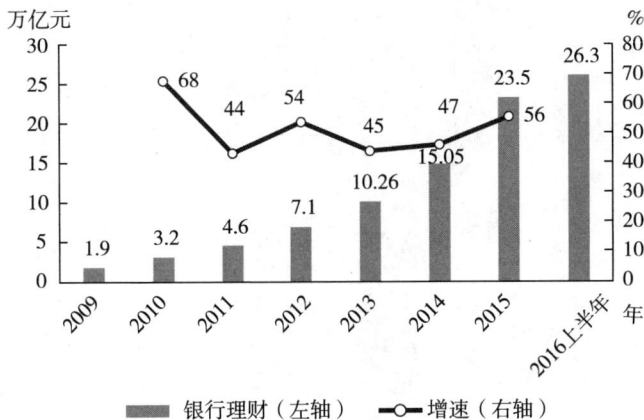

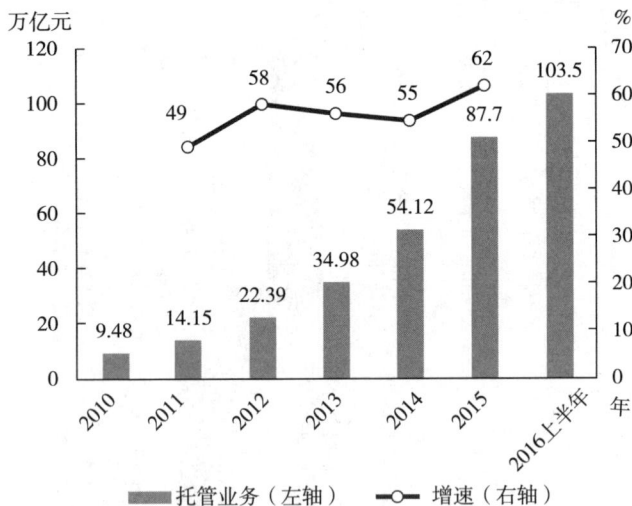

资料来源：Wind。

图 13　银行理财和托管业务发展规模及增速

3. 业务范围

从业务范围看，目前银行资产管理业务主要分为两大类。一是主动资产管理业务，即自营的资管业务，通过金融产品设计，主动对接客户直接

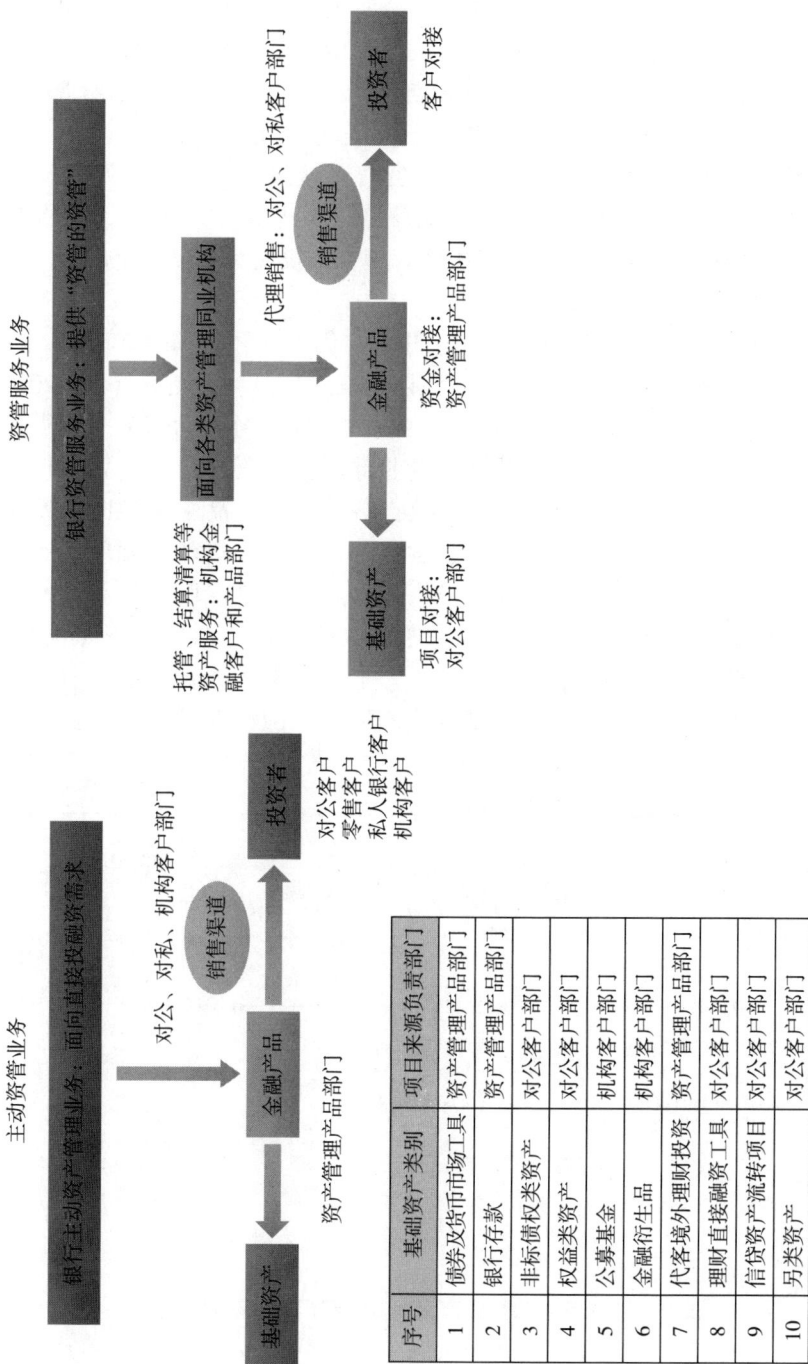

序号	基础资产类别	项目来源负责部门
1	债券及货币市场工具	资产管理产品部门
2	银行存款	资产管理产品部门
3	非标债权类资产	对公客户部门
4	权益类资产	对公客户部门
5	公募基金	机构客户部门
6	金融衍生品	机构客户部门
7	代客境外理财投资	资产管理产品部门
8	理财直接融资工具	对公客户部门
9	信贷资产流转项目	对公客户部门
10	另类资产	对公客户部门

数据来源：根据公开信息整理。

图14 两种银行资产管理业务框架

融资需求。二是资管服务业务，即提供"资管的资管"服务，依托资产管理行业发展，为各类资产管理同业机构提供清算托管、客户对接、项目对接、资金对接服务。两种模式均需要来自需求来源部门、产品设计部门、产品销售部门、资产服务部门四类职能部门的充分协作。

从投资标的看，根据监管要求，银行资管直接投资的范围原则上较为有限，只能投资于货币、债券、信贷市场等，但可以通过与信托、证券和基金等资产管理机构的合作，使银行资产管理资金投向呈现多元化趋势。

4. 组织架构

目前，国内商业银行资产管理的组织架构仍处于不断探索和变革中。从总体趋势看，呈现专营化、市场化、集团化三大趋势。一是专营化。2014年银监会35号文明确规定，银行应设立专门的理财业务经营部分，负责集中统一经营管理全行理财业务。自此，事业部制或全资子公司成为各行资产管理业务改革方向。二是市场化。多数银行开始从产品主导型向市场主导型转型，即资管主动权由对公、对私客户部门主导，资产管理部主要负责投资端的工作，以及部分产品的创设工作，其优势是深度发掘和快速对接客户需求的效率提升。三是集团化。通过集团化运作形成全牌照优势，对资管业务的集成起到极大作用。目前，中行、建行、光大、浦发、中信已取得证券、保险、信托、期货、基金全牌照，我国尚缺信托、期货领域牌照。

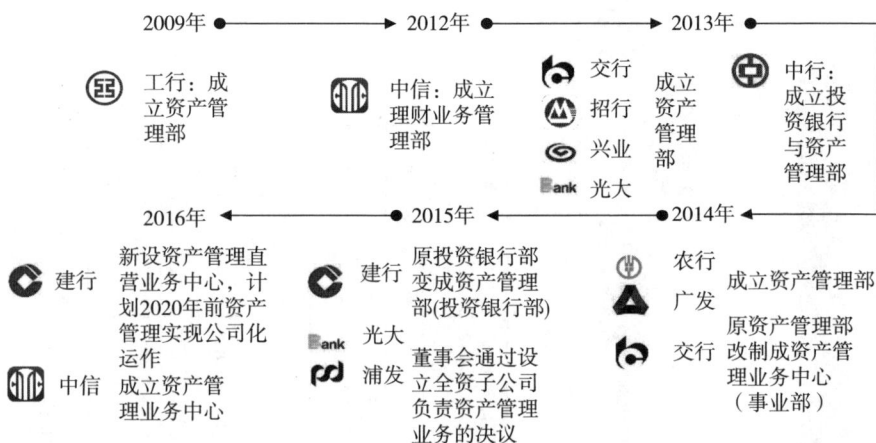

资料来源：根据公开信息整理。

图15　我国商业银行资产管理专营部门创设时间

5. 同业发展模式

银行业资管业务发展水平存在一定差距，股份制商业银行资管业务发展更为活跃，发展模式不拘一格。从资管规模相对领先的五大行和招行、兴业、浦发来看，主要有三种代表性的发展模式。

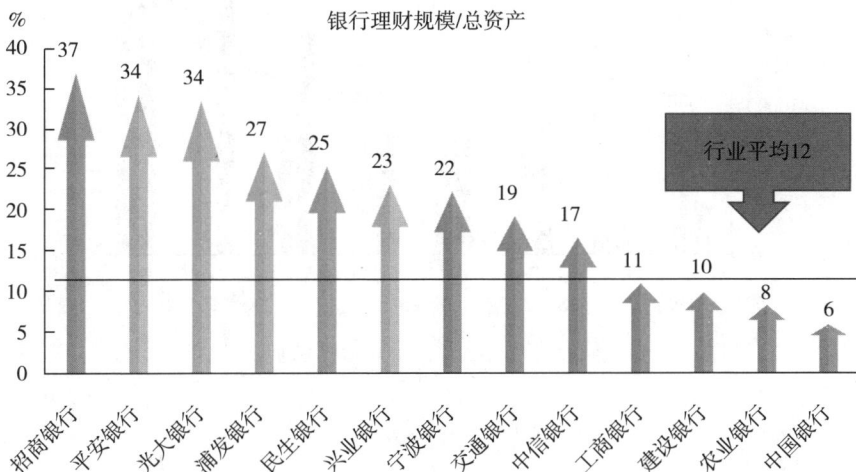

资料来源：各银行财务季度报告。

图16 商业银行资产管理业务成熟度比较（AUM/AIB）

（1）以招行为代表的客户驱动模式

客户驱动模式，即由客户管理部门分别主导针对本专业客户的资管业务，通过提升本行客户端销售能力推动本行资管业务。以招行为代表，其私人银行客户资管业务由私人银行部主导，财富管理客户资管业务由财富管理部主导，资产管理部主要负责投资端对接和产品创设工作。2015 年上半年招行零售条线 3.5 万亿元的理财产品销量中，70% 由客户部门自主创设。

客户驱动模式的优势体现在两个方面：一是各个客户板块可以同时发力。目前招行零售客户、法人客户、机构客户的资管规模比例为 5：2：3。该行总资管规模和托管规模在 2015 年后逐步超越建行等大行，跃居同业第二；在上海地区，资管规模 2015 年首次超越工行。二是对市场反应灵敏，产品结构调整迅速。2014 年至 2015 年上半年 A 股快速上涨时，招行资本中介类理财迅速增长。2015 年 6 月末，该行两融收益权、股票二级市场配资、股票质押式融资三类资产相关理财产品余额达到 2712 亿元，约占该行理财产品余额的 16.5%。A 股市场牛市转熊市后，招行迅速调整产品结构，半年内将相关产品余额降至 2015 年末的 820 亿元，占比降至 4.6%，同期该行理财产品余额依然保持 10.9% 的增幅。

亿元

招行与建行理财产品余额比较

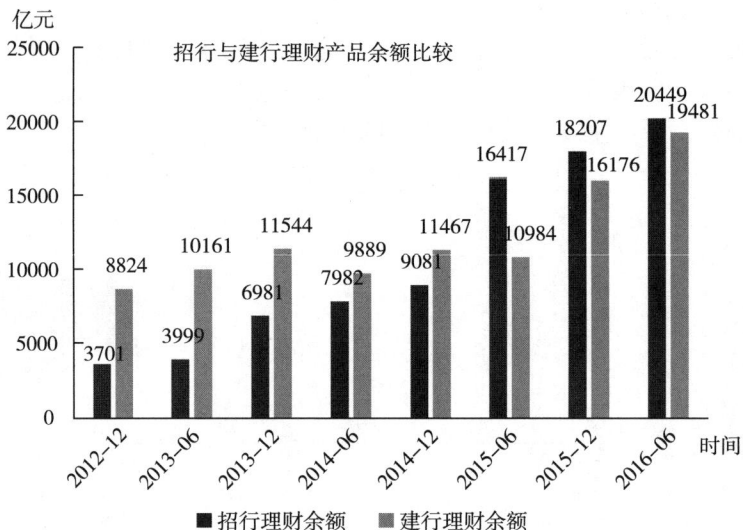

■ 招行理财余额 ■ 建行理财余额

亿元

招行与建行资产托管余额比较

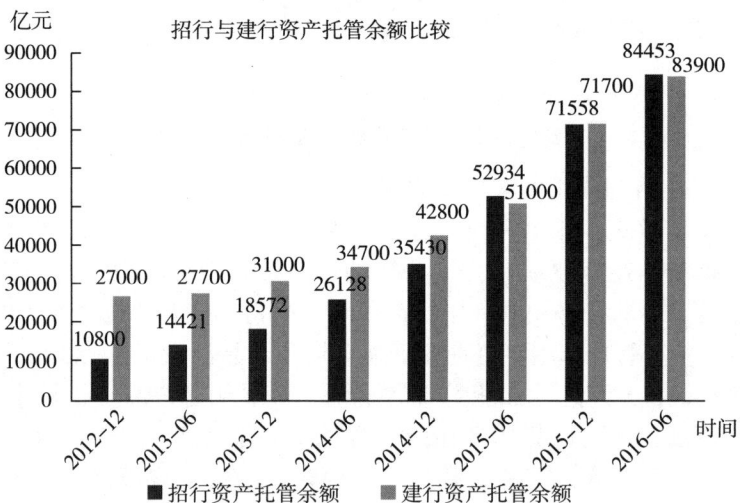

■ 招行资产托管余额 ■ 建行资产托管余额

资料来源：各银行财务季度报告。

图 17　招行与建行理财规模和托管规模比较

（2）以兴业、浦发、交行为代表的金融市场驱动模式

金融市场驱动模式，即由金融市场条线牵头本行资管业务，充分利用自身在资金业务、同业业务等领域的各项资源，推动本行资产管理业务发展，通常资金业务部门和同业业务部门业务合作紧密，甚至合署办公，以共享客户资源、分销渠道和投资金融资产资源。例如，兴业银行资产管理

部与资金营运中心、同业业务部等部门在上海合署办公，统一负责全行资管业务的创设和运作。

金融市场驱动模式的优点体现在两个方面：一是在客户端，有效利用金融市场条线资源推动渠道创新。最普遍的创新就是利用银银平台向同业客户开展资管业务。兴业银行面向个人发售理财产品的理财终端 APP "钱大掌柜"，即由金融市场部发起，2014 年销售额就突破千亿元，至 2016 年 9 月已集聚 654 万个人客户。二是在投资端，委外投资和资本中介类产品创新快。委外类产品中，重点发展对接债市的债券委外产品、对接股市的定增委外产品、对接期市的量化委外产品。资本中介类业务中，加大股票质押融资、两融融资以及结构化配资类资管产品的开发。从成效看，兴业、浦发、交行上海分行资管业务竞争力提升明显。2015 年末，浦发上海分行和兴业上海分行资管总规模跻身同业前列。2016 年 6 月末，交行上海分行银行同业专属理财产品已经达到 210 亿元。

（3）以建行、中行、农行为代表的对公业务驱动发展模式

对公业务驱动模式，即由对公业务条线牵头本行资管业务，充分发挥在投资银行业务、公司金融业务等领域的资源，推动本行资产管理业务发展的模式。以建行、中行、农行为代表。2014～2015 年，中行和建行在总分行组织架构中，均将全行理财业务职能整合至投资银行部统一管理，并分别改名为 "资产管理和投资银行部" 和资产管理部（投资银行部）。

对公业务驱动模式的优势体现在两个方面：一是有利于区域理财业务发展。以建行为例，2016 年 9 月末，建行区域理财产品余额 852 亿元，占本行全部理财产品余额比重达到 80.5%；主要投向债券、非标、存款三个领域，其中信托公司通道业务 225 亿元，基金、证券、期货及其子公司委外投资共 151 亿元。二是有利于挖掘法人客户资管潜力。以建行、农行为例，截至 2016 年 6 月末，建行上海市分行和农行上海市分行法人客户理财产品比重分别达到 49% 和 48%。

综观同业市场资管业务的成功案例，在发展模式上没有固定的范式，关键是理顺组织架构，确立与自身资源相匹配的发展模式，将特定领域的优势做大做强，实现规模效应。

三、大型商业银行资产管理业务创新发展建议

我国资管市场即将进入新一轮发展阶段，这将直接决定商业银行在下一轮市场竞争中的地位。对此，我国商业银行应立足战略发展要求，尽快明确资管业务发展目标与路径。本文在借鉴国内外经验基础上，根据国内

资管市场最新发展环境，对大型商业银行资产管理业务创新发展提出以下建议。

（一）打造资管业务核心品牌

国际市场竞争格局显示，资管行业发展至中期阶段，行业集中度提高，品牌效应影响显著。大型商业银行要提升资管业务的地位和贡献，必须打造具有核心竞争力的业务品牌。兼顾 3 个原则：一是规模导向；二是客户导向；三是资源禀赋导向。基于此，建议大型商业银行加快以下领域资管品牌建设。

一是资产托管品牌。资产管理市场自身的蓬勃发展必然激发托管资产加速扩张。建议以纽约梅隆银行为借鉴，利用上海金融中心的市场优势和大行清算服务优势，提升对要素市场、交易所等平台类机构、总部机构、养老基金、民生板块等具有资金影响力机构的覆盖率，实现规模化、集约化增长。

二是大投行品牌。大投行是下阶段大型银行资产管理业务发展的重要增长极。建议推进"商行＋投行＋资产管理"的对公业务联动发展，深入整合各类产业资源和金融资源，充分发挥好柔性团队、商投联动、全产品营销、境内外联动等机制模式的功能，着力为客户提供"全融资、全链条"的集成金融服务，在特定领域实现批量复制，确立市场龙头地位，提升品牌影响力。要把握好国家战略机遇、政策机遇和区域市场机遇，建议重点关注五类市场：关注上市公司、央企、大集团、跨国公司等大型机构的重组并购融资需求；关注跨境投资、"一带一路"、自贸区等跨境融资需求；关注政府主导城市功能建设领域中的房地产、基建板块的融资需求；关注医疗、教育、养老金等民生板块的融资需求；关注战略性新兴产业领域客户的融资需求。

三是同业资管品牌。资产管理行业的监管将趋严、趋实，在此背景下，大型商业银行的同业机构客户资源优势、合规优势、资金优势、风险管理优势将更加凸显。可以关注两个细分领域：一是"资管的资管"服务。关注机构客户的项目合作需求，依托资产管理行业发展，为各类资产管理同业机构提供清算托管、客户对接、项目对接、资金对接服务。二是机构客户资管服务。关注同业机构客户自身资管业务需求，在低利率和资产荒背景下，机构客户存在较大的配置压力，可借助大行跨市场的客户资源，开展机构客户资管服务。

四是财富管理品牌。高净值客户群体规模快速壮大和资本市场高速发展，必然推进财富管理需求提升。从趋势看，我国财富客户资管业务已经进入发展快车道，私行业务的核心也正逐步向资产管理转变。下一步，大型商业银行应关注私行客户"泛公司化"趋势下的融资需求管理，加快推进私人银行客户股权投资模式、私人银行客户企业股权投资模式、私人银行家族股权投资管理模式创新。

五是大众理财品牌。大众理财是大型银行传统资管市场优势地位的基础，在利率下行和资产收益下降的环境下，仍将是确保大行资管规模地位的核心因素。在资产荒背景下，理财收益率下降造成的净增长放缓已经较显著，建议进一步对大众客户进行细分，按照风险偏好建立差异化大众理财产品体系。

（二）重塑客户驱动型组织架构

根据资管业务核心品牌建设的需要，应尽快建立客户驱动型的组织架构，形成以营销部门为主导，产品部门为支撑，后台部门为保障的组织架构。其中，个金部门负责零售客户的资管需求管理，私人银行部负责私行客户的资管需求管理，公司部等负责公司客户的资管需求管理，机构部负责同业机构客户的资管合作需求和资管服务需求。

客户驱动型组织架构建设有 3 个关键环节。一是营销部门职能升级，由传统产品销售向资管顾问转型，具有一定的资管知识和产品雏形设计研发能力。二是产品部门专业团队建设。三是在考核激励机制上，建立以营销部门为主导、产品部门支撑的协同机制。

（三）提升大型银行集团框架下的战略协同效应

大型银行具有集团化和综合化经营优势。要做好各类集团关联机构的联动，借力借势。一是借助海外分支机构，依托其对当地的政治经济情况和监管要求第一手的了解，为"走出去"跨境项目中提供当地投资项目分析和建议、全球资金融通及安排，实现全球化金融服务功能。二是借助境外具有全牌照的投行子公司，利用其在香港等境外具有承销资格，实现为客户提供香港 IPO、境外债券承销等服务。三是借助行属基金公司、基金子公司，依托其通道，对接资本市场工具和投资类客户，通过基金专户产品、基金资产管理计划等，实现行内融资客户的非信贷直接融资。四是借助行属保险公司，利用其低成本长期资金优势，为优质大型项目引进长期资金，拓宽融资客户的融资渠道。五是对接境内外投行、会计师事务所、律师事务所、行业协会等第三方机构，利用业务上的互补和银行的融资优势，争取深化合作。

同业去杠杆、金融反脱媒与票据市场供需格局的演变

曾一村　付　萱①

一、同业业务、同业杠杆与同业去杠杆

根据人民银行发布的《关于规范金融机构同业业务的通知》（银发〔2014〕127 号）中的定义，所谓商业银行同业业务，是指在中华人民共和国境内依法设立的金融机构之间开展的以投融资为核心的各项业务，主要业务类型包括同业拆借、同业存款、同业借款、同业代付、买入返售（卖出回购）等同业融资业务和同业投资业务。

2011 年以来，商业银行同业业务快速扩张，其背后的驱动力主要有以下几个方面：一是同业负债可以作为商业银行主动负债的来源，有利于降低其存款约束，这一点对于中小商业银行而言尤为重要；二是同业业务资本占用较低，根据银监会发布的《商业银行资本管理办法》，对我国其他商业银行的债权（不包括次级债权）的风险权重为25%，其中原始期限 3 个月内（含）债权的风险权重为20%，而对一般企业的债权则按 100% 的风险权重计提风险资本，故此商业银行倾向于配置同业资产来降低资本约束。商业银行同业业务的扩张虽然有利于商业银行增加业务的灵活性、快速扩张资产负债表以及增加经营收入，但因同业业务的高杠杆性、期限错配以及业务结构通常较为复杂、层层嵌套，因此也增加了商业银行业务经营的流动性风险以及信用风险。

所谓"同业加杠杆"，是与"实体经济加杠杆②"相对的概念，代表金融同业机构之间的信用派生过程。通常而言，"同业加杠杆"的模式主要有两种，一种是商业银行到非银机构再到实体企业的信用派生，另一种则是商业银行到非银机构再到商业银行的信用派生。在前一种模式下，商业银

---

① 作者单位：中国农业银行票据营业部。

② "实体经济加杠杆"是指实体企业通过债务融资的方式提高资本的投资收益率，传统的模式为向商业银行申请贷款融资。这也是传统的信用派生过程，从数据上看，"实体经济加杠杆"通常表现为货币乘数与 GDP 增速的同增同减。

行将自营或理财资金通过委外投资或购买非标的方式投向非银机构，非银机构再通过购买信用债或以企业债权资产作为非标底层资产的方式将资金投放至实体企业，在该模式下，实体经济的融资成本相较于直接向商业银行申请贷款要高。在后一种模式下，商业银行通过表内发行同业存单或表外发行同业理财产品获取资金，负债端扩张后，商业银行通常会通过非银机构进行委外投资，并且委外投资相较于商业银行自营投资而言，面对的监管约束较小，便于进行杠杆①投资；与此同时，由于同业存单较同业理财在获取资金的成本方面更具优势，因此引发了部分商业银行大量发行同业存单以增加表内的负债端资金，随后购买同业理财，而同业理财可能又通过委外投资等方式再次购买同业存单，由此形成了层层嵌套的复杂同业套利链条，加剧了资金在金融市场和金融同业机构之间的空转，致使资金"脱实向虚"的问题日益凸显。

从同业杠杆高低的具体衡量方法看，定量的指标主要包括同业负债与对非金融企业和住户负债的比值②、同业负债占总负债比重③、隔夜债券回购交易量在回购总交易量的占比等。值得注意的是，相对于前两个指标而言，隔夜债券回购占回购余额总量的比例是从微观的层面衡量市场机构通过期限错配来加杠杆的情况，由于同业链条是从微观到宏观的整体，因此微观上杠杆的变动情况也将传导至宏观层面的杠杆。

从同业去杠杆的角度看，其可能的途径有以下几种：一是央行从数量上控制基础货币，防止市场流动性过于宽松，例如通过公开市场操作搭配 MLF、SLF、PSL 等广义再贷款操作，或通过调节存款准备金率以调节货币乘数④；二是央行从价格方面进行调控，通过上调公开市场逆回购、SLF、MLF 等的政策利率，抬高同业负债成本使之与同业资产收益逐渐趋近，或通过拉长投放久期等方式，使期限错配的利差收窄，迫使同业杠杆主动去化。

---

① 此处的杠杆是指利用期限错配带来的杠杆，将短期负债与较长期限的资产相匹配，以赚取承担超额流动性风险所带来的收益。

② 具体计算方法为使用人民银行货币统计概览中其他存款性公司资产负债表的相关数据，将存款类公司对其他存款类公司负债、对其他金融性公司负债两项负债相加，再与存款类公司对非金融机构及住户负债相除，得出的比率用于衡量同业杠杆率。

③ 具体计算方法为使用人民银行货币统计概览中其他存款性公司资产负债表的相关数据，将存款类公司对其他存款类公司负债、对其他金融性公司负债两项负债相加，再与总负债减去实收资本后的值相除，得出的比率用于衡量同业杠杆率。

④ 通过收缩基础货币来降杠杆的逻辑在于通过减少市场流动性，增加机构依靠同业融资进行资产负债表扩张的难度，从而抑制资金在同业存单、同业理财等同业负债链条中的空转，达到去杠杆的目的。

二、金融脱媒与金融反脱媒

所谓金融脱媒，是指随着直接融资工具的发展，以往通过商业银行这一信用中介进行的资金融通活动，通过新的融资方式实现资金融通的去信用中介化，资金得以绕过信用中介直接在资金盈余者和短缺者间调剂，产生相应的资产负债关系。

金融脱媒最早出现于20世纪60年代的美国，是指在当时定期存款利率上限水平管制的条件下，当市场化的利率水平高于定期存款利率上限水平时，存款类机构的存款资金便会流向收益更高的市场化定价产品，从而减少存款类机构负债端资金来源的现象（宋旺、钟正生，2010）。随着我国金融市场的不断发展以及利率市场化进程的推进，投资渠道逐渐多元化，直接融资渠道更为便捷，金融脱媒的现象也日益凸显。从商业银行的负债端看，2010年前后银行理财规模的爆发式增长标志着商业银行储户理财意识的觉醒，2012年后低风险高流动性的货币基金逐渐广为人知，以"余额宝"为代表的货币基金产品在推动储户"存款搬家"方面起到了至关重要的作用。从商业银行的资产端看，股权融资方面，随着近年来创业板、新三板的先后推出，风险投资和私募股权投资的兴起，我国多层次资本市场体系不断丰富完善，再融资、并购重组等方面的制度环境也日渐成熟，为股权融资快速发展创造了良好的条件。债务融资方面，我国债券市场的品种日益丰富，近年来先后推出了短期融资券、中期票据、非金融企业定向融资工具等品种，有利于满足不同类型企业不同期限的债务融资需求。股权投资市场和债券市场的发展导致我国金融脱媒的加速发展。

尽管从长期来看，随着资本市场的不断发展壮大以及交易技术的演进带来交易成本的不断降低，金融脱媒是大势所趋，但在金融脱媒的过程中，一些风险隐患也与之相伴生，会招致阶段性的监管趋严、货币政策的趋紧，从而引发阶段性的金融"反脱媒"。所谓金融"反脱媒"，是指资金重新回归商业银行的渠道，一方面表现为商业银行的表内存款增加，另一方面表现为商业银行表内贷款占社会融资规模比重的上升。金融"反脱媒"的核心逻辑在于，一方面当货币政策趋紧导致市场流动性变得稀缺，致使资金利率趋于上行，推高各类直接融资渠道的融资成本，导致资产收益率与融资成本之间的盈利空间不断收窄，从而倒逼上述高成本的直接融资渠道规模扩张放缓，使资金重新回到低成本的商业银行体系内；另一方面，以往的表外资金使用方也会在负债端收缩和监管趋紧的双重作用下，收缩其直接融资规模，将融资需求重新诉诸商业银行的贷款投放。

三、近年来同业加杠杆、去杠杆与金融脱媒、反脱媒概况

（一）同业加杠杆与去杠杆概况

从过去几年的同业杠杆演进情况看，同业杠杆在 2011 年前后曾大幅上升，其原因在于 2010～2012 年银信合作盛行，商业银行以信托作为通道，将同业理财对接非标资产。2013 年，银监会下发《中国银监会关于规范商业银行理财业务投资运作有关问题的通知》（银监发〔2013〕8 号），规范理财对接非标资产，加之央行不断通过发行央票和正回购操作回收市场流动性，引发了上一轮同业去杠杆，并导致了与之相伴的 2013 年"钱荒"。

自 2014 年末至 2015 年，由于央行频繁地降准降息，市场流动性持续较为宽松，资金利率也随之显著下行。从宏观层面看，2015 年开始，商业银行同业存单的发行量和余额开始迎来爆发式增长，根据中债登公布的数据，2015 年末同业存单月均发行量为 0.91 万亿元，余额为 3 万亿元，2016 年末同业存单月均发行量增至 1.4 万亿元，余额更是高达 6.3 万亿元。同业存单发行量和余额高增长与同业加杠杆有着密不可分的联系，并且与此同时，2015 年至 2016 年上半年，商业银行同业理财的发行规模也开始步入快速增长通道。根据中国银行业理财市场年度报告的数据，2015 年之前，商业银行同业理财的发行规模占全市场理财产品发行规模的比重整体较为稳定，在 4% 左右的水平波动，到 2016 年 6 月，商业银行同业理财发行规模占同一时期商业银行理财产品总规模的比重则攀升至 15.3%。从微观上看，2015 年至 2016 年上半年，银行间市场隔夜品种的债券质押式回购日均成交量总体震荡上行，上交所质押式国债回购隔夜品种日均成交量更是显著增加（见图 1、图 2），在一定程度上为同业加杠杆提供了微观层面的证据。[①]

随着同业存单、同业理财发行量和存量规模的扩张，商业银行的同业负债得以迅速增加，从而在金融机构扩表加杠杆的过程中发挥重要的作用。具体而言，商业银行通过主动负债的方式，在增加同业负债的同时也使表外资产端的可支配现金增加，银行通常将这笔现金通过委外投资的方式转移至公募基金等非银机构，从而使自身或另一家银行的负债端增加一笔非银同业存款，资产端的表内流动性增加，从而实现信用的扩张。按照这样的同业链条，资金理论上能够在金融机构之间持续空转而不进入实体经济，从而起到对"资产荒"推波助澜的作用。

---

① 如上文所述，商业银行委外投资通常在微观层面会加杠杆，进行期限错配，以提升收益水平。因此，微观杠杆的上升也是同业加杠杆链条得以维持并壮大的重要原因。

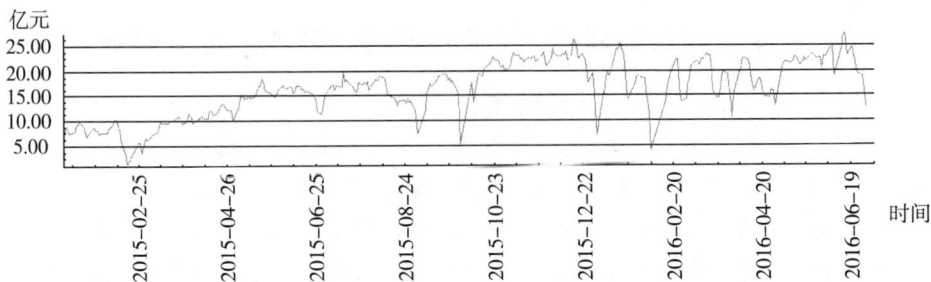

资料来源：Wind 资讯。

图 1　银行间市场债券质押式回购隔夜品种日均成交量

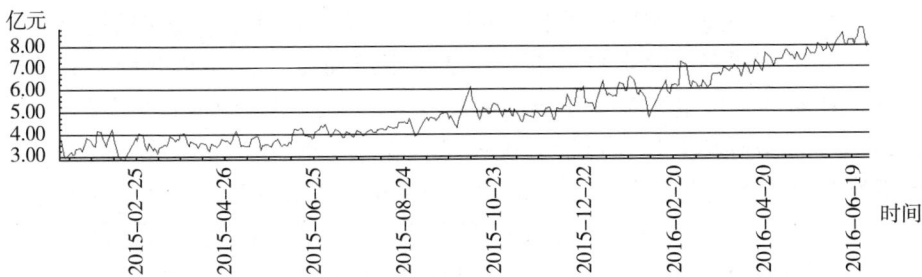

资料来源：Wind 资讯。

图 2　上交所质押式国债回购隔夜品种日均成交量

进入 2016 年下半年后，一方面，央行逐渐开始收紧流动性，通过回笼基础货币以及公开市场"锁短放长"的操作推升资金成本，通过这一方式使机构从市场上获取资金的成本和资产收益率之间的利差收窄，从而引导机构主动去杠杆。并且随着市场资金利率水平的持续抬升，机构对于未来市场均衡利率的预期也将发生改变，一旦利率抬升成为一致预期，机构信用扩张的步伐也将随之放缓。2017 年 1 月末至 2 月初，央行先后上调公开市场逆回购、MLF 和 SLF 利率，3 月中旬美联储加息后央行再度上调上述三类流动性工具的利率，截至 2017 年 6 月末，隔夜、7 天期、14 天期、1 个月期、3 个月期银行间质押式回购加权利率分别较 2016 年 6 月末上涨 81个、125 个、109 个、164 个和 147 个基点。

另一方面，针对同业加杠杆链条的监管也在不断升级。2016 年 11 月下旬，银监会关于《商业银行表外业务风险管理指引（修订征求意见稿)》公开征求意见，该征求意见稿要求表外业务按照实质重于形式的原则计提风险资本，从而限制了表外同业理财业务的无节制扩张。而在杠杆率规定方面，2016 年 7 月证监会发布《证券期货经营机构私募资产管理业务运作管理暂行规定》，正式规定股票类结构化产品的杠杆不得超过 1 倍，固收类结构化产品的杠杆不超过 3 倍，结构化产品的杠杆率不超过 140%，一对多非结构化产品的资产杠杆率不超过 200%。与此同时，银监会也下发《商业银行理财业务监督管理办法（征求意见稿）》，规定理财产品总资产不能超过净资产的 140%。上述对于风险资本计提和杠杆率的限制使同业加杠杆的链条无法进行无止境的扩张。

除此之外，自 2017 年起，人民银行的 MPA 考核在原有基础上将表外理财纳入广义信贷指标进行考核，从而使表外理财的扩张受到央行监管的约束，未来银行同业理财扩张势头放缓将难以避免。并且人民银行在 2017 年第二季度货币政策执行报告中提出："为了更全面地反映金融机构对同业融资的依赖程度，引导金融机构做好流动性管理，拟于 2018 年第一季度评估时起，将资产规模 5000 亿元以上的银行发行的一年以内同业存单纳入 MPA同业负债占比指标进行考核。对其他银行继续进行监测，适时再提出适当要求"。由于按照规定，同业负债不能超过总负债的 1/3，因此同业存单纳入同业负债占比指标后，对于同业负债占比原本偏高或同业存单发行量巨大的机构而言，其同业存单发行收缩的压力较大。

从同业去杠杆的效果看，当货币政策收紧叠加监管升级倒逼同业去杠杆时，同业链条随即被拆解，金融机构的资产负债表也随之收缩。而当同业链条末端的非银机构遭遇赎回时，其只能选择在市场上融入资金对接该资产，或是卖出所配置的债券等资产，前者将会导致市场上的资金供不应求，加剧流动性的紧张，从而进一步推升货币市场的资金利率；后者则将会使债券等资产供过于求，致使其价格承压，从而推升其收益率。从具体数据指标来看，根据人民银行公布的货币统计概览数据，2016 年 7 月至2017 年 6 月，用同业负债与对非金融企业和住户负债的比值衡量的同业杠杆率整体呈震荡下行态势，2016 年 7 月的杠杆率为 22.03%，2017 年 7 月的杠杆率则为 19.14%，降幅达 2.89 个百分点；用同业负债占总负债比重衡量的同业杠杆率也趋于下降，2016 年 7 月的杠杆率为 13.99%，2017 年 6 月的杠杆率则为 12.11%，降幅为 1.88 个百分点；从隔夜债券回购交易量在回购总交易量的占比数据看，2016 年 7 月至 2017 年 1 月隔夜债券回购交易量的占比震荡下行，2017 年 2 月至 4 月占比短暂反弹，5 月和 6 月的占比则再度下降，2017 年 6 月隔夜债券回购交易量占比较 2016 年 7 月显著下降8.24 个百分点。

%

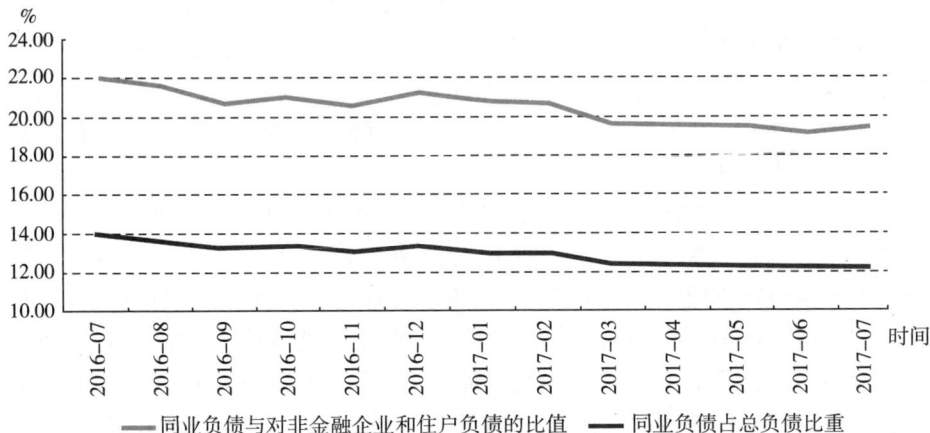

资料来源：Wind 资讯。

图 3　2016 年 7 月至 2017 年 6 月同业杠杆率走势

%

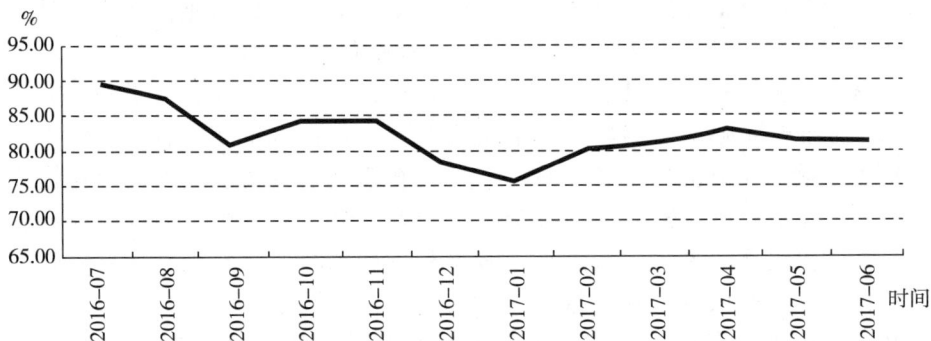

资料来源：Wind 资讯。

图 4　2016 年 7 月至 2017 年 6 月隔夜债券回购交易量占比走势

（二）金融脱媒与反脱媒概况

2002 年以来，我国金融脱媒，尤其是商业银行资产端的金融脱媒经历了一个快速的演进过程。从 2002 年以来社会融资规模及其各项占比数据可以看出，社会融资规模中人民币贷款的占比持续下行，从 2002 年的 91.9%降至 2013 年的低点 51.3%，降幅高达 40.6 个百分点。

然而受货币政策趋紧带动资金利率上行的影响，2016 年下半年以来企业发行信用债融资的成本显著上升，以 6 个月期 AAA 级中短期票据的发行利率为例，其 6 月末发行利率为 4.65%，较 2016 年 7 月初的发行利率 2.74%猛烈上升了 191 个基点，高于同期限贷款的基准利率 30 个基点，导致企业发债融资的积极性有所降低，融资需求回流至银行表内贷款的趋势明显，造成了 2016 年下半年以来的"金融反脱媒"的现象。并且从中期看，在人民银行货币政策维持稳健中性基调难以转向的背景下，这一"金融反脱媒"的趋势仍将延续。2017 年上半年新增人民币贷款（剔除票据融资①）9.56 万亿元，较上年同期的 6.79 万亿元增长 2.77 万亿元，同比增速高达 40.80%，表明人民币贷款增长情况持续强于季节性。从社会融资规模数据的结构来看，2017 年上半年新增社会融资也呈现出明显的表外回归表内趋势，信托贷款、委托贷款、未贴现银行承兑汇票等表外融资项目明显受到抑制，直接融资中的债券融资也下降明显，2017 年上半年企业债券融资共计 –3716 亿元，上年同期则为 1.77 万亿元。从新增人民币贷款在新增社会融资规模中的占比数据看，2016 年 7 月至 2017 年 6 月，新增人民币贷款共计 91.9 万亿元，新增社会融资规模 128.0 万亿元，占比高达 71.7%。

四、未来票据市场供需格局演变与市场利率走势

2016 年下半年以来"同业去杠杆"和"金融反脱媒"两大现象对于票据市场有着显著而深刻的影响，主要通过影响中短期票据市场的供需格局以及持票成本，最终传导至票据市场利率。

（一）票据市场供给端与需求端概述

本文所指的票据市场供给端，是指票据的贴现端。票据贴现端直贴量增加意味着市场上可供转贴现卖出的票据增多，在市场需求不变的情况下会导致票据转贴现利率的上行。实务中，影响票据市场供给端的因素主要有宏观经济的景气程度、票据承兑量、票据直贴利率等。

本文所指的票据市场需求端是指票据市场上的转贴现买入需求。在供给端基本稳定的情况下，票据市场需求端的买入需求增加将会使票据转贴现利率下行。影响票据市场需求端的因素主要包括货币市场利率②、商业银行信贷规模调控以及与其他可比品种的价差等。

（二）同业去杠杆、金融反脱媒对票据市场供需格局的影响

从票据市场的供需格局看，首先，从供给端看，由于"同业去杠杆"以及在此过程中货币政策的不断收紧，从 2016 年第四季度开始，票据直贴利率上升较快，票据直贴利率由 2016 年 9 月最低的 2.9% 左右上升至 2017 年 6 月的 5.0% 以上，而 1 年以内的短期贷款基准利率仍仅为 4.35%，因此

---

① 剔除票据融资的原因在于 2017 年以来商业银行在信贷规模持续偏紧的情况下，通过主动压缩票据融资来为一般贷款投放腾挪空间。

② 主要通过影响机构的持票成本间接影响票据转贴现买入需求。

企业有动机选择短期流动贷款等方式代替票据贴现融资，从而获得相对低成本的融资。因此票据直贴利率的快速攀升在一定程度上导致票据融资的收缩，2016 年 7 月至 2017 年 6 月，金融机构新增人民币贷款中新增票据融资合计为 –1201 亿元，而 2015 年 7 月至 2016 年 6 月，新增票据融资则合计为 1280 亿元，同比显著多减 2481 亿元。倘若未来一段时间"同业去杠杆"趋势延续，货币政策维持"中性偏紧"的操作态度，新增票据融资便难有显著回暖迹象，票据资产的供给端面临持续收缩的压力。

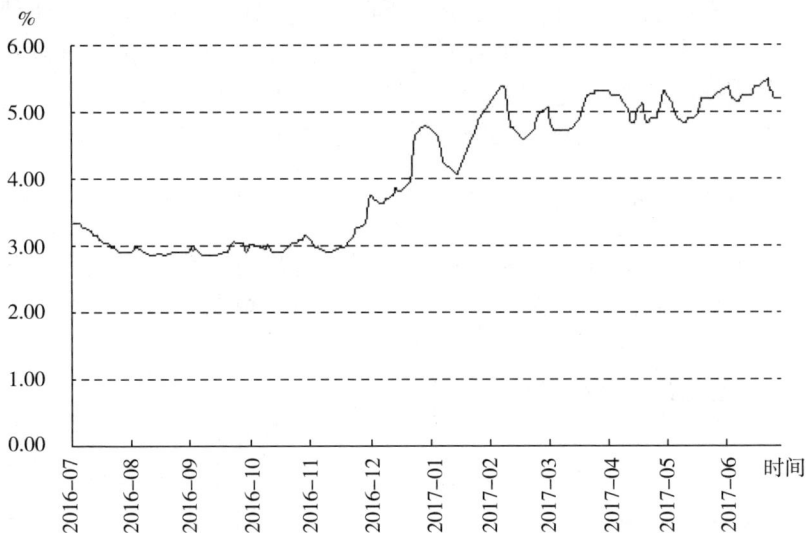

资料来源：Wind 资讯。

图 5　2016 年 7 月至 2017 年 6 月票据直贴利率走势

其次，从需求端看，一方面，2017 年以来"金融反脱媒"的现象导致一般贷款需求旺盛，而在商业银行信贷规模资源有限的情况下，出于信贷规模调控的目的，商业银行持续压缩票据资产规模，腾挪出信贷规模用于投放一般贷款。① 从中短期看，导致"金融反脱媒"的核心逻辑②难以逆转，人民币贷款增长情况很可能继续强于近年来的历史同期水平，导致票据资产规模继续被动收缩。另一方面，"同业去杠杆"会间接推升债券等资产的收益率，致使票据资产的配置价值从收益率的角度看趋于下降，从而减少市场机构对于票据资产的配置需求。

---

① 2017 年上半年新增贷款主要为企业和居民中长期贷款，其贷款利率相较于票据贴现利率对于商业银行更具吸引力。

② 即上文提及的货币政策收紧、监管趋严。

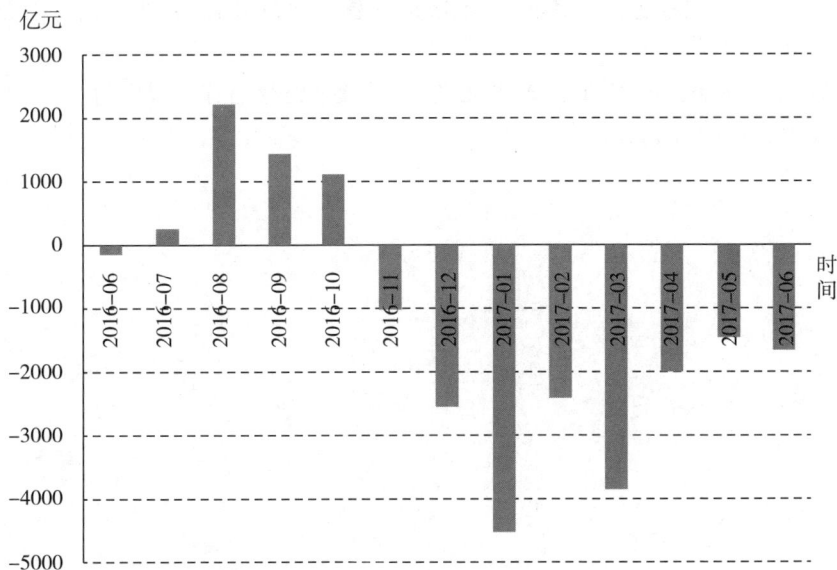

资料来源：Wind 资讯。

图6 2016 年 6 月至 2017 年 6 月新增票据融资

(三) 同业去杠杆、金融反脱媒对持票成本的影响

从票据的持票成本方面看，影响持票成本的因素主要为资金面的松紧。就票据转贴现利率而言，在"同业去杠杆"的趋势下，持有票据资产的资金成本持续震荡抬升，从而间接为票据转贴现利率带来上行压力。就票据回购利率而言，由于其资金业务的属性，资金成本的影响通常更为直接和显著，"同业去杠杆"的过程中造成的资金面紧张对其影响相对更大，导致票据回购利率面临更加直接的上行压力。

参考文献

[1] 步艳红，赵晓敏，杨帆. 我国商业银行同业业务高杠杆化的模式、影响和监管研究 [J]. 金融监管研究，2014 (2).

[2] 陈颖，段希文，孙晨正. 银行新兴同业业务的潜在风险传染效应研究 [J]. 金融监管研究，2014 (4).

[3] 丁波，巴曙松，马小可，等. 银行表内理财产品助益中国利率体制并轨 [J]. 农村金融研究，2012 (9).

[4] 宋旺，钟正生. 理解金融脱媒：基于金融中介理论的诠释 [J]. 上海金融，2010 (6).

[5] 肖崎, 阮健浓. 银行同业业务发展现状及风险分析 [J]. 金融论坛, 2014 (2).

[6] 朱文沓. 表外业务表内化将催生新一轮银行融资潮 [J]. 金融管理与研究, 2010 (9).

第三方支付对商业银行法人客户支付结算业务影响的实证研究

陈智玲　王　政　褚光磊①

第三方支付是互联网金融②六大业务运营模式之一。随着第三方支付的快速成长及纳入监管体系，其与商业银行在业务领域的竞合关系逐步明朗；同时对商业银行客户群体的争夺也从个人转向法人。本文从第三方支付机构对商业银行法人客户的金融服务、资金留存出发，创新性地从实证角度测算第三方支付机构对商业银行 B2C 类、产业类、连锁类、专业服务类法人客户的影响，填补第三方支付对商业银行的影响分析着重于个人客户、着眼于定性分析的研究空白，为商业银行在互联网金融环境下更好发挥支付中介职能、为法人客户提供便捷安全的支付结算服务提供相关建议。

一、第三方支付对商业银行支付结算的影响现状

目前我国第三方支付行业处于规范发展阶段，对商业银行个人客户支付结算的冲击力逐步趋缓；与此同时，冲击面从零售业务领域拓展到小微客户甚至某些特定行业的大客户。

（一）对商业银行支付结算冲击力整体趋缓

1. 第三方支付行业规模持续增长，成为金融支付结算体系的重要补充

第三方支付经历从诞生、快速成长到纳入监管阶段，市场初具规模。我国第三方支付服务几乎与国际同步兴起于 20 世纪 90 年代末期，1999 年我国第一家第三方支付公司——首信易支付成立，2003 年 10 月支付宝成立首创担保交易模式，2005 年腾讯推出财付通，其后 PayPal 与上海网付易合作建立"贝宝"，快钱、银联电子支付等第三方支付平台相继建立。自此，第三方支付进入爆发式增长，艾瑞及易观智库的历史数据显示，2010 年第四季度末第

---

① 作者单位：中国工商银行上海市分行。
② 互联网金融六大业务模式包括第三方支付、P2P 网贷、大数据金融、众筹、信息化金融机构、互联网金融门户等。

三方支付市场交易额达到 1.1 万亿元左右。2010 年中国人民银行颁布《非金融机构支付服务管理办法》，规定第三方支付企业必须进行申请审核，发放电子支付牌照，将第三方支付企业纳入国家监管之下。截至目前，央行共发放 9 批 270 张第三方支付牌照（其中注销 3 张）。根据中国支付清算协会数据显示，2015 年第三方支付市场规模为 46 万亿元；其中互联网支付 24.19 万亿元，同比增长 41.88%；移动支付 21.96 万亿元，同比增长 166.50%。

第三方支付定位于"为社会提供小额、快捷、便民小微支付服务"，交易笔数多、笔均低、移动支付占比高。从交易量来看，第三方支付移动支付笔数已超商业银行。2015 年，第三方支付机构互联网支付、移动支付笔数分别为 334 亿笔、399 亿笔，分别为商业银行的 0.92 倍、2.88 倍。从笔均支付来看，第三方支付机构体现小额特点。2015 年第三方支付机构互联网支付、移动支付的笔均为 724 元、551 元，分别是银行笔均的 1.3%、7.0%。从支付结构来看，第三方支付机构移动支付笔数已超互联网支付。2015 年第三方支付机构移动支付笔数占总笔数的 54%、金额占比为 48%；而商业银行移动支付笔数、金额占比分别为 28%、5%。

2. 商业银行顺势而为应对第三方支付的挑战，受冲击程度有所缓和

根据我们前期的研究成果，互联网金融对商业银行的冲击首先表现为零售金融业务领域。引发商业银行经营行为"蝴蝶效应"的影响机制，可分为"冲击、传导、动态再平衡"三大阶段。

（1）冲击阶段，第三方支付作为迅速成长的新型金融业态，对银行经营模式形成巨大冲击。实证分析显示，2013 年 6 月到 2014 年 2 月，互联网理财对银行经营冲击的影响呈逐月上升趋势，主要体现在客户分流、业务分流、渠道分流三个方面。

从客户方面来看，总体呈现"分散化、年轻化、低端化"特征，交易呈现"碎片化"和"小额化"特征。

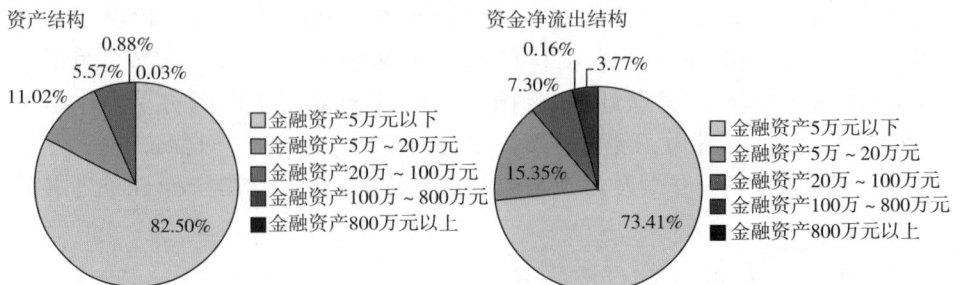

图 1　样本银行参与互联网金融交易客户的资产结构分布

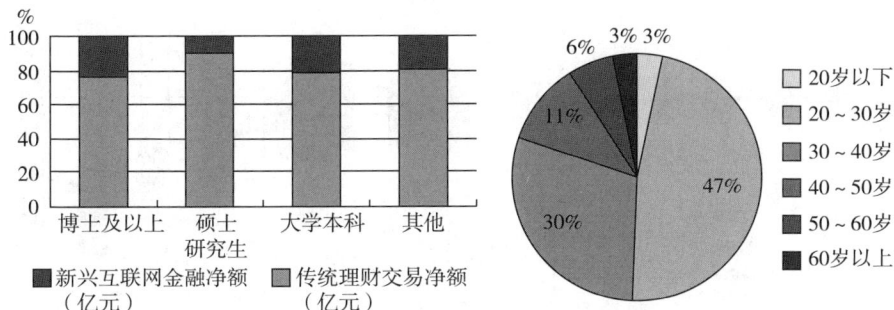

图2 样本银行参与互联网金融交易客户的学历结构和年龄结构

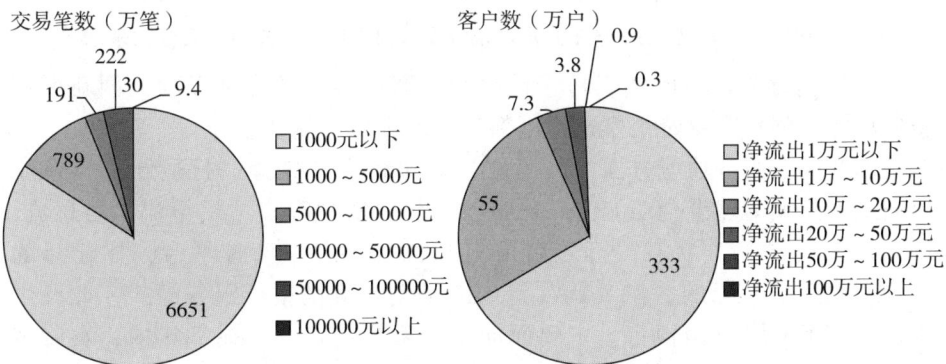

图3 样本银行参与互联网金融交易客户的行为分析

从业务方面来看,互联网金融对样本银行储蓄存款分流影响显著,资金主要来自存量储蓄存款、代发工资资金、外部增量资金3个部分。

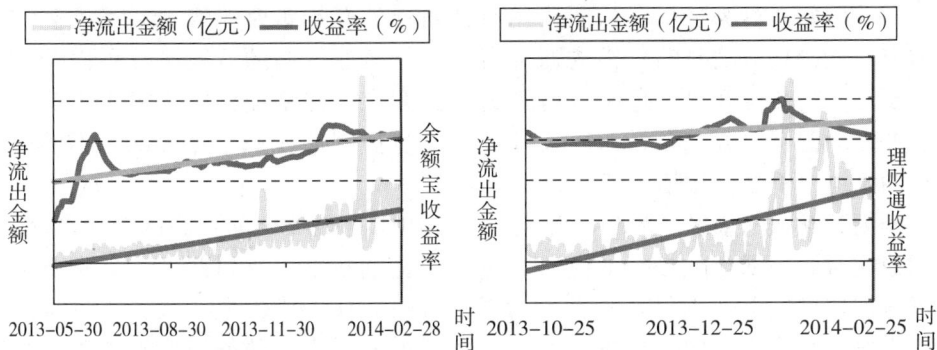

图4 余额宝、理财通收益率水平对分流样本银行储蓄资金的影响

从渠道方面来看,以余额宝为代表的第三方支付平台,短期内吸引了大量资金。

单位：亿元

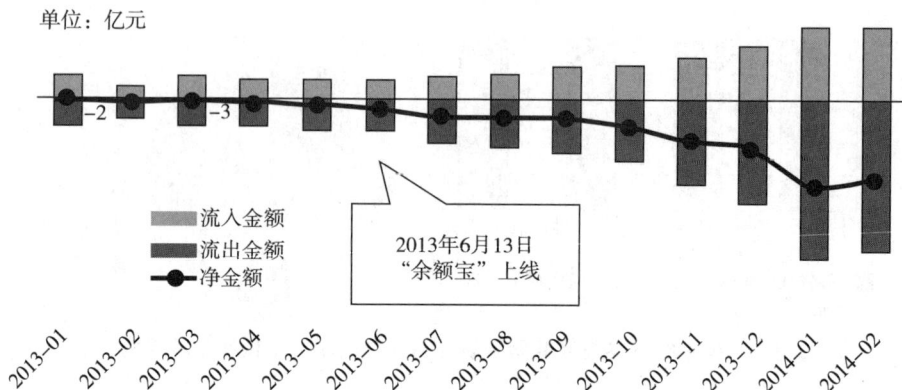

图5　2013年1月至2014年2月样本银行个人储蓄账户与支付宝资金往来情况

（2）传导阶段，商业银行主动吸收互联网金融的先进经验，创新渠道服务功能、创新客户营销模式、创新互联网金融产品和服务。

创新渠道服务功能方面，大力推进建设信息化渠道，打造新的渠道竞争力。一是大力建设全功能信息化平台，努力实现客户"资金流、信息流、物流"三流合一，多家银行先后推出了自有的电子商务平台，如建行的"善融商务"、工行的"融e购"等。二是创新直销银行服务模式，如民生银行设立了网络直销银行，主要面向中端客户群体，上线半年内，发展客户总量超过100万户，各类金融产品净销售额超过180亿元。

创新客户营销模式方面，借鉴并运用大数据分析技术，积极创新精准营销模式，大力提升客户营销的效能。其核心是通过建立数据挖掘模型，运用定量分析方法，对目标市场的不同客户群体进行细致分析，发掘它们的需求偏好和行为特征，从而采用有针对性的营销策略，实现对目标客户强有效性、高成功率的营销沟通。商业银行精准营销的流程设计可以分为五步：一是整合客户信息；二是筛选目标客户；三是细分客户需求；四是开展针对营销；五是营销跟踪反馈。这五步流程形成一个完整的、不断循环的系统，不断优化精准营销的效果。

创新互联网金融产品和服务方面，推出了功能类似的互联网金融产品，积极应对互联网金融带来的竞争冲击。一是创新电子支付服务，多家商业银行加速推广电子支付业务，不断创新支付介质，推出电子钱包、近场支付、便捷支付等新型电子支付方式，显著提升了支付的便捷度。如工商银行推出了面向电子商务小额快捷支付的"工银e支付"新产品。二是创新余额理财产品。多家商业银行先后推出了类余额宝的"现金宝类"理财产品，以应对互联网理财产品的竞争。据统计，传导阶段市场上共约有50余款"现金宝类"理财产品，其中银行推出的有 10 余款。银行系"宝类"产品融合了互联网金融和银行服务的双重优势，具有更大的市场拓展潜力。

（3）动态再平衡阶段，银行互联网金融业务获得快速发展，互联网金融企业对银行的竞争威胁效应整体也趋于减弱。

由于样本银行主动创新互联网金融产品和服务，不断提升自身的市场竞争能力，2014 年第二季度以后，支付宝、财付通以及基金直销平台等互联网金融企业对样本银行的竞争威胁效应整体趋于减弱。

一是客户分流效应减弱。从样本银行参与支付宝等外部互联网金融企业交易的客户数量看，每月新增客户数在 2014 年 3 月达到最高点，之后趋于下降，4～10 月平均每月新增客户比高峰期显著下降。

二是业务分流效应减弱。从外部互联网金融企业对样本银行的资金分流效应看，每月资金净流出规模在 2014 年 2 月达到最高点，3 月以后，资金净流出规模趋于下降。

三是渠道分流效应减弱。从不同渠道对样本银行的资金分流效应看，第三方支付和基金直销平台的资金净流出规模在 2014 年 2 月达到最高峰后，3～10 月均呈现显著下降趋势。

（二）对商业银行支付结算冲击面蔓延扩大

第三方支付行业在个人支付结算业务攻城略地的同时，应用领域不断扩大，支付结算服务深耕至法人客户，服务触角延伸至境外。

1. 深耕重点客户，服务扩展至法人客户。根据样本银行数据分析，2014 年第三方支付对零售领域冲击趋缓的同时，法人客户的覆盖面迅速扩大，两年半时间累计增长 2.2 倍，特别是 2013 年下半年以来增长速度进一步加快。同时第三方支付机构结算额累计增长 1.8 倍。

2. 延伸服务触角，布局到境外市场。如支付宝 2016 年 7 月在新加坡启动"Alipay＋"计划，向海外合作伙伴开放支付、跨境 O2O、数据运维等基础能力，推进全球线下业务场景的拓展。目前，"Alipay＋"已在新加坡、泰国、澳大利亚等国家和地区落地，直接推动国际业务的范围和深度持续扩展。2016 年 10 月 1 日至 5 日，中国用户在海外市场使用支付宝付款的笔数同比增长 385%。

二、第三方支付对商业银行法人支付结算业务影响的实证分析

为分析第三方支付对商业银行法人支付结算业务的影响，我们选取了国内较为有代表性的商业银行，进行实证分析。根据样本银行法人客户与第三方支付公司资金往来的跟踪分析，发现法人客户使用第三方支付平台

的户数增长趋缓，但结算额快速增长、特定行业使用深度提升等特征。

（一）第三方支付平台对商业银行法人客户拓展进入深耕时代

1. 从整体上来看，第三方支付平台在商业银行法人客户中覆盖面高、发展模式从"做规模"到"做黏性"。样本银行数据显示，2012～2016年，第三方支付逐渐成为法人客户清算的工具之一，客户数覆盖面达30%。但近两年法人客户数减缓，2015年一改之前30%～50%的增长率，同比略增4%，而2016年为负增长14%。与此同时，总结算额仍较上年增长30%，户均结算额较上年增长51%，达到1273万元。客户黏性明显增加。

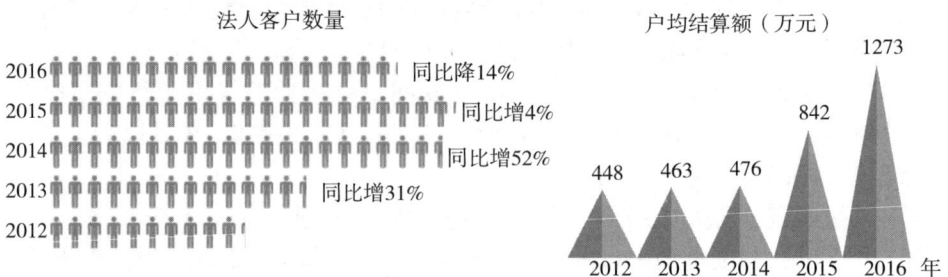

图6　第三方支付平台法人客户数量及户均结算额

2. 从结算特点来看，平台寡头垄断特征明显。目前为止，央行发放且仍有效的第三方支付牌照267张，以样本银行为依托开展业务的第三方支付平台127家，占比47%。结算额方面，前5的第三方平台结算额占总结算额的七成，前10结算额占比则近九成；客户数量方面，10家第三方支付法人客户数量超1000户，37家第三方支付法人客户数量超100户。

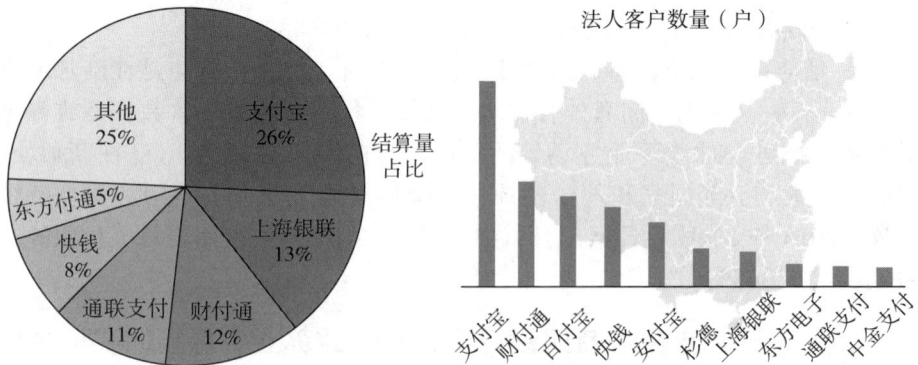

图7　第三方支付平台法人客户结算额及客户数情况

3. 从平台使用来看，资金流动便捷度高、银行合作关系良好、提供附加值服务的公司受到商业银行法人客户认可。支付宝合作银行达162家，业务领域广泛，为法人客户首选；银行结算额遥遥领先，占总结算额的四分之一，服务客户超过 1 万家。财付通深耕连锁、电子商务等行业，客户数仅次于支付宝，结算额位居第三。上海银联与银行保持良好关系，合作银行高达 201 家，结算额仅次于支付宝，位居第二，结算额约为支付宝的一半；服务客户数量位居第七。证联支付专注于证券投资领域、北京理房通着力于房地产交易资金担保领域，2016 年户均结算额远高于平均水平。

户均结算额（万元）

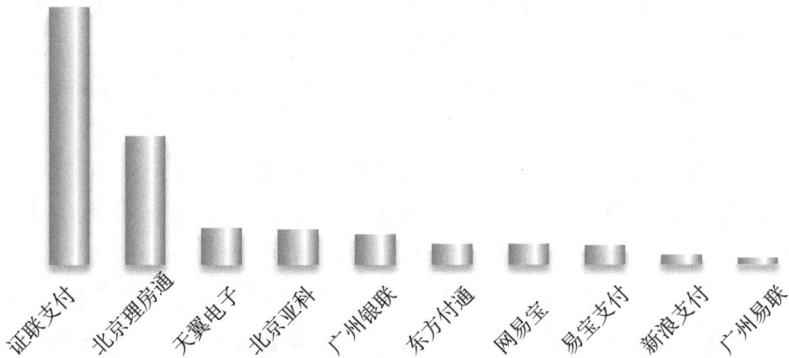

图8　第三方支付平台法人客户户均结算额

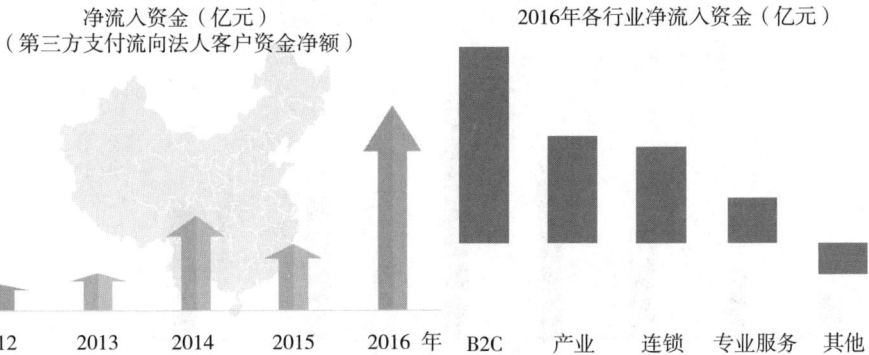

图9　第三方支付平台法人客户资金流动情况

4. 从对商业银行的影响来看，目前第三方支付公司对商业银行法人客户资金流入起到了正向作用，但削弱了商业银行信息中介、资金中介的作用。2012～2016 年，法人客户借助第三方支付公司进行跨平台、跨区域的资金归集，从第三方支付公司净流入资金 2000 多亿元，其中 2016 年净流入1000 多亿元。分业态来看，B2C 类法人客户（旅游票务、电商为主）净流入占净流入资金近五成比重，产业类法人客户（跨区域经营企业为主）、连锁类客户（超市、酒店、餐饮为主）两类客户净流入资金各占四分之一左右。值得关注的是，第三方支付切断客户经营信息向商业银行的传导，以跨行资金流动收费低廉、担保支付等抢夺银行中小客户，商业银行有从资金结算和划转的支付中间服务层沦为仅仅体现为第三方支付网关的基础支付层的趋势。

（二）B2C 类客户使用第三方支付平台情况

B2C 类客户是指面对终端个人消费者的直销型企业，如旅行社、保险公司、电商平台等。该类客户借助第三方支付为渠道开展"互联网＋"的转型升级，通过第三方平台间接导入客户，或建设自己的电子商务平台吸引直销客户。

1. 从结算特点来看，该类客户第三方支付结算金额大、净流入金额大，其中结算金额基本为金融投资、旅游票务类客户贡献。B2C 类法人客户是使用第三方支付平台进行结算的主力，2016 年总结算金额占比为 69%，净流入金额占比 48%。该类客户借助于第三方支付平台充裕的零售客户资源，与第三方支付平台的结算关系不断加强，结算额呈现逐年上升趋势，五年年均增速为 51%。具体来看，金融投资类结算金额高，但保险、基金直销平台流向第三方支付平台资金量大，基本呈现净流出趋势；旅游票务类则不仅结算金额高，从第三方支付平台流向旅行社、航空公司的资金量也大，实现了较高资金净流入。

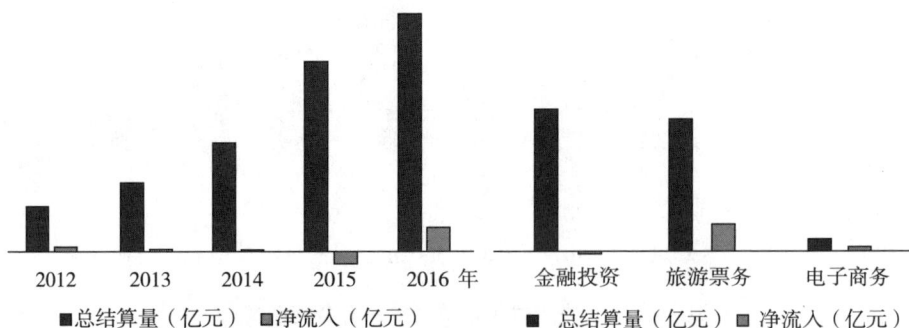

图 10　B2C 类法人客户第三方支付平台结算情况

2. 从平台使用来看，第三方支付机构"得客户者得天下"。对 B2C 类企业来说，客户黏性或客户导入预期是第三方支付平台合作的基础。支付宝、财付通凭借自身海量零售客户资源获得 B2C 类法人客户青睐；上海银联合作商户多，是旅行社、保险行业除了支付宝、财付通之后的选择之一；

通联支付具有金融行业股东背景，专注于金融外包与综合支付服务，在保险行业大客户的拓展上较为领先。

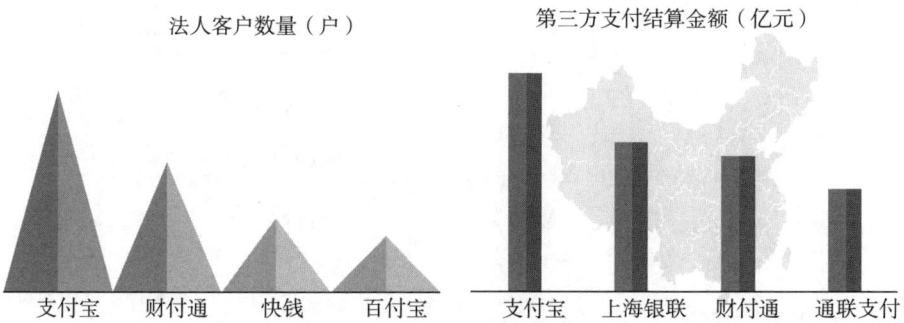

法人客户数量（户）　　　　　第三方支付结算金额（亿元）

图 11　B2C 类法人客户第三方支付平台使用情况

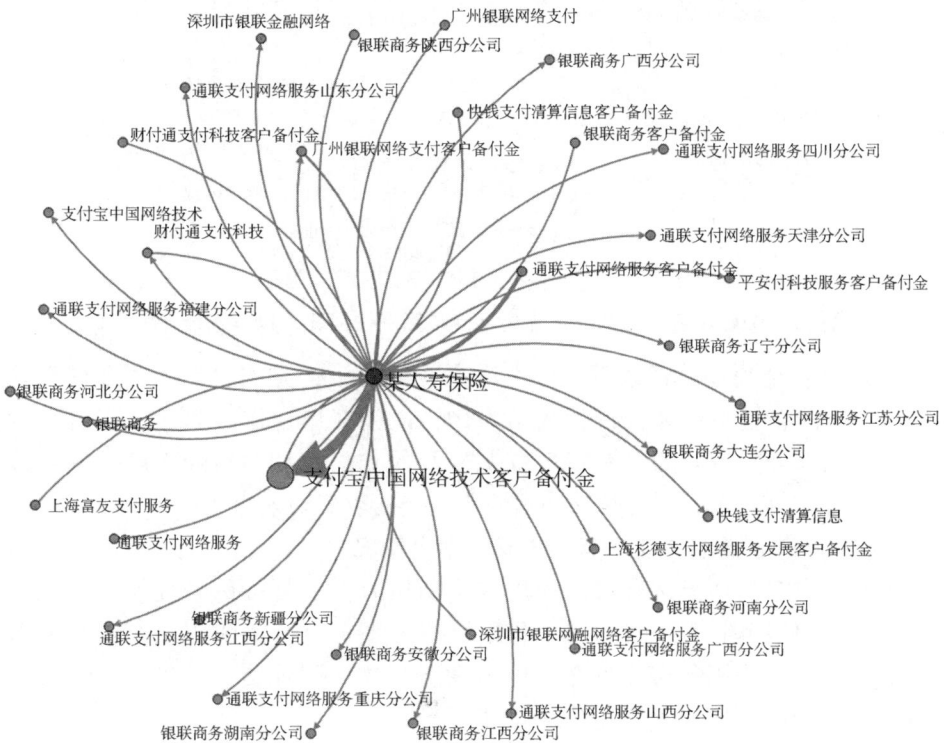

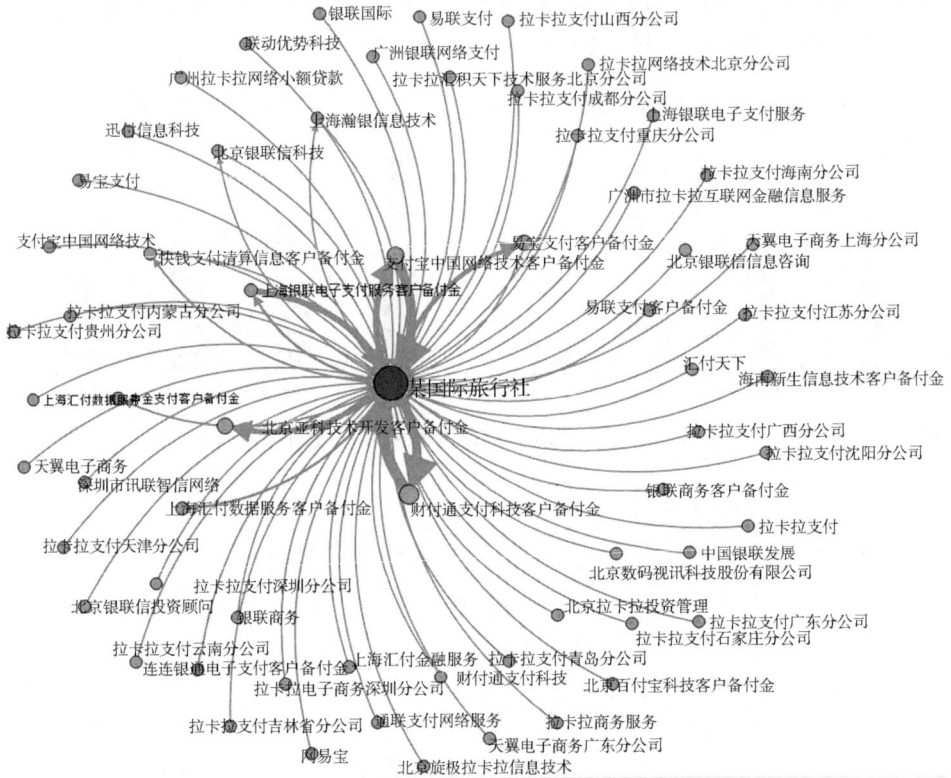

图 12　B2C 类客户与第三方支付平台结算来往情况（以样本公司为例）

3. 从资金流动路径来看，该类法人客户与第三方支付平台资金往来频繁。以保险直销平台和旅行社网站为例，该类客户合作的第三方支付平台多，但结算金额较大的仍是零售资源丰富的支付宝和财付通，该类客户成为第三方支付公司利用自身优势延伸业务链的较好切入点。

（三）产业类客户使用第三方支付平台情况

产业类客户是指具有总部经济或集团核心企业特征的企业，包括跨国企业、集团型企业等。该类客户利用第三方平台进行集团内或产业链上下游的跨区域、跨银行资金归集，降低财务成本，完成货币、生产、销售资本在"集团内"或"产业链"内的闭环运行。

1. 从结算特点来看，产业类客户总结算金额不大，但净流入资金较为稳定。产业类客户资金结算一般金额较大，且具有一定的专业性。2012 ～ 2015 年该类客户第三方平台支付结算金额呈现高速增长态势，2016 年由于实体经济低迷，结算金额增速有所下降。目前来看，从第三方支付流入到该类客户的资金保持稳定。

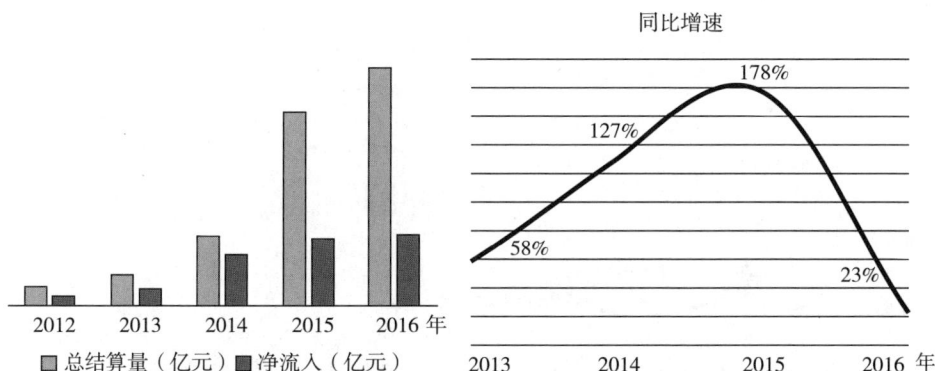

同比增速

图 13　产业类法人客户第三方支付平台结算情况

2. 从平台使用来看，支付宝、财付通客户覆盖面最广，东方付通依靠母公司资源结算额领先。支付宝、财付通作为行业两大龙头，跨区域跨银行资金归集优势明显，在产业类客户中拓展顺利，客户数量占比分别达到四成、两成；户均结算额均超 500 万元。东方付通是宝钢集团旗下第三方支付机构，提供即时支付、担保支付、代扣款、通道支付等大额支付服务，形成企业资金流、信息流、物流的封闭化运作。该机构依托母公司专注于钢铁及其产业链，客户数量不超过百家，但 2016 年户均结算额超过 1 亿元。

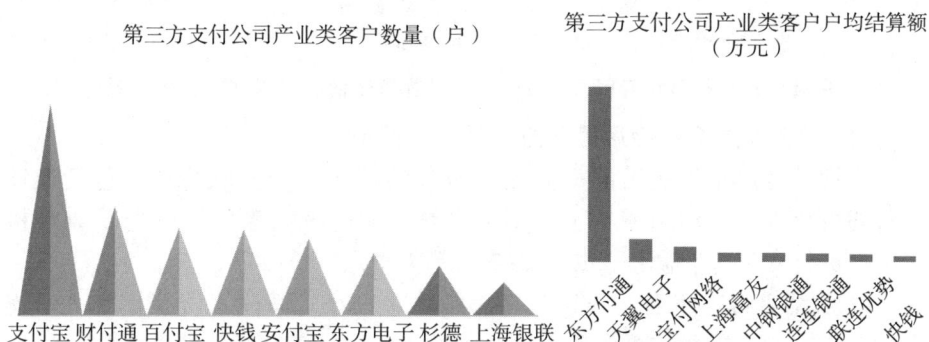

图 14　产业类法人客户第三方支付平台使用情况

3. 从资金流动路径来看，第三方平台成为产业类客户资金归集点。根据抽样分析，产业类客户各分公司之间通过第三方支付链接。一是各分公司将资金归集到第三方平台，由第三方平台统一归集到财务公司；二是财务公司的资金也是通过第三方支付公司流出到上游或资金关联方。

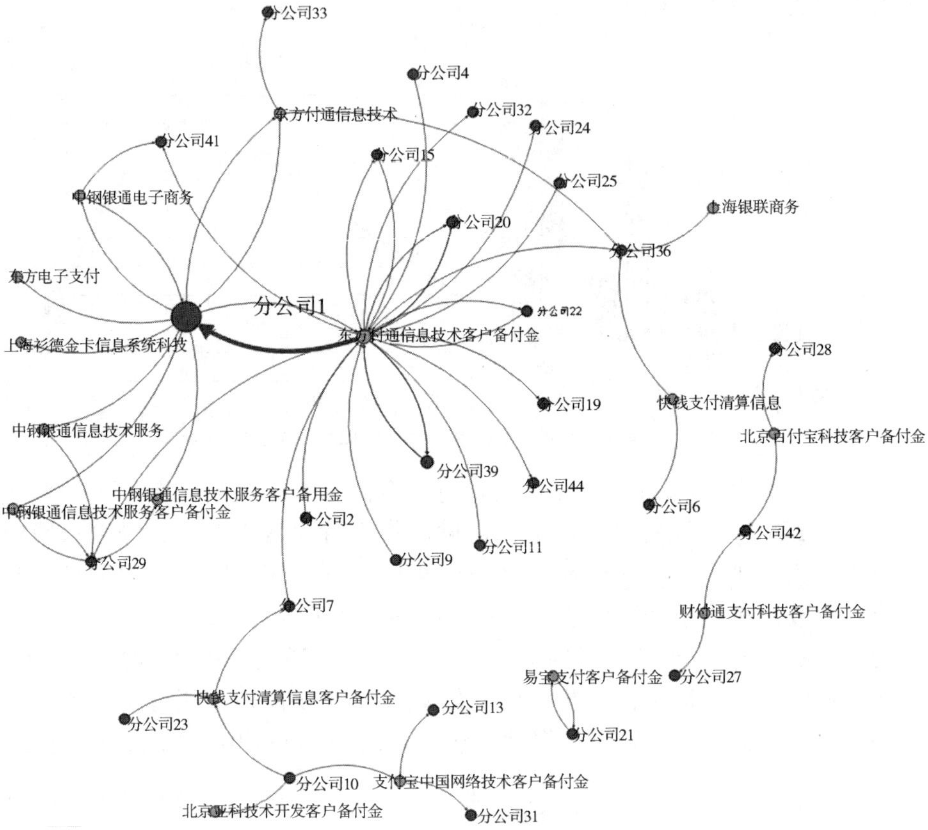

分公司33
分公司4
分公司32
东方付通信息技术
分公司24
分公司41
分公司15
分公司25
中钢银通电子商务
分公司20
上海银联商务
东方电子支付
分公司1
分公司22
分公司28
东方付通信息技术客户备付金
上海衫德金卡信息系统科技
快线支付清算信息
分公司19
北京百付宝科技客户备付金
中钢银通信息技术服务
分公司39
分公司44
中钢银通信息技术服务客户备用金
分公司6
分公司42
中钢银通信息技术服务客户备付金
分公司2
分公司29
分公司9
分公司11
财付通支付科技客户备付金
分公司7
易宝支付客户备付金
分公司27
快线支付清算信息客户备付金
分公司13
分公司23
分公司21
分公司10　支付宝中国网络技术客户备付金
北京亚科技术开发客户备付金
分公司31

图 15　产业类客户与第三方支付平台结算来往情况（以样本公司为例）

（四）连锁类客户使用第三方支付平台情况

连锁类客户是指经营同类商品或服务的若干个企业联合体，包括连锁经营的百货零售、酒店餐饮、汽车销售等企业。该类客户具有线下 POS 机收单，进行支付宝、微信、二维码支付等需求。

1. 从结算特点来看，连锁类客户结算金额小，净流入资金比重大。连锁类客户第三方支付结算金额占总金额的 4%，净流入资金占比 23%。2016年，净流入占总结算金额高达 89%。

净流入资金占总结算量比重

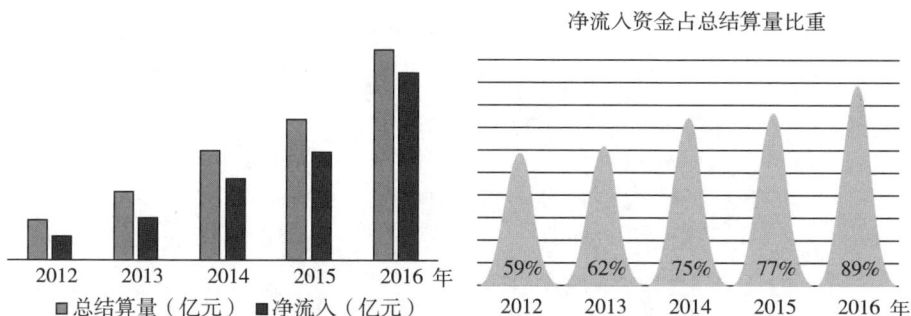

图16 连锁类法人客户第三方支付平台结算情况

2. 从平台使用来看，通联支付以汽车销售位居结算金额首位，预付卡类第三方支付平台结算额萎缩。通联支付通过提供汽车行业综合解决方案，包括支付受理、资金管理、融资理财、会员营销和大数据分析等，切入汽车连锁销售领域，在连锁类法人客户中结算金额领先。支付宝、银联商务在百货零售领域结算金额占优势。快钱则是均衡发展，在百货零售、酒店餐饮、健康休闲、教育培训等多个连锁子行业位居前列。而安付宝、付费通、杉德等预付卡主导的第三方支付公司结算金额较上年同期负增长。

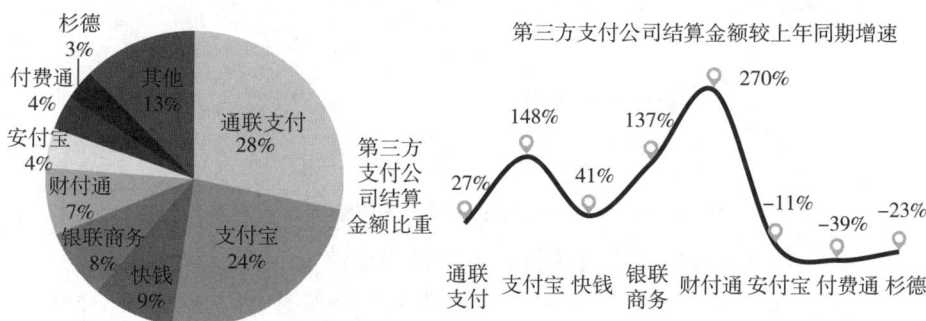

图17 连锁类法人客户第三方支付平台使用情况

3. 从资金流动路径来看，连锁类客户与第三方平台形成多点互联的分散型往来。根据抽样分析，连锁类客户使用多种第三方支付平台，偏好零售客户资源丰富、具有股权关系、形成行业整体解决的第三方支付平台。

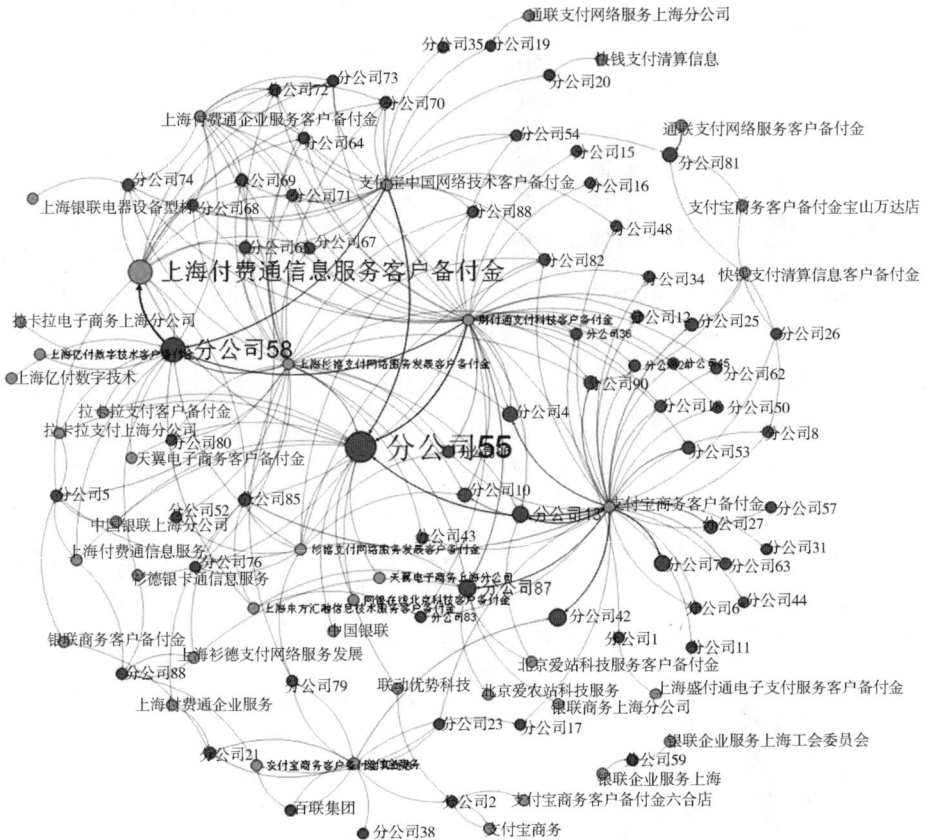

图18　连锁类客户与第三方支付平台结算来往情况（以样本公司为例）

（五）专业服务类客户使用第三方支付平台情况

专业服务类客户是指利用专业知识或渠道网络提供中介代理、物流快递、批发贸易、专业技能等方面服务的企业。

1. 从结算特点来看，物流快递子行业第三方支付结算金额占比较大。具体来看，单个快递公司借助第三方支付平台进行经营运作，形成结算金额逐年增加趋势。

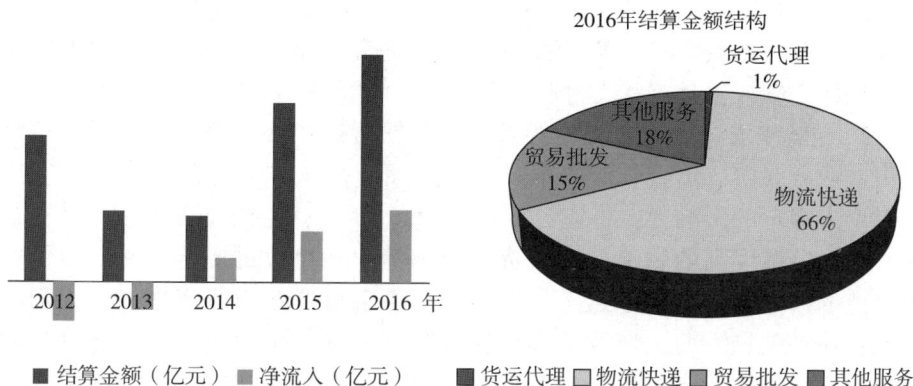

2016年结算金额结构

图19 专业服务类法人客户第三方支付平台结算情况

2. 从平台使用来看，支付宝客户数量和结算金额均处于绝对优势。专业服务类客户多数是中小企业，支付宝在该类客户的覆盖率达到38%，结算金额占比达到97%。

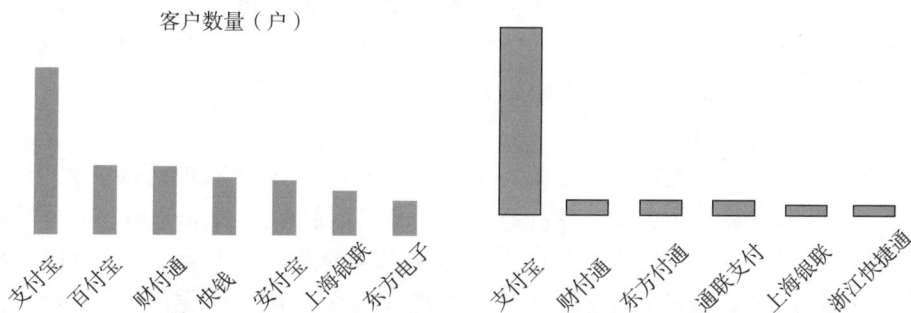

客户数量（户）

图20 专业服务类法人客户第三方支付平台使用情况

三、第三方支付平台对商业银行的影响及思考

第三方支付平台对商业银行法人客户的影响范围逐步扩大，商业银行应关注监管层对于第三方支付行业的政策变化，早规划早布局，针对不同第三方支付平台选择对应的竞合策略，针对B2C类、产业类法人客户设计具有吸引力的产品，针对垂直行业第三方支付进行战略性合作。

（一）第三方支付平台对商业银行的影响分析

1. 总体来说，第三方支付平台对于商业银行的法人客户仍处于尝试性服务阶段，目前威胁有限。大致从四个方面介入：一是零售客户服务衍生领域，如B2C类企业，如连锁类企业；二是垂直行业领域，依托股东资源为母公司所在行业提供针对性解决方案；三是"互联网＋"转型力度较大的大型企业，如旅行社、快递等行业内的龙头企业；四是分散型的中小企业。这四个领域仍是点状支付服务为主，整体解决方案并未成形。

2. 趋势来看，第三方支付势必对商业银行造成相关企业核心运营信息缺失、业务脱实、资金分流的影响。一方面，第三方支付已经在逐步利用其对个人客户的影响力，将业务延伸到 B2C 领域、连锁业态领域；另一方面，加强分散度高的物流快递、货运代理等中小企业的影响，并开始了龙头企业的核心支付链的渗透。长期来看，将会对商业银行产生三个方面的影响：一是信息方面，产业类客户通过第三方支付平台进行资金流动，商业银行仅作为网上支付链条的基础层，承担资金划转功能，为中间服务层的第三方支付提供网上支付统一借口和平台，失去了掌握产业类客户的业务来往过程中的运营信息的条件，对评估客户真实经营状况造成难以补充的关键信息缺失。二是业务方面，第三方支付不仅为产业类客户提供结算服务，还将切入业务环节，提供担保支付、票据、供应链融资等银行金融替代性服务。三是资金方面，第三方支付结算的份额提升将影响核心企业在商业银行的对公存款留存；目前已有个别样本公司第三方支付结算额占样本银行结算金额的 10%，影响不容小觑。

（二）几点思考

1. 从监管层面来看，关注第三方支付直连银行模式取消后商业银行面临的机遇与风险。2017 年 1 月，筹备已久的"网联清算有限公司"（网联）名称已获（预）核准，意味着线上支付统一清算平台渐行渐近。银行可否在网联成立后解决现有第三方支付模式造成的用户经营数据隔断问题，直连银行模式取消后商业银行与第三方支付的客户争夺是否进一步激化，都有赖于网联成立的进一步细节。

2. 从战略层面来看，建议商业银行以客户为中心，抓客户体验，应对第三方支付平台的竞争。外界环境在变，客户需求在变，竞争对手在变，商业银行也应顺势而为，利用自身综合金融服务优势，为"互联网＋"转型升级客户提供更便捷的整体解决方案。

3. 从业务层面来看，建议商业银行针对资金流动网络化的特点，抢占支付竞争高地。一是打造互联网支付品牌产品；二是重点推进集群式中小企业客户的支付结算方案；三是积极探索与电商、垂直行业第三方支付公司合作，提高线上资金本行留存度；四是提高跨境结算等服务功能，可选择与发展较为成熟的区块链公司战略合作，开展区块链在跨境支付清算方面的应用。